Dogma
e Ritual
da
Alta Magia

Eliphas Levi

Dogma e Ritual da Alta Magia

Tradução:
Edson Bini

© 2025, Madras Editora Ltda.

Editor:
Wagner Veneziani Costa (*in memoriam*)

Produção e Capa:
Equipe Técnica Madras

Tradução:
Edson Bini

Revisão Tradução:
Soraya Borges de Freitas

Revisão:
Silvia Massimini
Jerônimo Pouças Feitosa

Dados Internacionais de Catalogação na Publicação (CIP)
(Câmara Brasileira do Livro, SP, Brasil)

Levi, Eliphas, 1810-1875.
Dogma e Ritual da Alta Magia/Eliphas Levi; tradução, introdução e notas de Edson Bini; 15. ed. –
São Paulo: Madras, 2025.
Título original: Dogme et rituel de la haute magie

ISBN 978-85-370-0417-3

    1. Magia – História I. Bini, Edson. II. Título.
08-09769   CDD-133.4309
                Índices para catálogo sistemático:
                1. Magia: Esoterismo: História 133.4309

É proibida a reprodução total ou parcial desta obra, de qualquer forma ou por qualquer meio eletrônico, mecânico, inclusive por meio de processos xerográficos, incluindo ainda o uso da internet, sem a permissão expressa da Madras Editora, na pessoa de seu editor (Lei nº 9.610, de 19.2.98).

Todos os direitos desta edição, em língua portuguesa, reservados pela

MADRAS EDITORA LTDA.
Rua Paulo Gonçalves, 88 — Santana
CEP: 02403-020 — São Paulo/SP
Tel.: (11) 2281-5555 – (11) 98128-7754
www.madras.com.br

ÍNDICE DOS TEMAS E PLANO DO LIVRO

Introdução do tradutor..9
   Sobre o Dogma e Ritual da Alta Magia 16
Discurso preliminar concernente às tendências religiosas,
filosóficas e éticas 18
Introdução 47

PRIMEIRA PARTE
Dogma

1 A. *O Recipiendário.* Unidade do dogma. Qualidades que o Adepto requer. 67

2 B. *As colunas do templo.* Bases da doutrina. Os dois princípios. O agente e o paciente.. 79

3 C. *O triângulo de Salomão.* Teologia universal do ternário. Macrocosmo. 86

4 D. *O tetragrama.* Virtude mágica do quaternário. Analogias e adaptações. Espíritos elementais da Cabala. 93

5 E. *O pentagrama.* O microcosmo e seu signo. Poder sobre os elementos e sobre os espíritos. 101

6 F. *O equilíbrio mágico.* Ação da vontade. Iniciativa e resistência. Amor sexual. O pleno e vazio. 108

7 G. *A Espada flamejante.* O *sanctum regnum.* Os sete anjos e os sete gênios dos planetas. Virtude universal do setenário 115

8 H. *A realização.* Reprodução analógica das forças. Encarnação de ideias. Paralelismo. Antagonismo necessário 119

9 I. *Iniciação.* A lâmpada, o manto e o bastão mágico. Profecia e intuição. Segurança e estabilidade do iniciado em meio aos perigos. Exercício do poder mágico. 126

10   K. *A Cabala*. Sefirotes. Semhamphoras. Tarôs. As vias e as portas; o Bereshit e a Mercavah, a Gematria e a Temurah 130

11   L. *A cadeia mágica*. Correntes magnéticas. Segredos dos grandes segredos. Mesas falantes. Manifestações fluídicas................ 138

12   M. *A grande obra*. Magia hermética. Dogmas de Hermes. A *Minerva Mundi*. O grande e único Athanor. O dependurado . 146

13   N. *A necromancia*. Revelações do além-túmulo. Segredos da morte e da vida. Evocações 150

14   O. *As transmutações*. Licantropia. Possessões mútuas ou enfeitiçamento das almas. Varinha de Circe. O elixir de Cagliostro .158

15   P. *A magia negra*. Demonomania. Obsessões. Mistérios das doenças nervosas. Ursulinas de Loudun e religiosas de Louviers. Gaufridy e o Padre Girard. O livro de Eudes de Mirville 163

16   Q. *Os feitiços*. Forças perigosas. Poder de vida e de morte. Fatos e princípios. Remédios. Prática de Paracelso 165

17   R. *A astrologia*. Conhecimento dos homens segundo os signos de seu nascimento. Frenologia. Quiromancia. Metoposcopia. Os planetas e as estrelas. Anos climatéricos. Predições pelas revoluções astrais 173

18   S. *Os filhos e os sortilégios*. Magia envenenadora. Pós e pactos de feiticeiros. A *jettatura* em Nápoles. O olho gordo. As superstições. Os talismãs 179

19   T. *A pedra dos filósofos*. Elagábala. O que é esta pedra. Por que uma pedra. Singulares analogias 186

20   U. *A medicina universal*. Prolongamento da vida pelo ouro potável. Ressurreicionismo. Eliminação da dor 190

21   X. *A adivinhação*. Sonhos. Sonambulismo. Pressentimentos. Segunda vista. Instrumentos adivinhatórios. Alliette e suas descobertas sobre o tarô 193

22   Z. Resumo e *chave geral das quatro ciências ocultas*. Cabala. Magia. Alquimia. Magnetismo ou medicina oculta 198

SEGUNDA PARTE
Ritual

Introdução 205

1   *As Preparações*. Disposições e princípios da operação mágica, preparações pessoais do operador 220

2   *O Equilíbrio Mágico*. Emprego alternado das forças. Oposições necessárias na prática. Ataque e resistência simultâneos. A colher e a espada dos Templários 228

3   *O Triângulo dos Pentáculos*. Emprego do ternário nos conjuros e sacrifícios mágicos. O triângulo das evocações e dos pentáculos. As combinações triangulares. O tridente mágico de Paracelso 234

4   *A conjuração dos quatro*. Os elementos ocultos e seu uso. Conjuro dos quatro. Modo de dominar e de servir-se dos espíritos elementais e dos gênios malfeitores 242
    Oração dos Silfos 244
    Oração das Ondinas 245
    Oração das Salamandras 245
    Oração dos Gnomos 246

5   *O Pentagrama Flamejante*. Uso e consagração do pentagrama 250

6   *O Médium e o Mediador*. Aplicação da vontade ao grande agente. O médium natural e o mediador extranatural 254

7   *O Setenário dos Talismãs*. Cerimônias, vestes e perfumes próprios para os sete dias da semana. Confecção dos sete talismãs. Oração dos instrumentos mágicos 259

8   *Advertência aos imprudentes*. Precauções que devem ser adotadas ao realizar as grandes obras da ciência. 270

9   *O cerimonial dos Iniciados*. Cerimônia das iniciações. Sua finalidade e seu espírito 273

10 *A chave do ocultismo*. Uso dos pentáculos. Os mistérios antigos e modernos. Chave das obscuridades bíblicas. Ezequiel e São João 277

11 *A Tríplice Cadeia*. Três modos de formar a cadeia mágica 281

12 *A Grande obra*. Procedimentos e segredos da Grande obra. Raymundo Llulio e Nicholas Flamel 284

13   *A Necromancia.* Cerimonial para a ressurreição dos mortos e a necromancia...289

14   *As Transmutações.* Meios para se alterar a natureza das coisas. O anel de Gyges. Palavras que operam as transmutações..........299

15   *O Sabá dos Feiticeiros.* Ritos de *Sabá* e das evocações particulares. O bode Mendes e seu culto. Aberrações de Catarina de Médici e de Gilles de Laval, senhor de Raiz......................305

16   *Os Enfeitiçamentos e os sortilégios.* Cerimônias dos feitiços e dos malefícios. Modo para defender-se..321

17   *A Escrita das Estrelas.* Adivinhação pelas estrelas. Planisfério de Gaffarel. Como se pode ler no céu o destino dos homens e dos Impérios...328

18   *Filtros e Magnetismo.* Composição de filtros. Modo de influenciar destinos. Remédios e preservativos...............................339

19   *O Magistério do sol.* Uso da pedra filosofal. Como deve ser conservada, dissolvida em partes e recomposta imediatamente..347

20   *A Taumaturgia.* Insuflações frias e quentes. Passes com e sem contato. Imposição das mãos. Diversas virtudes da saliva. O óleo e o vinho. A incubação e a massagem..351

21   *A ciência dos Profetas.* Cerimonial das operações adivinhatórias. A clavícula de Tritêmio. O futuro provável da Europa e do mundo...357

22   *O Livro de Hermes.* Como toda essa ciência está contida no livro de Hermes. Antiguidade desse livro. Trabalhos de Court de Gebelin e de Etteilla. Os *theraphims* dos hebreus segundo Gaffarel. A chave de Guillaume Postel. Um livro de Saint-Martin. A verdadeira figura da Arca da Aliança. Tarôs italianos e alemães. Tarôs chineses. Uma medalha do século XVI. Chave universal do tarô. Sua aplicação às figuras do Apocalipse. Os sete selos da Cabala cristã. Conclusão de toda a obra..365

SUPLEMENTO DO RITUAL
O Nuctemeron de Apolônio de Tiana...392
    O Nuctemeron...392
Classificação e explicação das figuras..406

INTRODUÇÃO DO TRADUTOR

Jacques de Molay foi encarcerado durante muitos anos e queimado vivo em 1314. Raymundo Llullio morreu apedrejado em 1315. Cornélio Agrippa foi aprisionado e pereceu na pobreza em 1535. Paracelso foi vítima de hostilidades particularmente venenosas e amargas e suspeita-se que foi assassinado em 1541, aos 48 anos. John Dee, depois de ter sido acusado de conspiração política e encarcerado, e se transformar em conselheiro da rainha Elisabeth, morreu na pobreza, em circunstâncias misteriosas, em 1608. O dúbio Cagliostro escapou à pena de morte, foi condenado à prisão perpétua e morreu miseravelmente em 1795. Blavatsky foi difamada, perseguida e morreu paupérrima e praticamente abandonada em 1891.

Se recuarmos mais ainda nos registros sombrios da Idade Média ocidental, descobriremos muitas outras personagens que viveram dura e perigosamente, e morreram penosa ou tragicamente por um motivo fundamental: devotaram-se *de uma maneira ou de outra* às chamadas *ciências ocultas*.

Nesse sentido, as palavras de Papus a respeito da magia soam sobremaneira sábias: "... mas então entra-se também na via dos réprobos, dos pestilentos e dos malditos. Não podemos, assim, recomendar o caminho a quem quer que seja porque não conduz nem à riqueza nem a honras oficiais, e aquele que o tomar deverá estar, de antemão, disposto a experimentar as três grandes expiações iniciáticas: saber sofrer, saber abster-se e saber morrer."

E Eliphas Levi sintetiza a conduta recomendável do magista e do iniciado com um mínimo de quatro verbos: *saber, ousar, querer e calar*.

No século XIX já não ocorrem mais as campanhas e empreendimentos oficiais em larga escala da implacável e eficiente Inquisição, mas, em contrapartida, pratica-se uma espécie de guerra fria contra os estudiosos do ocultismo em geral.

É curioso, mas compreensível, notar que dois inimigos *naturais* tradicionais, o espiritualismo organizado (representado, sobretudo, pela Igreja) e o materialismo científico unem-se para combater o adversário comum: o *mal-afamado ocultismo*.

É no começo desse século – marcado pelo avanço da ciência experimental e o esforço da autoridade religiosa eclesiástica para preservar-se do difícil confronto com o ceticismo e a incredulidade – que nasce Alphonse Louis Constant (nome de batismo correspondente ao hebraico *Eliphas Levi Zahed*), no dia 8 de fevereiro de 1810, em Paris.

Levi era de família bastante modesta. Seu pai, *Jean-Joseph*, era um simples sapateiro, e a mãe, *Jeanne-Agnès*, uma dona de casa.

Seus pais desejavam que abraçasse a carreira religiosa e, assim, aos 10 anos, ele foi admitido no presbitério de Saint-Louis, onde aprendeu os rudimentos do Catolicismo diretamente do fundador dessa comunidade, o abade Hubault. Na verdade, os garotos admitidos no presbitério eram avaliados pelo abade, que acabava por selecionar alguns, em função de sua inteligência e pendor religioso, para a carreira eclesiástica.

Levi foi um desses escolhidos e, aos 15 anos, enviado ao seminário de Saint-Nicolas du Chardonnet em regime de internato, sendo, portanto, completamente desligado da vida mundana.

Não parece ter sido difícil para o doce e bem-comportado adolescente submeter-se às normas estritas da vida religiosa; sua vocação para o sacerdócio era indiscutível e ele apreciava bastante o estudo. Dedicou-se, em especial, ao estudo das línguas e três anos depois já conhecia o hebraico o suficiente para ler a Bíblia no original.

Progredindo excepcionalmente, foi enviado por seus superiores, em 1830 (ou seja, aos 20 anos), ao seminário de Issy, onde durante dois anos estudou filosofia. Seus primeiros escritos datam dessa época.

Em 1832, iniciou, finalmente, o estudo da teologia em Saint-Sulpice e, concluída essa fase de estudo, foi ordenado *subdiácono*.

Levi foi incumbido então de sua primeira tarefa religiosa, ou seja, *ministrar o catecismo a meninas*.

Era o primeiro grande desafio para Levi. Mas não eram seu conhecimento do Catolicismo e sua capacidade de ensino que estavam especialmente sendo submetidos à prova, mas sim seu próprio controle emocional, pois Levi conservava-se, naturalmente, virgem e seria humanamente razoável que, tendo ele pouco mais de 22 anos, o convívio regular com as meninas pudesse transtorná-lo e desviá-lo do sacerdócio.

Contudo, nada tão previsível e vulgar aconteceu, embora um fato incomum tenha ocorrido que viria, posteriormente, revelar-se como o motivo fundamental de seu afastamento da vida religiosa.

Ao ministrar suas lições de catecismo, Levi veio a conhecer uma adolescente enfermiça, pertencente a uma família comum e muito pobre. Seu nome era *Adèle Allenbach* – uma jovem possuidora de uma beleza virginal.

Levi não pôde deixar de amá-la com ternura, mas tudo indica que se viu tomado por uma espécie de arrebatamento místico, pois *em lugar de desejá-la como mulher*, ele a venerava como uma deusa – provavelmente um caso atípico de amor platônico.

Sua ascensão prosseguia e, em dezembro de 1835, foi ordenado *diácono*. Entretanto, em 1836, aos 26 anos, negaram-lhe a ordenação como sacerdote, pois ele confessara ao seu superior que amava Adèle.

Levi, sinceramente atingido por esse golpe, pois, se sua devoção pela jovem era autêntica, sua vocação para o sacerdócio também o era, foi atingido logo a seguir por outro golpe, pois sua mãe, ao receber a notícia de sua não ordenação e do seu afastamento da vida religiosa, deu cabo da vida. Ei-lo, então, de volta ao mundo, perturbado, angustiado e sem uma profissão para sobreviver.

Como se não bastasse, carregava ainda o estigma de padre expulso do seminário.

Depois de executar algumas atividades a título precário fora de Paris durante um certo tempo, Levi retornou à cidade e conseguiu alguns trabalhos, ora como pintor, ora como jornalista. Chegou até a fundar uma revista em associação com Henri-Alphonse Esquirros, mas, em 1839, sob o impulso de sua vocação religiosa, abandonou o jornalismo e ingressou na comunidade de Solesmes, comunidade independente sob a direção de um abade proscrito.

Isolado do mundo novamente, mas agora sem os encargos das atividades religiosas prioritárias, debruçou-se sobre os livros sob o convite de uma biblioteca constituída por um acervo de mais de 20 mil volumes.

Lançou-se ao estudo de alguns temas importantes como a teologia dos primeiros Padres da Igreja, o gnosticismo e pela primeira vez leu alguns livros de ocultismo.

As obras a que teve acesso, depois de lidas e tornadas objeto de sua madura reflexão, não só não lhe pareceram em oposição irreconciliável com o Cristianismo, como também o entusiasmaram por lhe facultarem a penetração em diversos mistérios da própria religião e alterarem a própria concepção que tinha de Deus.

Principalmente, livrou-se da ideia de um inferno de castigo eterno. Logo depois deixava Solesmes sem perturbações em sua mente e com o coração repleto de paz.

Voltou a ganhar a vida por meio de empregos variados e sucessivos, mas seu grande objetivo era publicar um livro em que divulgasse aquelas descobertas da fé que o haviam libertado do horror de certas concepções e interpretações acanhadas ou distorcidas dos próprios dogmas da religião.

Seu empenho permitiu que em 1841 publicasse um livro intrigante e audacioso: *A Bíblia da Liberdade*.

Essa publicação, *se por um lado* representou para ele uma grande realização e um profundo ato de amor fraternal, *por outro* foi a causa direta de 300 francos de multa (que o leitor compreenda que isso representava uma quantia respeitável em 1841) e uma estadia de oito meses na prisão.

Sua condenação fora o resultado de três acusações graves: atentado aos fundamentos da sociedade, profanação de verdades sagradas da religião e incitamento ao ódio e à revolta.

Sempre firme no seu propósito de aprofundar e desvendar os mistérios e dogmas da fé sem revidar os duros golpes que lhe assestavam, e principalmente sem criar um movimento rebelde que visasse à Igreja, Levi, cada vez mais produtivo, ao sair da prisão retomou suas atividades variadas e os estudos.

Nessa época já poderia ser considerado um linguista e um erudito, apesar de ter apenas 31 anos.

E finalmente fazia contato com grandes magistas medievais: Raymundo Llullio, Guillaume Postel, Cornélio Agrippa.

Para Levi, o primeiro produto desse encontro será O *Livro das Lágrimas* (também intitulado O *Cristo Consolador*), publicado em 1845.

A experiência humana de Levi seria ampliada de maneira luminosa e pungente a partir de 1846. Em julho desse ano, casou-se com Marie Noémi Candiot, uma ativista política.

Marie Noémi, consciente da grande habilidade literária do marido, convenceu-o a escrever panfletos políticos. Levi foi logo preso e sentenciado, em 3 de fevereiro de 1847, a um ano de detenção, além de ter de pagar uma multa de mil francos!

A brava e grávida Marie Noémi, sentindo-se provavelmente responsável, correu incessantemente pelos ministérios em uma tentativa de reduzir a pena de prisão de Levi. Só depois de meio ano atingiria seu objetivo.

Mas cerca de *um ano* de tumultuada vida conjugal resultou não só nessa prisão acompanhada de prejuízo financeiro, mas também na filhinha que, para dor mais do pai que da mãe, já nasceu enfermiça.

A presença efêmera dessa pobre criança no lar dos Constant ocasionou indiretamente uma longa sequência de sofrimentos para todos, especialmente para o amável e amoroso Levi, que adorava a pequena criatura.

Segundo o próprio Eliphas Levi, "Noémi era incapaz de ser mãe".

Talvez fosse extremamente difícil conciliar ativismo político com o excepcional zelo materno que aquela pobre criancinha exigia – supomos nós.

Mas o fato que aqui suplanta esses aspectos está vinculado a um episódio que veio demonstrar um certo poder taumatúrgico, *ou seja, mágico* de Levi.

O próprio Levi nos narra tal episódio em uma de suas epístolas ao barão Spedalieri: "Um dia me foi trazida essa pobre criança moribunda, já que não me atrevo a dizer *morta*, por uma mulher obtusa que Noémi, incapaz de ser mãe, contratara como ama de leite.

O corpo da criança estava frio, o coração e o pulso não batiam mais. Noémi, que não soubera zelar devidamente por ela, mostrava-se no auge da ira, dizendo que daria cabo do filho da ama de leite (que mulher a minha, grande Deus!). No intuito de arrefecer sua ira, jurei-lhe que a menina não estava morta. Em seguida, carreguei o pobre corpinho para a cama e o pus diretamente sobre meu peito. Assoprei simultaneamente em sua boca e suas narinas; senti que o entorpecimento do corpo começava a ceder. Apanhei, a seguir, um pouco de água morna e exclamei quase em um brado: *Maria! Si quid est in baptismate catholico regenerationis et vitae, vive christiana! Ego enim te baptiso in nomine Patris ef Filii et Spiritus Sancti.* Meu amigo, o que vos estou contando não é um sonho: a criança abriu de imediato seus grandes olhos azuis espantados e sorriu... Ergui-me precipitadamente, proferindo um brado de alegria, e levei-a aos braços de sua mãe, que mal podia crer no que presenciava".

Mas, apesar disso, essa filha não sobreviveria aos 7 anos de idade. Morreu em 1854 e sua morte causaria grande sofrimento ao pai.

Por outro lado, é curiosíssimo e importantíssimo observar que Levi não era apolítico e jamais defendeu a tese segundo a qual religiosidade e atividade política são incompatíveis.

Em 1848, fundou um partido político, o *Clube da Montanha*. Apesar do nome que evoca lazer e ar puro, era um típico partido político com metas claramente pertinentes e comuns, isto é, eleger candidatos. Levi era o presidente, Marie Noémi, secretária. Esquirros, seu velho amigo e sócio na revista que haviam produzido e publicado 12 anos atrás, foi eleito deputado pelo Clube da Montanha para a Assembleia Nacional em 1849. Deve-se salientar que se tratava, é claro, de um partido de oposição ao governo imperial francês.

Esquirros foi exilado em 1851 e só voltou à política francesa em 1869, depois da queda do Império. A propósito, Esquirros também era um estudioso do ocultismo e durante seu desterro na Inglaterra escreveu várias obras e, ao menos *uma*, de caráter ocultista.

Contudo, a despeito de sua opinião favorável à compatibilidade entre o religioso e o político, Levi abandonou toda e qualquer atividade política em 1851 (início da fase áurea do governo imperial francês), passando a devotar-se totalmente ao ocultismo.

O início do período da prática ocultista de Levi não pode ser datado com exatidão, mas pode ser situado nesse ano de 1851, quando Levi entretinha relações estreitas com figuras proeminentes do ocultismo de então, como Hoëne Wronski e Edward Bulwer-Lytton.

Wronski morreu em 1853. Levi e Marie Noémi se separaram em 1854.

Na primavera desse mesmo ano, com o coração angustiado por causa da perda de sua filha, que fora provavelmente o melhor de seu casamento com Marie Noémi, Levi viajou para Londres para, como ele diz *nesse* livro, "... fugir de sofrimentos íntimos e me dedicar, sem qualquer distração, à ciência".

Decepcionou-se, contudo, com a grande maioria dos ocultistas ingleses que conheceu, que, segundo suas palavras também contidas *nessa* obra, mostravam "... com muita cortesia, no fundo indiferença e superficialidade. A única coisa que me solicitaram foram prodígios, como se eu não passasse de um charlatão".

Mas seria em Londres, nessa mesma ocasião, que Levi encontraria Edward Bulwer-Lytton, o famoso escritor que também era um grande ocultista e um verdadeiro Adepto, com o qual iniciaria uma amizade estreita e compartilharia de certos segredos por *iniciação*. Por razões bastante compreensíveis, Levi se cala sobre os detalhes das experiências mágicas que teria realizado em caráter iniciático, em paralelo com Bulwer-Lytton.

Historicamente, por motivos igualmente compreensíveis, também não é possível dizer muito, exceto que Levi e Bulwer-Lytton teriam, durante uma semana no final de julho de 1854, realizado rituais de alta magia envolvendo as *visões* de Cristo, São João e Apolônio de Tiana.

Foi ainda nesse ano que Levi fez um retiro para dedicar-se ao estudo da Cabala. Principiava o período mais fecundo de suas investigações do oculto e das operações mágicas. Esse estudo acabaria por levá-lo (como atestam, particularmente, as páginas desse livro) a descobrir na Cabala a grande síntese religiosa, filosófica e científica da ciência mágica tradicional do Ocidente, representada no *Livro de Toth,* com suas 22 páginas (*os 22 arcanos maiores do tarô*) em perfeita correspondência e consonância com as 22 letras do alfabeto sagrado (o hebraico).

Nesse 1854 tão significativo, nasceu em Hackney, a leste de Londres, Samuel Liddel Mathers.

Levi logo retomou a Paris e em 1855 fundou a *Revista Filosófica e Religiosa.*

O resultado de seus profundos estudos e suas maduras investigações, em especial da Cabala e seus mananciais, o conduziram então às suas obras mais representativas e de teor eminentemente mágico: esse livro, ou seja, *Dogma e Ritual da Alta Magia,* que veio à luz no mesmo ano de 1855, a *História da Magia,* que foi publicada em 1860, e a *Chave dos Grandes Mistérios,* publicada em 1861.

As duas obras que se seguiram em rápida sucessão de publicação são também da maior importância do ponto de vista do conteúdo ocultista e mesmo daquele do brilho literário de Levi: o *Feiticeiro de Meudon* (1861) e *Fábulas e Símbolos* (1862). *A Ciência dos Espíritos* só apareceria em 1865 e o irrepreensível O *Livro dos Esplendores,* que trata majoritariamente das próprias origens da Cabala, só foi publicado postumamente, 19 anos após a morte do autor, ou seja, em 1894, com um apêndice de Papus, que foi um discípulo indireto de Levi, seu grande admirador e o ocultista mais expressivo que o sucedeu.

Em 1855, Levi escreveu e publicou *Calígula,* um poema político visivelmente anti-imperial. O resultado foi imediato: foi preso. Na prisão escreveu o *Anti-Calígula,* réplica que lhe devolveu a liberdade.

A partir de 1855, a vida de Levi, um pouco menos sujeita a agruras materiais e à alternância de ocupações profissionais, será devotada principalmente à direção de sua revista, à redação de suas obras ocultistas e à atividade ocultista junto ao seu círculo selecionado de discípulos e amigos, alguns deles homens muito ricos.

Mas, apesar desses relacionamentos, em coerência com as ideias que expressa em seus livros (especialmente no *Dogma e Ritual...*) a respeito da vida reservada aos magistas, Levi vivia com simplicidade e moderação a vida de um homem pobre, mas não *miserável e indigno.*

Aplicava algumas regras básicas ao seu dia a dia: cultivo da tranquilidade do espírito, muito asseio corporal, alimentação equilibrada, frugal mas substanciosa e nutritiva e feita com regularidade, moradia bem ventilada e seca, sono profundo e tranquilo precedido pela abstenção de grandes esforços físicos e excitações à noite, exercícios físicos moderados, trabalho produtivo e agradável mas que deve ser interrompido diariamente pouco antes de cansar-se.

Para Levi, tais regras bastavam para prevenir a maioria das doenças. Quanto às eventuais indisposições, empregava e recomendava remédios caseiros simplicíssimos, tais como uma xícara de vinho quente para combater fraquezas e resfriados, infusão de barragem e leite para livrar-se da gripe e uns *bons* copos de hidromel para eliminar o incômodo da prisão de ventre – mas lembra que tais *remédios tão "ingênuos"* devem ser acompanhados de "muita paciência e alegria".

O prestígio, sobretudo nos meios ocultistas, especialmente com a repercussão que obteve *A Ciência dos Espíritos* em 1865, também jamais afetou ou alterou o comportamento singelo, amável e ponderado de Levi, agora menos visado pelo governo imperial por causa de sua não militância política.

Quanto à Igreja, pode-se dizer com justiça que ele foi bem mais cristão com ela do que ela com ele.

Jamais revidou seus ataques e, *em lugar* de agredi-la e contestar sua autoridade, Eliphas Levi a defende em suas obras em inúmeras ocasiões. Levi advogará a *catolicidade*, a universalidade da fé conciliada com a razão até seu último alento.

Ao morrer, *pobre*, *íntegro* e cercado de amigos em 31 de maio de 1875, aos 65 anos, contemplava serenamente e com olhar fixo um crucifixo.

A Igreja não o ordenara sacerdote, mas *à sua maneira*, Eliphas Levi exercera um *sacerdócio livre* por toda a sua vida.

No ano de 1875, entre outras coisas significativas para o ocultismo e a ciência não ortodoxa, devem-se destacar os nascimentos de Carl Gustav Jung e Edward Alexander Crowley, e a fundação da *Sociedade Teosófica*.

Sobre o DOGMA E RITUAL DA ALTA MAGIA

O *Dogma e Ritual da Alta Magia* pode ser considerado a primeira obra da *maturidade mágica* de Eliphas Levi.

Quando foi lançado, em meados do século XIX, a Europa era sacudida por uma guerra fria e tensa entre a religião e a ciência, as quais só celebravam tréguas muito efêmeras para abrir fogo com suas artilharias independentes contra aquilo que se convencionou chamar genericamente de *ocultismo*.

Portanto, a publicação do *Dogma e Ritual...* constituiu um ato de extrema ousadia.

Mas Eliphas Levi não desejou nesse livro detonar nenhuma bomba ou declarar nenhuma nova guerra.

Muito pelo contrário, o *Dogma e Ritual...*, apesar de expor, depois de muitos séculos de obscurantismo e mistificação, a magia na sua grandeza de *ciência*, pretende – em um duplo esforço esclarecedor – não só *conciliar* religião e ciência, a fé e a razão, como demonstrar *para* os *que têm olhos para ver e ouvidos para ouvir* que o *saber mágico tradicional* era, *inclusive*, a grande síntese conquistada e realizada pela fé e a razão.

O espírito do *Dogma e Ritual...*, idêntico ao de quem o escreveu, é o do *esclarecimento*, da *conciliação* e da *paz*.

Nesse livro, Eliphas Levi propõe e sustenta a credulidade *razoável e iluminada*, lamentando e desprezando tanto a *credulidade sem razão* quanto a *incredulidade sem fé*.

Mas Levi deixa claro que não está propondo a exumação de antigos cultos e a restauração de antigos templos, mas sim um *novo sacerdócio e uma nova realeza* dentro do espírito da *iniciação antiga... espírito* há muito tempo perdido.

O século XIX ainda nos concederia obras preciosas e surpreendentes de grandes ocultistas e magistas... Blavatsky, Saint-Yves d'Alveydre, Papus, Stanislas de Guaita, Rosso de Luna e outros..., mas o *Dogma e Ritual da Alta Magia* permanece, no seu gênero, como a obra pioneira dos tempos modernos.

Edson Bini
São Paulo

NOTAS DO TRADUTOR

Introduzi notas meramente informativas, às vezes elucidativas e que se limitam, majoritariamente, apenas a algumas figuras fundamentais associadas à história da magia. Acrescer comentários mais extensos que pudessem ser suscitados por essa obra-prima de Eliphas Levi representaria produzir aqui um texto das dimensões desse, algo editorialmente inviável e que escapa ao presente contexto.

DISCURSO PRELIMINAR
CONCERNENTE ÀS TENDÊNCIAS RELIGIOSAS, FILOSÓFICAS E ÉTICAS
(DOS NOSSOS LIVROS SOBRE A MAGIA)

Desde que a primeira edição deste livro veio a público, ocorreram grandes eventos no mundo, e outros – quiçá maiores ainda – estão na iminência de sua concretização.

Tais eventos haviam sido anunciados a nós, como de costume, mediante milagres: mesas tinham falado, vozes tinham brotado das paredes, mãos destituídas de corpos tinham escrito palavras plenas de mistério, tal como no banquete de Baltasar.

O fanatismo, nos seus estertores, indicou o sinal dessa derradeira perseguição aos cristãos, a qual todos os profetas haviam anunciado. Os mártires de Damasco indagaram dos mortos de Perusa o nome daquele que redime e que abençoa e então o céu se velou e a Terra emudeceu.

Parece-nos que, mais do que nunca, uma guerra encarniçada é travada entre a ciência e a religião, a autoridade e a liberdade, que, ademais, parecem votar-se um ódio irreconciliável. Contudo, não deves crer na aparência sangrenta que exibem – estão prestes a realizar uma união e se abraçarem para sempre.

Descobertos os grandes segredos da religião e da ciência dos magos, com a consequente revelação da unidade do dogma universal ao mundo, o fanatismo é destruído e os milagres são explicados pela razão. O verbo humano, criador das maravilhas humanas, casa-se com o verbo divino para sempre e produz a cessação da antinomia universal, fazendo-nos entender que a harmonia é decorrente da analogia dos contrários.

O maior dos gênios católicos da modernidade, o conde de Maistre, já previra tal acontecimento importante ao afirmar: "Newton nos conduz a Pitágoras; a analogia existente entre a ciência e a fé mais cedo ou mais tarde irá uni-las. O mundo está privado de religião, porém essa monstruosidade não poderia perdurar por muito tempo; o século XVIII ainda dura, mas findará".

Solidários com a fé e as esperanças desse grande homem, atrevemo-nos a escavar os escombros dos velhos santuários do ocultismo; indagamos das doutrinas secretas de caldeus, egípcios e hebreus os segredos da transfiguração dos dogmas e obtivemos a resposta da verdade eterna – a verdade, que é una e universal como o ser; a verdade que vive em meio às forças da natureza, os misteriosos Elohim que recriam o céu e a terra quando, durante algum tempo, o caos se apodera da criação e de suas maravilhas e quando o espírito de Deus somente paira acima do abismo das águas.

A verdade encontra-se acima de todas as opiniões e facções.

A verdade é como o Sol – cego é aquele que não a vê. Era esse, é-nos impossível duvidá-lo, o sentido de uma certa palavra célebre de Bonaparte, pronunciada por ele em uma época na qual o triunfador da Itália, ao sintetizar a Revolução Francesa, apenas nele encarnada, principiava a atinar como a república podia ser uma verdade.

A verdade é a vida e a vida se prova mediante o movimento. É por meio do movimento determinado e efetivo, enfim, por meio da ação que a vida se desenvolve e assume novas formas. Pois bem, damos o nome de criação aos desenvolvimentos da vida por si mesma e à sua produção de formas novas. Damos o nome de *verbo* à potência inteligente atuante no movimento universal de uma maneira transcendental absoluta. É a iniciativa de Deus, que jamais pode permanecer sem efeito bem como não pode deter-se sem ter logrado seu fim. Para Deus, falar é fazer, o que deveria ser sempre o poder da palavra, até mesmo entre os homens; a verdadeira palavra é o sêmen das ações. Não é possível que uma emissão de inteligência e de vontade seja infecunda sem haver abuso ou profanação de sua dignidade original. Essa é a razão de o Redentor dos homens dever nos exigir uma elevada prestação de contas, não somente dos pensamentos descaminhados como também, e sobretudo, das palavras ociosas.

Segundo o Evangelho, Jesus era poderoso em obras e em palavras, obras primeiro e palavras depois; esse é o modo de estabelecer e provar o direito do discurso falado. Jesus se pôs a fazer e falar – diz em algum lugar um evangelista – e na linguagem primitiva da Sagrada Escritura, várias vezes uma ação é denominada *verbo*.

A propósito, em todas as línguas, designa-se como *verbo* aquilo que expressa, simultaneamente, o ser e a ação, e todos os verbos podem ser supridos pelo verbo *fazer*, alterando-se o regime. *No princípio era o verbo*, diz São João, o evangelista. Em qual princípio? No primeiro princípio, no princípio absoluto que existe antes de tudo. Nesse princípio estava, portanto, o verbo, ou seja, a ação. Em filosofia, isso é incontestável porque o primeiro princípio é necessariamente o primeiro motor. O Verbo não é uma abstração, é o princípio mais positivo que há no mundo visto que se prova incessantemente mediante atos. A filosofia do Verbo é essencialmente a filosofia da ação e dos fatos concretizados e é aqui que é imperioso distinguir um *verbo* de uma palavra. A palavra, por vezes, pode ser infecunda, como na colheita encontram-se espigas chochas, mas o Verbo jamais é estéril.

O Verbo é a palavra plena e fecunda; não é motivo de divertimento para os homens que o ouvem e aplaudem; realizam-no sempre, muitas vezes sem sua compreensão, quase sempre sem ter resistido a ele. As doutrinas que o povo reitera não são as que logram êxito. Quando o Cristianismo ainda constituía um mistério, os césares já experimentavam seu destronamento pelo Verbo cristão. Um sistema admirado pelo mundo e ovacionado pela multidão pode não passar de um brilhante conjunto de palavras estéreis; mas um sistema que é suportado pela humanidade, por assim dizer, contra sua vontade, é um *verbo*.

O poder se prova mediante seus resultados e, como dizem que foi escrito por um profundo político da modernidade, "a responsabilidade representa algo quando não se experimenta o sucesso". Essa sentença, que pessoas obtusas julgaram imoral, é igualmente verdadeira caso a apliquemos a todas as noções especiais capazes de distinguir a palavra do Verbo, a vontade da ação, ou melhor, o ato imperfeito do ato perfeito. De acordo com a teologia católica, o homem que se converte em um danado é aquele que não obtém êxito em salvar-se. Pecar é faltar à felicidade.

O homem que não obtém êxito cometeu faltas sempre, em literatura, em moral ou em política. Não importa em que gênero seja, o mau é o bom e o belo que não encontram êxito. E se for necessário ir avante até o domínio eterno do dogma, pode-se dizer que outrora havia dois espíritos, cada um aspirando à divindade exclusivamente para si: um deles logrou êxito e é ele que é Deus, o outro fracassou e tornou-se o Demônio!

Ter êxito é poder. Fracassar sempre é tentar eternamente: essas duas expressões sintetizam os dois destinos opostos do espírito do bem e do espírito do mal!

Quando uma vontade altera o mundo, é um Verbo que fala e todas as vozes silenciam perante ele, segundo o que diz o livro dos Macabeus sobre Alexandre. Alexandre, entretanto, pereceu com seu verbo de poder porque nenhum futuro estava encerrado nele, a menos que a grandeza romana deixasse de ser a concretização de seu sonho. Pois bem, na atualidade ocorre algo mais estranho: um homem que morreu desterrado no meio do Oceano Atlântico faz a Europa silenciar uma segunda vez perante seu verbo e ainda mantém todo o mundo suspenso unicamente pela força de seu nome!

É que a missão de Napoleão foi grandiosa e santa; é que nele existia um Verbo de verdade. Somente Napoleão podia, após a Revolução Francesa, erguer novamente os altares do Catolicismo e somente o herdeiro moral de Napoleão detinha o direito de conduzir Pio IX a Roma. Diremos o motivo disso.

Na doutrina católica da Encarnação há um dogma que é conhecido nas escolas teológicas pelo nome de *Comunicação dos Idiomas*. O que esse dogma afirma é que na união da divindade com a humanidade concretizada em Jesus Cristo, a aproximação das duas naturezas foi tão estreita que disso decorreu uma identidade e uma simplíssima unidade pessoal, o que faz com que Maria, mãe do Homem, não só possa como deva ser chamada de *mãe de DEUS* (houve uma comoção mundial por causa dessa prerrogativa na época do concílio de Éfeso), o que faz com que se possa tanto atribuir a Deus os sofrimentos do homem quanto atribuir ao homem as glórias de Deus. Em uma palavra, a *Comunicação dos Idiomas* constitui a solidariedade em nome da qual é permissível dizer que Deus é humano e que o homem é Deus.

Revelando ao mundo a lei universal do equilíbrio e a harmonia decorrente da analogia dos contrários, o magismo toma a totalidade das ciências pela base e preludia uma revolução universal em todas as ramificações do saber humano por meio da reforma das matemáticas; ao princípio gerador das ideias e, consequentemente, o princípio gerador dos mundos, desse modo conduzindo à luz da ciência o resultado incerto das instituições demasiado físicas de Pitágoras; ao esoterismo teúrgico de Alexandria é contraposta uma fórmula clara, exata, absoluta que todas as ciências passadas pelas regenerações demonstram e justificam; para ele a razão primária, bem como o fim último do movimento universal, seja nas ideias, seja nas formas encontra uma síntese definitiva em alguns sinais de álgebra sob a forma de uma equação.

As matemáticas, compreendidas de uma tal maneira, nos conduzem à religião pelo fato de se tornarem, sob qualquer forma, a demonstração do infinito gerador da extensão e a prova do absoluto, do que emanam os cálculos de todas as ciências.

Essa sanção suprema que os labores do espírito humano recebem, essa conquista da divindade obtida pela inteligência e pelo estudo deve consumar a salvação da alma do homem e lograr a definitiva emancipação do Verbo da humanidade. Então, aquilo a que damos atualmente o nome de *lei natural* contará com toda a autoridade e infalibilidade de uma *lei revelada*; e então, inclusive, se compreenderá que a lei positiva e divina é, ao mesmo tempo, uma lei natural porque Deus é o autor da natureza, não podendo contradizer-se nas suas criações e nas suas leis.

Tal reconciliação do Verbo humano irá gerar a moral verdadeira, a qual não existe ainda de maneira completa e definitiva. Então, também a Igreja universal verá abrir diante de si um novo curso. De fato, até o momento, a infalibilidade da Igreja é constituída apenas pelo dogma e para isso, é certo, a Divindade não desejava necessitar o concurso dos homens, convocados a ter a compreensão mais tarde daquilo que primeiramente deviam crer. Contudo, para constituir a moral, não ocorre o mesmo, porque ela é tão humana quanto divina e aquele que assume mais obrigações no pacto é quem deve necessariamente consentir nele. Nessa nossa época, sabeis do que mais carece o mundo? É da moral. Todos sentem isso, todos afirmam isso e consequentemente em todos os lugares são abertas escolas de moral. E do que carecem essas escolas? De um ensino que inspirasse confiança, em uma palavra: de uma autoridade razoável em lugar de uma razão sem autoridade, por um lado, e uma autoridade sem razão, por outro.

Cumpre observar que a questão moral serviu de pretexto para a ampla deserção que presentemente deixa a Igreja enviuvada e desolada. É em nome da *humanidade*, expressão material da *caridade*, que se fez insurgir contra dogmas falaciosamente acusados de desumanidade os instintos populares.

A moral do Catolicismo não é *desumana*, embora seja muitas vezes *sobre-humana*. É por essa razão que não era dirigida aos homens da antiguidade, estando vinculada a um dogma que estabelece a possibilidade da destruição do homem antigo e a criação de um homem novo. O magismo acolhe tal dogma entusiasticamente e promete esse renascer espiritual à humanidade para a época da reabilitação do Verbo humano. Assim, o magismo declara: o homem, convertido em criador, como Deus, será o operador de seu desenvolvimento moral e o autor de sua imortalidade gloriosa. *Criar a si mesmo* – eis a vocação sublime do homem restaurado em todos os seus direitos pelo batismo do espírito, e tal ligação entre a imortalidade e a moral ocorrerá que uma será o complemento e a decorrência da outra.

A luz da verdade é igualmente a luz da vida. A verdade, contudo, para mostrar-se fecunda em imortalidade, deseja sua recepção em almas a um tempo livres e submissas, ou seja, voluntariamente obedientes. Contando com o esplendor dessa luz, a ordem se instaura tanto nas formas como nas ideias, enquanto que o crepúsculo ludibriador da imaginação faz nascer, e só pode fazer nascer, monstros. Assim, o inferno é povoado de pesadelos e fantasmas; assim o pagode dos embusteiros é lotado de divindades hediondas e disformes; assim, as tenebrosas evocações da teurgia concedem uma fantástica existência às quimeras do sabá. As imagens populares e simbólicas das tentações de Santo Antônio são a representação da fé pura e singela combatendo, no alvorecer do Cristianismo, todos os espectros do mundo antigo; mas o Verbo humano, manifestado e triunfante, foi profeticamente representado por esse admirável São Miguel, a quem Rafael concede para ser derrotado com uma simples ameaça um ser inferior, que, embora possua a figura humana, inclui também os caracteres da fera.

Os místicos religiosos desejam que o bem seja feito apenas em obediência a Deus. Do ponto de vista da verdadeira moral, será indubitavelmente necessário praticar o bem em obediência à vontade divina, mas também pelo próprio bem. O bem é, em Deus, justiça por excelência, que não é limitadora, mas é determinadora de sua liberdade. Deus não pode condenar a maioria da humanidade movido por um capricho de déspota. Deve existir uma proporção exata entre as ações humanas e a criação determinante da sua vontade, que o torna, em definitivo, uma potência do bem ou um assessor do mal, o que é demonstrado pela ciência da alta magia.

Em um livro publicado em 1845, escrevemos o seguinte:

"O advento da fé cega findou, pois alcançamos a época da fé inteligente e da submissão razoável, o tempo em que não nos limitaremos a crer em Deus, mas em que o veremos em suas obras, que são as formas, externas do seu ser.

"Pois bem, eis o grande problema de nossa época:

"Desenhar, completar e fechar o círculo dos conhecimentos humanos; em seguida, por meio da convergência dos raios, descobrir um centro, que é Deus.

"Descobrir uma escala de proporção entre os efeitos, as vontades e as causas para a partir daqui ascender à causa e à verdade primeira.

"Constituir a ciência das analogias entre as ideias e a sua fonte primeira.

"Fazer com que qualquer verdade religiosa seja tão exata e tão claramente demonstrada quanto a solução de um problema de geometria."

Vejamos agora as palavras de um homem que, venturosíssimo, descobriu, adiantando-se a nós, a demonstração do absoluto de acordo com os antigos sábios, mas que, infelicíssimo, viu nessa descoberta apenas um veículo para a fortuna e um pretexto para a cupidez:

"Para nós será o bastante declarar, antecipadamente à doutrina do messianismo, que, de um lado, a aplicação da razão absoluta à nossa faculdade psicológica cognitiva produz em nós a faculdade superior da criação dos princípios e da dedução das consequências, que é o grande objeto da filosofia, e por outro lado, que a aplicação da razão absoluta à nossa faculdade psicológica sensível produz em nós a faculdade superior do sentimento moral e do sentimento religioso, que é o grande objeto da religião. Será possível, assim, vislumbrar como o messianismo atingirá o enlace final da filosofia com a religião, livrando uma e outra dos seus entraves físicos e terrestres e as conduzindo, além dessas condições temporais, à razão absoluta, que é sua fonte comum. Ademais, já será possível reconhecer como, por meio da influência de tais condições temporais ou tais entraves físicos, são possibilitados, por um lado, o *erro* no âmbito da filosofia e, por outro, o *pecado* no âmbito da religião, isso, sobretudo, quando essas condições físicas são comuns àquelas da concupiscência hereditária da humanidade, a qual participa de sua natureza terrestre. E assim será possível compreender como a razão absoluta, que se sobrepõe a tais condições, a essa mancha terrestre e que no messianismo deve aniquilar até mesmo a fonte do erro e do pecado, forma sob a expressão alegórica daquela Virgem que deve esmagar a cabeça da serpente, a concretização dessa predição sagrada. É, portanto, essa Virgem augusta que o messianismo faz hoje adentrar o santuário da humanidade."

"Crede e compreendereis" – são palavras ditas pelo Redentor do mundo; "estudai e chegareis a crer" – são palavras que os apóstolos do magismo podem agora dizer.

Crer é saber pela palavra. Pois bem, essa palavra divina que antecipava e supria por certo tempo a ciência cristã, em consonância com a promessa feita pelo Mestre, tinha de ser compreendida pela posteridade. Reside aqui o consenso da ciência com a fé provado pela própria fé.

Entretanto, para instituir para a ciência a necessidade de um tal consenso, o estatuto de um grande princípio tem de ser admitido, ou seja, *que o absoluto não se encontra em nenhum dos dois extremos da antinomia e que os homens facciosos, aqueles que se mantêm sempre tirando para extremos opostos, temem ao mesmo tempo atingir tais extremos, julgando como insanos perigosos aqueles que enunciam claramente suas tendências e, no seu próprio sistema, são instintivamente tementes do fantasma do absoluto como o nada ou a morte.* Explica-se assim por que o piedoso arcebispo de Paris formalmente censura as basófias inquisitoriais do Universo e por que o partido revolucionário na sua totalidade foi tomado pela indignação diante das brutalidades de Proudhon.

A força de tal prova negativa está contida nesta simples observação: que um ponto central deve reunir duas tendências que estejam em oposição aparente, que estejam impossibilitadas de dar um único passo sem que isso faça com que uma arraste a outra para trás, o que exigirá, na sequência, uma reação análoga. Aqui temos o que sucede há dois séculos: essas tendências encontram-se presas uma à outra sem o saber e na sua retaguarda são duas potências condenadas a um esforço de Sísifo, obstando-se reciprocamente. Ora, voltai-vos, encaminhando-as para o ponto central, que é o absoluto, e então elas se acharão uma ante a outra e celebrando um apoio mútuo produzirão uma estabilidade igual à força de seus esforços opostos, multiplicados uns pelos outros.

Para devolver, assim, às forças humanas o que parece à primeira vista um trabalho de Hércules será suficiente desenganar as inteligências e mostrar-lhes o fim onde acreditam encontrar o percalço.

A religião é razoável – é isso que deve ser dito à filosofia; e pode-se prová-lo radicalmente pela simultaneidade e a correspondência das leis que geram o dogma e a ciência.

A razão é santa – é isso que é necessário dizer à Igreja, provando-lhe pela aplicação ao êxito de sua doutrina de caridade todas as conquistas da emancipação e todas as glórias do progresso.

Ora, Jesus Cristo, constituindo o tipo da humanidade submetida à regeneração, a divindade tornada homem, estava incumbido da missão de divinizar a humanidade: o Verbo tornado carne permitia à carne tornar-se Verbo, o que os doutores da Igreja não compreenderam inicialmente; seu misticismo quis que a divindade absorvesse a humanidade. Negaram o direito humano. Acreditaram que a fé tinha de destruir a razão, esquecendo-se destas palavras profundas do maior dos hierofantes cristãos: "Todo espírito que divide o Cristo é um espírito do Anticristo".

A insurreição da mente humana contra a Igreja, insurreição essa que foi sancionada por um tremendo êxito negativo, teria sido, dentro dessa linha de raciocínio, um protesto a favor do dogma total, e a revolução que perdura por 350 anos teria sido causada por um grande equívoco!

De fato, a Igreja Católica jamais negou como nem pôde negar a divindade humana, o Verbo tornado carne, o Verbo humano! Jamais permitiu essas doutrinas absorventes e debilitadoras que, por meio de um quietismo desajuizado, destroem a liberdade humana. Bossuet chegou a perseguir a sra. Guyon, cuja consciente loucura, entretanto, admirava e que depois dele nós admiramos. Porém, Bossuet viveu, infelizmente, só após o concílio de Trento. Fazia-se necessário que a experiência divina sofresse seu processo de continuidade.

O motivo de darmos o nome de experiência divina à Revolução Francesa é que nessa época houve a permissão por parte de Deus para que o gênio humano medisse forças contra ele; um conflito estranho que devia ter como desfecho um abraço apertado; deboche do filho pródigo ao qual restava unicamente por futuro um retorno decisivo e uma festa solene na casa do pai da família.

O Verbo divino e o Verbo humano, concebidos independentemente, porém dentro de uma noção de solidariedade que os mantinha indissolúveis, haviam, desde o início, instaurado o papado e o império; as lutas empreendidas pelo papado com o intuito de predominar sozinho constituíram a afirmação do Verbo divino e essa afirmação, para reinstaurar o dogma da Encarnação, tinha de corresponder, no império, a uma afirmação absoluta do Verbo humano. Eis aqui a origem da Reforma, que teve como tendência os direitos do homem!

Os *direitos do homem*! Napoleão provou esses direitos por intermédio da glória com a qual cobriu sua espada. Tendo sido encarnada e resumida em Napoleão, a revolução deixou de ser uma desordem e, pelo êxito marcante, gerou a prova irrefutável do seu Verbo. Foi então que se presenciou – coisa inaudita nos fastos da religião – a humanidade, por sua vez, estender a mão para Deus, como que para o erguer de sua queda. Um pontífice, cuja piedade e ortodoxia jamais sofreram contestação, sancionou mediante a autoridade de todos os séculos da cristandade a santa usurpação do novo césar; e assim a revolução encarnada foi sagrada, ou seja, recebeu a unção que produz os Cristos, a partir da própria mão do mais venerável sucessor dos pais da autoridade!

É fundamentado em tais fatos, tão universais, tão irrefutáveis e tão resplandecentes de claridade quanto a luz do Sol, é fundamentado em tais fatos que o messianismo firmou sua base na história.

A afirmação do Verbo divino por meio do Verbo humano impulsionada pelo segundo até o suicídio à força de abnegação e entusiasmo – isso é a história da Igreja desde Constantino até a Reforma.

A imortalidade do Verbo humano, provada mediante convulsões terríveis, mediante uma rebelião que atingiu o delírio, mediante lutas colossais e mediante padecimentos que se assemelham aos de Prometeu até a chegada de um homem bastante forte a ponto de prender novamente a humanidade a Deus – tal é a história da revolução em sua totalidade.

Fé e razão! Dois termos considerados opostos pelo homem, mas que são idênticos.

Autoridade e liberdade, dois contrários que são fundamentalmente idênticos, visto que um não pode existir sem o outro.

Religião e ciência, duas contradições que asseguram sua destruição recíproca como contradições e que se afirmam mutuamente se as encararmos como duas afirmações fraternais.

Temos aí o problema colocado e já resolvido pela História. Aqui temos o enigma da esfinge elucidado pelo Édipo da modernidade, o gênio de Napoleão.

Constitui seguramente um espetáculo digno de todas as simpatias do gênero humano e, iremos mais longe, digno do assombro até dos espíritos mais frios, esse movimento singular, esse processo concomitante, essas inclinações iguais, essas quedas previstas e esses jorros, também indefectíveis, da sabedoria divina de um lado vertida sobre a humanidade, e da sabedoria humana, do outro lado, orientada pela divindade. Rios que procedem do mesmo manancial, apartam-se para abarcar melhor o mundo e, quando se unirem novamente, tudo levarão de roldão consigo. Todas as almas excelsas pressentiam essa síntese, essa vitória, esse arrastamento, essa salvação do mundo em termos definitivos. Mas quem se atreverá a pressenti-lo antes desses grandes eventos que revelam e fazem discursar tão alto a potência da magia humana e a intervenção de Deus nas obras da razão?

Dissemos que a revelação havia tido por objeto a afirmação do Verbo divino, enquanto que a afirmação do Verbo humano fora o fato transcendente e providencial da revolução europeia que iniciou no século XVI.

O divino fundador do Cristianismo foi o Messias da revelação, isso porque o Verbo divino estava encarnado nele, e consideramos, da nossa parte, o imperador como se fosse o Messias da revolução, pois nele o Verbo humano se resumira e se expressava em todo o seu poder.

O Messias divino foi enviado para o socorro dos homens que pareciam desgastados à força da tirania dos sentidos e as bacanais da carne.

O Messias humano, de alguma maneira, veio para prestar socorro a Deus, que o culto obsceno da razão aviltava, e prestar ajuda à Igreja, ameaçada pelas rebeliões do espírito humano e pelas saturnais da pseudofilosofia.

Desde que a Reforma e, posteriormente, a Revolução haviam sacudido a base de todos os poderes na Europa; desde que a negação do direito divino convertera em usurpadores a quase totalidade dos senhores do mundo e cedera o universo político seja ao ateísmo, seja ao fetichismo das facções, um único povo, que preservava as doutrinas de unidade e autoridade, se transformara no povo de Deus em política. Assim, tal povo se desenvolvia em sua força de uma maneira magnífica, inspirado por um pensamento que podia converter-se em Verbo, ou seja, em palavra de ação. Quanto ao povo, referimo-nos à raça vigorosa dos eslavos, quanto ao pensamento, era o de Pedro, o Grande.

Conferir uma execução humana ao império universal e espiritual do Messias, conferir ao Cristianismo sua concretização temporal, combinando em um único corpo todos os povos, este devia ser, desde então, o sonho do gênio político tornado gênio social pela concepção cristã. Contudo, onde se localizaria a capital desse gigantesco império? Roma havia detido uma ideia a respeito disso; Pedro, o Grande detinha a sua e a Napoleão apenas cabia conceber uma outra.

A fortuna dos descendentes de Pedro se chocava, de fato, nessa época, com uma barreira intransponível constituída pelas ruínas dos santuários dos pontífices, ruínas vivas nas quais o Catolicismo, imperecível como o Cristo em seu sepulcro, parecia dormitar. Se a Rússia tivesse praticado o Catolicismo em seguida à Reforma, a Revolução Francesa teria pertencido àquele que soerguesse a autoridade espiritual em sua expressão mais singela e mais absoluta porque as ideias são sempre seguidas pelos fatos. A autoridade divina do apóstolo Pedro estava ausente nos projetos do czar Pedro. Foi uma boa fortuna que a Rússia legou à França. Napoleão o percebeu, ergueu novamente os altares, fez-se sagrar por aquele que sucedeu Hildebrando e Inocêncio III e a partir daí passou a crer na sua estrela, pois a autoridade proveniente de Deus não estava mais ausente no seu poder.

Os homens haviam crucificado o Messias divino e o Messias humano foi abandonado à desgraça pela Providência, isso porque do suplício de Cristo, fruto da acusação dos sacerdotes, devia brotar um novo sacerdócio e do martírio do imperador, vítima da traição dos reis, devia brotar uma monarquia nova.

O que é, efetivamente, o Império de Napoleão? É uma síntese revolucionária que resume o direito de todos no de um só. É a liberdade com justificação estabelecida pelo poder e pela glória; é a autoridade provada por atos; é o que há de despótico na honra sendo substituído pelo medo. Assim, em Santa Helena, mergulhado na tristeza de sua solidão, Napoleão, consciente de seu próprio gênio e compreendendo que todo o amanhã do mundo estava encerrado nele, foi tentado pela desesperança, não vendo outra alternativa para a Europa a não ser a república ou ser cossaca em um período anterior a meio século.

"Novo Prometeu..." – escreveu ele pouco antes de sua morte. "... Estou preso a um rochedo em que um abutre vem me dilacerar."

"É verdade, roubei o fogo do céu para doá-lo à França: o fogo alcançou sua fonte e eis-me aqui!

"Para mim, a glória era esse ponto que Lúcifer lançou sobre o caos a fim de escalar o céu; ela somava ao passado o porvir, havendo entre eles um abismo... ao meu filho nada deixo, exceto meu nome!"

Jamais algo tão grandioso como essas poucas linhas saiu da mente humana; todas as poesias que foram inspiradas na estranha sorte do imperador são muito pálidas e bastante débeis se confrontadas com essa linha: *Ao meu filho nada deixo exceto meu nome.* Seria, quiçá, apenas uma herança de glória que ele cria legar, ou antes, naquela intuição profética dos agonizantes, atinava que seu nome, inseparável de suas ideias, encerrava por si só toda a sua fortuna acompanhada dos destinos do mundo?

Achar que os homens se equivocaram em seus movimentos, que se desviaram em suas evoluções é pronunciar blasfêmia contra a Providência; o que não impede, contudo, que tais movimentos e evoluções pareçam, por vezes, contraditórios. Mas, os paradoxos opostos se negam entre si, e assemelhando-se aos movimentos oscilatórios do pêndulo, os quais tendem sempre – se restringindo – ao centro, os movimentos opostos são apenas aparentes, de modo que as verdadeiras tendências dos homens estão sempre na linha reta do progresso. Assim, quando os abusos do poder produzem a rebelião, o mundo, que não pode ter um ponto fixo, nem na escravidão nem na anarquia, aguarda o estabelecimento de um novo poder, que considerará a liberdade contida em seus protestos e reinará sobre ela.

Paracelso nos faz conhecer esse novo poder nas assombrosas predições que se afigurariam feitas imediatamente sendo, porventura, muitíssimas páginas ainda não dissessem respeito ao porvir.

O porvir não é mais esclarecido do que o pretérito ressuscitado, porém nele se considera sempre o que é duradouro – pois bem, só é duradouro o que se funda na própria natureza das coisas. E nisso mesmo o instinto dos povos se coaduna com a lógica das ideias e, por duas vezes, o sufrágio universal, a meio caminho entre o obscurantismo e a anarquia, adivinhou a harmonização da ordem e o progresso, nomeando Napoleão.

Foi dito que o imperador fora incapaz de compatibilizar a liberdade com a ordem e que, com o propósito de dar fundamento ao seu poder, teve de obstar aos franceses o exercício de seus direitos. Foi dito que ele nos fizera esquecer a liberdade à força de glória, mas os que o disseram não perceberam que acabavam em uma contradição evidente. Por que a glória que lhe pertencia nos pertence, se não passávamos de seus escravos? A palavra glória tem realmente algum significado para homens que não são livres? Permitíamos sua disciplina e ele nos conduzia ao triunfo. O ascendente do seu gênio era o nervo de seu poder e, se não autorizava quem quer que seja a contradizê-lo, encontrava-se inteiramente no seu direito porque tinha razão. "O Estado sou eu!" – dissera Luís XIV, sintetizando assim em uma única frase todo o espírito das instituições monárquicas. "O povo soberano sou eu!" – poderia igualmente dizer o imperador, sintetizando, por sua vez, toda a força da república, e salta aos olhos que, quanto mais autoridade seu chefe detinha, mais o povo francês era livre.

O que transformou em algo tão terrível a agonia de Napoleão não foi a saudade que sentia do passado; não se tem saudade da glória que poderia perecer; tratava-se, sim, do receio de levar consigo o futuro do mundo. "Oh! não é a morte..." – murmurava ele – "... é a vida que me mata!" Depois, colocando a mão no peito, arrematava: "Cravaram aqui um cutelo de carrasco e quebraram o ferro na ferida!".

Transcorrido um instante, instante supremo em que a vida escapa e no qual o homem, já iluminado interiormente pela luz do outro mundo, precisa deixar sua derradeira palavra aos vivos como um ensinamento e um legado, duas vezes Napoleão proferiu as seguintes palavras enigmáticas: "A chefia do exército!". Seria um último repto ao fantasma de Pedro, o Grande, um brado supremo de desesperança ou uma profecia sobre o destino da França? Então toda a humanidade surgia ante o imperador harmoniosa e disciplinada, marchando com a meta da conquista do progresso, e ele desejava resumir em uma só frase o problema dos tempos modernos, o qual deve ser resolvido proximamente entre a Rússia e a França: *a chefia do exército*!

O que atualmente mais favorece a França é seu Catolicismo e sua aliança com o papado, essa potência que, segundo os anarquistas, está fracassada e que Napoleão julgava que tinha mais força que um exército de 300 mil homens. Se a França, como era o desejo dos estultos anarquistas, tivesse se aliado em 1849 à ingratidão romana, ou tivesse se limitado a deixar o trono do pontífice ser restaurado pela Áustria e a Rússia, seria o fim dos destinos da França e o gênio indignado do imperador, sendo transferido para o norte, concretizaria para o proveito dos eslavos o lindo sonho de Pedro, o Grande.

Para aqueles que concebem o absoluto nos extremos, a razão e a fé, a liberdade e a autoridade, o direito e o dever, o trabalho e o capital são incompatíveis. Entretanto, o absoluto não pode mais ser admitido em cada um dos pareceres separados do que o inteiro ser concebido em cada uma de suas frações. Fé razoável, liberdade autorizada, direito merecido pelo dever cumprido, capital filho e pai do trabalho – é assim que expressamos, já em outros termos, as fórmulas do absoluto. E se nos indagarem qual é o centro da antinomia, qual o ponto fixo do equilíbrio, nós nos apressaremos a responder que é a própria essência de um Deus que é, ao mesmo tempo, soberanamente livre e infinitamente necessário.

Não duvidamos que a força centrípeta e a força centrífuga sejam duas forças opostas, contudo seria igualmente disparatado e vão negar que o equilíbrio da Terra resulta da combinação dessas duas forças.

O acordo da Razão com a Fé, da Ciência com a Religião, da Liberdade com a Autoridade, do Verbo humano, em suma, com o Verbo divino, não é menos óbvio e indicamos suas provas suficientemente. Entretanto, os homens jamais têm como provadas as verdades cuja compreensão recusam porque tais verdades se opõem às suas paixões cegas. Diante da mais rigorosa demonstração, respondem sempre pela própria dificuldade que acabou de ser resolvida. Se principias novamente tuas provas, eles ficam impacientes e dizem que estás procedendo a uma repetição.

O Redentor do mundo dissera que o vinho novo não deve ser encerrado em odres velhos e que um tecido novo não deve ser costurado em um manto usado. Os homens são meramente os representantes das ideias e não deve surpreender o fato de os erros encarnados repelirem a verdade de maneira desdenhosa ou mesmo irada. O Verbo, todavia, é essencialmente criador e a cada nova emissão do seu calor e de sua luz leva a nascer no mundo uma humanidade nova. Está superada a época do dogma obscuro e da cegueira intelectual; assim, não faças discursos a respeito do novo sol; atrai para seu testemunho olhos que se abram e para a elucidação dos fenômenos do dia aguarda os clarividentes.

Deus é o criador da humanidade, porém cada indivíduo humano é convocado a criar a si mesmo como ser moral e, consequentemente, imperecível. A esperança vaga que o panteísmo e o misticismo revolucionário deixam aos seus seguidores é o reviver na humanidade; jamais perecer no seu individual inteligente e moral – eis aqui a prerrogativa garantida pela revelação a cada um dos seus filhos! Entre essas duas ideias, qual a mais consoladora e a mais liberal? Acima de tudo, qual das duas outorga um fundamento mais seguro e um propósito mais sublime à moralidade humana?

Todo poder que é incapaz de estabelecer a razão de si mesmo e que constitui um fardo sobre as liberdades sem lhes oferecer garantias não passa de um poder cego e temporário; a autoridade verdadeira e durável é aquela cujo suporte é a liberdade e que dá a essa, ao mesmo tempo, uma regra e um freio, que é o que em política expressa o absoluto.

Toda fé incapaz de iluminar e engrandecer a razão, todo dogma que se opõe à vida como inteligência, bem como ao livre-arbítrio em sua espontaneidade, são mera superstição; a religião verdadeira é aquela capaz de se provar pela inteligência e se justificar pela razão, mantendo, ao mesmo tempo, ambas vinculadas a uma submissão necessária – eis a indicação do absoluto em religião e em filosofia.

As noções de poder, seja relativamente ao espiritual, seja em relação ao temporal, sempre foram oriundas da concepção de que a humanidade fez de Deus, e tendo sido em todas as épocas a palavra que expressa a divindade a fórmula do absoluto, seja na revelação, seja na intuição natural, o sentido que se atribui a tal palavra constituiu constantemente a ideia dominante de toda religião e toda filosofia, como também de toda política e toda moralidade.

Conceber em Deus a liberdade sem a necessidade é sonhar com uma onipotência irrazoável e desenfreada, é entronizar no céu a tirania como ideal. Consistiu nisso o mais perigoso equívoco de vários espíritos místicos e entusiastas na Idade Média.

Em contrapartida, conceber em Deus a necessidade sem a liberdade é fazer de Deus uma máquina infinita, da qual seríamos as desgraçadas rodas inteligentes. A sorte eterna que nos caberia seria nos submetermos ou sermos triturados, e nos submeteríamos a algo que subjugaria desconhecendo a razão de subjugar: seríamos melancólicos viandantes aprisionados em vagões arrastados a todo vapor por uma formidável locomotiva pelo grande caminho do abismo. Trata-se da doutrina panteísta e fatalista que é, ao mesmo tempo, o disparate e a calamidade de nosso século.

Encontramos tal lei suprema da liberdade e da necessidade, que se regem e se temperam mutuamente em toda parte; ela domina todos os fatos nos quais uma virtude, um poder justo ou uma autoridade qualquer são revelados. Naquele mundo tirado das trevas do declínio pela mão providencial de Carlos Magno e que ele sustentava, acima do caos da barbárie, havia o papado e o Império, dois poderes suportados e limitados reciprocamente. O papado, então, que era depositário do dogma de iniciação e civilização, representava a liberdade que detém as chaves do porvir; o Império, empunhando a espada, estendia sobre os rebanhos impulsionados para a frente pelo cajado dos papas o braço de ferro da necessidade, pelo qual a marcha dos homens na senda do progresso era garantida e regulada.

Que ninguém se deixe enganar pelo movimento religioso que nessa época foi iniciado por Chateaubriand e tem continuidade por meio de Lamennais e Lacordaire. Não se trata de um movimento retrógrado e não ludibria a emancipação da consciência do homem. A humanidade se insurgira contra os excessos do misticismo, que, ao sustentar a liberdade absoluta de Deus, isenta de qualquer necessidade destruía a justiça eterna e absorvia a personalidade humana na submissão passiva. Efetivamente, o Verbo humano não podia abandonar-se a ser devorado dessa maneira; porém, as paixões cegas procuravam levar o protesto ao extremo oposto, fazendo-o declarar a soberania exclusiva e absoluta do individualismo humano. Recordamo-nos ainda do culto à Razão que foi inaugurado em Notre-Dame e dos homens de Setembro que maldiziam São Bartolomeu. Os produtos rápidos desses excessos foram a lassidão e o desgosto; contudo, não foi por isso que os homens abriram mão do que seu protesto tornara necessário. Foi quando Chateaubriand apareceu em cena e desenganou as pessoas que tinham sido desviadas pelos caluniadores da Igreja. Fez com que a religião fosse amada ao mostrá-la humana e razoável; o mundo experimentava a necessidade de reconciliar-se com seu Salvador, mas se dispunha a venerá-lo novamente como o verdadeiro Deus, reconhecendo-o antes como sendo verdadeiramente homem.

O que se requer atualmente dos sacerdotes é, principalmente, caridade, que é a expressão sublime da humanidade divina. Não basta mais à religião ser a doadora de consolações da outra vida às almas; ela se vê chamada a assistir nessa vida as dores do pobre, a instruí-lo, a dar-lhe proteção e a orientá-lo em seu trabalho. Nesse empreendimento de regeneração, a ciência econômica a precede. Talvez tudo isso se realize devagar, contudo o movimento ocorre, e a Igreja, ajudada pelo poder temporal, não poderia deixar de conquistar em breve toda a sua influência de antes visando pregar ao mundo o Cristianismo concretizado na síntese messiânica. Se, realmente, a Igreja tivesse rejeitado o Verbo humano e se, em consequência disso, se convertesse em adversária natural de toda liberdade e progresso, teríamos de julgá-la como morta e seríamos obrigados a concluir que sucederia a ela algo idêntico ao que sucedeu à sinagoga judaica; mas não é o que ocorre e não poderia ocorrer. A Igreja, refletindo na sua constituição a imagem de Deus, abriga em si a dupla lei de liberdade e de autoridade, contidas, reguladas e temperadas entre si.

De fato, a Igreja, ao mesmo tempo que conservou a integridade e a estabilidade do dogma, fê-lo receber magníficos desenvolvimentos de concílio em concílio. Assim, entre os hereges e os dissidentes, uns lançavam à face da ortodoxia a acusação de imobilismo, outros a censura por inovações constantes. Com o propósito de desvincular-se da comuna eclesiástica, todos os sectários deram como pretexto o desejo de retomar às crenças e práticas da Igreja primitiva.

Se mencionássemos um acordo necessário entre liberdade de consciência e autoridade religiosa, entre razão e fé para católicos do século XV ou filósofos do século XVIII, teríamos levado os primeiros à indignação e os segundos a um riso sarcástico ou amargo. Discursar sobre paz e alianças em pleno combate é, realmente, utilizar pessimamente o próprio tempo e desperdiçar palavras.

As doutrinas das quais nos fazemos intérpretes pela razão de as julgarmos a manifestação mais avançada das tendências da inteligência humana na época em que vivemos, doutrinas essas pressentidas há alguns anos por um restrito número de espíritos seletos, podem ser atualmente enunciadas tendo-se a esperança de que sejam acolhidas; todavia, poucos anos atrás não teriam recebido em lugar algum uma atenção condescendente, uma tribuna ou sequer produzido um eco.

Isso se explica pelo fato de então facções extremas não terem ainda sido forçadas a abrir mão de suas pretensões, frente à onipotência dos acontecimentos providenciais, e era muito difícil manter a neutralidade em meio a uma guerra encarniçada; qualquer concessão de um para outro era, então, tida como pura e simples traição e aqueles homens que jamais renunciam à justiça, forçados a buscá-la, separada e sucessivamente nas duas causas divorciadas, convertiam-se em suspeitos para todos, tais como renegados ou trânsfugas. Assumir convicções tão imperiosas a ponto de optar, então, pela própria independência em desfavor dos estímulos das companhias significava condenar-se a uma solidão que não deixava de incluir a apreensão e a angústia. Conservar-se isolado no meio do campo de batalha de dois exércitos inimigos que se atacam não significa ficar exposto a todos os golpes? Transitar de um para o outro não é desejar-se fazer proscrito pelos dois? Escolher um dos dois ao acaso não será trair o que foi preterido?

São essas alternativas cruéis que empurraram homens como Lamennais do ultramontanismo ao jacobinismo sem lhes consentir que encontrassem em qualquer parte a certeza ou o descanso. O insigne autor de *As Palavras de um Crente*, cheio de espanto ao ver erguer-se diante de si a anarquia e o nada sob a máscara do socialismo e procurando em vão no seu gênio irritado qualquer justificação para a antinomia que o impressionava, não remontou a Zoroastro e não buscou nos dogmas desoladores do maniqueísmo uma elucidação qualquer para a guerra eterna dos *amchaspands* e dos *darvands*?

Entretanto, os quatro últimos anos transcorridos estiveram repletos de ensinamentos e tremendas revelações para o mundo. A revolução achou para si uma explicação e uma justificação pela segunda vez, mediante a criação de uma autoridade absoluta, e atualmente compreendemos que o dualismo constitucional não passava de maniqueísmo em política. Para harmonizar liberdade e poder, é necessário, realmente, apoiá-los um no outro e não opô-los um ao outro.

A soberania absoluta, fundada no sufrágio universal, é daqui para a frente a única noção da verdadeira autoridade, tanto em religião como em política. E assim serão constituídos os governos de direito humano, segunda forma de direito divino, que não se pode prescrever na humanidade.

É por meio da inteligência da verdade e da prática razoável do bem que não somente os indivíduos, como também os povos se libertam. A tirania material é impraticável com seres humanos cujas almas são livres.

No entanto, a liberdade exterior das multidões e dos seres humanos sujeitos intimamente a preconceitos e vícios constitui meramente uma multiplicação e complicação da tirania. Quando a maioria dos homens inteligentes assume o domínio, a minoria dos sábios se torna escrava.

Daí fazer-se mister distinguir o direito efetivo bem como o princípio das suas aplicações na política da Igreja.

O trabalho desta sempre teve o objetivo de submeter à providência do espírito as fatalidades da carne; em nome da liberdade moral ela instaura uma barreira à espontaneidade cega das tendências físicas; e se, atualmente, não pareceu simpática ao movimento revolucionário é porque sentiu, de maneira excelsa e infalível, que a verdadeira liberdade não estava encerrada nele.

São os possíveis abusos da liberdade que fazem da autoridade uma necessidade. A única missão da autoridade na Igreja e no Estado consiste em defender a liberdade moderada de todos contra a liberdade desregrada de alguns. Quanto maior força tiver a autoridade, maior será o poder de sua proteção. Essa foi a razão de a infalibilidade ser necessária para a Igreja; e também porque em um Estado bem governado a força deve ficar para a lei. As ideias de liberdade e de autoridade estão, portanto, unidas de modo indissolúvel e se apoiam exclusivamente uma na outra.

No mundo antigo, a tirania era a liberdade absoluta de alguns em detrimento da liberdade de todos. O Evangelho, ao estabelecer deveres tanto aos monarcas quanto aos povos, concedeu aos primeiros a autoridade de que careciam, e assegurou aos segundos uma liberdade fundada sobre direitos novos, incluindo a certeza de um efetivo progresso e um aprimoramento a todos possível.

Se a inteligência humana não fosse perfectível, qual seria a utilidade, pergunto, do ensino constante da Providência e por que teria a revelação se manifestado sob formas sucessivas e em sucessão de perfeição? A natureza nos exibe o progresso na constituição de todos os seres e só executa suas obras-primas com lentidão. Em toda parte, o movimento constitui o sinal da vida e, inclusive, quando se nos afigura realizar-se executando o percurso de um círculo, vai, pelo menos, sempre para a frente nesse círculo e jamais desmente a mão que o imprime.

A lei do movimento, se não fosse regida pela Providência no céu e pela autoridade na Terra, representaria uma lei de destruição e de perecimento, pois seria uma lei de desordem; porém, por outro lado, se a resistência reguladora do movimento chegasse a paralisá-lo e suspendê-lo, de duas coisas uma sucederia: ou o movimento venceria a resistência e daria fim à autoridade, ou essa destruiria o movimento, matando a si mesma desse modo ao aniquilar sua própria força e sua própria vida.

Foi assim que o Judaísmo arruinou a si mesmo ao querer fazer frente ao irromper do Cristianismo, que era a consequência natural tanto quanto o desenvolvimento necessário dos dogmas de Moisés e das promessas feitas pelos profetas.

O Catolicismo não seguirá o exemplo do Judaísmo, opondo-se ao próprio nome, uma promessa de universalidade, que concede antecipadamente seu verdadeiro nome à Igreja do porvir, a grande síntese messiânica. Roma e Constantinopla não porfiarão uma segunda vez pelo império do mundo: onde o Verbo se manifestar, aí se encontrará o pontífice do Verbo. A Sé, que terá a submissão do mundo, será a do sucessor de Jesus Cristo e todo líder de um pequeno número de dissidentes, não importando quais seus pretextos e supostos títulos, diante do sufrágio universal das nações que não passará de um antipapa e sectário.

A reunião das duas Igrejas, a grega e a romana, constitui, portanto, a grande revolução simultaneamente religiosa e civil que deverá, mais cedo ou mais tarde, transformar a face do mundo. E essa revolução não deixaria de ser o produto do desenvolvimento e da propagação das doutrinas cabalísticas no seio da Igreja e da sociedade.

Seria em vão que nos contestariam afirmando que a Igreja se julga perfeita e que assim poder-se-ia recear que ela não admitisse a lei do progresso. Nossa resposta a esse receio já foi dada mediante uma passagem peremptória de Vicente de Lerins, mas a questão é de tal relevância que juntamos aqui algumas notáveis autoridades.

Um sábio pastor inglês, o qual se converteu recentemente ao Catolicismo, o sr. John Newman, publicou há muito pouco tempo uma obra que recebeu plena aprovação da autoridade eclesiástica; nessa obra ele prova que o desenvolvimento do dogma e, em consequência, aquele da inteligência humana, foi a obra especial do Catolicismo, considerado como princípio de iniciação e preservação na elucidação desses teoremas divinos que constituem a letra do dogma. Antecedendo a prova de sua tese, Newman estabelece com êxito a existência do progresso natural vigente em todas as coisas, porém mais especialmente na revelação. É da seguinte forma que ele se expressa:

"A partir da história de todas as seitas e de todas as facções em religião e a partir da analogia e do exemplo da Escritura é-nos possível concluir razoavelmente que a doutrina cristã admite desenvolvimentos formais, legítimos, reais, desenvolvimentos que foram previstos por seu autor divino.

"A analogia geral do mundo físico e moral confirma a seguinte conclusão:

"*Todo o mundo natural mais o seu governo* – diz Butler – *é um plano ou sistema, não um sistema fixo, mas sim progressivo, um plano no qual ocorre o ensaio de vários meios até que as metas propostas possam ser alcançadas. A mudança das estações, o cultivo dos frutos da terra, a simples história de uma flor ratificam isso; e coisa idêntica ocorre com a vida humana. Desse modo, os vegetais e os animais, embora necessariamente constituídos em uma ocasião, crescem gradualmente para atingir a idade madura. E assim os agentes racionais que animam os corpos são por natureza conduzidos ao caráter que lhes é próprio mediante a aquisição gradual de conhecimentos e de experiências e mediante uma extensa continuidade de ações."*

"Não só nossa existência é sucessiva, como o deve ser necessariamente, como também um estado do nosso ser é destinado pelo Criador a ser empregado como preparo de um outro estado e de transição para o estado que o sucede. Assim, a adolescência sucede a infância, a juventude sucede a adolescência e a maturidade sucede a juventude. Os seres humanos, dada sua impaciência, desejam tudo precipitar. Contudo, o criador da natureza parece apenas atuar de acordo com uma demorada deliberação, atingindo suas metas por meio de progressos sucessivos e vagarosamente executados. No desenrolar de sua providência natural e na manifestação religiosa, Deus atua de maneira idêntica, fazendo com que uma coisa suceda a outra, uma outra ainda a essa e prosseguindo sempre, por intermédio de uma sequência de meios que se estendem além e aquém de nossa visão acanhada. É na lei da natureza que a lei nova do Cristianismo é representada a nós."

"Nas suas parábolas – o sr. Newman diz – Nosso Senhor faz a comparação do reino do céu com um grão de mostarda que um homem toma e semeia na sua terra. Trata-se, na verdade, do menor de todos os grãos, mas depois cresce e então é a maior das plantas e se faz árvore; e, nas palavras de São Marcos, "essa árvore lança galhos onde vêm descansar as aves do céu". E no mesmo capítulo de São Marcos: "O reino de Deus é como um homem que deita a semente à terra. Esteja ele dormindo ou desperto, dia e noite a semente germina e cresce sem que ele conheça – como e por que a terra gera seu fruto por si mesma". Lidamos aqui com um elemento íntimo da vida, seja um princípio, seja uma doutrina, antes de qualquer manifestação exterior. E deve-se observar que, de acordo com o espírito do texto, tanto o caráter espontâneo quanto o gradual dizem respeito ao crescimento. É uma descrição do progresso que corresponde ao que já consideramos em referência ao desenvolvimento; ou seja, não se trata do resultado da vontade, da resolução, de uma exaltação física, nem do mecanismo da razão, e nem sequer de uma sutileza mais apurada da inteligência, sendo algo, sim, que atua graças a sua força nata, e cuja expansão e efeito ocorrem em um dado momento. É inegável que a reflexão, em uma certa medida, o rege e altera, inserindo-o ao gênio particular de cada indivíduo; mas isso só acontece com base no primeiro desenvolvimento moral do espírito."

Não é possível indicar com maior clareza a existência das duas leis que reciprocamente se completam, embora aparentemente contrárias, a saber, a lei da necessidade providencial e a lei da liberdade humana.

Diante do olhar humano, a própria natureza é essa necessidade que encerra e fecunda os impulsos de seu Verbo criador, Verbo que na humanidade constitui a semelhança de Deus e que se denomina liberdade!

Os heresiarcas bem como os materialistas sempre utilizaram como tática o abuso das palavras com o fito de perverter as coisas; depois se acusava a autoridade de apostasia quando essa se vingava, condenando-os a verdades que eles interpretavam mal e que eram empregadas por eles como bandeira.

Dais o nome de liberdade à mais condenável de todas as licenças, dais o nome de progresso a um movimento tumultuoso e subversivo; e quando a Igreja vos vota sua reprovação, vós a acusais, com amargor, de arvorar-se como a adversária do progresso e da liberdade! Ela é somente adversária da mentira e vós o sabeis demasiado bem! E é assim que no intuito de persistir na vossa guerra contra ela faz-se sempre necessário que vós apeleis para a balela, aliás estarcis fiéis a ela, sendo mister, de bom grado ou não, vossa sujeição ao seu poder.

Isso é o que se pode dizer, em nome da Igreja, e dirigir aos seus antagonistas de má-fé. Entretanto, compete-nos nessa oportunidade responder a objeções mais sérias. Na verdade, católicos sinceros, e não obstante precariamente esclarecidos, que se atêm mais à letra que ao espírito das deliberações pontifícias, objetarão, quem sabe, dizendo que Roma, nas suas encíclicas concernentes às doutrinas do abade Lamennais, proferiu a condenação das ideias de liberdade e progresso.

Nossa resposta será por meio dos próprios termos da primeira encíclica: a condenação do papa apenas se dirige àqueles que para *regenerar* a Igreja querem torná-la totalmente humana de divina que é na sua autoridade e no seu princípio.

Portanto, a condenação proferida pelo juiz não é a da *afirmação do Verbo humano*, mas sim a *da negação do Verbo divino*. A Igreja se encontra aqui no seu direito e no seu dever. As obras do ilustre escritor representaram para Roma um ataque ao princípio de sua autoridade espiritual, e a prova de que Roma não incorria em erro e que Lamennais já não cria mais em tal onipotência moral, da qual foi, entretanto, o mais cioso e forte defensor, está no fato de ele não se submeter às deliberações de Roma, indo inclusive adiante ao distanciar-se mediante um único movimento retrógrado da Igreja, do Cristianismo e de toda civilização.

Com respeito à liberdade reprovada pela Igreja, trata-se da mesma que desejou destronar Pio IX e que acabou por conduzir a Europa à beira de um abismo. Mas o que haveria de comum entre a liberdade dos filhos de Deus e aquela dos filhos de Cairo?

Por mais uma vez, portanto, não cremos que a Igreja romana ceda à Igreja oriental a iniciativa do movimento regenerador. A imobilidade da embarcação de Pedro, no meio do vaivém das grandes ondas revolucionárias, constitui simplesmente um protesto divino em nome do verdadeiro progresso.

Tudo aquilo que é realizado fora da autoridade é realizado fora da natureza, que é a lei positiva da autoridade eterna. Há, pois, duas estradas opostas que o ideal humano pode trilhar: ultrapassar a ciência mediante a intuição que mais tarde deve ser justificada por ela ou se desviar da ciência por meio da alucinação condenada por ela. Os amigos da desordem, as almas prisioneiras do egoísmo feroz, por medo da subjugação da ciência e apreensivos diante da disciplina da razão, elegem sempre a alucinação para que lhes indique o caminho. O paganismo teve seus falsos místicos, razão pela qual o dogma filosófico dos antigos gregos converteu-se em idolatria. O Cristianismo, por sua vez, não escapou e padeceu da mesma chaga – um ascetismo desumano que se fez seguir pela reação do quietismo imoral caluniou a verdadeira piedade e fez com que um grande número de almas rompesse com as práticas religiosas.

Um dos mais destacados fantasistas da atualidade, o paradoxal P. J. Proudhon, devendo, em uma ocasião, opor-se a Lamartine, então no poder, desfechou contra os poetas uma daquelas suas eloquentes e cínicas diatribes, as quais sabe compor com competência. Não dispomos dessa página, levada, como tantas mais, pelo vórtice revolucionário, mas podemos recordar com que verve o notabilíssimo sonhador declamava contra a poesia e os sonhos; mostrava-se realmente terrível ao representar o Estado hesitante e perdido, prestes a tombar ensanguentado atrás de algum tocador de violão, tão extasiado com sua música que era incapaz de ouvir os impropérios, os gemidos e os berros! Vejam – exclamava ele – no que consiste o governo dos poetas! Mais tarde, tendo se apaixonado por sua ideia, como costuma ocorrer, acabou por concluir que Nero era a encarnação mais cabal da poesia, guindada ao trono do mundo. Incendiar Roma aos acordes da lira e dessa forma dramatizar a grande poesia de Virgílio não constituía uma portentosa e imperial fantasia poética? Ele imolava a cidade dos césares ao cenário dos seus versos. Nero desejava substituir a velha Roma por uma Roma nova, inteiramente dourada e que fosse feita de um único palácio! Oh, se a grandeza da ousadia e a temeridade dos sonhos produzissem realmente a sublimidade poética, Nero seria indiscutivelmente um grande poeta! Contudo, nem Proudhon nem qualquer um dos cabeças do socialismo moderno goza do direito de o repreender.

Para uns, o imperador Nero simboliza a personificação mais completa do idealismo desprovido de autoridade e da licença do poder – é a *anarquia* de Proudhon que se sintetiza em um único homem e é disposta no trono do mundo; é o *absoluto* dos materialistas em voluptuosidades, em ousadia, em energia e em poder. Até então jamais houvera uma natureza mais desordenada horrorizando o mundo com seus desvarios e é isso que os revolucionários da escola de Proudhon tomam por *poesia*. Mas nós não pensamos como eles.

Ser poeta é criar, não é sonhar nem mentir. Ao criar o mundo, Deus foi poeta e sua epopeia imperecível é escrita com estrelas. Dele as ciências herdaram os segredos da poesia, pois as chaves da harmonia foram colocadas nas suas mãos. Os números são poetas pois participam do canto com suas notas sempre justas que propiciam arroubos ao gênio de Pitágoras. A poesia para a qual o mundo tal como criado por Deus é inaceitável, procurando ela assim inventar um outro, é simplesmente o delírio dos espíritos das trevas, é a que ama o mistério e nega o progresso da inteligência do homem. Para ela, portanto, os encantamentos da ignorância e os falsos prodígios da teurgia! Para ela, a tirania da matéria e os caprichos das paixões! Em suma, à poesia da anarquia estão reservadas as tentativas continuamente vãs, as esperanças sempre fraudulentas, o abutre e a fúria impotente de Prometeu, enquanto que à poesia submissa à ordem, a qual lhe assegura uma liberdade intocável, estão reservadas a colheita das flores da ciência, a tradução da harmonia dos números, a interpretação da oração universal e o caminhar seja ante a ciência, seja sobre suas pegadas, mas sempre junto dela, na luz viva do Verbo e na senda segura do progresso!

Esse amanhã próximo do Cristianismo retemperado na fonte de toda revelação, ou seja, nas verdades vigorosas do magismo e da Cabala, um grande poeta polonês, Adão Michiewisch, o pressentiu e deu a essa doutrina um nome novo; o *messianismo*.

É um nome que nos agrada e o adotamos prazerosamente, já que não encerra a ideia de uma seita nova. O mundo está farto de cortes e cisões, e com todas as suas forças tende à unidade. Por esse motivo, não estamos entre aqueles que se intitulam católicos, mas não romanos, o que constitui um contrassenso dos mais grotescos. Católico quer dizer universal; pois bem, a universalidade não é, pois, necessariamente romana, visto que Roma está no Universo?

O século XVIII assistiu aos desmandos da religião, mas ignorou a força dessa mesma religião porque era incapaz de adivinhar seu segredo. A alta magia escapa tanto à incredulidade quanto à ignorância e a razão para isso é que ela se apoia ao mesmo tempo na ciência e na fé.

O homem é o taumaturgo da Terra; por meio de seu verbo, ou seja, por meio de sua palavra inteligente, torna-se senhor das forças da fatalidade. Irradia e atrai como os astros; é capaz de curar mediante um toque, mediante um sinal, mediante um ato de sua vontade. Foi isso que Mesmer, antes de nós, viera revelar ao mundo; tal o segredo terrível tão ciosamente oculto nas sombras dos antigos santuários. De que podem agora dar prova os pretensos prodígios do homem senão da energia da vontade humana e do poder do magnetismo humano? É precisamente agora que se pode afirmar, em verdade, que só Deus é Deus, que os homens de prestígio não se farão mais venerar. A propósito, a síntese de todos os dogmas nos conduz a um simbolismo apenas, que é o da Cabala e dos magos. Os três mistérios e as quatro virtudes realizam o triângulo e também o quadrado mágico. Os sete sacramentos expressam os poderes dos sete gênios ou sete anjos que, de acordo com o Apocalipse, se encontram sempre perante o trono de Deus. Podemos compreender agora as matemáticas sagradas que multiplicam o divino tetragrama 72 vezes para conferir forma aos caracteres dos 36 talismãs de Salomão. Estudos profundos conduziram-nos à teologia antiga de Israel e agora reverenciamos as elevadas verdades da Cabala; esperamos ademais que os sábios israelitas, de sua parte, reconheçam que o que os separava de nós eram meramente palavras mal compreendidas. Israel tomou os segredos da esfinge do Egito, mas ignorou a cruz, a qual já constituía a chave do céu nos símbolos primitivos do Egito mágico. Não demorará para entendê-lo, porque seu coração se abriu para a caridade. O grito de angústia dos cristãos da Síria tocou os filhos de Moisés e se, por um lado, Abad-el-Kader dava sua proteção aos nossos desafortunados irmãos do Oriente, defendendo-os com o risco de sua própria vida, por outro lado era feita uma subscrição em Paris sob os auspícios do advogado israelita Cremieux.

O grande enigma dos séculos antigos, a esfinge, após completar a volta ao mundo sem encontrar descanso, estancou ao pé da cruz, um outro grande enigma, e há 18 séculos aí se posta, contemplando-a e meditando.

O que é o homem? – é a pergunta que a esfinge dirige à cruz, pergunta que a cruz responde à esfinge dirigindo-lhe essa outra pergunta: *O que é Deus?*

Por 18 vezes, já, o velho Ahasverus completou também a volta ao mundo; e findos todos os séculos, e principiadas todas as gerações, ele passa próximo da cruz muda e na frente da esfinge, imóvel e silente.

E quando a fadiga interromper seu caminhar contínuo sem chegada, então ele descansará; a esfinge e a cruz, nesse momento, tomarão a palavra para consolá-lo.

"Sou o resumo da sabedoria antiga" – dirá a esfinge. – "Sou a síntese do homem. Possuo uma fronte pensadora e seios que se inflamam de amor; possuo garras de leão para empreender a luta, flancos de touro para executar o trabalho e as asas da águia para ascender à luz. Fui compreendida apenas nos tempos antigos pelo cego voluntário de Tebas, o grande símbolo da expiação misteriosa que os homens precisavam iniciar diante da justiça eterna; contudo, o homem já não é mais o filho maldito exposto à morte do Citeron por um crime original; o pai veio, por sua vez, sofrer a expiação do filho... a sombra de Laios se pôs a gemer diante dos tormentos de Édipo. Nessa cruz o céu esclareceu para o mundo meu enigma. E é essa a razão de eu me calar, esperando que ela própria se esclareça para o mundo. Descansa, Ahasverus, porque aqui se encerra tua dolorosa jornada."

"Sou a chave da sabedoria vindoura" – dirá a cruz. – "Sou eu o signo glorioso do *stauros* fixado por Deus nos quatro pontos cardeais do céu para atuar como duplo eixo do Universo. O enigma da esfinge foi esclarecido por mim na Terra, mostrando aos homens o porquê de seu sofrimento; consumei o simbolismo religioso por meio da concretização do sacrifício. Eu sou a escada sangrenta por meio da qual os homens ascendem a Deus e por meio da qual Deus desce aos homens. Sou a árvore do sangue e, para que esse não se perca e nos meus braços forme frutos de dedicação e de amor, minhas raízes o bebem pela Terra inteira. Por ter revelado a honra, eu sou o sinal da glória e os senhores da Terra me penduram ao peito dos destemidos. Um desses me ofertou um quinto braço para transformar-me em uma estrela, mas meu nome é sempre cruz. Pode ser que aquele que foi o mártir da glória tenha previsto a imolação e desejasse, ao acrescentar um braço à cruz, providenciar um encosto para sua própria cabeça junto da cabeça do Cristo. Eu estendo meus braços seja para a direita, seja para a esquerda e distribuí igualmente bênçãos de Deus sobre Madalena e sobre Maria; aos pecadores ofereço a salvação e aos justos a nova graça; aguardo Caim e Abel para efetuar sua reconciliação e união. Devo atuar como ponto de união entre os povos e o derradeiro julgamento dos monarcas deverá ser presidido por mim. Sou a síntese da lei porque nos meus braços está escrito: Fé, Esperança e Caridade. Sou a síntese da ciência pois elucido a vida humana e o pensamento de Deus. Não receies, Ahasverus, não deves mais recear minha sombra. O delito do teu povo se converteu no do Universo, pois os cristãos também crucificaram seu Salvador; crucificaram-no ao arrojar aos pés sua doutrina de comunhão; crucificaram-no na pessoa dos pobres; crucificaram-no ao maldizer a ti mesmo e prescrever teu desterro. Contudo, o crime de toda a humanidade os abriga no mesmo perdão; e tu, o Caim humanitário, tu, o mais velho a ser resgatado pela cruz, vem descansar sob um dos seus braços que ainda se acha tingido pelo sangue redentor. Depois de ti, virá o filho da segunda sinagoga, aquele que é o pontífice da nova lei, o sucessor de Pedro. Quando as nações o levarem à proscrição, como tudo, quando restar apenas a coroa dos mártires e quando, à força da perseguição, ele tiver se tornado submisso e dócil tanto quanto o justo Abel, então será a hora de vir Maria, a mulher regenerada, mãe de Deus e dos homens; e ela trará a reconciliação entre o judeu errante e o último papa, após o que retomará a conquista do mundo para ofertá-lo aos seus dois filhos. As ciências serão regeneradas pelo amor, a fé será justificada pela razão. E então eu serei a árvore do paraíso terrenal, a árvore da ciência do bem e do mal, a árvore da liberdade do homem. Meus gigantescos galhos envolverão o mundo inteiro e à minha sombra repousarão as populações exaustas; meus frutos serão o alimento dos fortes e o leite dos pequeninos; as aves do céu, ou seja, aqueles que entoam cantos movidos pelo arroubo da inspiração sagrada, esses encontrarão repouso sobre meus galhos, continuamente verdes e carregados de frutos. Descansa, assim, Ahasverus, no regaço da esperança desse belo futuro, pois termina aqui tua dolorosa jornada."

Desfazendo-se então da poeira dos pés doloridos, o judeu errante dirá à esfinge:

"Conheço-te há muito tempo! Ezequiel te via antigamente atrelada a essa carruagem misteriosa, símbolo do Universo, carruagem cujas rodas estreladas se movem em rotação umas dentro das outras. Cumpri por uma segunda vez a sorte errante do órfão de Citeron; tal como ele assassinei meu pai sem conhecê-lo; com a concretização do deicídio e a conclamação sobre mim da vingança do seu sangue firmei eu mesmo minha sentença da cegueira e do desterro. Eu fugia de ti e, ao mesmo tempo, te buscava sempre pois eras a causa primeira de meus sofrimentos. Mas tal como eu, tu viajavas penosamente e, por meio de sendas diversas, devíamos chegar juntos. Bendito sejas tu, gênio das eras antigas, por teres me conduzido ao pé da cruz!"

Dirigindo-se em seguida à própria cruz, Ahasverus dirá, enxugando a derradeira lágrima:

"Conheço-te há 18 séculos, pois te vi sendo carregada pelo Cristo que sucumbiu sob teu peso. Meneei a cabeça e lancei blasfêmias sobre ti naquela ocasião, porque não fora ainda iniciado à maldição. Fazia-se mister que minha religião fosse anatematizada pelo mundo para capacitar-se a compreender a divindade do maldito. Esse foi o motivo para eu padecer corajosamente meus 18 séculos de expiação, vivendo e padecendo sempre em meio às gerações que pereciam ao meu redor, contemplando os Impérios agonizantes, atravessando todos os escombros e mantendo meu olhar fixo e ansioso para verificar se não tinhas tombado. E após todas as convulsões do mundo, eu te via sempre de pé! Porém, não chegava perto de ti porque os grandes do mundo te tinham profanado e te convertido em patíbulo da liberdade santa! Não chegava perto de ti porque a Inquisição entregara meus irmãos à fogueira na presença da tua imagem. Não chegava perto de ti porque, enquanto te mantinhas calada, os falsos ministros celestes discursavam, em teu nome, sobre danação e vinganças. As únicas palavras que eu podia ouvir eram as de misericórdia e união! É por isso que, a partir do instante que tua voz atingiu meu ouvido, experimentei a mudança em meu coração e a tranquilidade em minha consciência. Bendito seja o momento salutar em que fui conduzido ao pé da cruz!"

No céu se abrirá dessa feita uma porta cujo trono será a montanha do Gólgota. Diante dessa porta, tomados de assombro, os homens contemplarão a cruz irradiante conservada pelo judeu errante, que terá colocado a seus pés seu bastão de viandante, e pela esfinge, a qual, distendendo suas asas, mostrará olhos brilhantes de esperança, como se fosse alçar um novo voo e transfigurar-se!

E a esfinge responderá à indagação feita pela cruz da seguinte maneira: "Deus é aquele que celebra vitória sobre o mal por meio da prova de seus filhos, aquele que admite a dor porque encerra em si o medicamento eterno; Deus é aquele que é e perante quem o mal não existe".

E, diante do enigma da esfinge, a cruz responderá: "O homem é o filho de Deus, que ao morrer, se torna imortal e, graças a um amor inteligente e triunfante, se liberta dos grilhões do tempo e da morte; o homem é aquele que para viver deverá amar e que é impotente para amar se não for livre; o homem é o filho de Deus e da Liberdade!".

Façamos aqui a síntese de nosso pensamento. O homem, egresso das mãos de Deus, é cativo de suas necessidades e de sua ignorância – cumpre que se liberte mediante o estudo e o labor. Apenas a onipotência relativa da vontade, sendo ratificada pelo Verbo, liberta os homens e se faz necessário solicitar à ciência dos antigos magos os segredos da emancipação das forças vivas da vontade.

Carregamos até os pés do menino de Belém o ouro, o incenso e a mirra dos antigos magos, agora que os monarcas da Terra parecem enviá-lo para o presépio. Que os pontífices sejam pobres, mas que em uma das mãos segurem o cetro da ciência, o cetro real de Salomão, e na outra mão o báculo da caridade, o cajado do Bom Pastor, e somente a partir desse momento principiarão a ser, de verdade, monarcas nesse mundo e no outro!

INTRODUÇÃO

Por meio do véu de todas as alegorias hieráticas e místicas dos antigos dogmas, por meio das trevas e das bizarras provas de todas as iniciações, sob o selo de todas as criaturas sagradas, nas ruínas de Nínive ou de Tebas, sobre as carcomidas pedras dos antigos templos e sobre a enegrecida face das esfinges da Assíria e do Egito, nas monstruosas ou maravilhosas pinturas que traduzem para os crentes as páginas sagradas dos Vedas, nos estranhos emblemas de nossos antigos livros de alquimia, nas cerimônias de recepção praticadas por todas as sociedades secretas, encontram-se pegadas de uma mesma doutrina e, em todos os lugares, cuidadosamente oculta. A filosofia oculta parece, pois, ter sido a patrona ou a protetora de todas as religiões, a alavanca secreta de todas as forças intelectuais, a chave de todas as obscuridades divinas e a soberana absoluta da sociedade nas eras em que estava reservada exclusivamente à educação dos sacerdotes e dos reis.

Reinara na Pérsia com os magos, que um dia pereceram, como perecem os senhores do mundo, por terem abusado de seu poder; dotara a Índia das mais maravilhosas tradições e de um incrível fausto de poesia, de graça e de terror em seus emblemas; civilizara a Grécia por meio dos cuidados da lira de Orfeu; ocultava os princípios de todas as ciências e de todos os progressos do espírito humano nos ousados cálculos de Pitágoras; a fábula estava repleta de seus milagres e a história, quando tratava de julgar esse poder desconhecido, se confundia com a fábula; derrubava ou sustentava os Impérios por seus oráculos; fazia empalidecer os tiranos em seu trono e dominava todos os espíritos pela curiosidade ou pelo temor. Para essa ciência, dizia a multidão, nada é impossível: manda nos elementos, conhece a linguagem dos astros e dirige a marcha das estrelas; a lua, por sua vez, despenca sangrando do céu; os mortos se erguem de suas tumbas e articulam palavras fatais que o vento noturno faz repercutir. Senhora do amor ou do ódio, a ciência pode dar, sob seu capricho, aos corações humanos o paraíso ou o inferno; dispõe, a seu prazer, de todas as formas e distribui como lhe apraz a fealdade ou a beleza; transforma, por sua vez, com a varinha de Circe, os homens em animais e os animais em homens; dispõe também da vida ou da morte e pode conferir ao seu adepto a riqueza pela transmutação dos metais e a imortalidade por sua quintessência e seu elixir, composto de ouro e de luz. Eis aqui o que tinha sido a magia de Zoroastro a Manés, de Orfeu a Apolônio de Tiana, quando o Cristianismo positivo, triunfante, ao desfecho dos belos sonhos e das colossais aspirações da Escola de Alexandria, ousou fulminar publicamente sua filosofia com seu anátema, reduzindo-a, por essa causa, a ser mais oculta e mais misteriosa do que nunca.

Por outro lado, com respeito aos iniciados e os Adeptos circulavam rumores estranhos e alarmantes; esses homens em todos os sítios estavam cercados por uma influência letal; matavam ou levavam à loucura aqueles que se deixavam arrastar por sua melíflua eloquência ou pelo prestígio de sua sabedoria. As mulheres que eles amavam se convertiam em estriges, seus filhos desapareciam nas reuniões clandestinas noturnas e se falava, à voz baixa e tremendo, de orgias sangrentas e festins abomináveis. Nos subterrâneos dos templos antigos haviam encontrado ossadas; durante a noite gritos de dor eram escutados; as colheitas fracassavam e os rebanhos se debilitavam quando o mago passava diante daquelas e desses. Enfermidades que desafiavam a arte da medicina faziam sua aparição no mundo – diziam – sob os olhares venenosos dos Adeptos. Enfim, um brado universal de reprovação se eleva contra a magia, da qual o mero nome é um crime e o ódio do vulgo é formulado por esse decreto: "Ao fogo os magos!", como se dissera alguns séculos antes "Aos leões os cristãos!".

As multidões somente conspiram contra os poderes reais; não possuem a ciência do que é verdadeiro, mas sim o instinto do que é forte.

Estava reservado ao século XVIII rir, ao mesmo tempo, dos cristãos e da magia, cobrindo de lama tanto as homílias de Jean-Jacques quanto as influências de Cagliostro.

Contudo, no fundo da magia há ciência, como no fundo do Cristianismo há amor, e nos símbolos evangélicos vemos o Verbo encarnado, venerado em sua infância por três magos a quem uma estrela guia (o ternário e o signo do microcosmo) e recebendo deles o ouro, o incenso e a mirra: outro ternário misterioso sob cujo emblema estão encerrados alegoricamente os mais elevados segredos da Cabala.

O Cristianismo não devia odiar a magia, porém a ignorância humana sempre teme o desconhecido. A ciência se viu obrigada a se ocultar para escapar às apaixonadas agressões de um amor cego; envolveu-se em novos hieróglifos, dissimulou seus esforços e disfarçou suas esperanças. Então foi criado o jargão da alquimia, sempre enganoso para o vulgo ansioso por ouro, mas língua viva para os verdadeiros discípulos de Hermes.

E – coisa singular! – há nos livros sagrados dos cristãos obras que a Igreja infalível não tem a pretensão de compreender nem se ocupou jamais em explicar... a profecia de Ezequiel e o Apocalipse: duas clavículas cabalísticas, reservadas indubitavelmente no céu para que as comentem os reis magos; livros cerrados e lacrados com sete selos para os crentes fiéis e perfeitamente claros para o infiel iniciado nas ciências ocultas.

Há, ainda, um outro livro, mas esse, embora seja até certo ponto popular e possa ser encontrado em todas as partes, é mais oculto e o mais desconhecido de todos porque contém a chave de todos os demais. A ele foi dada publicidade sem que seja conhecido pelo público. Poupem-se o trabalho de pensar onde se encontra pois seria uma enorme perda de tempo. Esse livro, talvez mais antigo do que o de Enoque, nunca foi traduzido e é escrito totalmente em caracteres primitivos e em páginas soltas como as tabuinhas dos antigos. Um sábio destacado revelou sua existência, devendo-se observar que o que lhe chamou a atenção não foi precisamente o segredo, mas sim a antiguidade e sua singular conservação; um outro sábio, esse, porém, dotado de um espírito mais fantasioso do que criterioso, passou 30 anos estudando-o sem compreender algo além de sua indiscutível importância. Trata-se, efetivamente, de uma obra monumental e singular, singela e forte como a arquitetura das pirâmides e, como essas, consequentemente, duradoura; livro que resume todas as ciências e cujas infinitas combinações podem resolver todos os problemas; livro que fala e faz pensar, inspirador e regulador de todas as combinações possíveis; a obra-prima talvez do espírito humano e certamente uma das mais belas que herdamos da Antiguidade; clavícula cujo nome não foi compreendido e explicado senão pelo sábio Guillaume Postel; texto único cujos primeiros caracteres chegaram a extasiar o espírito religioso de Saint-Martin e deram razão ao sublime e desafortunado Swedenborg. Esse livro – e dele já falaremos – e sua elucidação matemática e rigorosa serão o complemento e o coroamento de nosso trabalho consciente.

A aliança original do Cristianismo e da ciência dos magos, se ficar uma vez melhor demonstrada, não se revelará uma descoberta de importância simplesmente mediana, e não duvidamos de que o resultado de um estudo sério da magia e da Cabala conduza os espíritos sérios à conciliação, considerada até o presente como impossível, da ciência e do dogma, da razão e da fé.

Já afirmamos que a Igreja, cujo atributo especial é o depósito das chaves, não pretende possuir as do Apocalipse ou das visões de Ezequiel. Para os cristãos e segundo sua opinião, elas se perderam em clavículas científicas e mágicas de Salomão.

É certo, todavia, que no domínio da inteligência, governada pelo VERBO, nada daquilo que está escrito se perde, apenas as coisas que os homens cessam de compreender já não existem para eles, ao menos como verbo. Tais coisas penetram, então, no domínio do enigma e do mistério.

Por outro lado, a antipatia e mesmo a guerra aberta da Igreja oficial contra tudo que entra no domínio da magia, que é uma espécie de sacerdócio pessoal e emancipado, está submetida a causas tão necessárias e inerentes quanto as do sacerdócio cristão. A Igreja ignora o que é a magia porque deve ignorá-lo totalmente ou perecer, como demonstraremos mais tarde. Conhece-a menos que seu misterioso fundador, o qual foi saudado em seu leito pelos três magos, ou seja, pelos embaixadores hieráticos das três partes do mundo conhecido e dos três mundos analógicos da filosofia oculta.

Na Escola de Alexandria, a magia e o Cristianismo dão-se quase as mãos sob os auspícios de Amônio Saccas e Platão. O dogma de Hermes se acha quase por inteiro nos escritos atribuídos a Dionísio, o Areopagita. Sinésio traça o plano de um tratado dos sonhos, que devia ser comentado mais tarde por Cardan, e composto de hinos que poderiam servir à liturgia da Igreja de Swedenborg, se pudesse uma igreja de iluminados ter uma liturgia. É também nessa época de abstrações ardentes e de logomaquias apaixonadas que se une o reinado filosófico de Juliano, chamado o Apóstata porque, na juventude, fizera profissão de fé no Cristianismo contra vontade. Todos sabem que Juliano teve a desgraça de ser um herói de Plutarco sem razão, e foi, se pudermos assim expressá-lo, o Dom Quixote da Cavalaria Romana; porém, o que todos não sabem é que Juliano era um iluminado e um iniciado de primeira ordem; era um indivíduo que acreditava na unidade de Deus e no dogma universal da Trindade; era, em uma palavra, um ser que somente admitia do mundo antigo seus magníficos símbolos e suas imagens muito graciosas. Juliano não era pagão, mas sim um gnóstico atulhado das alegorias do politeísmo grego e que por desgraça encontrava menos sonoridade no nome de Jesus Cristo do que no de Orfeu. Como imperador pagou seus gastos de colégio como filósofo e como retórico e, depois de ter dado a si mesmo o prazer de expirar como Epaminondas, com as frases de Catão, teve da opinião pública, já toda cristã, anátemas por oração fúnebre e um epíteto desonroso por derradeira celebridade.

Passemos por alto as mediocridades do Baixo Império e cheguemos à Idade Média... Toma esse livro, lê a sétima página e senta depois sobre o manto que eu vou estender e do qual usaremos uma das extremidades para tapar nossos olhos... Tua cabeça dá voltas... não é isso e te parece como se a terra te faltasse aos pés? Conserva a firmeza e não olha... A vertigem cessa. Chegamos. Levanta e abre os olhos. Contudo, cuida para não fazer nenhum sinal e não pronunciar qualquer palavra cristã. Estamos em uma paisagem de Salvador Rosa. É um deserto que repousa após ter desencadeado sobre ele uma tormenta. A lua não resplandece no céu. Mas não vês as estrelas oscilarem entre as moitas? Não escutas ao teu redor o revolutear de gigantescas aves que, ao passar, parece que murmuram palavras estranhas? Aproximemo-nos silenciosamente da encruzilhada. Uma trombeta rouca e fúnebre se deixa ouvir. Uma infinidade de tochas iluminam em todas as partes. Uma assembleia numerosa se congrega ao redor de um círculo que está vazio. Olham e aguardam. De repente, todos os presentes se prosternam e murmuram: Ei-lo, ei-lo! É ele! Um príncipe com cabeça de bode chega requebrando, sobe ao seu trono, inclina-se e apresenta à assembleia um rosto humano, ao qual todos acodem, círio negro à mão, para oferecer-lhe uma saudação e um ósculo; em seguida se endireita, emite uma gargalhada estridente e distribui aos seus fiéis ouro, instruções secretas, medicinas ocultas e venenosas. Durante essa cerimônia, as mazelas se incendeiam e ardem mescladas a ossadas humanas e gorduras de suplícios. Druidesas coroadas por uma planta semelhante à salsa e por verbena sacrificam com foices de ouro meninos subtraídos ao batismo e preparam horríveis ágapes. São postas as mesas. Os homens mascarados colocam-se ao lado das mulheres seminuas e principia a bacanal. Nada falta ali, exceto o sal, que é o símbolo da sabedoria e da imortalidade.

O vinho circula aos borbotões, deixando manchas semelhantes ao sangue; as conversas e as carícias obscenas principiam. Todos os participantes estão embriagados pelo vinho, pela luxúria e pelas canções desonestas. Todos se levantam em desordem e as rodas infernais se formam... Chegam então todos os monstros da lenda, todos os fantasmas dos pesadelos; sapos enormes tocam a flauta às avessas e sopram, pressionando as ancas com suas patas; escaravelhos coxos e irrequietos se misturam à dança; caranguejos fazem soar as castanholas; crocodilos fazem piruetas com suas escamas; chegam elefantes e mamutes vestidos de Cupido e erguem as patas como se dançassem... Logo as rodas se desfazem e dispersam... apagam-se, a fumaça se perdendo entre as sombras... Aqui, ali e acolá se escutam gritos, gargalhadas, blasfêmias e estertores... Vamos, desperta e não faz o sinal da cruz! Eu te transportei e estás em teu leito, te encontras um tanto cansado, um pouco talvez ferido por causa da viagem e da noite má. Porém, viste uma coisa da qual todos falam sem conhecê-la. Foste iniciado em terríveis segredos como do antro de Trofônio. Assististe ao sabá! É desejável que não enlouqueças e que te mantenhas em um saudável temor da justiça e a uma distância respeitosa da Igreja e de suas fogueiras.

Queres ver agora algo menos fantástico, mais real e verdadeiramente terrível? Pois te farei assistir ao suplício de Jacques de Molay e de seus cúmplices, ou de seus irmãos em martírio... Mas não te enganes e não confunde o culpado com o inocente. Os templários adoraram realmente Bafomé ou terão dado um humilde abraço à face traseira do bode Mendes? O que era, pois, essa associação secreta e poderosa que pôs em perigo a Igreja e o Estado e que exterminaram sem ser ouvida? Não julgues nada superficialmente; são culpados de um grande crime, permitiram que os profanos vissem o santuário da antiga iniciação; recolheram para repartir entre si, e se fazer donos do mundo, os frutos da ciência do bem e do mal. O decreto que os condena remonta além do próprio tribunal do papa ou de Felipe, o Belo. "No dia que comerdes desse fruto morrerás", dissera o próprio Deus, conforme vemos no Gênesis.

O que ocorreu no mundo e por que os sacerdotes e os reis tremeram? Que poder secreto ameaça as terras e as coroas? Eis aqui alguns loucos que correm de país em país e que escondem, segundo dizem, a pedra filosofal sob seus farrapos e sua miséria. Podem transformar a terra em ouro e contudo carecem de pão e de asilo! A fronte deles é cingida por uma auréola da glória e por um reflexo de ignomínia. Um descobriu a ciência universal e não sabe como morrer para escapar às torturas de seu triunfo: é o maiorquino Raymundo Llullio. Outro cura com remédios fantásticos as enfermidades imaginárias e oferece um desmentido formal ao adágio que comprova a ineficácia de um cautério em uma perna de madeira: é o maravilhoso Paracelso, sempre ébrio e sempre lúcido como os heróis de Rabelais. Aqui temos Guillaume Postel, que escreve ingenuamente aos Padres do Concílio de Trento a fim de comunicar que descobriu a doutrina absoluta, oculta desde o começo do mundo e que já tarda para que a compartilhe com os demais. O Concílio não se inquieta com o louco e nem mesmo se digna em condená-lo, passando ao exame de questões tão graves como a graça eficaz e a graça suficiente. Aquele que vemos morrer pobre e abandonado é Cornélio Agrippa, o menos mago de todos e a quem o vulgo se obstina em considerar como o maior feiticeiro do mundo, porque era às vezes satírico e mistificador. Que segredo levaram todos esses homens às suas tumbas? Por que os admiramos sem havê-los conhecido? Por que foram condenados sem ser ouvidos? Por que são iniciados nessas terríveis ciências ocultas que atemorizam a Igreja e a sociedade? Por que eles sabem o que os outros homens ignoram? Por que eles dissimulam aquilo que todos anseiam saber? Por que estão investidos de um poder terrível e desconhecido? As ciências ocultas! A magia! Eis aqui duas expressões que dizem tudo e que ainda podem fazer-nos pensar mais. *De omni re scibili et quibusdam aliis.*

O que é, portanto, a magia? Qual era o poder desses homens tão perseguidos e tão intratáveis? Por que, se eram tão fortes, não venceram seus inimigos? Por que, se eram tão insensatos e tão débeis, se lhes dispensava a honra de temê-los? Existe uma magia, existe verdadeiramente uma ciência oculta que seja certamente um poder e que opere prodígios capazes de competir com os milagres das religiões autorizadas?

A essas perguntas principais responderemos com uma palavra e com um livro. O livro será a justificação da palavra e essa palavra é: sim – existiu e existe uma magia poderosa e real; sim – tudo quanto as lendas dizem é certo; aqui, única e contrariamente ao que acontece em geral, os exageros populares não se achavam apenas de lado mas bem sob a verdade.

Sim, existe um segredo formidável cuja revelação já transtornou o mundo, como o testemunham as tradições do Egito, resumidas simbolicamente por Moisés no começo do Gênesis. Esse segredo constitui a ciência fatal do bem e do mal e seu resultado, quando divulgado, é a morte. Moisés o representa sob a figura de uma árvore que está no centro do paraíso terrenal e próxima, e com as raízes comuns à árvore da vida; os quatro rios misteriosos tomam seu manancial ao pé dessa árvore, que é guardada pela espada flamejante e pelas quatro assinaturas da esfinge bíblica, o querubim de Ezequiel... Mas aqui devo me deter e até temo ter dito demasiado.

Sim, existe um dogma único, universal, imperecível, forte como a razão suprema, singelo como tudo que é grande, inteligível como tudo que é universal e absolutamente verdadeiro e esse dogma foi o progenitor de todos os demais.

Sim, existe uma ciência que confere ao homem prerrogativas, de aparência sobre-humana... e ei-las aqui, tais como eu as encontrei enumeradas em um manuscrito hebraico do século XVI.

Eis aqui e agora os privilégios e os poderes daquele que detém, em sua mão direita, as clavículas de Salomão e, na esquerda, o ramo florido da amendoeira.

א *Aleph* – Vê a Deus cara a cara sem morrer e conversa familiarmente com os sete gênios que comandam toda a milícia celeste.

ב *Beth* – Permanece acima de todas as aflições e todos os temores.

ג *Ghimel* – Reina em todo o céu e se faz servir por todo o inferno.

ד *Daleth* – Dispõe de sua saúde e de sua vida e pode dispor daquelas dos demais.

ה *Hê* – Não pode ser surpreendido pelo infortúnio, nem agoniado pelos desastres, nem vencido por seus inimigos.

ו *Vô* – Sabe a razão do passado, do presente e do futuro.

ז *Dzain* – Detém o segredo da ressurreição dos mortos e a chave da imortalidade.

Tais são os sete grandes privilégios. A esses sucedem os seguintes:

ח *Cheth* – Encontrar a pedra filosofal.

ט *Teth* – Possuir a medicina universal.

י *Iod* – Conhecer as leis do movimento contínuo e poder demonstrar a quadratura do círculo.

כ *Caph* – Transformar em ouro não apenas todos os metais, como também a própria terra e até as imundícies desta.

ל *Lamed*– Domar os mais ferozes animais e saber proferir palavras que animam e encantam as serpentes.

מ *Mem* – Possuir a arte notória que proporciona a ciência universal.

---

* Também ל (N.T).

נ   *Nun* – Discorrer sabiamente sobre todas as coisas sem preparo e sem estudo.

E, finalmente, os sete poderes menores do mago:

ס   *Samech* – Conhecer à primeira vista o âmago da alma dos homens e os mistérios do coração das mulheres.

ע   *Hain* – Forçar, quando lhe apraz, a natureza a revelar-se.

פ   *Phe* – Prever todos os acontecimentos futuros que não dependam de um livre-arbítrio superior ou de uma causa não percebida.

צ   *Tsade* – Prestar a todos prontamente os consolos mais eficazes e os conselhos mais saudáveis.

ק   *Coph* – Vencer as adversidades.

ר   *Resch* – Dominar o amor e o ódio.

ש   *Schin* – Possuir o segredo das riquezas; ser sempre o amo e não o escravo. Saber extrair o gozo mesmo da pobreza e não cair jamais nem na abjeção, nem na miséria.

ת   *Thô* – Ajuntaremos a esses três setenários que o sábio governa os dementes, aplaca as tempestades, cura as enfermidades mediante o tato e ressuscita os mortos.

Mas, há coisas que Salomão selou com seu selo triplo. Os iniciados sabem e basta. Quanto aos demais, que riam, que creiam, que duvidem, que ameacem ou que tenham medo, que importa à ciência e que importa para nós?

Tais são, efetivamente, os resultados da filosofia oculta e estamos em condições de não recear uma acusação de loucura ou uma suposição de charlatanismo ao afirmar que todos esses privilégios são reais.

Isso é o que todo nosso trabalho acerca da filosofia oculta terá a demonstrar.

A pedra filosofal, a medicina universal, a transmutação dos metais, a quadratura do círculo e o segredo do movimento contínuo não são, pois, nem mistificações da ciência nem delírios da loucura; são termos que é preciso compreender em seu verdadeiro sentido e que manifestam todos os diferentes usos de um mesmo segredo, os diferentes caracteres de uma mesma operação que se define de uma maneira mais geral chamando-a unicamente de a grande obra.

Existe, desse modo, na natureza uma força muito mais poderosa sob forma distinta daquela do vapor, por meio da qual um único homem que pudesse dela apoderar-se e soubesse dirigi-la transformaria e mudaria a face do mundo. Essa força era conhecida pelos antigos e consiste no agente universal cuja lei suprema é o equilíbrio e cuja orientação está vinculada imediatamente ao grande arcano da magia transcendente. Por meio da orientação desse agente pode-se mudar a ordem das estações, produzir à noite fenômenos inerentes ao dia, corresponder instantaneamente de um a outro confim do mundo, ver, como Apolônio, o que ocorria no outro extremo da Terra, conferir à palavra um êxito e uma repercussão universais. Esse agente, que apenas se revela ante o tato dos discípulos de Mesmer, é precisamente o que os Adeptos da Idade Média chamavam de matéria-prima da grande obra. Os gnósticos o tornavam o corpo do ígneo Espírito Santo e era ele que era adorado nos ritos secretos do *sabá* ou do templo, sob a hieroglífica figura de Bafomé ou do bode Andrógino de Mendes. Tudo isso será demonstrado.

Tais são os segredos da filosofia oculta, tal nos aparece a magia na história; nós a vemos agora nos livros e nas obras, nas iniciações e nos ritos.

A chave de todas as alegorias mágicas se encontra nas folhas que assinalamos e cremos ser obra de Hermes. Em torno desse livro, que se pode chamar a chave da abóbada de todo o edifício das ciências ocultas, vêm se estabelecer numerosas lendas que são ou a tradução parcial ou o comentário incessante, renovado sob mil formas diferentes. Algumas vezes, essas engenhosas fábulas reúnem-se harmoniosamente e formam uma grande epopeia que caracteriza uma época sem que a multidão possa explicar como nem por quê. Assim é como a fabulosa história do Velocino de Ouro resume, velando-os, os dogmas herméticos e mágicos de Orfeu, e, se remontarmos só às poesias misteriosas da Grécia, veremos como os Santuários do Egito e da Índia nos espantam, até certo ponto, com seu luxo e nos deixam perplexos diante da acumulação de suas riquezas; demoramos mas chegamos à Tebaída, essa assombrosa síntese de todo o dogma presente, passado e futuro, a essa fábula, por assim dizer, infinita, que toca, como o deus de Orfeu, as duas extremidades do ciclo da vida humana. Coisa estranha! As sete portas de Tebas defendidas por sete chefes que juraram sobre o sangue de uma vítima têm o mesmo sentido que os sete selos do livro sagrado explicado por sete gênios e atacado por um monstro de sete cabeças, depois de ter sido aberto por um cordeiro vivo e imolado no livro alegórico de São João! A origem misteriosa de Édipo, que se encontrou suspenso como um fruto sangrado sobre uma árvore do Cíteron, recorda os símbolos de Moisés e os relatos do Gênesis. Luta contra seu pai e o mata sem conhecê-lo; espantosa profecia da emancipação cega da razão sem a ciência;

depois chega diante da esfinge. A esfinge! O símbolo dos símbolos, o enigma eterno para o vulgo, o pedestal de granito da ciência dos sábios, o monstro devorador e silencioso que manifesta por sua forma invariável o dogma único do grande mistério universal, como o quaternário se converte em binário e se explica pelo ternário. Em outros termos mais emblemáticos, porém mais vulgares, qual é o animal que de manhã tem quatro patas, duas ao meio-dia e três à tarde? Filosoficamente falando, como o dogma de forças elementares produz o dualismo de Zoroastro e se resume pela tríade de Pitágoras e Platão? Qual é a razão final das alegorias e dos números, a última palavra de todos os simbolismos? Édipo responde com uma simples e terrível palavra, que mata a esfinge e irá converter o adivinhador em rei de Tebas; a palavra do enigma é o homem!... Desgraçado! Viste demasiadamente mas não tão claro e muito brevemente expiarás tua funesta e incompleta clarividência por uma cegueira voluntária; depois desaparecerás em meio a um furacão como todas as civilizações que tivessem adivinhado um dia, sem compreender todo o alcance e todo o mistério, a palavra do enigma da esfinge. Tudo é simbólico e transcendental nessa colossal epopeia dos destinos humanos. Os dois irmãos inimigos manifestam a segunda parte do grande mistério, completado divinamente pelo sacrifício de Antígona; depois a guerra, a última guerra, os irmãos inimigos mortos um pelo outro; Capaneu pelo raio que desafiava, Afiraus devorado pela terra, são outras tantas alegorias que enchem de assombro por sua verdade e por sua grandeza aqueles que penetram o triplo sentido hierático. Ésquilo, comentado por Balanche, não dá senão uma débil ideia, relativamente ao resto, sejam quais forem as majestades primitivas de Ésquilo e a beleza do livro de Balanche.

O livro secreto da antiga iniciação não era ignorado por Homero, que traça o plano e as principais figuras no século de Aquiles com uma precisão minuciosa. Entretanto, as graciosas ficções de Homero logo parecem fazer esquecer as verdades simples e abstratas da revelação primitiva. O homem se agarra à forma e olvida a ideia; os signos, ao se multiplicarem, perdem seu poder; a magia também se corrompe nessa época e decairá com as feiticeiras da Tessália para os mais profanos encantamentos. O crime de Édipo produziu seus frutos de morte e a ciência do bem e do mal erige esse como divindade sacrílega. Os homens fatigados da luz se refugiam na sombra da substância corpórea: o sonho do vazio que Deus preenche logo lhes parece maior que o próprio Deus e se cria o inferno.

Quando, ao longo dessa obra, nos servimos de palavras consagradas: Deus, céu, inferno, que se saiba de uma vez por todas que nos distanciamos tanto do sentido atribuído a essas palavras pelos profanos quanto a iniciação está distanciada do pensamento do vulgo. Deus, para nós, é o Azoth dos sábios, o princípio eficiente e final da grande obra. Em breve esclareceremos esses termos, afastando sua obscuridade.

Voltemos à fábula de Édipo. O crime do rei de Tebas não é ter compreendido a esfinge, mas sim ter destruído a calamidade de Tebas sem ser suficientemente puro para completar a expiação em nome de seu povo. Assim, logo a peste se encarrega de vingar a morte da esfinge e o rei de Tebas, forçado a abdicar, se sacrifica aos terríveis manes do monstro, que está mais vivo e mais devorador do que nunca, agora que passou do domínio da forma para o da ideia. Édipo viu o que é o homem e arranca os olhos para não ver o que é Deus. Divulgou a metade do grande arcano mágico e, para salvar seu povo, é mister que transporte com ele ao exílio e à tumba a outra metade do terrível segredo.

Depois da fábula colossal de Édipo, encontramos o gracioso poema de Psiquê, do qual Apuleio não é seguramente o inventor. O grande arcano mágico reaparece aqui sob a figura da união misteriosa entre um deus e uma frágil mortal abandonada, só e despida sobre uma rocha. Psiquê deve ignorar o segredo de sua ideal beleza e, se contemplar o esposo, o perderá. Apuleio interpreta e comenta aqui as alegorias de Moisés; mas os Elohim de Israel e os deuses de Apuleio não saíram igualmente dos santuários de Mênfis e de Tebas? Psiquê é a irmã de Eva, ou melhor, é a Eva espiritualizada. Ambas querem saber e perdem a inocência para obter a honra da prova. Ambas merecem descer aos infernos: uma para levar a antiga caixa de Pandora e a outra para procurar e esmagar a cabeça da antiga serpente, que é o símbolo do tempo e do mal. Ambas cometem o crime que devem expiar o Prometeu dos antigos tempos e o Lúcifer da lenda cristã, um libertado e o outro submetido por Hércules e pelo Salvador.

O grande segredo mágico é, pois, a lâmpada e o punhal de Psiquê, é a maçã de Eva, é o fogo sagrado roubado por Prometeu, é o cetro ardente de Lúcifer, mas é também a cruz santa do Redentor. O saber bastante para o abuso ou a divulgação é merecer todos os suplícios; o saber como se deve saber para dele servir-se e ocultá-lo é ser senhor do absoluto.

Tudo está encerrado em uma palavra e em uma palavra de quatro letras. É o tetragrama dos hebreus, é o Azoth dos alquimistas, é o *Toth* dos boêmios, é o tarô dos cabalistas. Essa palavra, manifestada de maneiras tão diversas, quer dizer Deus para os profanos, significa o homem para os filósofos e oferece aos Adeptos a última palavra das ciências humanas e as chaves do poder divino, porém somente sabe delas servir-se aquele que compreende a necessidade de jamais revelá-las. Se Édipo, em lugar de levar a esfinge à morte, a tivesse domado e atrelado a seu carro para entrar em Tebas, teria sido rei sem incesto, sem calamidades e sem exílio.

Se Psiquê tivesse à força de submissões e carícias conseguido que o amor se revelasse a si mesmo, não o teria perdido. O Amor é uma das imagens mitológicas do grande segredo e do grande agente porque manifesta simultaneamente uma ação e uma paixão, um vazio e uma plenitude, uma flecha e uma ferida. Os iniciados devem compreender-me e no que diz respeito aos profanos não se pode dizer demasiado.

Depois do maravilhoso asno de ouro de Apuleio, não encontramos mais epopeias mágicas. A ciência derrotada em Alexandria pelo fanatismo dos assassinos de Hipatia se faz cristã, ou melhor, se oculta sob os véus cristãos de Amônio, Sinésio e o pseudoautor dos livros de Dionísio, o Areopagita. Nesse tempo era preciso fazer-se perdoar os milagres pelas aparências da superstição e a ciência por uma linguagem ininteligível. A escrita hieroglífica foi ressuscitada e foram inventados os pentáculos e os caracteres que sintetizavam toda a doutrina em um signo, toda uma série de tendências e revelações em uma palavra. Qual era a meta dos aspirantes à ciência? Buscavam o segredo da grande obra ou da pedra filosofal, ou o movimento contínuo, ou a quadratura do círculo, ou a medicina universal, fórmulas que os salvavam frequentemente da perseguição e do ódio, fazendo-os ser tachados de loucura, fórmulas que manifestavam cada uma de per si uma das faces do grande segredo mágico, como o demonstraremos mais tarde.

Essa ausência de epopeias dura até nosso romance da *Rosa*. Contudo, o símbolo da rosa, que manifesta também o sentido misterioso e mágico do poema de Dante, é tomado da alta Cabala e já é tempo de abordarmos esse imenso manancial oculto da filosofia universal.

A Bíblia, com todas as alegorias que contém, manifesta apenas incompleta e veladamente a ciência religiosa dos hebreus. O livro de que falamos e cujos caracteres hieráticos explicaremos, o livro que Guillaume Postel denomina o Gênese de Enoque, existia seguramente antes de Moisés e dos profetas, cujo dogma, idêntico no fundo ao dos antigos egípcios, encerrava também seu esoterismo e seus véus. Quando Moisés falava ao povo, diz alegoricamente o livro sagrado, colocava um véu sobre seu rosto e removia esse véu para falar com Deus; tal é a causa desses pretensos absurdos da Bíblia que tanto exercitaram a palavra satírica de Voltaire. Os livros estavam escritos somente para recordar a tradição e eram compostos de símbolos ininteligíveis para os profanos. O Pentateuco e as poesias dos profetas eram, ademais, apenas livros elementares, seja de dogma, seja de moral, seja de liturgia, a verdadeira filosofia secreta e tradicional tendo sido escrita apenas posteriormente, sob véus menos transparentes ainda. Foi assim que nasceu uma segunda Bíblia desconhecida, ou melhor, incompreendida pelos cristãos; um relato – dizem – de absurdos (e aqui os crentes, confundidos em uma mesma ignorância, falam como os incrédulos); um monumento, digamos nós, que reúne tudo que o gênio filosófico e o religioso puderam fazer ou imaginar de sublime; tesouro circundado de espinhos e diamante oculto em uma pedra bruta e escura. Nossos leitores já terão adivinhado que me refiro ao Talmude.

    Estranho destino o dos judeus! Os bodes emissários, os mártires e salvadores do mundo! Família movediça, valorosa e dura, que as perseguições sempre conservaram incólume porque ainda não cumpriu sua missão! Nossas tradições apostólicas não dizem que, depois do declínio da fé nos gentios, a salvação deve vir, entretanto, da casa de Jacó e então o judeu crucificado que os cristãos têm venerado colocará o império do mundo nas mãos de Deus, seu pai?

    Quem penetra no santuário da Cabala sente-se repleto de admiração à vista de um dogma tão lógico, tão simples e, ao mesmo tempo, tão absoluto. A união necessária das ideias e dos signos, a consagração das realidades mais fundamentais pelos caracteres primitivos, a trindade das palavras, as letras e os números; uma filosofia singela como o alfabeto, profunda e infinita como o Verbo; teoremas mais completos e luminosos que os de Pitágoras; uma teologia que se resume contando pelos dedos; um infinito que pode caber na palma da mão de uma criança; dez algarismos e 22 letras, um triângulo, um quadrado e um círculo: eis aqui todos os elementos da Cabala. São os princípios elementares do Verbo escrito, reflexo desse Verbo falante que criou o mundo!

    Todas as religiões verdadeiramente dogmáticas emergiram da Cabala e a ela retomam; tudo o que há de científico e grandioso nos sonhos religiosos de todos os iluminados, Jacob Boehme, Swedenborg, Saint-Martin, etc., é tomado da Cabala; todas as associações maçônicas lhe devem seus segredos e seus símbolos. A Cabala consagra por si só a aliança da razão universal e do Verbo divino; estabelece pelos contrapesos de duas forças opostas em aparência a balança eterna do ser, concilia a razão com a fé, o poder com a liberdade, a ciência com o mistério. Tem as chaves do passado, do presente e do futuro.

A iniciação na Cabala não requer apenas a leitura e meditação dos escritos de Reuchlin, Galatino, Kircher ou de Pico de la Mirandola. É preciso também estudar e compreender os escritos hebraicos da coleção de Pistório, o Sepher Jezirah, sobretudo, depois a filosofia de amor de Leão, o Hebreu. É mister, também, abordar o grande livro do Zohar, ler atentamente na coleção de 1684, intitulada *Qabbalah Denudata,* o tratado da pneumática cabalística e o da revolução das almas. Depois penetrar audaciosamente nas luminosas trevas de todo o corpo dogmático e alegórico do Talmude. Então poder-se-á compreender Guillaume Postel e confessar em voz baixa que, independentemente de seus sonhos, assaz prematuros e demasiado generosos de emancipação da mulher, esse célebre e sábio iluminado podia não estar tão louco como pretendem aqueles que nem sequer o leram.

Acabamos de esboçar rapidamente a história da filosofia oculta. Indicamos os mananciais e analisamos em poucas palavras os principais livros. Esse trabalho se refere somente à ciência, porém a Magia, ou melhor, o poder mágico, compõe-se de duas coisas: uma ciência e uma força.

Sem a força, a ciência não é nada, ou melhor, é um perigo. Outorgar à ciência somente a força – tal é a lei suprema das iniciações. Assim, o grande revelador disse: o reino de Deus sofre violência e são os violentos aqueles que o fazem perder sua força. A porta da verdade está cerrada como o santuário de uma virgem; é preciso ser um homem para nele adentrar. Todos os milagres estão prometidos à fé, contudo o que é a fé senão a audácia de uma vontade que não vacila nas trevas e que caminha para a luz por meio de todas as provas e vencendo todos os obstáculos?

Não vamos repetir aqui a história das antigas iniciações; quanto mais perigosas e terríveis eram, tanto mais eficazes resultavam; por isso, havia no mundo então homens capazes de governá-lo e instruí-lo. A arte sacerdotal e a arte real consistiam especialmente em provas de valor, de discrição e de vontade. Era um noviciado semelhante ao desses sacerdotes tão impopulares em nossos dias conhecidos sob o nome de jesuítas e que, no entanto, governariam o mundo se tivessem uma cabeça verdadeiramente sábia e inteligente.

Após ter passado nossa vida na investigação do absoluto, em religião, em ciência e em justiça; após ter dado voltas no círculo de Fausto, chegamos ao primeiro dogma e ao primeiro livro da humanidade. Ali nos detivemos, ali encontramos o segredo da onipotência humana e do progresso indefinido, a chave de todos os simbolismos, o primeiro e o último de todos os dogmas. E entendemos também o que quer dizer essa expressão tão frequentemente repetida no Evangelho: o reino de Deus.

Conceder um ponto fixo para apoio à atividade humana é resolver o problema de Arquimedes, realizando o emprego de sua famosa alavanca. Isso é o que fizeram esses grandes iniciadores que sacudiram o mundo, só podendo fazê-lo mediante o grande e incomunicável segredo. Para garantia, por outro lado, de sua nova juventude, a fênix simbólica jamais reaparece aos olhos do mundo sem haver consumido os despojos e as provas de sua vida anterior. Assim é como Moisés, que fez morrer no deserto todos aqueles que puderam conhecer o Egito e seus mistérios; assim é também como São Paulo em Éfeso, que queimou todos os livros que tratavam das ciências ocultas; é assim, finalmente, também como a Revolução Francesa, filha do Grande Oriente johannita e da cinza dos Templários, que saqueia suas igrejas e blasfema diante das alegorias do culto divino. Contudo, todos os dogmas e todos os renascimentos proscrevem a magia e entregam seus mistérios ao fogo ou ao esquecimento. É que todo culto ou toda filosofia que vem ao mundo é um Benjamin da humanidade, o qual só pode viver causando a morte de sua mãe; é que a serpente simbólica gira sempre devorando a própria cauda; é que há necessidade, por razão de ser, que em toda plenitude "haja um vazio, em toda magnitude um espaço, em toda afirmação uma negação: é a realização eterna da alegoria da fênix.

Dois ilustres sábios me precederam pela via por onde caminho, mas passaram, por assim dizer, a noite em branco e, por conseguinte, às escuras.

Refiro-me a Volney e Dupuis, e a esse último especialmente, cuja imensa erudição foi capaz de gerar tão somente uma obra negativa. Na origem de todos os cultos viu apenas astronomia, tomando assim o céu simbólico pelo dogma e o calendário pela lenda. Um único conhecimento lhe faltou, o da verdadeira magia, que encerra os segredos da Cabala. Dupuis passou pelos antigos santuários como o profeta Ezequiel pela planície coberta de ossadas e percebeu somente a morte por desconhecer a palavra que reúne a virtude dos quatro ventos do céu e que pode produzir um povo vivo a partir de todas essas ossadas, gritando ante os antigos símbolos: Levantai! Revesti uma nova forma e caminhai!

O que ninguém, pois, pôde ou ousou fazer antes de nós, ensejou que se tenha chegado a um tempo no qual tratemos nós de fazê-lo. Queremos, como Juliano, reedificar o templo e não cremos produzir com isso um *desmentido* a uma sabedoria que veneramos e que o próprio Juliano teria sido digno de a venerar se os doutores, rancorosos e fanáticos de seu tempo, lhe tivessem permitido compreender. O templo, para nós, tem duas colunas e sobre uma delas o Cristianismo escreveu seu nome. Não nos empenhamos em atacar o Cristianismo, pelo contrário, longe disso, o que queremos é explicá-lo e cumpri-lo. A inteligência e a vontade exerceram, alternativamente, o poder no mundo. A religião e a filosofia, entretanto, se combatem atualmente e devem concluir por um acordo. O Cristianismo teve como finalidade provisória estabelecer pela obediência e a fé uma igualdade sobrenatural ou religiosa entre os homens e imobilizar a inteligência pela fé – a fim de dar um ponto de apoio à virtude que destruíra a aristocracia da ciência, ou melhor, substituir essa aristocracia já destruída. A filosofia, pelo contrário, trabalhou para fazer os homens retomarem pela liberdade e a razão à desigualdade natural, e para substituir, fundando o reino da indústria, o *savoir faire* pela virtude. Nenhuma dessas duas ações foi completa e suficiente; nenhuma conduziu os homens à perfeição e à felicidade. O que agora se sonha sem a audácia de quase esperá-lo é uma aliança entre essas duas forças, durante muito tempo consideradas como antagônicas, e o desejo de tal aliança é racionalmente justificável porque as duas grandes potências da alma não são opostas entre si, como o sexo do homem não é oposto ao da mulher; não há dúvida que são diferentes, porém suas disposições, contrárias em aparência, unicamente procedem de sua aptidão para se encontrar e se unir.

Trata-se, pois, nada menos do que de uma solução universal para todos os problemas?

Sem dúvida, visto que se trata de explicar a pedra filosofal, o movimento contínuo, a quadratura do círculo, o segredo da grande obra e da medicina universal. Seremos alvo de escárnio e tidos como insanos, como o divino Paracelso, ou tidos como charlatães, como o grande e infeliz Cornélio Agrippa. Se a fogueira de Urbain Grandier está apagada, restam as proscrições surdas do silêncio ou da calúnia. Nós não as desafiamos, mas nos resignamos. Não buscamos publicar essa obra e cremos que chegou o tempo de falar; ela teria se produzido por si mesma, por nós ou por outro qualquer. Permaneceremos tranquilos na espera do que suceda.

Nossa obra é composta de duas partes. Na primeira parte estabelecemos o dogma cabalístico e mágico em todas as suas manifestações; a segunda parte é consagrada ao culto, ou seja, à magia cerimonial. A primeira é o que os antigos sábios chamam de clavícula, a segunda o que os camponeses chamam de grimório. O número e o objeto dos capítulos que mantêm correspondência nas duas partes nada têm de arbitrário e se achavam perfeitamente indicados na grande clavícula universal, da qual damos, pela primeira vez, uma explicação completa e satisfatória. Agora, que vá essa obra aonde queira e deva ir, e que o resultado seja conforme a vontade da Providência. Executada está e a cremos duradoura, porque é forte como tudo que é razoável e consciencioso.

ELIPHAS LEVI

PRIMEIRA PARTE
DOGMA

Figura 1 – O Grande Símbolo de Salomão

1 א A
O RECIPIENDÁRIO
Disciplina – Ensop – Kether

Quando um filósofo assume como base de uma nova revelação da sabedoria humana esse raciocínio: *Penso, logo existo*, muda, de certo modo, a sua vontade, segundo a revelação cristã, a noção antiga do Ser Supremo. Moisés faz dizer o Ser dos seres; *Eu sou quem sou*. Descartes[1] faz o homem dizer: *Eu sou quem pensa*, e, como pensar é falar interiormente, o homem de Descartes pode dizer como o Deus de São João, o Evangelista: Eu sou aquele em quem está e por quem se manifesta o Verbo. *In principio erat verbum*.

O que é um princípio? É uma base da palavra, é uma razão de ser do verbo. A essência do verbo está no princípio: o princípio é o que é; a inteligência é um princípio que fala.

O que é a luz intelectual? É a palavra. O que é a revelação? É a palavra; o ser é o princípio, a palavra o meio e a plenitude ou o desenvolvimento e a perfeição do ser é o fim: falar é criar.

Contudo, dizer *Penso, logo existo* é deduzir da consequência o princípio, e recentes contradições elaboradas por um grande escritor, por Lamennais,[2] demonstraram suficientemente a imperfeição filosófica

---

1. Filósofo francês (1596-1650) que em seu racionalismo identifica o ser do homem com sua faculdade pensante e cognoscente. René Descartes foi soldado, viajou muito e viveu por duas décadas na Holanda, mas acabou sofrendo pressões por causa de suas ideias filosóficas. Acolhendo o amável convite da rainha Cristina da Suécia, foi residir neste país, onde morreu, em 1650, de pneumonia.
2. Filósofo, teólogo e escritor francês (1782-1854). Membro do clero, principiou como um defensor inabalável e convicto da legitimidade absoluta e exclusiva da Igreja, reconhecendo-a como depositária de toda a verdade. Mas logo participaria do grupo de católicos liberais franceses, fundando uma publicação chamada *Avenir* (Futuro). A reprovação do papado não tardou, em função do pensamento liberal de Lamennais. Ele se retratou, porém não demoraria

desse método. Eu sou, logo existe alguma coisa nos parece ser uma base mais primitiva e mais simples da filosofia experimental.

Eu sou, logo o ser existe

Ego sum qui sum: eis aqui a revelação primeira de Deus no homem e do homem no mundo, e é também o primeiro axioma da filosofia oculta.

אהיה אשר אהיה
O ser é o ser

Essa filosofia tem, pois, por princípio, o que é e nada tem de hipotético nem de fortuito.

Mercúrio Trismegisto[3] começa seu admirável símbolo, conhecido com o nome de *Tábua de Esmeralda*, por esta afirmação tripla: *É verdade, é certo sem erro, é de todo verdade*. Assim, o verdadeiro confirmado pela experiência em física, a certeza desprendida de toda mescla de erro em filosofia, a verdade absoluta indicada pela analogia no domínio da religião ou do infinito, tais são as primeiras necessidades da verdadeira ciência e é o que a magia somente pode conceder aos seus Adeptos.

Mas, antes de tudo o mais, quem és tu que tens esse livro entre tuas mãos e te propões a lê-lo?..

Sobre o frontispício de um templo que a Antiguidade dedicara ao deus da luz lia-se esta inscrição de duas palavras: *conhece-te*.[4]

---

para romper com a Igreja, depois do que escreveu suas famosas obras: *Palavras de um Crente, As Questões de Roma* e o *Livro do Povo*, nos quais abandonou a visão propriamente liberal a favor de pontos de vista socialistas, que lhe valeriam, inclusive, a ruptura com Lacordaire e Montalambert. Lamennais morreu na pobreza, em 1854.

3. Ou *Hermes Trismegisto*, designação em grego que significa *três vezes grande*, a saber, *rei*, *sacerdote* e *legislador*. Mas a denominação Hermes, como Buda, Manu ou Cristo, é genérica e não se aplica necessariamente a uma individualidade; pode indicar alternativamente uma *casta*, um *deus*... além de um *homem*. Naturalmente, para a história convencional, a existência de Hermes Trismegisto é, no mínimo, duvidosa. Na mitologia egípcia, ele é o deus Thot, representado com o corpo de homem, exceto pela cabeça de íbis; é o deus da sabedoria, das artes, do conhecimento e divindade escriba. Esotericamente é o primeiro iniciador dos egípcios às doutrinas sagradas e secretas e um grande Adepto; é um iniciador "divino", uma Inteligência extra-humana, e, como Levi repetirá mais de uma vez neste livro, o enunciador do dogma mágico maior contido na *Tábua de Esmeralda* e o autor do primeiro livro iniciático e de sabedoria da humanidade, que leva seu nome (Livro de Thot), disfarçado na posteridade nos trunfos (efetivamente arcanos maiores) do baralho conhecido como tarô, para Levi a mais completa das chaves cabalísticas.

4. O templo é o de Delfos, na Fócida, região da antiga Grécia. O deus da Luz é Apolo, mais exata e originariamente *Febo*, que significa *brilhante, radiante*, derivado do grego [φως] (luz do sol). Vulgarmente associado à música, Apolo ou Febo está esotericamente vinculado à profecia e à verdade, consequentemente o templo de Delfos dedicado a Apolo, onde era

Esse mesmo conselho é o que devo oferecer a todo homem que queira aproximar-se da ciência.

A magia, a que os antigos davam o nome de *sanctum regnum*, o santo reino, ou o reino de Deus, *regnum Dei*, foi feita unicamente para os reis e os sacerdotes. És sacerdote? És rei? O sacerdócio da magia não é vulgar e seu reinado nada tem a ver com o debater dos príncipes deste mundo. Os reis da ciência são os sacerdotes da verdade e seu reino está oculto para a multidão, como seus sacrifícios e suas preces. Os reis da ciência são os homens que conhecem a verdade e a quem a verdade libertou, segundo a promessa formal do mais poderoso dos iniciadores.

O homem que é escravo de suas paixões ou de preconceitos deste mundo não pode ser iniciado e não poderá sê-lo tampouco enquanto não concretizar sua reforma. Não poderá, assim, ser um *Adepto*, pois a palavra *Adepto* significa aquele que ascendeu por sua vontade e suas obras.

O homem que ama suas ideias e que receia desvencilhar-se delas, aquele que teme as novas verdades e não está disposto a duvidar de tudo antes de admitir algo ao acaso deve fechar este livro, visto que seria perigoso e inútil para ele – compreenderá mal e ficará perturbado, porém ficaria muito mais se porventura chegasse a compreendê-lo bem.

Se amas mais o mundo do que a razão, a verdade e a justiça; se tua vontade é incerta e vacilante, seja no bem seja no mal; se a lógica te espanta, se a verdade nua te faz enrubescer; se te fere abordar os erros em que foste educado, condena imediatamente este livro e faz não o lendo, como se não existisse para ti; contudo, não escarnecei dele e não o difamei como perigoso. Os segredos que revela serão compreendidos apenas por um pequeno número de homens e aqueles que o compreendam certamente não os revelarão. Exibir a luz às aves noturnas é ocultá-la porque as cega e se converte para elas em algo mais escuro do que as trevas. Falarei, portanto, claramente. Direi tudo e estou convicto de que somente os iniciados ou os que sejam dignos de sê-lo o lerão e compreenderão algo.

Há uma ciência verdadeira e uma falsa, uma magia divina e uma magia infernal, isto é, enganosa e tenebrosa. Vamos revelar uma e desvelar a outra. Vamos distinguir o mago do feiticeiro e o Adepto do charlatão.

O mago dispõe de uma força que conhece; o feiticeiro se empenha em abusar do que ignora.

---

iniciada a sacerdotisa pitonisa, que proferia os oráculos (respostas) e existia a inscrição a que se refere Levi; *nosce te ipsum* (Conhece-te a ti mesmo).

O Diabo, se é que é permitido empregar em um livro de ciência essa palavra desacreditada e vulgar, se entrega ao mago e o feiticeiro se entrega ao Diabo.

O mago é o soberano pontífice da natureza, o feiticeiro é somente o profanador da mesma.

O feiticeiro é para o mago o que o supersticioso e o fanático são para o homem verdadeiramente religioso.

Antes de avançarmos mais, definamos claramente o que é a Magia.

A Magia é a ciência tradicional dos segredos da natureza, que nos provém dos magos.

Por meio dessa ciência, o Adepto se acha investido de uma onipotência relativa e pode operar sobre-humanamente, ou seja, de uma maneira que não está ao alcance dos demais homens.

É por isso que muitos Adeptos célebres, tais como Mercúrio Trismegisto, Osíris,[5] Orfeu,[6] Apolônio de Tiana[7] e outros que poderia ser inconveniente ou perigoso nomear, puderam ser adorados ou invocados depois de sua morte como deuses. É por isso, também, que alguns, segundo o fluxo e refluxo da opinião, que produz os caprichos do

---

5. Osíris é mitologicamente, em uma primeira instância, o deus do Nilo. Como o Rio Nilo com suas cheias representava a vida e sobrevivência do Egito, Osíris é o criador e mantenedor da vida e, em uma palavra, o deus que personifica o bem, em oposição a Seth (identificável com Tífon), o deus personificador do mal, que segundo a narrativa mítico-lendária mata Osíris, que passa então a ser o juiz dos mortos. Erguido o véu do mito (mitologia quer dizer *discurso velado*), ou seja, esotericamente, os mistérios *osiríacos* desvelados ao iniciado referem-se, entre outras coisas, à "ressurreição", isto é, à superação da morte física, na iniciação em que, apoiado e orientado pelo hierofante iniciador, ele (o iniciado) se projetava do corpo físico, deixando este como "morto" (em estado cataléptico) e em seu corpo astral afirmava e experimentava a vida transfísica e retomava depois ao corpo físico, celebrando assim o *mistério* da "ressurreição". À parte dos *mistérios* a que deu origem, para Levi, Osíris, como Thot, esteve presente na Terra como um grande Adepto.

6. No domínio da literalidade do mito, Orfeu foi um grande poeta e músico que a todos, deuses e mortais, fascinava com os acordes de sua lira. Do ponto de vista esotérico pode ser considerado um grande iniciado e grande Adepto. Teria provocado, em torno de 1300 a.C., uma revolução mágica e místico-religiosa na Grécia antiga, contrária ao culto mágico-religioso das bacantes, sacerdotisas que mantinham a hegemonia sacerdotal feminina paralelamente à soberania política matriarcal por meio da magia negra. Orfeu teria recuperado o sentido dos *mistérios dionisíacos* (Dionísio é o mesmo Baco) e os conciliado ao culto de Apolo, o deus da luz e da verdade. Orfeu, nesse contexto, assume ademais, como Krishna, Osíris e Jesus, o papel de mártir em prol da evolução espiritual humana.

7. Filósofo grego neopitagórico que viveu muito provavelmente entre 40 e 97 a.D. Pela história oficial, pouco se sabe sobre Apolônio. Mas tudo indica que, nele, o mago e o místico superavam em muito o filósofo. Contudo, os escassíssimos dados históricos, na verdade, não contrariam a base do que se sustenta sobre o *divino* Apolônio no âmbito esotérico: segundo Damis, discípulo de Apolônio que figura na biografia de Filostrato, Apolônio era um mago e taumaturgo e seu prestígio como taumaturgo foi tal que lhe granjeou o epíteto de o *Cristo pagão*.

sucesso, chegaram a ser representantes do inferno ou aventureiros suspeitos como o imperador Juliano,[8] Apuleio,[9] o encantador Merlin[10] e o arquifeiticeiro, como era chamado em sua época, o ilustre e desgraçado Cornélio Agrippa.[11]

Voltando ao *Sanctum regnum*, ou seja, à ciência e ao poder dos magos, diremos que a eles são indispensáveis quatro coisas: uma inteligência esclarecida pelo estudo, uma audácia ilimitada, uma vontade inquebrantável e uma discrição que não possa ser corrompida ou enfraquecida por nada.

Saber, Ousar, Querer e Calar. Eis aqui os quatro verbos do mago, os quais estão escritos nas quatro formas simbólicas da esfinge. Esses quatro verbos podem ser combinados de quatro modos e se explicam quatro vezes uns pelos outros.

Na primeira página do livro de Hermes,[12] o Adepto é representado coberto por um largo chapéu que, ao abaixar, pode cobrir-lhe toda a cabeça. Tem uma mão elevada para o céu, o qual parece comandar com

---

8. Sobrinho de Constantino, Juliano (331-336 a.D.), chamado o Apóstata, tentou reavivar os cultos pagãos no Império romano contra o Cristianismo oficial. Mas Juliano permaneceu pouquíssimo tempo no poder (361 a 363), vindo a tombar em combate na guerra contra os persas.
9. Filósofo e escritor latino do século II, que se tornou famoso devido ao seu romance *O Asno de Ouro*, no qual ele conta a história de Psiquê e refere sua própria (ou seja, dele) transformação em burro.
10. Outra personagem importantíssima estranha à história oficial, emprestada à lenda e à literatura fantástica dos contos de fadas. Esotericamente, Merlin foi um poderoso mago, ligado estreitamente aos destinos da Grã-Bretanha medieval como mentor do rei Arthur e dos Cavaleiros da Távola Redonda. Merlin está mergulhado na pujante alegoria e no simbolismo mágico da *busca do Santo Graal* e do reino de *Avalon*. Sua própria história pessoal é curiosíssima, intrigante e ambígua: filho de uma mortal e um elemental, desde muito pequeno já era dotado de certos poderes mágicos como a clarividência e o poder do enfeitiçamento. A senda mágica de Merlin incluiria na primeira parte o aprendizado e o domínio da magia telúrica, em que Merlin devassará todos os segredos do telurismo e do magnetismo atuantes na Terra; na segunda fase, ocorreria uma dolorosa iniciação à magia cósmica, em ruptura e superação da magia das forças subterrâneas, que poderíamos chamar nesse contexto simplesmente de *feitiçaria*, possivelmente a razão para Levi e tantos outros considerarem Merlin um *encantador*, nas palavras de Levi um "representante do inferno ou aventureiro suspeito".
11. Discípulo do abade Tritêmio, o alemão Heinrich Cornelius Agrippa (1486-1535) foi longe no caminho da magia, atraindo, inclusive, a fama e o cognome de *arquifeiticeiro*, título muito expressivo em seu tempo e ambiente, mas não exatamente elogioso. Dono de vasto e variado saber (medicina, magistério, jurisprudência, etc.), foi um exemplo de audácia no estudo e prática da magia no seu tempo. Mas, apesar da proteção do papa Leão X, Agrippa acabou se desentendendo com a Igreja e desagradando a opinião pública de seu tempo. Morreu de fome, com apenas 49 anos, em um cárcere.
12. Ou seja, o primeiro arcano maior e trunfo do tarô, chamado de *O Prestidigitador* ou *O Pelotiqueiro*, no tarô egípcio boêmio, e de *O Mago* no tarô de Marselha.

sua varinha, e a outra mão sobre o peito. Exibe diante de si os principais símbolos ou instrumentos da ciência e oculta outros em um bolso de prestidigitador. Seu corpo e seus braços formam a letra *Aleph*, a primeira do alfabeto que os hebreus tomaram dos egípcios; mas em breve voltaremos a nos ocupar desse símbolo.

O mago é verdadeiramente o que os cabalistas hebreus chamam de *microprosopo*, ou seja, o criador do mundo pequeno. Apoiando-se a primeira ciência mágica no conhecimento de si mesmo, essa é também a primeira de todas as obras da ciência, a que encerra todas as demais e aquela que é o princípio da grande obra, ou seja, a *criação* de si mesmo. Essa palavra exige explicações adicionais.

Sendo a razão suprema o único princípio invariável e, consequentemente, imperecível, visto que a transformação é o que denominamos morte, a inteligência que se prende fortemente e se identifica de algum modo com esse princípio se faz, por isso mesmo, invariável e, por conseguinte, imortal. Compreende-se que para se prender invariavelmente à razão é preciso ter se tornado independente de todas as forças que se produzem mediante o movimento fatal e necessário às alternativas da vida e da morte. Saber sofrer, abster-se e morrer, tais são, pois, os primeiros segredos que nos colocam acima da dor, dos anelos sensuais e do medo do nada. O homem que busca e tem uma morte gloriosa tem fé na imortalidade e toda a humanidade crê nela, com ele e por ele, porque essa erige-lhe altares e estátuas como sinal de vida imortal.

O homem somente se torna senhor dos animais domando-os ou aprisionando-os, pois de outro modo seria vítima ou escravo deles. Os animais são, assim, a figura de nossas paixões, são as forças instintivas da natureza.

O mundo é um campo de batalha onde a liberdade disputa com a força da inércia se lhe opondo a força ativa. As liberdades físicas são as mós das quais tu serás o grão se não souberes ser o moleiro.

És convocado para ser o rei do ar, da água, da terra e do fogo, porém para reinar sobre esses quatro animais do simbolismo faz-se necessário vencê-los e acorrentá-los.

Aquele que aspira a ser um sábio e a conhecer o grande enigma da natureza deve ser o herdeiro e o espoliador da esfinge; deve possuir a cabeça humana para deter a palavra, as asas da águia para conquistar as alturas, os flancos do touro para lavrar as profundidades e as garras do leão para abrir caminho à direita e à esquerda, adiante e atrás.

Tu que queres ser iniciado, és um sábio como Fausto? És impassível como Jó? Não? Não és? Pois podes o ser, se quiseres. Venceste os vagos torvelinhos das ideias vagas e confusas? És homem sem indecisão e sem caprichos? Aceitas o prazer somente quando queres e somente queres quando deves? Não és sempre assim? Pois tudo, tudo isso podes ser se tu o quiseres.

A esfinge não somente tem uma cabeça humana, como também seios de mulher. Tu sabes resistir aos atrativos da mulher? Não? E ris ao responder e te jactas de tua fraqueza moral para glorificar, para louvar em ti, ao mesmo tempo, a força vital e material. Que seja! Eu te permito render pleito e homenagem ao asno de Sterne ou de Apuleio. Que o asno tem seu mérito, convenho nisso, pois era consagrado a Príapo, como o bode ao deus de Mendes. Entretanto, deixemos tal como é e saibamos unicamente se é teu senhor ou se podes ser o dele. O único homem que pode verdadeiramente possuir a voluptuosidade do amor é o que venceu o amor da voluptuosidade.

Poder usar e abster-se é poder duas vezes. A mulher te acorrenta por meio de teus desejos. Sê senhor de teus desejos e acorrentarás a mulher.

A maior injúria que se pode fazer a um homem é chamá-lo de covarde. Ora, o que é ser um covarde?

Um covarde é aquele que não cuida de sua dignidade moral por obedecer cegamente aos instintos da natureza.

Com efeito, na presença do perigo é natural ter medo e tratar de fugir. E por que é isso uma vergonha? Porque a honra nos dita uma lei segundo a qual preferimos nosso dever às nossas atrações ou aos nossos temores. Que é, desse ponto de vista, a honra? É o pressentimento universal da imortalidade e a estimativa dos meios que a ela podem nos conduzir. A derradeira vitória que o homem pode lograr sobre a morte é a do triunfo sobre o gosto pela vida, não por desespero, mas sim por uma esperança mais elevada que está encerrada na fé por tudo que é belo e honesto, e do consenso de todos.

Aprender a se vencer é aprender a viver. As austeridades do estoicismo não eram apenas uma vã ostentação de liberdade.

Ceder às forças da natureza é seguir a corrente da vida coletiva, é ser escravo de causas secundárias.

Resistir à natureza e dominá-la é construir uma vida pessoal, imperecível, a libertação das vicissitudes da vida e da morte.

Todo homem que se acha disposto a morrer antes de abjurar da verdade e da justiça está verdadeiramente vivo porque é imortal em sua alma.

Todas as iniciações antigas tinham por objeto encontrar ou formar homens de semelhante têmpera.

Pitágoras exercitava seus discípulos no silêncio e nas abstinências de todo gênero; no Egito testava-se os recipiendários por meio dos quatro elementos; quanto à Índia, é sabido a que prodigiosas austeridades se condenavam os faquires e os brâmanes para atingir o governo da vontade livre e da independência divina.

Todas as macerações do ascetismo são tomadas das iniciações aos antigos mistérios e cessaram porque os iniciáveis, não encontrando mais iniciadores e tendo os diretores das consciências se convertido em seres ignorantes como o vulgo, os cegos se fartaram de se deixar guiar pelos cegos, e ninguém quis sofrer nem se submeter a provas que se limitavam a conduzir à dúvida e ao desespero; o caminho da verdadeira luz se perdera.

Para fazer algo é preciso saber o que se vai fazer, ou ao menos ter fé em alguém que o saiba. Contudo, como arriscar minha vida na aventura e seguir ao acaso alguém que nem ele mesmo sabe aonde se dirige?

Na estrada das ciências elevadas não se deve assumir compromissos temerários, mas, uma vez que se está em marcha, é mister chegar ou perecer. Duvidar é enlouquecer-se; deter-se é cair; retroceder é precipitar-se em um abismo.

Tu, portanto, que principiaste a leitura deste livro, se o compreendes e desejas lê-lo até o fim, ele fará de ti um rei ou um insensato. Quanto a ti, embora possas fazer deste volume o que queiras, não poderás nem desprezá-lo nem esquecê-lo. Se és puro, esse livro será para ti uma luz; se és forte, será tua arma; se és santo, será tua religião; se és sábio, regulará tua sabedoria.

Todavia, se és perverso, se és malvado, este livro será para ti como uma tocha infernal; rasgará teu peito como se fosse um punhal, ficará em tua memória como um remorso, encherá tua imaginação de quimeras e te conduzirá pelas vias do delírio ao desespero. Desejarás rir e não conseguirás senão ranger os dentes porque este livro será para ti como a lima da fábula, lima que uma serpente se ocupava em roer e que acabou por quebrar os dentes da serpente.

Comecemos agora a série das iniciações.

Disse anteriormente que a revelação é o verbo. O verbo, efetivamente, ou a palavra é o véu do ser e o signo característico da vida. Toda forma é o véu de um verbo porque a ideia, matriz do verbo, é a única razão de ser das formas. Toda figura é um caráter; todo caráter pertence e retoma a um verbo. Por essa razão, os antigos sábios, dos quais Trismegisto é o chefe, formularam seu único dogma nestes termos:

"O que está em cima é como o que está embaixo, e o que está embaixo é como o que está em cima."

Em outros termos: a forma guarda proporção com a ideia; a sombra é a medida do corpo calculada em sua relação com o raio luminoso. A bainha é tão profunda como o comprimento da espada; a negação é proporcional à afirmação contrária; a produção é igual à destruição no movimento que conserva a vida e não há um só ponto no espaço infinito que não seja o centro do círculo, cuja circunferência se engrandece e se estende indefinidamente no espaço.

Toda individualidade é, portanto, indefinidamente perfectível, visto que a ordem moral guarda analogia com a ordem física e porque não se poderia conceber um ponto que não pudesse dilatar-se, ampliar-se e lançar raios em um círculo filosoficamente infinito.

O que se pode dizer da alma inteira pode-se também dizer de cada uma das faculdades da alma.

A inteligência e a vontade do homem são instrumentos de um alcance e de uma força incalculáveis.

Mas a inteligência e a vontade *têm* como auxiliares e como instrumento uma faculdade muito pouco conhecida e cujo poder pertence exclusivamente ao domínio da magia. Refiro-me à imaginação, a qual os cabalistas chamavam de o *diáfano* ou o *translúcido*.

A imaginação, com efeito, é algo assim como os olhos da alma, sendo nela onde se desenham e se conservam as formas; é por ela também que vemos os reflexos do mundo invisível e desse modo, enfim, é o espelho das visões e o aparelho da vida mágica. Por meio dela curamos as enfermidades, influenciamos as estações, afastamos a morte dos vivos e até ressuscitamos os mortos porque é ela que exalta a vontade e que lhe confere o império sobre o agente universal.

A imaginação determina a forma do filho no ventre da mãe e fixa o destino dos homens, dá asas ao contágio e dirige os combatentes no campo de batalha. Estás em perigo em um combate? Pois considera-te invulnerável como Aquiles e o sereis, diz Paracelso. O medo atrai as balas na guerra tanto quanto a coragem as faz desviar ou retroceder. Sabe-se que os amputados se queixam com frequência dos membros que não possuem mais.

Paracelso operava sobre sangue vivo, medicamentando o resultado de uma sangria. Curava dores de cabeça à distância, operando sobre cabelos cortados. Foi vanguarda na ciência no que se refere à unidade imaginária e à solidariedade do todo e das partes, teorias todas, ou melhor, conjunto de todas as experiências de nossos mais célebres magnetizadores. Por isso, suas curas eram maravilhosas, miraculosas e mereceu que se juntasse ao seu nome de Felipe Teofrasto Bombastus o de Auréolo Paracelso,[13] agregando-lhe, ainda, o epíteto de divino.

A imaginação é o instrumento da *adaptação do verbo*.

A imaginação, aplicada à razão, é o gênio.

A razão é una, como o gênio é uno na multiplicidade de suas criações.

Há um princípio, há uma verdade, há uma razão e há uma filosofia absoluta ou universal.

O que está na unidade, considerada como princípio, retoma à unidade considerada como fim.

Um está em um, ou seja, tudo está em tudo.

A unidade é o princípio dos números e é também o princípio do movimento e, por conseguinte, da vida.

Todo o corpo humano se resume na unidade de um único órgão, que é o cérebro.

Todas as religiões se resumem na unidade de um único dogma, que é a afirmação do ser e de sua igualdade consigo mesmo, que constitui seu valor matemático.

Em magia existe apenas um dogma, e ei-lo: o visível é a manifestação do invisível, ou, em outros termos: o verbo perfeito está nas coisas apreciáveis e visíveis, em proporção exata às coisas inapreciáveis para nossos sentidos e invisíveis para nossos olhos.

O mago eleva uma mão para o céu e desce a outra para a terra, e diz: no alto, a imensidade e, ainda, embaixo a imensidade! A imensidade igual à imensidade! Isso é verdade nas coisas visíveis tanto como também o é nas invisíveis.

---

13. Aureolus Philipus Theophrastus Bombastus, ou simplesmente Paracelso (1493-1541), foi filho de pai médico e sua escalada do saber começou cedo: o pai ensinou-lhe não só o latim como também sua profissão, a medicina, e a alquimia, ou melhor, tudo que ele sabia da alquimia. Como Agrippa, foi discípulo do célebre Tritêmio, que lhe ministrou pouco de teologia, mas muito de astrologia e magia. Paracelso passou quase toda a sua vida viajando, devotado inteiramente ao estudo aprofundado das ciências ocultas, particularmente a astrologia e a magia, e baseando nesse estudo e pesquisa sua própria prática médica, com inúmeras curas. Foi um precursor da homeopatia e conquistou inimigos perigosos em quase todos os meios. A causa de sua morte, com apenas 48 anos, é até hoje um mistério e motivo de controvérsia, mas é provável seu assassinato. Levi o honra com o nome de *divino Paracelso* e o considera um dos poucos Adeptos do passado que ascendeu aos estágios mais elevados da senda mágica.

A primeira letra do alfabeto da língua sagrada, *Aleph*, א , representa um homem que eleva uma mão para o céu e baixa a outra para a terra.

Tal é a expressão do princípio ativo de todas as coisas; é a criação no céu correspondente à onipotência do verbo aqui embaixo. Essa letra é, por si só, um pentáculo, ou seja, um caráter que manifesta a ciência universal.

A letra א pode suprir os signos sagrados do macrocosmo e do microcosmo; explica o duplo triângulo maçônico e a brilhante estrela de cinco pontas, porque o verbo é uno e a revelação apenas uma. Deus, dando ao homem a razão, deu-lhe a palavra; e a revelação, múltipla nas formas, mas una em seu princípio, está completa no verbo universal, intérprete da razão absoluta.

Isso é o que quer dizer a palavra tão mal compreendida, Catolicismo, que em linguagem hierática moderna significa *infalibilidade*.

O universal em razão é o absoluto e o absoluto é infalível.

Se a razão absoluta conduz toda a sociedade a crer irresistivelmente na palavra de um menino, esse menino será infalível diante de Deus e diante de toda a humanidade.

A fé não é senão a confiança razoável nessa unidade da razão e nessa universalidade do verbo.

Crer é aquiescer àquilo que ainda não se sabe, mas que a razão nos oferece antecipadamente como certeza que saberemos, ou ao menos reconheceremos algum dia.

Absurdos, portanto, são os pretensos filósofos que dizem: não crerei naquilo que eu não saiba.

Pobres infelizes! Se soubessem, que necessidade teriam de crer? Mas posso crer fortuitamente e sem razão? Não! A crença aventurada é a superstição e a loucura. É preciso crer nas coisas cuja existência nos obriga a admitir a razão, mediante o testemunho dos efeitos conhecidos e apreciados pela ciência.

A ciência! Grande palavra e grande problema!

Que é a ciência?

Responderemos a essa pergunta no segundo capítulo deste livro.

Figura 2 – O esoterismo sacerdotal formulando a reprovação

2 ב B
AS COLUNAS DO TEMPLO
Chochmah – Domus – Gnosis

A ciência é a posse absoluta e completa da verdade.

Assim, os sábios de todos os tempos tremeram ante essa palavra absoluta e terrível. Todos temeram suprimir o primeiro privilégio da divindade ao se atribuir a ciência, pelo que se contentaram, em lugar do verbo *saber*, que expressa conhecimento, e a palavra ciência, com a palavra *gnosis*, que se limita a indicar a ideia de conhecimento por intuição.

Que sabe o homem, afinal? Nada, e todavia não se lhe permite ignorar nada.

Nada sabe e está convocado a conhecer tudo.

Agora, o conhecimento supõe o binário. É necessário ao ser que conhece um objeto conhecido.

O binário é o gerador da sociedade e da lei; é também o número da *gnosis*. O binário é a unidade multiplicando-se a si mesma para criar, e é por isso que os símbolos sagrados fazem Eva emergir do próprio peito de Adão.

Adão é o tetragrama humano que se resume no *iod*, imagem misteriosa do cabalístico falo.

Ajunta a esse *iod* o nome ternário de Eva e formarás o nome de *jeová*, o tetragrama divino, que é a palavra cabalística e mágica por excelência:

יהוה

que o grande sacerdote no templo pronunciava *Jodchéva*.

É assim que a unidade completa na fecundidade do ternário forma com ele o quaternário, que é a chave de todos os números, de todos os movimentos e de todas as formas.

O quadrado girando sobre si mesmo produz o círculo, que lhe é igual e é para a quadratura do círculo o que é o movimento circular de quatro ângulos girando ao redor de um mesmo ponto.

O que está acima – diz Hermes – é igual ao que está embaixo: eis aqui o binário servindo de medida à unidade, e a relação de igualdade entre o de cima e o de baixo é o que forma o ternário.

O princípio criador é o falo ideal e o princípio criado é o *cteis* formal*. A inserção do falo vertical no *cteis* horizontal forma o *stauros* dos gnósticos, ou a cruz filosófica dos maçons. Assim, o cruzamento de dois produz quatro que se movendo determina o círculo com todos seus graus. א é o homem; ב é a mulher; 1 é o princípio; 2 é o verbo; A é o ativo; B é o passivo; a unidade é *Bohas* e o binário é *Jakin*.**

Nos trigramas de Fohi, a unidade é o *yang*; o binário é o *yin*.

Yang   Yin

Bohas e Jakin são os nomes de duas colunas simbólicas que se achavam diante da porta principal do templo cabalístico de Salomão.

Essas duas colunas explicam na Cabala todos os mistérios do antagonismo, seja natural, seja político, seja religioso, como por conseguinte a luta entre o homem e a mulher porque em conformidade com a lei da natureza a mulher deve resistir ao homem e este deve seduzi-la ou submetê-la.

O princípio ativo busca o princípio passivo; a plenitude é apaixonada pelo vazio. As fauces da serpente atraem sua cauda e ao revolver sobre si mesma se escapa e se persegue.

---

* Vulva (NT)
** Segundo Papus e Stanislas de Guaita é o contrário, isto é, a unidade é *Jakin* e o binário é *Bohas*. (NT)

A mulher é a criação do homem e a criação universal é a mulher do primeiro princípio.

Quando o ser-princípio fez-se criador, erigiu um *iod* ou um falo e para abrir-lhe caminho na plenitude da luz incriada teve de cavar um *cteis* ou um fosso de profundidade igual à dimensão determinada por seu desejo criador e destinado por ele ao *iod* na luz radiante.

Tal é a linguagem misteriosa dos cabalistas no Talmude e, em virtude da ignorância e maldade do vulgo, é impossível explicá-lo e simplificá-lo um pouco mais.

O que é, portanto, a criação? É a casa do Verbo criador. Que é o *cteis*? É a casa do falo. Qual é a natureza do princípio ativo? A de se expandir. Qual a do princípio passivo? A de se reunir e fecundar.

O que é o homem? O iniciador, aquele que destrói, cultiva e semeia. O que é a mulher? A formadora, a que reúne, rega e colhe.

O homem faz a guerra e a mulher procura a paz; o homem destrói para criar; a mulher edifica para conservar; o homem é a revolução; a mulher é a conciliação; o homem é o pai de Caim; a mulher é a mãe de Abel.

O que é a sabedoria? É a conciliação e a união de dois princípios; é a doçura de Abel dirigindo a energia de Caim; é o homem seguindo as doces inspirações da mulher; é o vício vencido pelo legítimo matrimônio; é a energia revolucionária dulcificada e domada pelas suavidades da ordem e da paz; é o orgulho submetido ao amor; é a ciência reconhecendo as inspirações da fé.

Então a ciência humana se faz prudente por sua modéstia e se submete à infalibilidade da razão universal, ensinada pelo amor ou pela caridade universal. Pode assumir então o nome de *Gnosis*, porque conhece, ao menos, o que ainda não pode se vangloriar de saber perfeitamente.

A unidade somente pode manifestar-se pelo binário; a unidade por si só e a ideia da unidade já são duas.

A unidade do macrocosmo se revela pelas duas pontas opostas dos dois triângulos.

Figura 3 – O Triângulo de Salomão

A unidade humana é completada pela direita e pela esquerda. O homem primitivo é andrógino. Todos os órgãos do corpo humano são dispostos aos pares, exceto o nariz, a língua, o umbigo e o *iod* cabalístico.

A divindade é una em sua essência, tem duas condições essenciais, como bases fundamentais de seu ser: a necessidade e a liberdade.

As leis da razão suprema são necessárias em Deus e regulam a liberdade, que é necessariamente razoável e sábia.

Deus impôs a sombra unicamente para tornar a luz visível. Tornou possível a dúvida para manifestar a verdade.

A sombra é a repulsão da luz e a possibilidade do erro é necessária para a manifestação temporal da verdade.

Se o broquel de Satã não detivesse a lança de Miguel, o poder do anjo se perderia no vazio, ou deveria manifestar-se mediante uma destruição infinita, dirigida de cima para baixo.

E se o pé de Miguel não detivesse Satã em sua ascensão, Satã iria destronar Deus, ou melhor, perderia a si mesmo nos abismos da altura.

Satã é, portanto, necessário a Miguel como o pedestal à estátua e Miguel é necessário a Satã como o freio à locomotiva.

Em dinâmica analógica e universal o apoio só se faz sobre o que resiste.

Assim o Universo é contrabalançado por duas forças que o mantêm em equilíbrio: a força que atrai e a força que repele. Essas duas forças existem em física, em filosofia e em religião. Ambas produzem na física o equilíbrio; na filosofia, a crítica; na religião, a revelação progressiva. Os antigos representaram esse mistério pela luta de Eros com Anteros; pelo combate de Jacó com o anjo; pelo equilíbrio da montanha de ouro, que está vinculada à serpente simbólica da Índia; os deuses de um lado e do outro lado os Demônios.

É também representado pelo caduceu de Hermanubis, pelos dois querubins da Arca, pelas duas esfinges do carro de Osíris, pelos dois serafins, o branco e o negro.

Sua realidade científica é demonstrada pelos fenômenos da polaridade e pela lei universal das simpatias e das antipatias.

Os discípulos de Zoroastro[14] – que não eram inteligentes – deificaram o binário sem referi-lo à unidade, separando assim as colunas do templo e querendo esquartejar Deus. O binário em Deus somente existe

---

14. Ou Zarathustra. Outra figura historicamente nebulosa. Mas é certo que foi, alguns milênios antes de Cristo, um dos poucos codificadores e legisladores religiosos, à semelhança do Moisés dos hebreus. Profeta de Ormuzd (Ahura-Mazda), o deus do bem, da luz e da vida, escreveu o *Zend-Avesta*, escritura sagrada na qual descreve os princípios metafísicos e éticos do *masdeísmo* para estabelecimento do culto de Ormuzd entre os antigos persas.

pelo ternário. Se concebes o absoluto como dois, é preciso concebê-lo imediatamente como três para encontrar o princípio unitário.

Por essa razão, os elementos materiais análogos aos elementos divinos são concebidos como quatro, são explicados como dois e só existem, finalmente, como três.

A revelação é o binário. Todo verbo é duplo e supõe, por conseguinte, dois.

A moral que resulta da revelação está fundada no antagonismo que é a consequência do binário. O espírito e a forma se atraem e se repelem como a ideia e o signo, como a verdade e a ficção. A razão suprema necessita do dogma para comunicar-se com as inteligências finitas, e o dogma, ao passar do domínio das ideias para o das formas, se faz partícipe de ambos os mundos e tem, necessariamente, dois sentidos que discursam sucessivamente, ou ao mesmo tempo, seja ao espírito, seja à carne.

Assim sendo, há no domínio moral duas forças: uma que tenta e outra que reprime e expia. Essas duas forças estão representadas nos mitos do Gênesis pelos personagens típicos de Caim e Abel.

Abel oprime Caim em função de sua superioridade moral; Caim, para libertar-se dessa opressão, imortaliza seu irmão conferindo-lhe a morte e se transforma em vítima de sua própria ação. Caim não pôde deixar que Abel vivesse e o sangue de Abel não permite que Caim concilie o sono.

No Evangelho, o tipo Caim é substituído pelo do filho pródigo, a quem seu pai perdoa porque volta ao lar depois de haver sofrido muito.

Em Deus há misericórdia e justiça; faz justiça para os justos e emprega misericórdia com os pecadores.

Na alma do mundo, que é o agente universal, há uma corrente de amor e uma corrente de cólera.

Esse fluido ambiente que penetra em todas as coisas, esse raio desprendido da coroa do Sol e fixado pelo peso da atmosfera e pela força de atração central, esse corpo de Espírito Santo, que chamamos de agente universal e que os antigos representam sob a forma de uma serpente que morde a cauda, esse éter eletromagnético, esse calórico vital e luminoso é representado nos antigos monumentos pelo cinturão de Ísis que se torce e retorce em um vínculo de amor ao redor de dois polos e pela serpente que morde a própria cauda, emblema da prudência e de Saturno.

O movimento e a vida consistem em uma tensão extrema das duas forças.

— Agradou a Deus – diz o Mestre – que fosses todo frio ou todo quente!

De fato, um grande culpado está mais vivo do que um covarde ou tímido e seu retorno à virtude estará na razão direta da energia de seus desvios.

A mulher que deve esmagar a cabeça da serpente é a inteligência, que domina sempre sobre a corrente das forças cegas. É – dizem os cabalistas – virgem do mar, aquela cujos pés úmidos o dragão infernal vem lamber com sua língua de fogo e que adormece de voluptuosidade.

Tais são os mistérios hieráticos do binário. Entretanto, existe um que não pode ser revelado e esse é o último de todos. A razão da proibição é, segundo Hermes Trismegisto, que a inteligência do vulgo daria às necessidades da ciência todo o alcance imoral de uma fatalidade cega. É preciso conter o vulgo – diz uma vez mais – pelo temor do desconhecido. O Cristo dizia também: "não lanceis pérolas aos porcos, para que as pisoteiem e, voltando-se contra vós, não vos devorem". A árvore do bem e do mal, cujos frutos causavam a morte, é a imagem desse segredo hierático do binário. Esse segredo, de fato, caso se divulgasse, só poderia ser mal compreendido e até se poderia chegar à negação ímpia do livre-arbítrio, que é o princípio moral da vida. Está, pois, na essência das coisas, que a revelação desse segredo causa a morte, e não é, todavia, esse o grande arcano da magia. Porém, o segredo do binário conduz ao do quaternário, ou melhor, dele procede e se resolve pelo ternário que contém a palavra do enigma da esfinge, tal como teve de ser solucionado para salvar a vida, expiar o crime involuntário e assegurar o reino de Édipo.

No livro hieroglífico de Hermes, que se chama também livro de Thot,[15] o binário é representado ou por uma grande sacerdotisa que tem os cornos de Ísis, a cabeça coberta com um véu e um livro aberto que é ocultado parcialmente com seu manto, ou pela mulher soberana, a deusa Juno dos gregos, tendo uma mão erguida para o céu e a outra descida para a terra, como se formulasse por esse gesto o dogma único e dualista, que é a base da magia e que inicia os maravilhosos símbolos da Tábua de Esmeralda de Hermes.

No Apocalipse de São João trata-se de duas testemunhas ou mártires, aos quais a tradição dos profetas dá os nomes de Elias e Enoque – Elias, o homem da fé, do zelo e dos milagres, e Enoque, o mesmo que os egípcios chamaram de Hermes e a quem os fenícios honravam com o nome de Cadmo, o autor do alfabeto sagrado e da chave universal das

---

15. O tarô (ver nota 3).

iniciações ao Verbo, o pai da Cabala, aquele que, segundo as alegorias santas, não morreu como os outros homens mas foi transportado ao céu para retomar no final dos tempos. Diz-se, pouco mais ou menos, coisa idêntica do próprio São João, que encontrou e explicou em seu Apocalipse os símbolos do Verbo de Enoque. Essa ressurreição de São João e de Enoque, aguardada ao final de séculos e séculos de ignorância, será a renovação de sua doutrina por meio da inteligência das chaves cabalísticas que abrem o templo da unidade e da filosofia universal, demasiado tempo oculta e reservada apenas aos eleitos que o mundo fazia morrer.

Contudo, já dissemos que a reprodução da unidade pelo binário conduz forçosamente à noção e ao dogma do ternário e chegamos, finalmente, a esse grande número que é a plenitude e o verbo perfeito da unidade.

3 ג C
O TRIÂNGULO DE SALOMÃO
Plenitudo vocis – Binah – Physis

O verbo perfeito é o ternário porque supõe um princípio inteligente, um princípio falante e um princípio falado.

O absoluto que se revela pela palavra proporciona a essa palavra um sentido igual a si mesmo e cria um terceiro sentido na inteligência dessa palavra.

Assim é como o sol se manifesta por sua luz e prova essa manifestação ou a torna eficaz por meio de seu calor.

O ternário está traçado no espaço pela ponta culminante do céu, o infinito em altura, que se une por meio de duas linhas retas e divergentes ao oriente e ao ocidente.

Contudo, a esse triângulo visível a razão confronta outro triângulo invisível que afirma ser igual ao primeiro: é esse o que tem por cimo a profundidade e cuja base invertida é paralela à linha horizontal que vai do oriente ao ocidente.

Esses dois triângulos, reunidos em uma só figura, que é a de uma estrela de seis raios, formam o signo sagrado do selo de Salomão, a estrela brilhante do macrocosmo.[16]

A ideia do infinito e do absoluto se manifesta por meio desse signo, que é o grande pentáculo, isto é, o mais simples e o mais complexo resumo da ciência de todas as coisas.

A própria gramática atribui três pessoas ao verbo.

A primeira é a que fala, a segunda a quem se fala e a terceira de quem se fala.

O princípio infinito, criando, fala de si mesmo a si mesmo.

---
16. Ver página 81 e o grande símbolo de Salomão na página 66.

Eis aqui a explicação do ternário e a origem do dogma da Trindade. O dogma mágico também é um em três e três em um.
O que está em cima parece ou é igual ao que está debaixo.
Assim, duas coisas que se parecem e o verbo que manifesta sua semelhança fazem três.
O ternário é o dogma universal.

Em magia, princípio, realização, adaptação; em alquimia, *azoth*, incorporação, transmutação; em teologia, Deus, encarnação, redenção; na alma humana, pensamento, amor e ação; na família, pai, mãe e filho. O ternário é o fim e a expressão suprema do amor: somente se buscam dois para se converterem em três.

Há três mundos inteligíveis que se correspondem entre si por analogia hierárquica: o mundo natural ou físico, o mundo espiritual ou metafísico e o mundo divino ou religioso.

Desse princípio resulta a hierarquia dos espíritos divididos em três ordens, e subdivididos nessas três ordens, sempre pelo ternário.

Todas essas revelações são deduções lógicas das primeiras noções matemáticas do ser e do número.

A unidade, para tornar-se ativa, deve se multiplicar. Um princípio indivisível, imóvel e infecundo seria a unidade morta e incompreensível.

Se Deus fosse somente uno, não seria criador nem pai. Se fosse somente dois, haveria nele antagonismo ou divisão ao infinito, e isso seria a repartição ou o perecimento de toda coisa possível. É, portanto, três para criar de si mesmo e à sua imagem a multidão infinita dos seres e dos números. Assim é, realmente, único em si mesmo e tríplice em nossa concepção, o que faz com que o vejamos também tríplice em si mesmo, como único em nossa inteligência e em nosso amor.

Isso é um mistério para o crente e uma necessidade lógica para o iniciado nas ciências absolutas e reais.

O Verbo manifestado pela vida é a realização ou encarnação.

A vida do Verbo, cumprindo seu movimento cíclico, é a adaptação ou a redenção. Esse dogma triplo foi conhecido em todos os santuários esclarecidos pela tradição dos sábios. Queres saber qual é a verdadeira religião? Busca aquela que mais realiza na ordem divina, a que humaniza Deus e diviniza o homem; a que conserva intacto o dogma do ternário que encarna o Verbo, fazendo ver e tocar Deus os mais ignorantes; aquela, enfim, cuja doutrina convém a todos e pode adaptar-se a tudo; a religião, que é hierárquica e cíclica, que tem para as crianças alegorias e imagens, para os homens maduros uma elevada filosofia e sublimes esperanças e doce consolação para os anciãos.

Os primeiros sábios que buscavam a causa das causas viram o bem e o mal no mundo; observaram a luz e a sombra; compararam o inverno com a primavera, a velhice com a juventude, a vida com a morte, e disseram: a causa primeira é benfeitora e rigorosa, vivifica e destrói.

Há, então, dois princípios contrários, um bom e outro mau? – perguntaram os discípulos de Manés.

Não, os dois princípios do equilíbrio universal não são contrários ainda que opostos em aparência, porque é uma sabedoria única a que opõe um ao outro.

O bem está à direita, o mal à esquerda; porém, a bondade suprema se acha acima de ambos e ela se servirá do mal para o triunfo do bem, e do bem para a reparação do mal.

O princípio de harmonia está na unidade e isso é o que concede na magia tanto poder ao número ímpar.

Entretanto, o mais perfeito dos números ímpares é o três porque é a trilogia da unidade.

Nos trigramas de Fohi, o ternário superior se compõe de três *yang* ou figuras masculinas porque na ideia de Deus, considerado como princípio da fecundidade nos três mundos, seria inadmissível qualquer coisa passiva.

É também por isso que a trindade cristã não admite de forma alguma a personificação da mãe, que está implicitamente enunciada na de seu filho. Também é por isso que é contrário às leis da simbologia hierática e ortodoxa personificar o Espírito Santo sob a figura de uma mulher.

A mulher sai do homem como a natureza sai de Deus; assim o Cristo se eleva ele mesmo ao céu e assume a Virgem-mãe; diz-se a ascensão do Salvador e a assunção da mãe de Deus.

Deus, considerado como pai, tem a natureza por filha. Como filho, tem a Virgem por mãe e a Igreja por esposa. Como Espírito Santo, regenera e fecunda a humanidade.

Por isso, nos trigramas de Fohi, aos três *yang* superiores correspondem os três *yin* inferiores, porque os trigramas de Fohi são um pentáculo semelhante aos dois triângulos de Salomão, porém com uma interpretação ternária dos seis pontos da estrela flamejante:

O dogma não é divino na medida em que não for verdadeiramente humano, ou seja, que resuma a mais elevada razão da humanidade. Assim o Mestre, a quem chamamos o homem-Deus, chamava a si mesmo o Filho do homem.

A revelação é a expressão da crença admitida e formulada pela razão universal no verbo humano.

Por isso se diz que no homem-Deus a divindade é humana e a humanidade, divina.

Nós dizemos tudo isso filosoficamente e não teologicamente, e isso não diz respeito em nada ao ensino da Igreja, que condena e deve condenar sempre a magia.

Paracelso e Agrippa não erigiram altar contra altar e se submeteram à religião dominante em sua época. Aos eleitos da ciência, as coisas da ciência; aos fiéis, as coisas da fé.

O imperador Juliano, em seu hino ao rei Sol, apresenta uma teoria do ternário que é quase idêntica à do iluminado Swedenborg.

O sol do mundo divino é a luz infinita, espiritual e incriada; essa luz se verbaliza, se é permissível assim dizer, no mundo filosófico e se constitui o foco das almas e da verdade, depois incorpora e se converte em luz visível no sol do terceiro mundo, sol central de nossos sóis e cujas estrelas fixas são faíscas sempre vivas.

Os cabalistas comparam o espírito a uma substância que fica fluida no meio divino e sob a influência da luz essencial, mas cujo exterior se endurece como uma cera exposta ao ar nas mais frias regiões do raciocínio ou das formas visíveis. Tais cascas ou envoltórios petrificados (diríamos melhor *carnificados*, se essa palavra fosse admissível) são a causa dos erros e do mal, que provêm do peso e da dureza dos envoltórios anímicos. No livro do Zohar e naquele das revoluções das almas, os espíritos perversos ou Demônios maus não recebem outro nome senão o de cascas, *cascões*.

As cascas do mundo dos espíritos são transparentes, as do mundo material são opacas; os corpos são apenas cascas temporárias das quais as almas devem ser libertadas; entretanto, aquelas que obedecem ao corpo nesta vida, formam um corpo interior, ou uma casca fluídica que se converte em sua prisão e suplício depois da morte, e até o momento em que consiga fundi-la no calor da luz divina, onde seu peso lhe impede de subir; não logram ascender senão por meio de infinitos esforços e com o socorro dos justos que lhes estendem a mão, e durante todo esse tempo são devorados pela atividade interna do espírito cativo como se fosse em um forno em completa combustão. Há aqueles que alcançam a fogueira da expiação, que queimam por si mesmos nela, como Hércules no Monte Eta, e se livram assim de seus tormentos; porém, a maior parte carece de coragem diante dessa última prova, que lhes parece uma segunda morte muito mais horrível que a primeira e permanecem assim no inferno, que é eterno de fato e de direito, mas no qual as almas não são nunca precipitadas nem retidas em oposição à sua vontade.

Os três mundos se correspondem conjuntamente pelas 32 vias de luz que são os degraus da escada santa; todo pensamento verdadeiro corresponde a uma graça divina no céu e a uma obra útil na terra. Toda graça de Deus suscita uma verdade e produz um ou muitos atos e reciprocamente todo ato move nos céus uma verdade ou uma mentira, uma graça ou um castigo. Quando um homem pronuncia o tetragrama, escrevem os cabalistas, os nove céus recebem uma sacudida e todos os espíritos gritam uns aos outros: Quem perturba assim o reino do céu? Então a terra revela ao primeiro céu os pecados do temerário, que toma o nome do eterno em vão, e o verbo acusador é transmitido de círculo em círculo, estrela em estrela e de hierarquia em hierarquia.

Toda palavra tem três sentidos; toda ação um valor triplo; toda forma uma ideia tríplice porque o absoluto corresponde de mundo em mundo com suas formas. Toda determinação da vontade humana modifica a natureza, interessa a filosofia e escreve no céu. Há, portanto, duas fatalidades, uma resultante da vontade do incriado, de acordo com sua sabedoria, outra resultante das vontades criadas e de acordo com a necessidade das causas secundárias em suas relações com a causa primeira.

Nada é, pois, indiferente na vida e nossas mais singelas determinações provocam com frequência uma série incalculável de bens ou de males, sobretudo nas relações de nosso diáfano com o grande agente mágico, como logo explicaremos.

Sendo o ternário o princípio fundamental de toda a Cabala ou tradição sagrada de nossos ancestrais, teve de ser o dogma fundamental do Cristianismo, do que se explica o dualismo aparente pela intervenção de uma harmoniosa e todo-poderosa unidade. O Cristo não escreveu seu dogma e só o revelou em segredo ao seu discípulo favorito, o único cabalista e grande cabalista entre os apóstolos. Assim o Apocalipse é o livro da gnose ou doutrina secreta dos primeiros cristãos, doutrina cuja chave está indicada em um versículo secreto do *Pater*, que a Vulgata não traduz e que o rito grego (preservador das tradições de São João) só permite que os sacerdotes pronunciem. Tal versículo, completamente cabalístico, se encontra no texto grego do evangelho segundo São Mateus e em muitos exemplares hebraicos. Ei-lo aqui nas duas línguas sagradas:

Διότι σοῦ εἶναι ἡ βασιλεία καὶ ἡ δύναμις καὶ ἡ δόξα εἰς τοὺς αἰῶνας· ἀμήν.

כִּי לְךָ הַמַּמְלָכָה וְהַגְּבוּרָה
וְהַתִּפְאֶרֶת לְעוֹלְמֵי עוֹלָמִים אָמֵן:

A palavra sagrada *Malkut*, empregada em lugar de *Kether*, que é seu correspondente cabalístico, e a balança de Geburah e de Chesed, repetindo-se nos círculos ou céus que os gnósticos chamavam de *Eons*, dão a esse versículo oculto a chave de abóbada de todo o templo cristão. E os protestantes o traduziram e conservaram em seu Novo Testamento, sem encontrar a elevada e maravilhosa significação que lhes desvelaria todos os mistérios do Apocalipse. Contudo, constitui uma tradição da Igreja que a revelação desses mistérios está reservada para a consumação dos tempos.

Malkut, apoiado sobre Geburah e sobre Chesed, é o templo de Salomão, que tem por colunas Jakin e Bohas. Esse é o dogma adâmico, apoiado, por um lado, na resignação de Abel e, por outro lado, no trabalho e nos remorsos de Caim; é o equilíbrio universal do ser baseado na necessidade e na liberdade, na fixidez e no movimento; é a demonstração da alavanca universal, buscada em vão por Arquimedes. Um sábio, que empregou todo o seu talento para tornar-se obscuro e que morreu sem ter desejado fazer-se compreender, havia resolvido essa suprema equação, descoberta por ele na Cabala, e temia, acima de tudo, que se pudesse saber, caso ele se explicasse mais claramente, a origem de suas descobertas. Vimos um de seus discípulos e alguns de seus admiradores se indignarem, talvez de boa-fé, ao ouvi-lo chamar-se cabalista e, contudo, devemos dizer, para a glória desse sábio, que suas investigações abreviaram notavelmente nosso trabalho sobre as ciências ocultas e que a chave da alta Cabala, sobretudo, indicada no versículo oculto que acabamos de citar, foi doutamente aplicada a uma reforma absoluta de todas as ciências nos livros de Hoëne Wronski.[17]

---

17. Matemático e filósofo polonês (1778-1853), que estudou profundamente a Cabala mas, a despeito de seu indiscutível gênio, muito provavelmente não se postou moralmente à altura do grande conhecimento oculto conquistado e quis servir-se dele somente para adquirir fortuna pessoal. Morreu na extrema pobreza.

A virtude secreta dos Evangelhos está, portanto, contida em três palavras e essas três palavras fundaram três dogmas e três hierarquias. Toda ciência repousa sobre três princípios, como o silogismo sobre três premissas. Há também três classes distintas, ou três posições originais e naturais entre os homens, os quais são convocados a se elevar do mais baixo ao mais alto. Os hebreus chamam essas três séries ou graus de progresso dos espíritos de Asiah, Jezirah e Briah. Os gnósticos, que eram os cabalistas cristãos, as chamavam de Hylê, Psiquê e Gnosis. O círculo supremo era denominado entre os hebreus Aziluth e, entre os gnósticos, Pleroma.

No tetragrama, o ternário, tomado o começo da palavra, exprime a cópula divina, tomado no final exprime o feminino e a maternidade. Eva tem um nome de três letras, mas o Adão primitivo é expresso pela letra *Iod* sozinha, de modo que Jeová deveria pronunciar-se *Ieva*. Isso nos conduz ao grande e supremo mistério da magia, expresso pelo quaternário.

4 ד D
O TETRAGRAMA
Geburah Chesed – Porta Librorum – Elementa

Há na natureza duas forças que produzem um equilíbrio, obedecendo os três tão somente a uma única lei. Eis aqui o ternário resumindo-se na unidade e, somando a ideia da unidade à do ternário, atinge-se o quaternário, primeiro número quadrado e perfeito, manancial de todas as combinações numéricas e princípio de todas as formas.

Afirmação, negação, discussão, solução: tais são as quatro operações filosóficas do espírito humano. A discussão concilia a negação com a afirmação, tornando-as necessárias uma à outra. Por essa razão, o ternário filosófico, ao ser produzido a partir do binário antagônico, completa-se pelo quaternário, base quadrada de toda a verdade. Em Deus, segundo o dogma consagrado, há três pessoas e essas três pessoas não são senão um único Deus. Três e um fornecem a ideia do quatro porque a unidade é precisa para explicar os três. Assim, em quase todos os idiomas, o nome de Deus é composto de quatro letras e, em hebraico, essas quatro letras tornam-se somente três porque existe uma que se repete duas vezes: aquela que expressa o Verbo e a criação do Verbo.

Duas afirmações tornam possíveis ou necessárias duas negações correspondentes. O ser possui significação, o nada não a possui. A afirmação como Verbo produz a afirmação como realização ou encarnação do Verbo e cada uma dessas afirmações corresponde à negação de sua contrária.

Também resulta que, conforme dizem os cabalistas, o nome do Demônio é composto de letras invertidas de Deus ou do bem.

Esse mal é o reflexo perdido ou a miragem imperfeita da luz na sombra.

Porém, tudo o que existe, seja em bem, seja em mal, seja na luz, seja na sombra, existe e se revela pelo quaternário.

A afirmação da unidade supõe o número quatro caso essa afirmação tenha de retornar à própria unidade como em um círculo vicioso. Assim, pois, o ternário, como já observamos, se explica pelo binário e se resolve pelo quaternário, que é a unidade quadrada dos números pares e a base quadrangular do cubo, unidade de construção, de solidez e de medida.

O tetragrama cabalístico *Iodheva* expressa Deus na humanidade e a humanidade em Deus.

Os quatro pontos cardeais astronômicos são, relativamente a nós, o sim e o não da luz: o oriente e o ocidente; o sim e o não do calor: o sul e o norte.

O que se encontra na natureza visível revela, como já dissemos, segundo o dogma único da Cabala, o que se encontra no domínio da natureza invisível, ou das causas secundárias, todas proporcionais e análogas às manifestações da causa primeira.

Assim, essa causa primeira é sempre revelada pela cruz; a cruz, sim, essa unidade composta de dois que se dividem em outros dois para formar quatro; a cruz, essa a chave dos mistérios da Índia e do Egito, o *Tau* dos patriarcas, o signo divino de Osíris, o *Stauros* dos gnósticos, a chave de abóbada do templo, o símbolo da Maçonaria Oculta; a cruz, esse ponto central da conjunção dos ângulos retos de dois triângulos infinitos; a cruz que no idioma francês parece ser a raiz primitiva e o substantivo fundamental do verbo crer e do verbo crescer, reunindo desse modo as ideias da ciência, de religião e de progresso.[18]

O grande agente mágico se revela por quatro espécies de fenômenos e foi submetido às medições da ciência profana sob quatro nomes: calor, luz, eletricidade, magnetismo.

Foram-lhe dados também os nomes de tetragrama, de INRI, de azoth, de éter, de od, de fluido magnético, de alma da terra, de serpente, de Lúcifer, etc.

O grande agente mágico é a quarta emanação da vida-princípio de que o Sol é a terceira forma (ver os iniciados da escola de Alexandria e o dogma de Hermes Trismegisto).

De maneira que o olho do mundo (como o chamavam os antigos) é a miragem do reflexo de Deus, assim como a alma da terra é um olhar permanente do sol, o qual a terra recebe e conserva por impregnação.

A lua concorre para essa impregnação da terra fazendo retroceder para ela uma imagem solar durante a noite, de modo que Hermes teve

---

18. Em francês, cruz é *croix*, análogo a *croire* (crer) e *croître* (crescer).

razão ao dizer, referindo-se ao grande agente: "O Sol é seu pai, a Lua é sua mãe". Em seguida, acrescenta: "O vento o trouxe em seu ventre porque a atmosfera é o recipiente e como que o crisol dos raios solares por meio dos quais se forma essa imagem viva do Sol que penetra até as entranhas da terra, vivifica-a, fecunda-a e determina tudo quanto se produz em sua superfície, por seus eflúvios e suas correntes contínuas, análogas àquelas do próprio Sol".

Esse agente solar está vivo por duas forças contrárias: uma de atração e outra de projeção, o que leva Hermes a dizer que sempre sobe e desce.

A força de atração se fixa sempre no centro dos corpos e a de projeção nos contornos, ou em sua superfície.

É devido a essa dupla força que tudo é criado e tudo subsiste.

Seu movimento é um enrolamento e um desenrolamento sucessivos e indefinidos, ou melhor, simultâneos e perpétuos, por meio de espirais de movimentos contrários que não se encontram nunca.

Trata-se do mesmo movimento do Sol, que atrai e repele ao mesmo tempo todos os demais astros de seu sistema.

Conhecer o movimento desse Sol terrestre de forma a poder aproveitar suas correntes e dirigi-las é ter cumprido a grande obra e é ser o senhor do mundo.

Armado de tal força podeis vos fazer adorar; a multidão ignorante vos crerá Deus.

O segredo absoluto dessa direção foi possuído por alguns homens e pode, ainda, ser descoberto. É o grande arcano mágico; depende de um axioma incomunicável e de um instrumento que é o grande *athanor* dos hermetistas do mais elevado grau.

O axioma incomunicável está encerrado cabalisticamente nas quatro letras do tetragrama, dispostas do modo abaixo...:

Figura 4 – Os quatro grandes nomes cabalísticos

...nas letras das palavras AZOTH e INRI,[19] escritas cabalisticamente e no monograma de Cristo, tal como estava bordado no lábaro e que o cabalista Postel interpreta pela palavra ROTA, da qual os Adeptos formaram o TARÔ ou TAROT, repetindo depois a primeira letra para indicar o círculo e dar a compreender que a palavra está invertida.

Toda a ciência mágica se apoia no conhecimento desse segredo. Conhecê-lo e ousar dele se servir é a onipotência humana; porém, revelá-lo a um profano é perdê-lo; revelá-lo igualmente a um discípulo é abdicar em favor desse discípulo, o qual, a partir desse momento, tem direito de vida e morte sobre seu próprio iniciador (fá-lo do ponto de vista mágico) e o matará seguramente ante o temor de morrer por sua vez por suas mãos. (Isso não tem nada de comum com os atos qualificados de assassinato na legislação criminal; a filosofia prática que serve de base e ponto de partida para nossas leis não admite fatos gerados por feitiços e influências ocultas.)

Penetramos aqui nas mais estranhas revelações e esperamos ser alvo de todas as incredulidades e de não poucos dar de ombros por causa do fanatismo incrédulo, porque a religião voltairiana também tem seus fanáticos a despeito de o ser contra as grandes sombras, que devem vagar agora lastimosamente nas covas do Panteon, tanto quanto o Catolicismo, forte em suas práticas e envaidecido com seu prestígio, canta o ofício dos defuntos sobre suas cabeças.

A palavra perfeita, aquela que é adequada ao pensamento que exprime contém sempre, virtualmente ou por suposição, um quaternário, a ideia e suas três formas necessárias e correlativas e também a imagem da coisa expressa com os três termos do juízo que a qualifica. Quando digo: O ser existe, afirmo implicitamente que não existe o nada.

Uma altura, uma largura que a altura divide geometricamente em dois e uma profundidade separada da altura pela interseção da largura, eis aqui o quaternário natural composto de duas linhas que se cruzam. Há também na natureza quatro movimentos produzidos por duas forças que se sustentam mutuamente por meio de sua tendência em sentido contrário. Ora, a lei que rege os corpos é análoga e proporcional à que governa os espíritos e essa é a manifestação também do segredo de Deus, ou seja, do mistério da criação.

Supõe um relógio com duas molas paralelas, com uma engrenagem que as faz mover e operar em sentido contrário, de modo que, quando

---

19. Cumpre frisar que esotericamente as letras INRI não são as iniciais de *Jesus de Nazaré, Rei dos Judeus*, mas sim de *Igne Natura Renovatur Integra* (Pelo Fogo, a Natureza se Renova Integralmente).

uma se afrouxa, pressiona a outra. O relógio assim construído se dará corda automaticamente e terás descoberto o movimento contínuo. Essa engrenagem deve ser para dois fins e de uma grande precisão. É impossível de ser descoberta? Não o cremos. Entretanto, quando algum homem a tiver descoberto, tal homem poderá compreender por analogia todos os segredos da natureza: o *progresso na razão direta da resistência*.

O movimento absoluto da vida é, assim, o resultado contínuo de duas tendências contrárias que não se encontram jamais em oposição. Quando uma delas parece ceder à outra, é uma mola que toma força e podes certamente esperar e confiar em uma reação, da qual é bastante possível prever o momento e até determinar o caráter; foi assim que na época de maior fervor do Cristianismo o reinado do ANTICRISTO foi conhecido e predito.

Entretanto, o Anticristo preparará e determinará a nova vinda e o triunfo definitivo do Homem-Deus. Essa é, uma vez mais, uma conclusão rigorosa e cabalística contida nas *premissas* evangélicas.

Assim, a profecia cristã contém uma revelação quádrupla: 1ª: queda do antigo mundo e triunfo do Evangelho sob a primeira vinda; 2ª: grande apostasia e vinda do Anticristo; 3ª: queda do Anticristo e retorno às ideias cristãs; 4ª: triunfo definitivo do Evangelho ou segunda vinda, designada com o nome de juízo final. Essa profecia quádrupla contém, como se pode ver, duas afirmações e duas negações; a ideia de duas ruínas ou mortes universais e de dois renascimentos. Porque a toda ideia que surge no horizonte social pode-se atribuir, sem receio de incorrer em erro, um Oriente e um Ocidente, um zênite e um nadir. É por isso que a cruz filosófica é a chave da profecia e se pode abrir todas as portas da ciência com o pentáculo de Ezequiel, cujo centro é uma estrela formada pelo cruzamento de duas cruzes.

Não é a vida humana formada também dessas quatro fases ou transformações sucessivas: nascimento, vida, morte e imortalidade? E que se observe aqui que a imortalidade da alma, necessitada como complemento do quaternário e cabalisticamente provada pela analogia, que é o dogma único da religião verdadeiramente universal; é a chave da ciência e a lei inviolável da natureza.

A morte, realmente, não pode ser um fim absoluto, assim como o nascimento não é um começo real. O nascimento prova a preexistência do ser humano, visto que nada pode ser produzido a partir do nada, e a morte prova a imortalidade visto que o ser não pode cessar de ser como o nada não pode deixar de não ser. Ser e nada são duas ideias absolutamente incompatíveis, considerando-se a seguinte diferença: que a ideia do nada (ideia completamente negativa) emana da própria ideia do ser, na qual o nada nem sequer poderia ser compreendido como uma negação absoluta, enquanto que a ideia do ser jamais pode ser aproximada da ideia do nada, e menos ainda dele emergir.

Afirmar que o mundo saiu do nada é proferir um monstruoso absurdo. Tudo que é procede do que era. Consequentemente, tudo que é não poderia jamais deixar de o ser. A sucessão de formas se produz por meio das alternativas do movimento; são fenômenos da vida que se substituem uns aos outros sem se destruir. Tudo muda, mas nada perece. O Sol não morre quando desaparece no horizonte; as formas, mesmo as mais móveis, são imortais e subsistem sempre na permanência de sua razão de ser, que é a combinação da luz com as potências de agregação das moléculas da substância primeira. Assim se conservam no fluido astral e podem ser evocadas e reproduzidas mediante a vontade do sábio, como veremos brevemente ao tratarmos da segunda vista e da evocação das lembranças em necromancia e em outras operações mágicas.

Retornaremos também ao tema do grande agente mágico, no capítulo IV do *Ritual*, onde finalizaremos a indicação dos caracteres do grande arcano e os meios de se apoderar desse formidável poder.

Digamos aqui algumas palavras acerca dos quatro elementos mágicos e dos espíritos elementais.

Os elementos mágicos são: na alquimia, o sal, o mercúrio, o enxofre e o *azoth*; na Cabala, o *macroprosopo*, o *microprosopo* e as duas matrizes; nos hieróglifos, o homem, a águia, o leão e o touro; na física antiga, segundo os termos e as ideias vulgares, o ar, a água, a terra e o fogo.

Sabe-se em ciência mágica que a água não é a água comum; que o fogo não é simplesmente o fogo que arde, etc. Essas expressões ocultam um sentido mais elevado. A ciência moderna decompôs esses quatro elementos dos antigos e descobriu muitos corpos que se pretendem simples. O que é simples é a substância primeira e propriamente dita; só há, portanto, um elemento natural e esse elemento se manifesta sempre pelo quaternário em suas formas. Conservaremos, portanto, a sábia distinção das aparências elementares admitidas pelos antigos, e reconheceremos o ar, a terra, a água, e o fogo como os quatro elementos positivos e visíveis da magia.

O sutil e o denso, o dissolvente rápido e o dissolvente lento ou os instrumentos do calor e do frio formam, em física oculta, os dois princípios positivos e os dois princípios negativos do quaternário e devem ser representados assim:

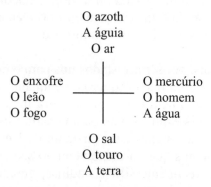

Assim a terra e o ar representam o princípio masculino; o fogo e a água referem-se ao princípio feminino, visto que a cruz filosófica dos pentáculos é, como já dissemos, um hieróglifo primitivo e elementar do *lingam* dos *gimnosofistas*.

A essas quatro formas elementares correspondem as quatro ideias filosóficas seguintes:

O espírito
A matéria
O movimento
O repouso

Toda ciência está, efetivamente, na inteligência dessas quatro coisas, que a alquimia reduz a três:

O absoluto
O fixo
O volátil

...e que a Cabala refere à própria ideia de Deus, que é razão absoluta, necessidade e liberdade, tríplice noção expressa nos livros ocultos dos hebreus.

Sob os nomes de Kether, de Chochmah e de Binah, para o mundo divino, de Tiphereth, de Chesed e de Geburah, no mundo moral, e, enfim, de Jesod, Hod e Netsah, no mundo físico, que com o mundo moral está encerrado na ideia de reinado ou Malkut, explicaremos no décimo capítulo deste livro essa teogonia, tão racional quanto sublime.

E agora, sendo chamados os espíritos criados à emancipação por meio da prova, são colocados desde seu nascimento entre essas quatro forças, duas positivas e duas negativas, com a faculdade de admitir ou de negar o bem e escolher a vida ou a morte. Encontrar o ponto fixo, isto é, o centro moral da cruz, é o primeiro problema submetido a eles para sua resolução; sua primeira conquista deve ser a de sua própria liberdade.

Começam, pois, por ser arrastados uns para o norte, outros para o sul, alguns à direita e outros à esquerda e enquanto não são livres não podem utilizar a razão nem encarnar de outra maneira, a não ser sob formas animais. Esses espíritos não emancipados, escravos dos quatro elementos, são os que os cabalistas chamam de Demônios elementais e habitam os elementos que correspondem ao seu estado de servidão. Existem, portanto, realmente silfos, ondinas, gnomos e salamandras, uns errantes e tratando de encarnar, outros já encarnados e vivendo na terra – estes são os homens viciosos e imperfeitos.

Voltaremos a esse tema no capítulo XV, onde nos ocupamos dos encantamentos e dos Demônios.

Também é uma tradição de física oculta o que levou os antigos a observar a existência das quatro idades do mundo; com a reserva de não dizer ao vulgo que essas quatro idades deviam ser sucessivas, como as quatro estações do ano e se renovar, como as estações se renovam. Assim, a idade de ouro transcorreu e ainda está por vir. Entretanto, tudo isso concerne ao espírito de profecia e a ele nos referiremos no capítulo IX, que trata do iniciado e do vidente.

Agreguemos agora a unidade ao quaternário e teremos conjunta e separadamente as ideias da síntese e da análise divinas, o Deus dos iniciados e o Deus dos profanos. Aqui o dogma se populariza e se faz menos abstrato: o grande hierofante intervém.

5 ה E
O PENTAGRAMA
Geburah – Ecce

Até agora expusemos o dogma mágico em sua parte mais árida e mais abstrata. Aqui começam os feitiços; aqui já podemos anunciar os prodígios e revelar as coisas mais ocultas.

Figura 5 – O Pentagrama de Fausto

O pentagrama expressa a dominação do Espírito sobre os elementos e é por meio desse signo que se acorrenta os silfos do ar, as salamandras do fogo, as ondinas da água e os gnomos da terra.

Munido desse signo e disposto convenientemente, podes ver o infinito mediante essa faculdade que é como o olho de tua alma e te fazer servir por legiões de anjos e colunas de Demônios.

Primeiramente estabelecemos princípios:

Não há mundo invisível. Há apenas muitos graus de perfeição nos órgãos.

O corpo é a representação grosseira e como se fosse a casca transitória da alma.

A alma pode perceber por si mesma, sem a intermediação dos órgãos corporais por meio de sua sensibilidade e de seu *diáfano,* as coisas corporais e espirituais que existem no Universo.

Espiritual e corpóreo são palavras que expressam unicamente os graus de tenuidade ou de densidade da substância.

Isso que chamamos de imaginação é apenas a propriedade inerente à nossa alma de assimilar as imagens e os reflexos contidos na luz viva, que é o grande agente magnético.

Essas imagens e esses reflexos são revelações quando a ciência intervém para nos revelar o corpo ou a luz. O homem de gênio difere do sonhador e do louco exclusivamente nisto: no fato de suas criações serem análogas à verdade, enquanto que as dos sonhadores e dos loucos são reflexos perdidos e imagens extraviadas.

Assim, para o sábio, imaginar é ver como para o mago falar é criar. Pode-se ver realmente e de verdade os Demônios, as almas, etc. por meio da imaginação, mas a imaginação do Adepto é transparente, enquanto que a do vulgo é opaca; a luz da verdade atravessa a primeira como um olhar esplêndido e se refrata na segunda como uma massa viscosa repleta de escórias e de corpos estranhos.

O que mais contribui para os erros do vulgo e para as extravagâncias da insanidade são os reflexos das imaginações depravadas entre si.

Entretanto, o vidente sabe graças à ciência que as coisas imaginadas por ele são verdadeiras e a experiência confirma sempre suas visões.

Dizemos no *Ritual* por quais meios se adquire essa lucidez.

Por meio dessa luz os visionários extáticos se põem em comunicação com todos os mundos, como ocorria frequentemente com Emmanuel Swedenborg que, todavia, era somente imperfeitamente lúcido, já que não discernia os reflexos dos raios e mesclava, amiúde, fantasias com seus mais admiráveis sonhos.

Dizemos sonhos porque o sonho é o resultado de um êxtase natural e periódico que se denomina sono. Estar em êxtase é dormir. O sonambulismo magnético é uma reprodução e um direcionamento do êxtase.

Os erros no sonambulismo são ocasionados pelos reflexos do *diáfano* das pessoas despertas e especialmente do magnetizador.

O sonho é a visão produzida pela refração de um raio de verdade; a ilusão é a alucinação provocada por um reflexo.

A tentação de Santo Antônio com seus pesadelos e visões horripilantes[20] e seus monstros representa a confusão de reflexos com os raios diretos. Quando a alma luta, é razoável; quando sucumbe a essa espécie de embriaguez invasora, é louca.

Distinguir o raio direto e separá-lo do reflexo: tal é a obra do iniciado. Agora digamos em alta voz que tal trabalho foi realizado sempre por alguns seletos homens no mundo, que a revelação por intuição é assim permanente e que não há barreira infranqueável que aparte as almas, pois não existem na natureza nem interrupções bruscas nem muralhas abruptas que possam separar os espíritos. Tudo é transição e matizes e, caso se suponha a perfectibilidade, se não infinita, ao menos indefinida das faculdades humanas, ver-se-á que todo homem pode lograr tudo ver e, consequentemente, tudo saber também, pelo menos em um círculo que pode ampliar indefinidamente.

O vazio inexiste na natureza; tudo está ocupado.

Não há morte real na natureza; tudo está vivo.

"Vês essa estrela?", perguntava Napoleão ao cardeal Fresch. "Não, senhor." "Pois bem, eu a vejo." E certamente a via.

É por esse motivo que os grandes homens são acusados de ter sido supersticiosos: é que viam o que o vulgo não pode ver.

Os homens de gênio diferem dos simples videntes pela faculdade que possuem de fazer os outros *sentirem* o que eles veem e se fazerem *crer* por entusiasmo e por simpatia.

Esses são os *médiuns* do Verbo divino.

Digamos agora como se opera a visão.

Todas as formas correspondem a ideias, não existe nenhuma ideia que não possua sua forma própria e particular.

A luz primordial, veículo de todas as ideias, é a matriz de todas as formas e as transmite de emanação em emanação, diminuídas unicamente ou alteradas em razão da densidade dos meios. As formas secundárias são reflexos que retomam ao foco da luz emanada.

As formas dos objetos são uma modificação da luz e permanecem nela, de onde o reflexo as envia.

---

20. Retratada genialmente pelo pintor flamengo Hieronimus Bosch no quadro *As Tentações de Santo Antônio*.

Assim, a luz astral ou o fluido terrestre ao qual chamamos de grande agente mágico está saturada de imagens ou reflexos de toda espécie que nossa alma pode evocar e submeter ao seu *diáfano*, como dizem os cabalistas. Essas imagens nós as temos sempre presentes e são apagadas apenas pelas impressões mais fortes da realidade durante a vigília, ou pelas preocupações de nosso pensamento que obriga nossa imaginação a ficar desatenta ao panorama móvel da luz astral.

Quando dormimos, esse espetáculo se apresenta por si mesmo a nós e é assim que os sonhos são produzidos; sonhos incoerentes e vagos se alguma vontade dominante não permanece ativa durante o sono e não oferece, mesmo contra a vontade de nossa inteligência, uma direção ao sonho que então se transforma em visão.

O magnetismo animal nada mais é do que um sono artificial produzido pela união, seja voluntária, seja forçada, de duas almas, uma das quais vela enquanto a outra dorme, ou seja, uma das quais dirige a outra na escolha dos reflexos para transformar os sonhos em visões e saber a verdade por meio de imagens.

Dessa maneira, portanto, as sonâmbulas não vão realmente ao sítio onde o magnetizador as envia, mas sim evocam as imagens na luz astral e não podem ver nada que não exista nessa luz.

A luz astral tem uma ação direta sobre os nervos, que são os condutores na economia animal e que a transportam ao cérebro; assim, no estado de sonambulismo, pode-se ver pelos nervos e sem necessidade nem mesmo da luz radiante, visto que o fluido astral é uma luz latente, como a física já reconheceu que existe calor latente.

O magnetismo entre dois é, sem dúvida, uma magnífica descoberta; o magnetismo, contudo, de um só, ou seja, o automagnetismo, tornando-se lúcido à vontade e dirigindo-se a si mesmo, constitui a perfeição da arte mágica e o segredo dessa grande obra não está ainda por descobrir. Foi conhecido e praticado por grande número de iniciados e especialmente pelo célebre Apolônio de Tiana, de quem nos chegou uma teoria que veremos em nosso *Ritual*.

O segredo da lucidez magnética e da direção dos fenômenos do magnetismo procede de duas coisas: da harmonia das inteligências e da união perfeita das vontades em uma direção possível e determinada pela ciência; isso no que se refere ao magnetismo coletivo. O magnetismo individual requer preparações, sobre as quais discorremos no primeiro capítulo, ao enumerar e fazer ver em toda a sua dificuldade as qualidades exigidas para ser um verdadeiro Adepto.

Nos capítulos que se seguem esclareceremos mais esse ponto importante e fundamental.

Esse império da vontade sobre a luz astral, que é a alma física dos quatro elementos, é representado em magia pelo pentagrama, cuja figura fizemos constar no início deste capítulo.

Assim, os espíritos elementais são submetidos a esse signo quando ele é empregado com inteligência e se pode, colocando-os em um círculo ou sobre a mesa das evocações, torná-los dóceis, o que em magia se denomina aprisionar.

Expliquemos com poucas palavras essa maravilha. Todos os espíritos criados se comunicam entre si mediante signos e se prendem todos a um certo número de verdades expressas por certas formas determinadas.

A perfeição das formas aumenta na razão do desprendimento dos espíritos e aqueles que não sentem o apego da matéria e não estão acorrentados a ela reconhecem à primeira intuição se um signo é a expressão do poder real ou de uma vontade temerária.

A inteligência do sábio proporciona, portanto, valor ao seu pentáculo, como sua ciência dá peso à sua vontade, e os espíritos compreendem imediatamente esse poder.

Assim, pois, com o pentagrama pode-se obrigar os espíritos a aparecerem em sonhos, seja durante a vigília, seja durante o sono propriamente dito, *trazendo consigo diante de nosso diáfano seu reflexo que existe na luz astral, se viveram, ou um reflexo análogo ao seu verbo espiritual, se não viveram na terra.* Isso explica todas as visões e demonstra, sobretudo, por que os mortos aparecem sempre aos videntes, sejam tais como eram na Terra, seja tal como se encontram no túmulo, nunca como se encontram em uma existência que escapa às percepções de nosso organismo atual.

As mulheres grávidas, mais do que os outros, estão sob a influência da luz astral que contribui para a formação de seus filhos e que lhes apresenta incessantemente as reminiscências de formas de que está repleta.

É por isso que as mulheres virtuosas enganam, mediante semelhanças equívocas, a malignidade dos observadores. Imprimem com frequência à obra de seu matrimônio uma imagem que lhes chamou a atenção em sonhos, as mesmas fisionomias se perpetuando de século em século.

O uso cabalístico do pentagrama pode, portanto, determinar o rosto dos filhos que vão nascer e uma mulher iniciada poderia conceder a seu filho os traços de Nereu ou de Aquiles, como os de Luís XIV ou os de Napoleão. Indicamos o meio em nosso *Ritual*.

O pentagrama é o que se chama em Cabala de signo do microcosmo, esse signo cujo poder Goethe exalta no belo monólogo de *Fausto*:

"Ah, como ante esta visão todos os meus sentidos estremeceram! Sinto a jovem e santa voluptuosidade da vida reanimar em meus nervos e ferver em minhas veias. Era um deus aquele que traçou este signo que aplaca a vertigem de minha alma, preenche de alegria meu pobre coração e, em um impulso misterioso, desvela ao redor de mim as forças da natureza? Sou eu um deus? Tudo se aclara ante minha vista. Vejo nestes singelos traços a natureza ativa revelar-se ao meu espírito. Agora, pela primeira vez, reconheço a verdade desta palavra do sábio: O mundo dos espíritos não está fechado! Teu sentido está obtuso, teu coração está morto! De pé! Banha teu peito, ó adepto da ciência, ainda envolvido em um véu terrestre, nos esplendores do dia nascente!..." (*Fausto*, 1ª parte, cena 1)

Foi em 24 de julho de 1854 que o autor deste livro, Eliphas Levi, executou em Londres a experiência da evocação pelo pentagrama, após ter-se preparado mediante todas as cerimônias indicadas no *Ritual*. O êxito dessa experiência, cujos detalhes e motivos apresentamos no capítulo XIII e no capítulo que detém o mesmo número no *Ritual*, do Dogma estabelece um novo fato patológico que os homens da verdadeira ciência admitirão sem esforço. A experiência, repetida três vezes, ofereceu resultados verdadeiramente extraordinários, porém positivos e sem nenhuma mescla de alucinação. Convidamos os incrédulos a fazer um teste criterioso e racional antes de dar de ombros e sorrir.

A figura do pentagrama, aprimorada segundo a ciência, e da qual se serviu o autor para essa prova, é a que se encontra no início deste capítulo e que não se acha tão completa nem nas clavículas de Salomão nem nos calendários mágicos de Tycho Brahe[21] e de Duchenteau.

Cumpre observar, contudo, que o uso do pentagrama é muito perigoso para os operadores que não possuem a plena e perfeita compreensão dele. A direção das pontas da estrela não é arbitrária e pode alterar o caráter de toda a operação, como explicaremos no *Ritual*.

Paracelso, esse inovador da Magia, que superou todos os demais iniciados pelos sucessos obtidos sozinho, afirma que todas as figuras

---

21. Astrônomo dinamarquês (1546-1601) que, entre outras coisas, concebeu um sistema astronômico distinto do de Ptolomeu e também do de Copérnico. Em paralelo, estudou seriamente a astrologia, o que resultou, por exemplo, nos calendários mágicos citados por Levi.

mágicas e todos os signos cabalísticos dos pentáculos, aos quais os espíritos obedecem, reduzem-se a dois, que são a síntese dos demais: o signo do macrocosmo ou do selo de Salomão, que já demos e que mais uma vez reproduzimos aqui, e o do microcosmo, ainda mais poderoso que o primeiro, ou seja, o pentagrama, do qual faz em sua filosofia oculta uma minuciosa descrição.

Se nos perguntarem como um signo exerce tanto poder sobre os espíritos elementais, perguntaremos, de nossa parte, por que o mundo cristão prosternou-se diante do sinal da cruz? O signo não é nada por si mesmo e detém força somente pelo dogma de que é o resumo e o verbo. Ora, um signo que resume, expressando-as, todas as forças ocultas da natureza, um signo que sempre manifestou aos espíritos elementais e a outros um poder superior à sua natureza, infunde-lhes evidentemente temor e respeito e os força a obedecer pelo império da ciência e da vontade sobre a ignorância e a debilidade.

Também por meio desse mesmo pentagrama, são medidas as proporções exatas do grande e único *athanor* necessário para a fabricação da pedra filosofal e para a realização da grande obra. O alambique mais perfeito que possa elaborar a quintessência é conforme essa figura e a própria quintessência é representada pelo signo do pentagrama.

6 ۱ F
O EQUILÍBRIO MÁGICO
Tipheret – Uncus

A inteligência suprema é necessariamente racional. Deus em filosofia pode ser somente uma hipótese, imposta pelo bom senso à razão humana. Personificar a razão absoluta é determinar o ideal divino.

Necessidade, liberdade e razão, eis aqui o grande e supremo triângulo dos cabalistas, que chamam a razão de *Kether*, a necessidade de *Chochmah* e a liberdade de *Binah*, em seu primeiro ternário divino.

Fatalidade, vontade, poder – tal é o ternário mágico que nas coisas humanas corresponde ao triângulo divino.

A fatalidade é o encadeamento inevitável de efeitos e causas em uma dada ordem.

A vontade é a faculdade diretriz das forças inteligentes para conciliar a liberdade das pessoas com a necessidade das coisas.

O poder é o prudente emprego da vontade, que até faz com que a fatalidade sirva ao cumprimento dos desejos do sábio.

Quando Moisés golpeia a rocha, ele não cria o manancial de água, mas o revela ao povo porque uma ciência oculta a ele o revelou por meio da varinha adivinhatória.

Assim sucede em todos os milagres da magia: existe uma lei que o vulgo desconhece, mas da qual o iniciado se serve.

As leis ocultas são amiúde diametralmente opostas às leis comuns. Assim, por exemplo, o vulgo crê na simpatia dos semelhantes e na guerra dos contrários: a lei verdadeira é precisamente a oposta.

Em outros tempos se dizia: a natureza tem horror ao vazio; era preciso dizer: a natureza está apaixonada pelo vazio, se o vazio não fosse, em física, a mais absurda das ficções.

Habitualmente, o vulgo toma em todas as coisas a sombra pela realidade. Volta as costas para a luz e contempla na obscuridade que ele próprio projeta.

As forças da natureza estão à disposição daquele que sabe a elas resistir. És suficientemente senhor de tua vontade para não estar jamais ébrio? Então dispões do poder terrível e fatal da embriaguez. Pois bem: se desejas embriagar os outros, inspira-lhes o desejo de beber e fornece bebida à vontade, mas não bebas tu.

Aquele que dispõe do amor dos outros é porque se fez senhor do seu. Queres possuir? Pois não te entregues.

O mundo está imantado pela luz do sol e nós estamos imantados pela luz astral do mundo.

O que se opera no corpo do planeta repete-se em nós. Há em nós três mundos análogos e hierárquicos como na natureza toda.

O homem é o microcosmo ou pequeno mundo e, segundo o dogma das analogias, tudo que está no grande mundo se repete no pequeno. Há, portanto, em nós três centros de atração e de projeção fluídica: o cérebro, o coração ou epigastro e o órgão genital.

Cada um desses órgãos é único e duplo, isto é, neles reside a ideia do ternário. Cada um desses órgãos atrai por um lado e repele por outro.

Por meio desses aparelhos nos pomos em comunicação com o fluido universal transmitido a nós pelo sistema nervoso. Também esses três centros constituem o assento da tríplice operação magnética, como explicaremos em outra parte.

Quando o mago atingiu a lucidez, seja por intermédio de uma pitonisa ou sonâmbula, seja por seus próprios esforços, comunica e dirige à vontade vibrações magnéticas em toda a massa da luz astral, cujas correntes adivinha com a varinha mágica. Trata-se de uma varinha mágica aperfeiçoada. Por meio dessas vibrações, influencia o sistema nervoso das pessoas submetidas à sua ação, precipita ou suspende as correntes da vida, acalma ou atormenta, cura ou faz adoecer, mata ou, enfim, ressuscita... Entretanto, detemo-nos aqui diante do sorriso incrédulo. Abrimos mão do triunfo fácil de negar aquilo que se desconhece.

Mais adiante, demonstraremos que a morte chega sempre precedida de um sonho letárgico e que se opera gradativamente; que a ressurreição em certos casos é possível, que a letargia é uma morte real porém inacabada e que muitos mortos acabam de morrer depois de sua inumação.

Contudo, não é disso que tratamos neste capítulo. Digamos, pois, que uma vontade lúcida pode operar sobre a massa da luz astral e, com o concurso de outras vontades absorvidas e arrastadas por ela, determinar grandes e irresistíveis correntes. Digamos também que a luz astral se condensa ou se rareia conforme as correntes a acumulam mais ou menos em certos centros. Quando falta energia para alimentar a vida, são produzidas enfermidades de decomposição súbita que causam o desespero da medicina. O cólera morboso, por exemplo, não obedece a outra causa e as legiões de animálculos observadas e supostas por certos sábios podem ser mais provavelmente o efeito do que a causa. Seria, portanto, necessário tratar o cólera por meio de insuflação se, em tal tratamento, o operador não se expusesse a fazer com o paciente uma troca demasiado temível para o primeiro.

Todo esforço inteligente da vontade é uma projeção de fluido ou de luz humana e nesse caso importa distinguir a luz humana da luz astral e o magnetismo animal do magnetismo universal.

Ao empregarmos a palavra fluido, servimo-nos de uma expressão recebida e tratamos de nos fazer compreender por esse emprego; contudo, estamos muito longe de afirmar que a luz latente seja um fluido. Tudo nos induziria, ao contrário, a preferir na explicação desse ser fenomênico o sistema das vibrações. Seja o que for, sendo essa luz o instrumento da vida, fixa-se naturalmente em todos os centros vivos; prende-se ao núcleo dos planetas como ao coração dos homens (e, por seu coração, entendemos em magia o grande simpático), identificando-se com a própria vida do ser ao qual anima, e é por meio dessa propriedade de assimilação simpática que se reparte sem confusão. É terrestre em suas relações com o globo terrestre e exclusivamente humana em suas relações com os homens.

É por essa causa que a eletricidade, o calor, a luz e a imantação produzidos pelos meios físicos ordinários não só não produzem como, ao contrário, tendem a neutralizar os efeitos do magnetismo animal. A luz astral, subordinada a um mecanismo cego e procedente de centros determinados de *autotelia*, é uma luz morta e opera matematicamente segundo dados impulsos ou segundo leis necessárias; a luz humana, ao contrário, somente é fatal com respeito ao ignorante que faz tentativas fortuitas; com respeito ao vidente está subordinada à inteligência, submetida à imaginação e dependente da vontade.

Essa é a luz que, projetada incessantemente por nossa vontade, forma o que Swedenborg chama de atmosferas pessoais. O corpo absorve o que o circunda e irradia ininterruptamente projetando seus miasmas e suas moléculas invisíveis; o mesmo sucede com o espírito, de modo que esse fenômeno, chamado por alguns místicos de *respiro*, tem realmente a influência que se lhe atribui, seja no físico, seja no moral. É realmente contagioso respirar o mesmo ar dos enfermos e encontrar-se no círculo de atração e de expansão dos perversos.

Quando a atmosfera magnética de duas pessoas está de tal modo equilibrada que o atrativo de uma aspira a expansão da outra, produz-se uma atração chamada simpatia; então a imaginação, evocando assim todos os raios ou todos os reflexos análogos aos que ela experimenta, forma um poema de desejos que arrastam a vontade e, se as pessoas são de sexo diferente, produz-se entre elas, ou mais frequentemente na mais fraca delas, uma completa embriaguez de luz astral, que se chama de paixão propriamente dita ou o amor.

O amor é um dos grandes instrumentos do poder mágico, porém está formalmente interdito ao mago, ao menos como embriaguez ou como paixão.[22] Desgraçado o Sansão da Cabala que se deixa adormecer por Dalila! O Hércules da ciência que troca seu cetro real pelo fuso de Onfália sentirá logo a vingança de Dejanira e só lhe restará a fogueira do Monte Eta para escapar da devoradora pressão da túnica de Nesso! O amor sexual é sempre uma ilusão, visto que é o resultado de uma miragem imaginária. A luz astral é o sedutor universal representado pela serpente do Gênese. Esse agente sutil, sempre ativo, sempre ávido de seiva, sempre acompanhado de sedutores sonhos e de doces imagens; essa força, cega por si mesma e subordinada a todas as vontades, seja para o bem, seja para o mal; esse *circulus* sempre renascente de uma vida indômita que proporciona a vertigem para os imprudentes; esse corpo ígneo; esse éter impalpável e presente em todas as partes; essa imensa sedução da natureza, como dar sua plena definição e como classificar sua ação? Indiferente até certo ponto por si mesma, ela se presta ao bem como ao mal; porta em si a luz e propaga as trevas; pode-se denominar tanto Lúcifer quanto Lucífugo: é uma serpente, mas é também uma auréola; é um fogo, mas ela mesma pode pertencer às fogueiras do inferno como às oferendas de incenso prometidas e dedicadas ao céu. Para dela se apoderar é preciso, como a mulher predestinada, pousar o pé sobre sua cabeça.

O que corresponde à mulher cabalística no mundo elemental é a água e o que corresponde à serpente é o fogo. Para dominar a serpente, ou seja, para dominar o círculo da luz astral, é necessário pôr-se fora do alcance das suas correntes, isto é, isolar-se. É por esse motivo que Apolônio de Tiana envolvia-se completamente em um manto de lã fina,

---

22. Ilustrado marcantemente pela paixão fatal de Merlin por Viviana – quanto mais sua paixão se intensifica, mais ele se debilita e se vê espoliado de seus poderes.

sobre cuja extremidade repousava os pés e com o qual cobria a cabeça; depois arcava em semicírculo sua coluna vertebral e fechava os olhos uma vez cumpridos certos ritos, que deviam ser passes magnéticos e palavras sacramentais que tinham por propósito fixar a imaginação e determinar a ação da vontade. O manto de lã é empregado muito correntemente em magia, sendo também o veículo ordinário dos bruxos que vão ao sabá, o que prova que os bruxos não iam realmente ao sabá, mas sim este vinha a encontrá-los isolados em seu manto, trazendo ao seu *translúcido* imagens análogas às suas preocupações mágicas, misturadas aos reflexos de todos os atos do mesmo gênero que haviam ocorrido anteriormente a eles no mundo.

Essa torrente da vida universal é também representada nos dogmas religiosos pelo fogo expiatório do inferno. É o instrumento da iniciação, é o monstro a ser domado, o inimigo a ser vencido; é ela que envia a nossas evocações e aos conjuros da goécia tantas larvas e tantos famasmas; é nela que são conservadas todas as formas cujo conjunto fantástico e desordenadamente matizado povoa nossos pesadelos de tão abomináveis monstros. Deixar-se arrastar suavemente por esse rio rodopiante é cair nos abismos da loucura, mais espantosos que os abismos da morte; arrojar as sombras desse caos é fazer com que ofereça formas perfeitas que se coadunem com nossos pensamentos, é ser homem de gênio, é criar, é haver triunfado do inferno...

A luz astral dirige os instintos dos animais e combate a inteligência do homem, a quem tende a perverter por meio do luxo de seus reflexos e a balela de suas imagens; ação fatal e necessária que os espíritos elementais e as almas penadas dirigem e tornam mais funestas, buscando com suas inquietas vontades simpatias em nossas debilidades e nos tentando menos para nos perder que para nos oferecer sua amizade.

O livro das consciências que, de acordo com o dogma cristão, deve ser revelado no último dia, no dia do juízo final, não é outra coisa senão a luz astral na qual estão conservadas as impressões de todos os verbos, ou seja, de todas as ações e de todas as formas. Nossos atos modificam nosso *respiro magnético,* de tal modo que um vidente pode dizer aproximando-se de uma pessoa pela primeira vez se essa pessoa é inocente ou culpada e quais são suas virtudes ou seus crimes. Tal faculdade, que pertence à adivinhação, era chamada pelos místicos cristãos primitivos de discernimento dos espíritos.

As pessoas que renunciam ao império da razão e apreciam comprometer sua vontade perseguindo reflexos da luz astral estão sujeitas a alternâncias de ira e tristeza que fazem com que se imagine todas as maravilhas da possessão demoníaca. É verdade que por meio desses reflexos os espíritos impuros podem operar sobre tais almas; convertê-las em instrumentos dóceis e até se habituar a provocar tormentos em seus organismos, no qual passam a residir por *obsessão* ou *embrionato*. Essas palavras cabalísticas estão elucidadas no livro hebraico da *Revolução das almas*, do qual o capítulo XIII deste livro contém uma análise minuciosa.

É, portanto, extremamente perigoso entreter-se com os mistérios da magia e sumamente temerário praticar os ritos por curiosidade, a título de experimento e para provocar potências superiores. Os curiosos que não sendo Adeptos se entretêm nas evocações, ou se devotam, sem condições, às práticas do magnetismo oculto parecem-se a um bando de meninos que brincam com fogo nas proximidades de um barril de pólvora: cedo ou tarde serão vítimas de uma terrível explosão.

Para isolar-se da luz astral não basta envolver-se em um tecido de lã; é absolutamente necessário ter imposto uma tranquilidade absoluta ao espírito e ao coração, ter se libertado do domínio das paixões e ter se assegurado na firmeza dos atos espontâneos de uma vontade inflexível. É preciso também reiterar com frequência os atos dessa vontade porque, como veremos brevemente no *Ritual*, a vontade não se consolida por si mesma, senão por atos, do mesmo modo que as religiões não conquistaram seu império e sua permanência senão por meio de cerimoniais e ritos.

Há substâncias inebriantes que, ao exaltar a sensibilidade nervosa, aumentam o poder das representações e, por conseguinte, as seduções astrais; pelos mesmos meios, porém seguindo uma direção contrária, pode-se atemorizar e até perturbar os espíritos. Essas substâncias, magnéticas por si mesmas e magnetizadas ainda pelos práticos, são o que se conhece como filtros ou poções encantadas. Entretanto, não devemos abordar essa perigosa aplicação da magia, que o próprio Cornélio Agrippa qualifica de magia envenenadora. Já não existem mais fogueiras para bruxos e bruxas, mas existem códigos que punem os delitos de pessoas pouco escrupulosas. Limitemo-nos, pois, na oportunidade a constatar a realidade desse poder.

Para dispor da luz astral, é preciso compreender sua dupla vibração e conhecer a balança das forças, denominada equilíbrio mágico e que se expressa em Cabala pelo *senário*.

Esse equilíbrio, considerado em sua causa primeira, é a vontade de Deus; no homem é a liberdade; na matéria é o equilíbrio matemático.

O equilíbrio produz a estabilidade e a duração.

A liberdade engendra a imortalidade do homem e a vontade de Deus põe em ação as leis da razão eterna. O equilíbrio nas ideias é a sabedoria e nas forças o verdadeiro poder. O equilíbrio é rigoroso. Observe-se a lei e ele existirá; se a lei for transgredida, ele não existirá mais.

Por essa razão é que nada existe de inútil nem perdido. Toda palavra e todo movimento marcham pró ou contra o equilíbrio, pró ou contra a verdade; porque o equilíbrio representa a verdade que se compõe do pró e do contra conciliados, ou pelo menos reciprocamente calibrados.

Diremos na introdução do *Ritual* de que modo o equilíbrio mágico deve ser produzido e por que ele é necessário ao êxito de todas as operações.

A onipotência é a liberdade mais absoluta. Ora, a liberdade absoluta não poderia existir sem um equilíbrio perfeito. O equilíbrio mágico é, portanto, uma das condições primordiais do êxito nas operações da ciência e deve ser buscado mesmo na química oculta, aprendendo a combinar os contrários sem neutralizar um com o outro.

Mediante o equilíbrio mágico explica-se o grande e antigo mistério da existência e da necessidade relativa do mal.

Essa necessidade relativa dá, em magia negra, a medida do poder dos Demônios ou espíritos impuros, aos quais as virtudes praticadas na terra concedem mais furor e em aparência ainda mais força.

Em épocas nas quais os santos e os anjos realizavam milagres abertamente, as bruxas, feiticeiras e os Diabos realizavam, por sua vez, maravilhas e prodígios.

É a rivalidade que produz, amiúde, o sucesso; sempre o apoio é encontrado sobre o que oferece resistência.

7 ז G
A ESPADA FLAMEJANTE
Netsah – Gladius

O setenário é o número sagrado em todas as teogonias e em todos os símbolos porque se compõe do ternário e do quaternário.

O número 7 representa o poder mágico em toda a sua força; é o espírito auxiliado por todas as potências elementares, é a alma servida pela natureza, é o *sanctum regnum*, de que se falou nas clavículas de Salomão e que é representado no tarô por um guerreiro coroado que ostenta um triângulo sobre sua couraça, de pé sobre um cubo com duas esfinges a ele ligadas, uma branca e outra negra, que tiram em sentido contrário e volvem as cabeças, entreolhando-se.

Esse guerreiro está armado com uma espada flamejante e porta na outra mão um cetro cuja extremidade termina em um triângulo e em uma bola.

O cubo é a pedra filosofal; as esfinges são as duas forças do grande agente, correspondentes a Jakin e Bohas, que são as duas colunas do templo; a couraça é a ciência das coisas divinas que torna a sabedoria invulnerável aos ataques humanos; o cetro é a varinha mágica; a espada flamejante é o signo da vitória sobre os vícios que são em número de sete, como as virtudes; as ideias dessas virtudes e desses vícios eram representadas pelos antigos sob os símbolos dos sete planetas então conhecidos.

Assim, a fé, essa aspiração ao infinito, essa nobre confiança em si mesmo sustentada pela crença em todas as virtudes; a fé, que nas naturezas débeis pode degenerar-se em orgulho, era representada pelo Sol; a esperança, inimiga da avareza, pela Lua; a caridade, oposta à luxúria por Vênus, a brilhante estrela matutina e vespertina; a força, superior à cólera, por Marte; a prudência, oposta à preguiça, por Mercúrio; a temperança, oposta à gula, por Saturno, a quem se dá de comer uma pedra em lugar de seus filhos, e a justiça, por último, oposta à inveja, por Júpiter, vencedor dos titãs. Tais são os símbolos que a astrologia toma do culto helênico. Na Cabala dos hebreus, o Sol representa o anjo da luz; a Lua, o anjo das aspirações e dos sonhos; Marte, o anjo exterminador; Vênus, o anjo dos amores; Mercúrio, o anjo civilizador; Júpiter, o anjo do poder; Saturno, o anjo das solidões.

Também são chamados: Miguel, Gabriel, Samael, Anael, Rafael, Zacariel e Orifiel.

Essas potências dominadoras das almas partilham da vida humana; por períodos que os astrólogos mediam pelas revoluções dos planetas correspondentes.

Contudo, não se deve confundir a astrologia cabalística com a astrologia judiciária. Logo explicaremos essa distinção. A infância é dedicada ao sol, a adolescência à lua, a juventude a Marte e a Vênus, a virilidade a Mercúrio, a idade madura a Júpiter e a velhice a Saturno. Ora, toda a humanidade vive sob leis de desenvolvimento análogas às leis da vida individual. É sobre essa base que Tritêmio[23] estabelece sua clavícula profética dos sete espíritos, a que nos referimos em outra parte, e por meio da qual se pode, seguindo as proporções analógicas dos eventos sucessivos, predizer com certeza os grandes acontecimentos futuros e fixar antecipadamente de período em período os destinos dos povos e do mundo.

São João, depositário da doutrina secreta de Cristo, registrou essa doutrina no livro cabalístico do Apocalipse, que ele representa cerrado com os sete selos. Nela se encontram os sete gênios das mitologias antigas, com as copas e as espadas do tarô. O dogma, oculto sob esses emblemas, é pura Cabala,[24] já perdida pelos fariseus na época da vinda do Salvador. Os quadros que se sucedem nessa maravilhosa epopeia profética são tantos outros pentáculos de que o ternário, o quaternário, o setenário e duodenário são as chaves. Suas figuras hieroglíficas são análogas às do livro de Hermes ou do Gênese de Enoque, para nos servir do título arriscado que só exprime a opinião pessoal do sábio Guillaume Postel.[25]

---

23. Heidenberg de Trittenhcim (1462-1516), historiador, teólogo e erudito alemão. No domínio do ocultismo é conhecido como Tritêmio, o grande mago, astrólogo e mestre de outros magos, como Paracelso e Agrippa.
24. Ou melhor, *Qabbalah* [hebraico].
25. Escritor e filósofo francês (1510-1581), mas também estudioso do ocultismo, místico e visionário.

O querubim ou touro simbólico que Moisés coloca à porta do mundo edênico e que tem à mão uma espada flamejante é uma esfinge que tem o corpo de touro e a cabeça humana; é a antiga esfinge assíria, na qual o combate e a vitória de Mitra[26] eram a análise hieroglífica. Tal esfinge armada representa a lei do mistério que vela à porta da iniciação para afastar os profanos. Voltaire, que desconhecia tudo isso, riu bastante diante de um boi que sustinha uma espada.

Que teria dito se tivesse visitado as ruínas de Mênfis ou de Tebas e como teria podido responder aos seus sarcasmos, tão aplaudidos na França, esse eco dos séculos passados que dorme nas sepulturas do Psamético e de Ramsés?

O querubim de Moisés representa, também, o grande mistério mágico cujo setenário expressa todos os elementos, sem oferecer, contudo, a última palavra. Esse *verbum inenarrabile* dos sábios da escola de Alexandria; essa palavra que os cabalistas hebreus escreviam יהוה e traduziam por אדאידא, exprimia também a triplicidade do princípio secundário, o dualismo dos meios e a unidade tanto do princípio primeiro como do fim; depois que a aliança do ternário com o quaternário em uma palavra composta de quatro letras; que formam sete por meio de uma tríplice e dupla repetição; essa palavra se pronuncia ARARITA.

A virtude do setenário é absoluta em magia porque o número é decisivo em todas as coisas. Assim, todas as religiões o consagraram em seus ritos. O sétimo ano para os judeus era jubilar; o sétimo dia é consagrado ao repouso e à oração; há sete sacramentos, etc.

As sete cores do prisma, as sete notas da música correspondem aos sete planetas dos antigos, ou seja, às sete cordas da lira humana. O céu espiritual não mudou nunca e a astrologia tornou-se mais inalterável que a astronomia.

Os sete planetas não são outra coisa, realmente, senão símbolos hieroglíficos dos vínculos de nossas afeições. Confeccionar talismãs do Sol e da Lua, ou de Saturno, é unir magneticamente a vontade a signos que correspondem aos principais poderes da alma; consagrar alguma

---

26. Divindade ou gênio do masdeísmo que, na evolução interna deste, superou o próprio *Ormuzd*, acabando por dar origem a um culto autônomo e independente do masdeísmo, ou seja, o mitraísmo. Geralmente encarado como uma personificação do Sol, o Mitra persa parece não ser original, mas sim uma forma alterada do Mitra védico, esse também um deus da luz e da verdade, tal como o próprio Ormuzd *(Ahura-Mazda)* e o Apolo grego, insinuando o fundo e essência comuns do culto solar da raça ariana. O mitraísmo espalhou-se pela Pérsia, atingiu a própria Grécia e posteriormente o Império Romano, resistindo firmemente ao Cristianismo.

coisa a Vênus ou a Mercúrio é magnetizar essa coisa com uma intenção direta, seja de prazer, seja de ciência, seja de proveito. Os metais, os animais, as plantas e os perfumes análogos são nisso nossos auxiliares.

Os sete animais mágicos são, entre as aves correspondentes ao mundo divino: o cisne, a coruja, o gavião, a pomba, a cegonha, a águia e a pomba; entre os animais aquáticos correspondentes ao mundo espiritual ou científico: a foca, o *oelerus*, o lúcio, o *thimallus*, o muje, o golfinho e a siba e entre os quadrúpedes correspondentes ao mundo natural: o leão, o gato, o lobo, o bode, o macaco, o cervo e a toupeira. O sangue, a gordura, o fígado e o fel desses animais servem para os feitiços; o cérebro deles se combina com os perfumes dos planetas e é reconhecido pela prática dos antigos como possuidor de virtudes magnéticas correspondentes às sete influências planetárias.

Os talismãs dos sete espíritos são feitos seja de pedras preciosas tais como o carbúnculo, o cristal, o diamante, a esmeralda, a ágata, a safira e o ônix, seja de metais como o ouro, a prata, o ferro, o cobre, o mercúrio fixo, o estanho e o chumbo. Os signos cabalísticos dos sete espíritos são: para o Sol uma serpente com a cabeça de leão; para a Lua um globo ocupado por duas meias-luas; para Marte um dragão mordendo o cabo de uma espada; para Vênus, um *lingam*; para Mercúrio o caduceu hermético e o cinocéfalo; para Júpiter, o pentagrama flamejante nas garras ou no bico de uma águia; para Saturno, um velho coxo ou uma serpente enlaçada com a pedra helíaca. Todos esses signos são encontrados sobre pedras gravadas pelos antigos homens e particularmente em talismãs das épocas gnósticas, conhecidos sob o nome de Abraxas. Na coleção de talismãs de Paracelso, Júpiter é representado por um sacerdote em traje eclesiástico e no tarô tem a figura de um hierofante, que, ostenta na cabeça a tiara de três diademas e sustenta na mão a cruz de três braços, que formam o triângulo mágico e representam simultaneamente o cetro e a chave de três mundos.

Reunindo tudo quanto dissemos da união, do ternário e do quaternário, teremos tudo que nos restará dizer a respeito do setenário, essa grande e completa unidade mágica, composta de quatro e três.

8 ה H
A REALIZAÇÃO
Hod – Vivens

As causas são reveladas pelos efeitos e estes são proporcionais às causas. O verbo divino, a palavra única, o tetragrama foi afirmado pela criação quaternária. A fecundidade humana prova a fecundidade divina; o *iod* do nome divino é a virilidade eterna do primeiro princípio. O homem compreendeu que foi feito à imagem de Deus, ampliando até o infinito a ideia que tinha formado de si mesmo.

Compreendendo Deus como homem infinito, o homem se diz a si mesmo: "Eu sou o Deus finito".

A magia difere do misticismo por não julgar *a priori*, mas somente depois de ter estabelecido *a posteriori* a própria base dos seus juízos, ou seja, depois de ter compreendido a causa pelos efeitos e descoberto o segredo dos efeitos desconhecidos na própria energia da causa por meio da lei universal da analogia; assim, nas ciências ocultas tudo é real e as teorias só são estabelecidas sobre as bases da experiência. São essas as realidades que constituem as proporções do ideal e o mago não admite como certo no domínio das ideias senão o que está demonstrado mediante a realização da palavra.

Em outros termos: o que é verdadeiro na causa se realiza no efeito. O que não se realiza como causa não pode nunca chegar à categoria de efeito. A realização da palavra é o verbo propriamente dito. Um pensamento se realiza ao se converter em palavra; esta se realiza pelos signos, sons e pelas figuras dos signos: esse é o primeiro grau da realização. Depois se imprime na luz astral por meio dos signos da escritura ou da palavra; influencia outros espíritos ao se refletir neles; refrata-se atravessando o *diáfano* dos outros homens e adquire formas e proporções novas, traduzindo-se posteriormente em atos que podem modificar a sociedade e o mundo, que é o último grau da realização.

Os homens que nascem em um mundo modificado por uma ideia carregam em si o traço, a impressão dessa ideia e é assim que o verbo se faz carne. A marca da desobediência de Adão, conservada na luz astral, só pode ser apagada por outra marca, por outra impressão mais forte: pela obediência ao Salvador, sendo que assim podem ser explicados o pecado original e a redenção em um sentido natural e mágico.

A luz astral ou a alma do mundo era o instrumento do todo-poderoso Adão, convertendo-se em seguida no instrumento de seu suplício, depois de ter se corrompido e perturbado pelo pecado, que misturou um reflexo impuro às imagens primitivas que compunham para sua imaginação virgem o livro da ciência universal.

A luz astral, figurada nos antigos símbolos pela serpente que morde a própria cauda, representa a um tempo a malícia e a prudência, o tempo e a eternidade, o tentador e o redentor.

É que essa luz, sendo o veículo da vida, pode servir de auxiliar tanto ao bem quanto ao mal e, do mesmo modo, pode ser tomada como a forma ígnea de Satã ou o corpo de fogo do Espírito Santo. É a arma universal da batalha dos anjos e a mesma que alimenta tanto as chamas do inferno quanto o raio de São Miguel. Poderia ser comparada a um cavalo de uma natureza análoga à do camaleão e que reflete sempre a armadura de seu cavaleiro.

A luz astral é a realização ou a forma da luz intelectual, tal como esta é a realização ou a forma da luz divina.

Compreendendo o grande iniciador do Cristianismo que a luz astral estava sobrecarregada de reflexos impuros da depravação romana, quis separar seus discípulos da esfera ambiente dos reflexos e chamar toda a sua atenção para a luz interna para que, por meio de uma fé comum, pudessem comunicar-se mutuamente por meio de novos cordões magnéticos que ele denominou *graça*, e derrotar, desse modo, as transbordantes correntes do magnetismo universal, a que deu os nomes de Diabo e Satã, a fim de expressar a putrefação.

Opor uma corrente a outra corrente é renovar o poder da vida fluídica. Assim, os reveladores nada mais fizeram do que adivinhar pela precisão de seus cálculos a hora propícia para as reações morais.

A lei da realização produz o que nós chamamos de *respiro* magnético, do qual se impregnam os objetos e os lugares e o qual lhes comunica uma influência conforme nossas vontades dominantes, especialmente com aquelas que estão confirmadas e realizadas por atos. Realmente, o agente universal, ou a luz astral latente, busca sempre o equilíbrio, preenche o vazio e aspira à plenitude, o que torna o vício contagioso, como muitas enfermidades físicas, e serve poderosamente ao proselitismo da virtude. É por isso que a convivência com seres que nos são antipáticos torna-se intolerável e as relíquias, sejam de santos, sejam de grandes meliantes, são capazes de provocar efeitos maravilhosos de conversão ou de perversão súbita; também é por isso que o amor sexual se produz geralmente por meio de um sopro ou um contato, e não somente pelo contato com a própria pessoa como também por meio de objetos que ela tenha tocado ou magnetizado sem sabê-lo.

A alma aspira e respira exatamente como o corpo. Aspira o que crê ser conveniente à sua felicidade e respira ideias que resultam das suas sensações íntimas. As almas enfermas têm mau aleto e viciam sua atmosfera moral, ou seja, misturam à luz astral que as penetra reflexos impuros e nela estabelecem correntes deletérias. Há quem se assombra por ver-se assaltado em sociedade por pensamentos perversos que jamais acreditou serem possíveis, ignorando talvez que são devidos a alguma proximidade mórbida. Esse segredo é da maior importância porque conduz à manifestação das consciências, um dos poderes mais incontestáveis e mais terríveis da magia.

O respiro magnético gera ao redor da alma uma radiação da qual é ela o centro e ela se cerca do reflexo de suas obras, que lhe constroem um céu ou um inferno. Tampouco há nisso atos solitários, nem se poderia ver-se nisso atos ocultos; tudo aquilo que realmente queremos, ou seja, tudo quanto confirmamos por meio de atos permanece registrado na luz astral, onde se conservam os reflexos desses atos. Esses reflexos influenciam constantemente nossos pensamentos sob mediação do *diáfano* e é desse modo que nos transformamos em filhos de nossas próprias obras.

A luz astral, convertida em luz humana no momento da concepção, é o primeiro envoltório da alma e, ao combinar-se com os fluidos mais sutis, forma o corpo etéreo ou corpo astral de que fala Paracelso em sua filosofia da intuição (*Philosophia sagax*). Esse corpo astral, ao desprender-se do resto do ser por ocasião da morte, atrai para si e conserva durante muito tempo, pela simpatia dos homogêneos, os reflexos da vida passada. Se uma vontade poderosamente simpática o atrai, em uma corrente particular, manifesta-se naturalmente porque não existe nada mais natural que os prodígios. É desse modo que são produzidas as aparições. Entretanto, logo desenvolveremos esse tema de maneira completa no capítulo especial sobre necromancia.

Esse corpo fluídico, submetido, como a massa da luz astral, a dois movimentos contrários, atrativo à esquerda e repulsivo à direita, ou reciprocamente nos dois sexos, produz em nós conflitos de índoles diferentes, contribui para as ansiedades da consciência; frequentemente se vê influenciado por reflexos de outros espíritos, sendo esse o processo de produção seja das tentações, seja das graças sutis e inesperadas. Essa é, também, a explicação do dogma tradicional dos dois anjos que nos assistem e nos experimentam. As duas forças da luz astral podem ser representadas por uma balança na qual são pesadas nossas boas intenções para o triunfo da justiça e a emancipação de nossa liberdade.

O corpo astral não é sempre do mesmo sexo que o corpo terrestre, ou seja, as proporções de ambas as forças, variando da direita para a esquerda, parecem contradizer, com frequência, a organização visível. É o que causa os erros aparentes das paixões humanas e pode justificar, embora de modo algum moralmente, as singularidades amorosas de Anacreonte ou de Safo.

Um magnetizador hábil deve apreciar todos esses matizes e da nossa parte oferecemos em nosso *Ritual* os meios para reconhecê-los.

Existem dois tipos de realização: a verdadeira e a fantástica. A primeira é o segredo exclusivo dos magos, a segunda pertence aos feiticeiros e aos encantadores.

As mitologias são realizações fantásticas do dogma religioso; as superstições são o sortilégio da falsa piedade. Contudo, as próprias mitologias e as superstições são mais eficazes sobre a vontade humana que uma filosofia especulativa e exclusiva de toda prática. Por essa razão, São Paulo opõe as conquistas da insanidade da cruz à inércia da sabedoria humana. A religião *realiza* a filosofia, *adaptando-a* às debilidades do vulgo; tal é para os cabalistas a razão secreta e a explicação oculta dos dogmas da encarnação e da redenção.

Os pensamentos que não são traduzidos em palavras são pensamentos perdidos para a humanidade; as palavras que não são confirmadas por meio de atos são palavras ociosas, e da palavra ociosa à mentira não há mais que um passo.

O pensamento formulado por palavras e confirmado por atos é o que constitui a boa obra ou o crime. Desse modo, no vício ou na virtude, somos responsáveis por todas as palavras. Não há, sobretudo, atos indiferentes. As maldições e as bênçãos sempre surtem efeito e todo ato, seja o que for, quando inspirado pelo amor ou pelo ódio, gera efeitos análogos ao seu motivo, ao seu valor e à sua direção. O imperador cujas imagens haviam sido mutiladas e que ao levar a mão ao rosto dizia:

"Eu não me sinto ferido" efetuava uma falsa apreciação e reduzia dessa maneira o mérito de sua clemência. Que homem de honra veria com sangue frio o ultraje ao seu retrato? E se realmente tais insultos, perpetrados até a contragosto, dirigidos a nossa pessoa, nos atingissem mediante uma influência fatal, se a arte da feitiçaria fosse positiva, o que não se permite a um Adepto pôr em dúvida, quão imprudentes e mesmo temerárias não seriam consideradas as palavras desse bom imperador!

Há pessoas que não se ofendem impunemente e se a injúria que se lhes fez é mortal, desde já se começa a morrer. Há outras que nem sequer cruzais em vão e até mesmo o olhar altera a direção de nossa vida. O basilisco que mata com o olhar não é uma fábula – é uma alegoria mágica.

Em geral, é prejudicial à saúde ter inimigos e a reprovação de alguém não deve ser desprezada impunemente. Antes de se opor a uma força ou a uma corrente é necessário assegurar-se bem da posse da força ou se é arrastada pela corrente contrária, de outro modo será esmagado ou fulminado e muitas mortes súbitas não têm outras causas exceto essas.

As mortes terríveis de Nadab e Abiu, de Osa, de Ananias e de Safira foram causadas por correntes elétricas das crenças que eles ultrajavam; os tormentos das ursulinas de Loudun, das religiosas de Louviers e dos convulsionários do jansenismo estavam submetidos a princípio idêntico e são explicados pelas mesmas leis naturais ocultas.

Se Urbain Grandier[27] não tivesse sido executado, teria ocorrido uma das seguintes coisas: ou as religiosas possuídas teriam morrido presas de horríveis convulsões, ou os fenômenos de frenesi diabólico teriam conquistado pela sua multiplicação tantas vontades e tanta força que Grandier, a despeito de sua ciência e de sua razão, teria se tornado um alucinado ele mesmo, a ponto de se caluniar como fizera o desgraçado Gaufridy, ou teria morrido repentinamente nas espantosas circunstâncias de um envenenamento ou de uma vingança divina.

O desafortunado poeta Gilbert foi, no século XVIII, vítima de sua audácia ao desafiar a corrente de opinião e também o fanatismo filosófico de sua época. Culpado de lesa-filosofia, pereceu louco furioso, vítima dos terrores mais assombrosos, como se o próprio Deus o tivesse castigado por ter defendido sua causa fora de estação. Mas, na verdade,

---

27. Cura de Loudun, Grandier (1590-1634) foi acusado de ter causado a "possessão demoníaca" de várias freiras do convento das ursulinas de Loudun. Foi condenado à morte e queimado vivo em 1634.

morreu sentenciado por uma lei natural que não podia conhecer: se opusera a uma corrente elétrica e caíra fulminado por seus raios.

Se Marat[28] não tivesse sido assassinado por Carlota Corday, teria morrido indefectivelmente vitimado pela reação da opinião pública. O que o tornava leproso era a execração das pessoas honradas e era diante delas que tinha de sucumbir.

A censura suscitada por São Bartolomeu foi a única causa da doença, da horrenda doença e morte de Carlos IX e Henrique IV, se não fosse sustentado por uma imensa popularidade graças ao poder de projeção ou à força simpática de sua vida astral, Henrique IV – reiteramos – não teria sobrevivido à sua conversão e teria perecido sob o desprezo dos protestantes, combinado com a desconfiança e o ódio dos católicos.

A impopularidade pode ser uma prova de integridade e de valor, porém não é jamais uma demonstração de prudência ou de política; os ferimentos feitos na opinião são mortais nos homens de Estado. Poderíamos inclusive recordar o fim prematuro e violento de muitos homens ilustres que aqui não devem ser nomeados.

Os descréditos ante a opinião pública podem ser grandes injustiças, porém não é por isso que deixam de ser motivo de fracasso e frequentemente decretos de morte.

Em contrapartida, as injustiças inflingidas a um só homem podem e devem, se não forem reparadas, causar a perda de todo um povo ou de toda uma sociedade; é o que se chama de um grito de sangue porque no fundo de toda injustiça existe o gérmen de um homicídio.

É por causa dessas terríveis leis de solidariedade que o Cristianismo recomenda insistentemente o perdão das ofensas e a reconciliação. Aquele que morre sem perdoar se lança à eternidade armado de um punhal e se entrega aos horrores de um assassinato eterno.

Constituem uma tradição e uma crença inabalável, em meio ao povo, à eficácia das bênçãos ou das maldições paternas ou maternas. De fato, quanto maiores são os laços que unem duas pessoas, mais terríveis são os efeitos do ódio que alimentam entre si. O tição de Atê incinerando o sangue de Meleagro[29] é em mitologia o símbolo desse

---

28. Jean-Paul Marat (1743-1793), médico suíço, participou ativamente do período de Terror da Revolução Francesa, fomentando a política do terror e as execuções (chamadas pelos franceses de *morticínios de setembro*).
29. Meleagro, um dos argonautas e rei de Calidonte. Ciente de que Meleagro só viveria enquanto existisse um tição que ardia no momento de seu nascimento, sua mãe, Atê, imediatamente apagou tal tição e o manteve em seu poder. Meleagro cresceu e tornou-se um herói que, participando da expedição do Argos chefiada por Jasão, matou o terrível javali de Calidonte, já ferido por Atalanta. Esse javali, que por um momento o cobriu de glória, seria o motivo inicial de sua perda: ofereceu o troféu a Atalanta, mas os tios maternos de

poder terrível. Que os pais se acautelem com esses deuses para que não acendam o inferno com seu próprio sangue. Não é possível fazê-lo sem incinerar-se e converter-se a si mesmo em desgraçado. Perdoar jamais é crime, mas maldizer é sempre um perigo e uma má ação.

Meleagro o reclamaram, disputando a cabeça do animal; irrompido o desentendimento com os tios, Meleagro perdeu o controle e feriu os tios mortalmente. Atê, tomada de ira diante da morte dos irmãos, tomou o tição e arrojou-o ao fogo, destruindo-o e causando a morte simultânea de seu filho.

9 ט I
A INICIAÇÃO
Jesod – Bonum

O iniciado é aquele que possui a lâmpada de Trismegisto, o manto de Apolônio e o bastão dos patriarcas.

A lâmpada de Trismegisto é a razão iluminada pela inteligência, o manto de Apolônio é a posse completa de si mesmo que isola o sábio das correntes instintivas e o bastão dos patriarcas é o socorro das forças ocultas e perpétuas da natureza.

A lâmpada de Trismegisto ilumina o presente, o passado e o futuro, exibe a nudez da consciência dos homens e ilumina o âmago do coração das mulheres. A lâmpada brilha com chama tríplice, o manto se dobra três vezes e o bastão se divide em três partes.

O número nove é, portanto, aquele dos reflexos divinos; expressa a ideia divina em toda a sua potência abstrata, mas expressa também o luxo na crença e consequentemente a superstição e a idolatria.

Por isso Hermes fez dele o número da iniciação, porque o iniciado reina sobre a superstição e pela superstição e só ele pode marchar sozinho nas trevas, apoiado em seu bastão, envolto em seu manto e iluminado por sua lâmpada.

A razão foi outorgada a todos os homens, porém nem todos sabem fazer uso dela; é uma ciência que é necessário aprender. A liberdade foi oferecida a todos, mas nem todos sabem nela se apoiar: é um poder do qual é necessário se apossar.

Não atingimos nada que não nos custe mais de um esforço. O destino do homem é enriquecer-se com seu ganho e que tenha em seguida, como Deus, a glória e o prazer da dádiva.

Em outros tempos, a ciência mágica era denominada arte sacerdotal e arte real porque a iniciação concedia ao sábio o domínio sobre as almas e a aptidão para governar as vontades.

A adivinhação é também um dos privilégios dos iniciados; ora, a adivinhação nada mais é do que o conhecimento dos efeitos contidos nas causas e a ciência aplicada aos fatos do dogma universal da analogia.

As ações humanas não são escritas apenas na luz astral. Deixam também suas marcas sobre a fronte, alteram as feições e a postura e mudam o tom da voz.

Cada homem leva consigo a história da sua vida, legível para o iniciado. Porque o futuro é sempre a consequência do passado e as circunstâncias inesperadas não alteram quase nada os resultados racionalmente esperados.

Para cada homem é possível, pois, predizer seu destino. Por meio de um único movimento pode-se julgar de toda uma existência; um só desacerto pressagia toda uma série de desgraças. César foi assassinado porque a calvície causava-lhe vergonha. Napoleão morreu em Santa Helena porque apreciava as poesias de Ossian;[30] Luís Felipe devia abandonar o trono, como o abandonou, porque usava um guarda-chuva. Isso não passa de paradoxo para o vulgo que desconhece as relações ocultas das coisas. Mas constituem motivos para o iniciado, que tudo compreende e com nada se assombra.

A iniciação protege das falsas luzes do misticismo; outorga à razão humana seu valor relativo e sua infalibilidade proporcional, unindo-a à razão suprema por meio da cadeia das analogias.

O iniciado não tem, pois, nem esperanças duvidosas nem temores absurdos, porque não detém crenças irrazoáveis; sabe o que pode e ousar nada lhe custa. Assim, para ele ousar é poder.

Eis aqui, portanto, uma nova interpretação dos atributos do iniciado: sua lâmpada representa o saber; o manto em que se envolve representa sua discrição e seu bastão é o emblema de sua força e de sua audácia. Sabe, ousa e se cala.

Sabe os segredos do futuro, ousa no presente e se cala acerca do passado.

Conhece as debilidades do coração humano e ousa servir-se delas para realizar sua obra e se cala sobre seus projetos.

Conhece a razão de todos os simbolismos e de todos os cultos, ousa praticá-los ou abster-se sem hipocrisia e sem impiedade e cala-se a respeito do dogma único da alta iniciação.

---

30. o nome *Ossian* se refere a duas personagens históricas: o bardo escocês, filho do rei Fingal, de Morven, que viveu no século III, e o poeta MacPherson que em 1760 publicou, sob o pseudônimo de Ossian poesias carregadas de melancolia, que fizeram muito sucesso e influenciaram de maneira marcante a literatura romântica.

Conhece a existência e a natureza do grande agente mágico, ousa realizar os atos e pronunciar as palavras que o submeterão a vontade humana e se cala com relação aos mistérios do grande arcano.

Assim podeis vê-lo com frequência triste, porém nunca abatido nem desesperado; frequentemente pobre, mas nunca em condição vil ou miserável; frequentemente perseguido, porém nunca abandonado nem vencido. É solidário com a viuvez e o assassinato de Orfeu, com o exílio e a morte solitária de Moisés, com o martírio dos profetas, com as torturas de Apolônio, com a cruz do Salvador; sabe em que abandono morreu Agrippa, cuja memória ainda é caluniada; sabe em que fadigas sucumbiu o grande Paracelso e tudo quanto deveu sofrer Raymondo Llullio para chegar, finalmente, à sua morte sangrenta.

É solidário com Swedenborg,[31] fazendo-se de louco e mesmo perdendo verdadeiramente a razão a fim de fazer perdoar sua ciência; com Saint-Martin,[32] que se ocultou toda a vida; com Cagliostro,[33] que morreu abandonado nos calabouços da Inquisição; com Cazotte,[34] que subiu ao

---

31. Emmanuel Swedenborg (1688-1772), místico, visionário e clarividente sueco. Swedenborg declarou que estava em contato com o mundo espiritual, do qual pretendia ser o revelador. Criou um movimento religioso ao qual aderiram inúmeros adeptos, experimentou visões genuínas, embora objeto de maiores explicações até hoje, e indiscutivelmente previu algumas importantes descobertas, entre elas a cristalografia.
32. Louis Claude de Saint-Martin (1743-1803), escritor, filósofo e ocultista francês na linha de Jacob Boheme, por cujo iluminismo espiritualista foi influenciado.
33. Giuseppe Balsamo (1743-1795), médico siciliano e personagem que até hoje suscita controvérsia. Para o ocultismo é conhecido como *conde de Cagliostro*, ou simplesmente Cagliostro. Embora tenha passado à história como exímio mistificador e farsante, principalmente em função da sensação que causou na corte de Luís XVI e na sociedade parisiense de então, Cagliostro foi seguramente um mago, desempenhou papel relevante na Franco-Maçonaria e teria até, provavelmente, fundado uma loja maçônica independente, baseada na tradição iniciática dos magos egípcios. Profundo conhecedor das ciências ocultas, foram atribuídas a Cagliostro muitas curas "milagrosas" (taumaturgia) e profecias perturbadoras, como a queda da Bastilha e a morte trágica de vários membros da monarquia francesa. Seria também um poderoso necromante. As circunstâncias de sua morte são outro motivo de dúvida e especulação, embora *oficialmente* conste que se estrangulou na prisão. Fora preso em Roma, em 1789, acusado e condenado pela Inquisição à morte, mas a sentença fora alterada para prisão perpétua. Qual a acusação real, verdadeira, para ser processado, julgado e condenado? É difícil precisar, mas Cagliostro era, indubitavelmente, uma figura incomum e bastante incômoda, passível facilmente de ser apontado como revolucionário político, curandeiro, bruxo, necromante, charlatão e até mesmo desagregador dos quadros internos da Franco-Maçonaria, esta excepcionalmente atuante... mas também excepcionalmente serena e discreta.
34. Jacques Cazotte (1719-1792), escritor e ocultista francês. Autor de *O Diabo Amoroso*, Cazotte se celebrizou especialmente por causa da profecia que a ele foi atribuída por La Harpe. Durante um jantar, em janeiro de 1788, ao qual estavam presentes várias personalidades francesas (inclusive o próprio poeta, tradutor e crítico literário Jean-François de La Harpe), ele previu com minúcias a morte de vários participantes do jantar, inclusive a sua própria. Cazotte foi decapitado em 25 de setembro de 1792. No início do capítulo XVIII do *Dogma*, Levi faz uma leitura esotérica deste evento.

cadafalso. Sucessor de tantas vítimas, nem por isso ousa menos, mas compreende, cada vez mais, a necessidade de calar.

Imitemos seu exemplo, aprendamos com perseverança; quando soubermos, ousemos e calemos.

10 ׳ K
A CABALA
Malkut – Principium – Phallus

    Todas as religiões conservaram a lembrança de um livro primitivo escrito em figuras pelos sábios dos primeiros séculos do mundo, livro cujos símbolos, simplificados e vulgarizados, mais tarde supriram à Escritura suas letras, ao Verbo seus caracteres, à filosofia oculta seus signos misteriosos e seus pentáculos.

    Esse livro, atribuído a Enoque, o sétimo mestre do mundo depois de Adão pelos hebreus, a Hermes Trismegisto pelos egípcios, a Cadmo, o misterioso fundador da Cidade Santa pelos gregos, era o resumo simbólico da tradição primitiva, chamada posteriormente de Cabala,[35] palavra hebraica que equivale a tradição.

    Essa tradição repousa por completo no dogma único da magia: o visível é para nós a medida proporcional do invisível. Assim, pois, os antigos, havendo observado que o equilíbrio é, em física, a lei universal e que resulta da oposição aparente de duas forças, deduziram do equilíbrio físico o equilíbrio metafísico e declararam que em Deus, ou seja, na primeira causa viva e ativa deviam ser reconhecidas duas propriedades necessárias e inerentes uma à outra: a estabilidade e o movimento, a necessidade e a liberdade, a ordem racional e a autonomia volitiva, a justiça e o amor, e consequentemente também a severidade e a misericórdia, e são esses dois atributos aqueles que os cabalistas hebreus personificam de algum modo sob os nomes de Geburah e Chesed.

    Acima de Geburah e de Chesed reside a coroa suprema, o poder equilibrador, princípio do mundo ou do reino equilibrado que se acha designado pelo nome de *Malkut* no versículo oculto e cabalístico do *Pater*, do qual já falamos.

---
35. Ver nota 24.

Mas Geburah e Chesed mantidos em equilíbrio, no alto pela coroa e embaixo pelo reino, são dois princípios que podem ser considerados seja em sua abstração, seja em sua realização.

Abstratos ou idealizados, tomam os nomes superiores de *Chochmah*, a sabedoria, e *Binah*, a inteligência.

Realizados se chamam a estabilidade e o progresso, ou seja, a eternidade e a vitória, *Hod* e *Netsah*.

Tal é, segundo a Cabala, o fundamento de todas as religiões e de todas as ciências, a ideia primitiva e imutável das coisas; um tríplice triângulo e um círculo, a ideia do ternário, explicada pela balança multiplicada por si mesma no domínio do ideal, depois a realização dessa ideia nas formas. Ora, os antigos ligaram as primeiras noções dessa singela e grandiosa teologia à própria ideia dos números e qualificaram assim todos os algarismos da primeira década.

1 *Kether* – A coroa, o poder equilibrador.

2 *Chochmah* – A sabedoria, equilibrada em sua ordem imutável pela iniciativa da inteligência.

3 *Binah* – A inteligência ativa, equilibrada pela sabedoria.

4 *Chesed* – A misericórdia, segunda concepção da sabedoria, sempre benfeitora porque é forte.

5 *Geburah* – O rigor necessitado pela própria sabedoria e pela bondade. Sofrer o mal é impedir o bem.

6 *Tiphereth* – A beleza, concepção luminosa do equilíbrio nas formas, o intermediário entre a coroa e o reino, o princípio mediador entre o criador e a criação. (Que ideia sublime encontramos aqui da poesia e de seu sacerdócio soberano!)

7 *Netsah* – A vitória, ou seja, o triunfo eterno da inteligência e da justiça.

8 *Hod* – A eternidade das vitórias do espírito sobre a matéria, do ativo sobre o passivo, da vida sobre a morte.

9 *Jesod* – O fundamento, ou seja, a base de toda crença e de toda verdade, que é o que nós chamamos em filosofia de *Absoluto*.

10 *Malkut* – O reino, é o Universo, é toda a criação, a obra e o espelho de Deus, a prova da razão suprema, a consequência formal que nos força a ascender às premissas virtuais, o enigma cuja palavra é Deus, ou seja, razão suprema e absoluta.

Essas dez primeiras noções, unidas aos dez primeiros caracteres do alfabeto primitivo, significando simultaneamente princípios e números, são o que os mestres da Cabala chamam de dez *sefirotes*.

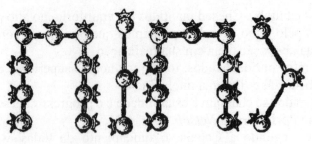

Figura 6 – O Tetragrama do Zohar.

O tetragrama sagrado traçado dessa maneira indica o número, a origem e as relações dos nomes divinos. É ao nome de *jodchavad*, escrito com esses 24 signos coroados por um tríplice florão de luz, que cumpre referir os 24 tronos do céu e os 24 anciãos coroados do Apocalipse. Na Cabala, o princípio oculto chama-se o *ancião* e esse princípio, multiplicado e como que refletido nas causas segundas, cria suas imagens, ou seja, tantos anciãos quanto concepções diversas há de sua única essência. Essas imagens, menos perfeitas ao se afastar de sua origem, lançam às trevas um último reflexo ou um último resplendor que representa um ancião horrível e desfigurado – é o que se chama vulgarmente de Diabo. Assim, um iniciado ousou dizer: "O Diabo é Deus na compreensão dos maus". E outro, em termos mais estranhos mas não menos enérgicos, acrescentou: "O Diabo é formado de pedaços de Deus". Poderíamos sintetizar e explicar essas asserções tão novas observando que no próprio simbolismo o Demônio é um anjo caído do céu por ter desejado usurpar a divindade. Isso pertence à linguagem alegórica dos profetas e dos autores de lendas. Filosoficamente falando, o Diabo é uma ideia humana da divindade ultrapassada e desapossuída do céu pelo progresso da ciência e da razão. Moloch, Adramelek, Baal foram entre os orientais primitivos as personificações do Deus único, desonradas pelos atributos bárbaros. O deus dos jansenistas, criando para o inferno a maioria dos seres humanos e se comprazendo com as torturas eternas daqueles que não quis salvar, é uma concepção, a propósito, mais bárbara do que a de Moloch: assim o deus dos jansenistas já é para os cristãos prudentes e instruídos um verdadeiro Satã precipitado do céu.

Os cabalistas, multiplicando os nomes divinos, vincularam todos eles ou à unidade do tetragrama ou à figura do ternário, ou à escala sefírica da década, traçando assim a escala dos nomes e dos números divinos:

יה
שדי
יהוה
אהלים
צבאות
אראריתא
אלוהדעת
אלהימניבר
אלהימצבאות

Triângulo que em letras romanas pode ser traduzido assim:

I
IA
SDI
JEHV
ELOIM
SABAOT
ARARITA
ELVEDAAT
ELIM GIBOR
ELIM SABAOT

O conjunto de todos esses nomes divinos formado do único tetragrama, mas fora do próprio tetragrama, é uma das bases do *Ritual* hebraico e compõe a força oculta que os rabinos cabalistas invocam com o nome de *Semhamphorash*.

Vamos discorrer aqui sobre os tarôs do ponto de vista cabalístico. Já indicamos a origem oculta de seu nome. Esse livro hieroglífico se compõe de um alfabeto cabalístico e de uma roda ou círculo de quatro décadas, especificadas por quatro figuras simbólicas e típicas, tendo cada uma para raio uma escada de quatro figuras progressivas representando a humanidade: homem, mulher, jovem e criança; amo, ama, combatente e criado. As 22 figuras do alfabeto representam primeiramente os 13 dogmas e depois as nove crenças autorizadas pela religião hebraica, religião forte e fundada sobre a mais elevada razão.

Eis aqui a chave religiosa e cabalística dos tarôs, expressa em versos técnicos à maneira dos antigos legisladores:

1 א Tudo anuncia uma causa ativa, inteligente.
2 ב O número serve de prova à unidade viva.
3 ג Nada pode limitar o que contém o todo.
4 ד O único, antes de todo princípio, está presente em todas as partes.
5 ה Como é o único senhor, é o único adorável.
6 ו Revela aos corações puros seu dogma verdadeiro.
7 ז Contudo, é preciso um chefe único para as obras da fé.
8 ח Por tal razão teremos somente um altar e uma lei.
9 ט E nunca o Eterno alterará a base.
10 י Dos céus e de nossos dias rege cada fase.
11 כ Rico em misericórdia e enérgico para castigar.
12 ל [36]Promete ao seu povo um rei no futuro.
13 מ O túmulo é a passagem para uma nova terra, a morte termina, a vida é imortal.

Tais são os dogmas puros, imutáveis, sagrados. Completemos agora os números reverenciados:

14 נ O bom anjo é aquele que acalma e modera.
15 ס O mau é o espírito do orgulho e da cólera.
16 ע Deus manda no raio e governa o fogo.
17 פ Vésper e seu rocio obedecem a Deus.
18 צ Coloca sobre nossas torres de atalaia a Lua.
19 ק Seu Sol é o manancial onde tudo se renova.
20 ר Seu alento faz germinar o pó dos túmulos.
0 ou ש Para onde os mortais sem freio descem em turbas.
21 ou ת Sua coroa cobriu o propiciatório.
22 E sobre os querubins faz resplandecer sua glória.

Com o auxílio dessa explicação puramente dogmática, as figuras do alfabeto cabalístico do tarô podem ser compreendidas. Assim, a figura nº 1, chamada o Prestidigitador,[37] representa o princípio ativo na unidade da autotelia divina e humana; o nº 2, chamado vulgarmente de a Papisa, representa a unidade dogmática fundada nos números; é a Cabala ou a Gnose personificada; a figura nº 3 representa a espiritualidade divina sob o emblema de uma mulher alada que sustém em uma mão a água apocalíptica e na outra o mundo suspenso pela extremidade de seu cetro. As demais figuras estão tão claras e são tão explicáveis como as primeiras.

---
36. Ver N.T. da página 54.
37. o *Mago* no tarô de Marselha.

Passemos agora aos quatro signos, ou seja, aos Paus, Copas, Espadas e aos Círculos ou Pentáculos, chamados vulgarmente de Ouros. Essas figuras são os hieróglifos do tetragrama; assim o Pau é o *phallus* dos egípcios e o *Iod* dos hebreus; a Copa é o *cteis* ou a *He* primitiva; a Espada é a conjunção dos dois ou o *Lingam* representado no hebreu anterior ao cativeiro pela *Vô*; e o Círculo ou pentáculo, imagem do mundo, é a *He* final do nome divino.

Agora tomemos um tarô e reunamos quatro a quatro todas as páginas que formam a Roda ou Rota de Guillaume Postel. Coloquemos juntos os quatro ases, os quatro dois, etc. e teremos dez pilhas de cartas que fornecem a explicação hieroglífica do triângulo dos nomes divinos na escala do denário que apresentamos algumas páginas atrás. Assim, poderemos lê-los referindo cada número à sefirote correspondente:

יהוה

Quatro signos do nome que contém todos os nomes.

1. KETHER
Os quatro ases
A coroa de Deus porta quatro florões.

2. CHOCHMAH
Os quatro dois.
Sua sabedoria se expande e forma quatro rios.

3. BINAH
Os quatro três
De sua inteligência dá quatro provas.

4. CHESED
Os quatro quatros.
Da sua misericórdia resultam quatro benefícios.

5. GEBURAH
Os quatro cincos.
Seu rigor castiga quatro vezes quatro erros.

6. TIPHERETH
Os quatro seis
Por quatro raios puros se revela sua beleza.

7. NETSAH
Os quatro setes.
Celebremos quatro vezes sua eterna vitória.

8. HOD
Os quatro oitos
Triunfa em sua eternidade quatro vezes.

9. JESOD
Os quatro noves.
Sobre quatro bases repousa seu trono.

10. MALKUT
Os quatro dez
Seu reino único é quatro vezes o mesmo.
E conforme os florões do divino diadema.

Enxerga-se por esse tão simples arranjo o sentido cabalístico de cada lâmina. Assim, por exemplo, o cinco de paus significa rigorosamente Geburah de Iod, isto é, justiça do criador ou cólera do homem; o sete de copas significa vitória da misericórdia ou triunfo da mulher; o oito de espadas significa conflito ou equilíbrio eterno e assim sucessivamente.

Assim se pode compreender como faziam os antigos para realizar esse oráculo.

Lançadas as lâminas ao acaso, sempre ofereciam um sentido cabalístico novo, mais rigorosamente verídico em sua combinação que, ela só, era fortuita; e como a fé dos antigos nada confiava ao acaso, liam as respostas da Providência nos oráculos do tarô que se chamavam, entre os hebreus, *Teraph* ou *Teraphims*, como foi pressentido pelo primeiro sábio cabalista Gaffarel, um dos magos titulares do cardeal Richelieu. Quanto às figuras, eis aqui um último dístico para explicá-las:

REI, RAINHA, CAVALEIRO, VALETE
Esposo, homem jovem, criança, toda a humanidade
Por esses quatro degraus ascendem à unidade

Apresentaremos ao final do *Ritual* outros detalhes e documentos completos sobre o maravilhoso livro do Tarô e demonstraremos que é o livro primitivo, a chave de todas as profecias e de todos os dogmas e, em uma palavra, o livro inspirador de livros inspirados, coisa que não pressentiram nem Court de Gebelin, em sua ciência, nem Alliette ou Etteilla, em suas singulares intuições.

As dez sefirotes e os 22 trunfos formam o que os cabalistas chamam de 32 vias da ciência absoluta. Quanto às ciências particulares, eles as dividem em 50 capítulos que denominam as 50 portas (sabe-se que porta significa governo ou autoridade entre os orientais).

Os rabinos também dividem a Cabala em *Bereshit*, ou Gênese universal, e *Mercavah*, ou carro de Ezequiel. Das duas maneiras de interpretar os alfabetos cabalísticos, eles formam duas ciências denominadas *Gematria* e *Temurah*, e compõem a arte notória, que no fundo não é outra coisa senão a ciência completa dos signos do Tarô e sua aplicação complexa e variada na adivinhação de todos os segredos, seja da filosofia, seja da natureza, seja também do futuro.

Voltaremos a discorrer sobre isso no capítulo XXI desta obra.

11 ⊃ L
A CADEIA MÁGICA
Manus – A força

O grande agente mágico que chamamos de luz astral, que outros chamam de alma da terra, que os antigos químicos denominavam Azoth e Magnésia, essa força oculta, única e incontestável, é a chave de todos os domínios, o segredo de todos os poderes; é o dragão voador de Medeia, a serpente do mistério edênico; é o espelho universal das visões, o laço das simpatias, o manancial dos amores, da profecia e da glória. Saber apoderar-se desse agente é ser depositário do próprio poder de Deus; toda a magia real, efetiva, todo o verdadeiro poder oculto reside nisso e todos os livros da verdadeira ciência não têm outro objetivo senão demonstrá-lo.

Para apoderar-se do grande agente mágico são necessárias duas operações: concentrar e projetar ou, em outros termos, fixar e mover.

O autor de todas as coisas deu como base e como garantia ao movimento a fixidez: o mago deve operar da mesma forma.

O entusiasmo é contagioso – diz-se. Por quê? Porque o entusiasmo não se produz sem crenças arraigadas. A fé produz a fé; crer é ter uma razão de querer; querer com razão é querer com uma força, não direi que infinita, mas sim indefinida.

O que se opera no mundo moral e intelectual ocorre com maior motivo no físico; quando Arquimedes pedia um ponto de apoio para erguer o mundo, buscava simplesmente o grande arcano mágico.

Sobre um dos braços do andrógino de Heinrich Khunrath lê-se esta palavra: COAGULA e sobre o outro: SOLVE.

Reunir e expandir são os dois verbos da natureza, porém como reunir, e como expandir a luz astral ou a alma do mundo?

Reúne-se por meio do isolamento e se expande por meio da cadeia mágica.

O isolamento consiste para o pensamento em uma independência absoluta; para o coração em uma liberdade completa; para os sentidos em uma continência perfeita.

Todo indivíduo que tem preconceitos e temores; todo homem apaixonado e escravo de suas paixões é incapaz de reunir ou de coagular, segundo a expressão de Khunrath, a luz astral ou a alma da terra.

Todos os verdadeiros Adeptos foram independentes até o suplício; sóbrios e castos até a morte e a razão dessa anomalia é que para dispor de uma força não é possível ser presa dessa mesma força de forma que seja ela que disponha de nós.

Mas então perguntarão os homens que buscam na magia um meio de responder maravilhosamente aos anelos da natureza: de que serve um poder que não se pode empregar para a própria satisfação? Pobres daqueles que o perguntam! Se eu lhes dissesse, como poderiam compreendê-la? As pérolas nada são por não terem valor algum para os partidários de Epicuro? Não achava Cúrcio[38] mais belo mandar naqueles que possuíam ouro do que possuí-lo ele mesmo? Não é preciso ser algo mais do que um homem ordinário quando se tem a pretensão de ser quase Deus? Quanto ao mais, lamento afligi-los ou desanimá-los, mas não invento aqui as altas ciências; eu as ensino e apresento as rigorosas necessidades ao estabelecer suas condições primeiras e mais inexoráveis.

Pitágoras era um homem livre, sóbrio e casto; Apolônio de Tiana e Júlio César foram homens de austeridade assombrosa. Paracelso fazia duvidar de seu próprio sexo, tão estranho se mostrava às fraquezas do amor. Raymundo Llullio[39] levava os rigores da vida até o mais exaltado

---

38. Marcos Cúrcio, que segundo a lenda sacrificou-se por Roma. Um terremoto produzira um abismo na cidade, o qual, conforme os áugures, só seria possível preencher e eliminar com "o mais valioso tesouro da cidade". Interpretando que tal "tesouro" não significava dinheiro mas sim bravura, o patrício Cúrcio precipitou-se a cavalo no abismo, que o tragou imediatamente.

39. Teólogo, filósofo, místico e alquimista espanhol nascido em Palma, na ilha de Majorca, em 1235. Até os 30 anos viveu intensamente a vida mundana. Uma crise existencial o fez mudar radicalmente sua vida. Já estava casado, mas abandonou esposa e filhos e doou todos os seus bens (pertencia a uma linhagem aristocrática) à família e aos pobres. Começou a nova vida por um período de isolamento no deserto, depois estudou línguas orientais, fundou dois colégios monásticos e viajou pela Europa e boa parte do Oriente. Foi cognominado pela Igreja *doctor illuminatus*. Promoveu o estudo dos idiomas orientais entre os franciscanos e devotou-se assiduamente à alquimia. Indiscutivelmente um verdadeiro Adepto, alcançou tanto a espiritualidade elevada quanto a transformação metálica propriamente dita, mas tanto uma quanto outra dessas raras conquistas humanas lhe atraíram a pressão dos ávidos

ascetismo. Jerôme Cardan[40] exagerou na prática do jejum até o ponto de morrer de fome se tivermos de crer na tradição. Agrippa, pobre percorrendo o mundo em meio aos povos, morreu quase na miséria, de preferência a ser vítima dos caprichos de uma princesa que insultava a liberdade da ciência. Qual foi, então, a felicidade desses homens? A inteligência dos grandes segredos e a consciência do poder. Era o suficiente para essas grandes almas. É preciso ser como eles para saber o que souberam? Certamente que não, e este livro que escrevo é talvez a prova disso; mas para fazer o que fizeram é absolutamente necessário lançar mão dos meios que eles empregaram.

Mas, realmente, o que fizeram? Assombraram e subjugaram o mundo, reinaram mais efetivamente que os reis. A magia é um instrumento de bondade divina ou de diabólico orgulho, porém é a morte das alegrias da terra e dos prazeres da vida mortal.

Então, para que estudar? – perguntarão os vivedores.

Pois, simplesmente para conhecer e posteriormente talvez também para aprender a desconfiar da incredulidade estúpida ou da credulidade pueril. Seres humanos do prazer (e como metade desses seres humanos conto também as mulheres) – não constitui um prazer muito grande a curiosidade satisfeita? Lede, pois, sem temor que a despeito de vossa curiosidade não chegareis a ser magos.

Aliás, essas disposições de renúncia absoluta apenas são necessárias para instaurar as correntes universais e alterar a face do mundo. Há operações mágicas relativas e limitadas a um determinado círculo para as quais não são necessárias tão heroicas virtudes. Pode-se operar sobre as paixões por meio das paixões, determinar as simpatias ou as antipatias, tornar enfermo ou curar sem deter a onipotência do mago; é preciso unicamente prevenir-se do risco a que se está sujeito em uma reação proporcional à ação da qual poder-se-ia facilmente sair como vítima. No *Ritual* tudo isso será explicado.

Formar a cadeia mágica é estabelecer uma corrente magnética que será mais e mais forte em razão da extensão dela mesma. Veremos no *Ritual* como essas correntes podem ser produzidas e quais são as diversas maneiras de formar a cadeia. A tina de Mesmer era uma

---

e a agressão dos ignorantes: em 1311, o rei inglês Eduardo II o encarcerou em uma torre, forçando-o a transformar em ouro quantidades consideráveis de estanho e mercúrio; em 1313 (ou, mais provavelmente, 1315) veio a morrer após ser apedrejado por uma multidão na África.

40. Trata-se do mesmo célebre inventor da suspensão e articulação que detém seu nome. Mas esse gênio italiano (1501-1576) foi também matemático, filósofo e médico, e suas teorias médicas baseavam-se na astrologia.

cadeia mágica bastante imperfeita. Muitos grandes círculos de iluminados em diversos países do Norte possuem cadeias mais poderosas. A própria sociedade de certos sacerdotes católicos, célebres por seu poder oculto e sua impopularidade, se acha estabelecida pelo plano e em conformidade com as condições das cadeias mágicas mais poderosas, sendo esse o segredo de sua força, que eles atribuem exclusivamente à graça ou à vontade de Deus, solução vulgar e fácil de todos os problemas de força em influência ou em adestramento. No nosso *Ritual* pode-se apreciar a série de cerimônias e evocações verdadeiramente mágicas que compõem a grande obra da vocação, sob o nome de exercícios de Santo Inácio.

Todo entusiasmo propagado em uma sociedade por uma continuidade de comunicações e práticas sólidas produz uma corrente magnética e se conserva ou é aumentado pela corrente. A ação da corrente é arrastar e muitas vezes exaltar as pessoas impressionáveis e débeis para as organizações nervosas, os temperamentos dispostos à histeria ou às alucinações. Essas pessoas se tornam prontamente poderosos veículos de força mágica e projetam vigorosamente a luz astral na mesma direção da corrente. Opor-se, então, às manifestações da força seria, de algum modo, combater a fatalidade. Quando o jovem fariseu Saul ou Schol arrojou-se, com todo o fanatismo e teimosia de um sectário contra o Cristianismo invasor, colocou-se a si mesmo, e à sua revelia, à mercê do poder que acreditava combater; foi assim fulminado por um raio magnético, que foi, indubitavelmente, mais instantâneo por causa do efeito combinado de uma congestão cerebral e uma queimadura de Sol.

A conversão do jovem israelita Afonso de Rastibona é um fato contemporâneo de idêntica natureza. Conhecemos uma seita de entusiastas da qual se ri à distância, riso contagiante que não se pode nem remediar nem combater. Direi mais. Os que se aproximam dela, mesmo para combatê-la, nela entram contra a vontade. Direi que os círculos mágicos e as correntes magnéticas se estabelecem por si mesmos e influenciam segundo leis necessárias aqueles que se submetem à sua ação.

Cada um de nós é atraído para um círculo de relações, que têm seu mundo e do qual sofre a influência. Jean-Jacques Rousseau, esse legislador da Revolução Francesa, esse homem que a nação mais espiritual do mundo aceitou como a encarnação da razão humana, foi arrastado para a ação mais triste de sua vida, para o abandono de seus filhos por meio da influência magnética de um círculo de libertinos e pela corrente mágica de uma mesa de hotel.

Ele o cita singela e ingenuamente em suas *Confissões* e é um fato que ninguém reparou. São muitas vezes os grandes círculos que formam os grandes homens e reciprocamente não há neles homens incompreendidos; há, sim, homens *excêntricos* e essa palavra parece ter sido inventada por um Adepto. O homem excêntrico de gênio é aquele que cuida para formar um círculo lutando contra a força de atração central das cadeias e das correntes estabelecidas.

Seu destino é ser feito em pedaços ou triunfar. Qual é a dupla condição para o êxito em tal caso? Um ponto central de fixidez e uma ação circular perseverante de iniciativa. O homem de gênio é aquele que descobriu uma lei real e que, consequentemente, detém uma força invencível de ação e de direção. É possível que morra na obra, mas o que desejou se cumpre a despeito de sua morte, pois a morte é uma verdadeira assunção para o gênio. Quando eu ascender da terra – dizia o maior dos iniciadores –, arrastarei tudo atrás de mim.

A lei das correntes magnéticas é a do próprio movimento da luz astral. Esse movimento é sempre duplo e se multiplica em sentido contrário.

Uma grande ação prepara sempre uma reação igual e o segredo dos grandes sucessos reside todo ele na presciência das reações. Foi assim que Chateaubriand, inspirado pelo dissabor das saturnais revolucionárias, pressentiu e preparou o colossal êxito de seu *Gênio do Cristianismo*.

Fazer frente a uma corrente que inicia seu círculo é querer ser despedaçado, como o foi o grande e desafortunado imperador Juliano; fazer frente à corrente que percorreu todo o círculo de sua ação é assumir a direção da corrente contrária. O grande homem é aquele que chega a tempo e sabe inovar oportunamente.

Voltaire, no tempo dos apóstolos, não teria encontrado eco para suas palavras e teria sido, talvez, meramente um parasita engenhoso dos festins de Trimalcion.

Na época em que vivemos tudo está preparado para uma nova explosão de entusiasmo evangélico e de desinteresse cristão, precisamente por causa do desengano universal, o positivismo egoísta e o cinismo público com os quais se ostentam os mais grosseiros interesses. O êxito de certos livros e as tendências místicas dos espíritos são sintomas nada equívocos dessa predisposição geral. Velhos templos são restaurados e outros novos edificados; quanto mais se sente o vazio de crenças, com mais afinco se as espeta; o mundo inteiro espera, uma vez mais, o Messias, cuja vinda não pode tardar.

Que se encontre, por exemplo, um homem colocado em uma elevada posição por sua classe ou por sua fortuna, um papa, um rei ou um judeu milionário, e que esse homem sacrifique pública e solenemente todos os seus interesses materiais pela salvação da humanidade, que se faça o redentor dos pobres, o propagador e ainda a vítima de doutrinas de abnegação e de caridade. E se formará em seu torno um concurso imenso e no mundo será produzida uma plena alteração.

A elevada posição de tal personagem é, contudo, necessária porque nos nossos tempos de miséria e charlatanismo todo verbo que procede das baixas camadas sociais já vem com a marca da suspeita de uma ambição desmedida e de um interesse enganoso. Vós que não sois ninguém e que nada possuís, não espereis ser nem apóstolos nem messias. Tende fé e querei proceder em razão de vossa fé. Chegai primeiramente aos meios de ação, que são: a influência da posição e o prestígio da fortuna. Em outras épocas fazia-se ouro com a ciência; hoje é preciso refazer a ciência com o ouro. Fixou-se o volátil, é preciso volatilizar-se o fixo. Em outros termos, materializou-se o espírito, agora é necessário lograr a espiritualização da matéria. A mais sublime das palavras hoje não produz eco se não for produzida sob a garantia de um nome, isto é, de um sucesso que representa um valor material. Quanto vale um manuscrito? O que vale na livraria a assinatura do autor. A razão social Alexandre Dumas & Cia., por exemplo, representa uma das garantias literárias de nossa época. Entretanto, a casa Dumas só vale por seus produtos costumeiros, os romances. Que Dumas ache uma magnífica utopia ou uma solução admirável para o problema religioso e essas descobertas não seriam consideradas senão caprichos divertidos do romancista e ninguém o tomaria a sério apesar da celebridade europeia do panurgo da literatura moderna. Estamos no século das posições adquiridas. Cada qual vale em razão do que representa social e comercialmente falando. A ilimitada liberdade da palavra produziu tal conflito de discursos que hoje em dia ninguém diz "Que dizem?", mas sim "Quem disse isso?". Se foi Rothschild ou Sua Santidade Pio IX, ou ainda Monsenhor Dupanloup, será alguma coisa; se foi Tartempion, embora este seja (o que é possível, afinal) um prodígio, mas ignorado, de gênio, de ciência e de bom senso, não será nada.

Àquele que me indagasse: Se possuis o segredo dos grandes êxitos e da força que pode mudar o mundo, por que não te serves dela? eu responderia: essa ciência a adquiri tarde demais para mim mesmo e perdi para adquiri-la o tempo e os recursos que talvez me tivessem colocado na situação de fazer o uso devido; mas a ofereço àqueles que se encontram em posição adequada para fazê-lo. Homens ilustres, ricos, grandes do mundo que não estais satisfeito com o que tendes e com o que sois e que sentis no vosso coração uma ambição mais nobre e mais alta, quereis ser os pais de um mundo novo e os monarcas de uma civilização rejuvenescida? Um sábio, pobre e obscuro, descobriu a alavanca de Arquimedes e a oferece a vós para o bem somente da humanidade, sem vos pedir nada em troca.

Os fenômenos que ultimamente agitaram a América e a Europa acerca das mesas falantes e das manifestações fluídicas nada mais são do que correntes magnéticas em princípio de formação e as solicitações da natureza que nos convida para a redenção da humanidade a reconstruir grandes cadeias simpáticas e religiosas. Efetivamente, a estagnação da luz astral seria a morte do gênero humano e os entorpecimentos desse agente secreto já se fizeram manifestar por meio de fantasmas espantosos de decomposição e morte. O cólera morboso, por exemplo, as epidemias das batatas e da uva não obedecem a outra causa, como o viram em sonhos, obscura e simbolicamente, os dois pastorzinhos de La Salette.

A fé inesperada que suscitou esse relato e a imensa afluência de peregrinos determinada por um relato tão singular quanto vago, que é o de duas crianças sem instrução e quase sem moralidade, são provas da realidade magnética do fato e da tendência fluídica da própria terra em operar a cura de seus habitantes.

As superstições são instintivas e tudo que é instintivo tem uma razão de ser na própria natureza das coisas; é nisso que os céticos de todas as épocas não refletiram muito.

Atribuímos, portanto, todos os fatos estranhos do movimento das mesas ao agente magnético universal, que busca uma cadeia de entusiasmo para formar novas correntes. É uma força cega, por si mesma, mas que pode ser dirigida pela vontade dos homens e que é influenciada pelas opiniões circulantes.

Esse fluido universal, caso se queira que fluido seja, sendo o meio comum de todos os organismos nervosos e o veículo de todas as vibrações sensitivas, estabelece entre as pessoas impressionáveis uma verdadeira solidariedade física e transmite de umas para as outras impressões da imaginação e do pensamento. O movimento da coisa inerte, determinado pelas ondulações do agente universal, obedece à impressão dominante e reproduz em suas revelações tão prontamente toda a lucidez dos mais maravilhosos sonhos como tão prontamente toda a extravagância e toda a falácia dos sonhos mais incoerentes e mais vagos.

Os golpes dados nos móveis, a agitação ruidosa das baixelas, os instrumentos musicais tocando sozinhos são ilusões produzidas pelas mesmas causas. Os milagres dos convulsionários de São Medardo eram da mesma ordem e pareciam frequentemente suspender as leis da natureza. Exagero, de um lado, produzido pela fascinação, que é a embriaguez, ocasionada pelos congestionamentos de luz astral, e por outro lado, oscilações ou movimentos reais impressos na matéria inerte pelo agente universal e sutil do movimento e da vida. Eis aqui tudo que existe no fundo dessas coisas tão maravilhosas das quais se poderia facilmente convencer-se reproduzindo à vontade pelos meios indicados no *Ritual* os mais espantosos desses prodígios e se comprovando sem dificuldade a ausência de superstição, de alucinação ou de erro.

Ocorreu-me muitas vezes, após ter realizado experiências da cadeia mágica, feitas com pessoas sem boa intenção e sem simpatia, ver-me despertado, preso de um sobressalto durante a noite e vítima de impressões e contatos verdadeiramente horríveis; uma noite, entre outras, senti a pressão de uma mão que me estrangulava; levantei-me, acendi a lâmpada e me pus tranquilamente a trabalhar, visando à utilização de minha insônia e desviar os fantasmas do sonho. Então os livros começaram a se deslocar ruidosamente perto de mim; os papéis agitavam-se entre si, os objetos de madeira rangiam com estrépito, como na iminência de se romper, e golpes contínuos e surdos ressoavam no teto, no solo e nas paredes. Eu observava com curiosidade, mas sossegadamente todos esses fenômenos, que não seriam menos maravilhosos se somente minha imaginação fosse a responsável, tanta realidade havia naquelas aparências. Como acabo de declarar, não me sentia de modo algum amedrontado e me ocupava naquele momento de coisas que não eram seguramente ciências ocultas.

Foi por causa da repetição de tais fatos que tentei experiências de evocação com a ajuda do cerimonial mágico dos antigos, obtendo resultados verdadeiramente extraordinários, que constarão do capítulo XIII deste livro.

12 ⁊ M
A GRANDE OBRA
Discite – Crux

A grande obra é, acima de tudo, a criação do homem por si mesmo, ou seja, a conquista plena e total que realiza de suas faculdades e de seu futuro; é, especialmente, a emancipação perfeita de sua vontade que lhe assegura o império universal do Azoth e o domínio da Magnésia, ou seja, um poder completo sobre o agente mágico universal.

Esse agente mágico, que os antigos filósofos herméticos disfarçaram sob o nome de matéria-prima, determina as formas da substância modificável e pode-se, realmente, por seu intermédio, alcançar a transmutação metálica e a medicina universal. Isso não é uma hipótese, é um fato científico já rigorosamente experimentado e perfeitamente demonstrável.

Nicholas Flamel[41] e Raymundo Llullio, ambos pobres, distribuíram de um modo evidente imensas riquezas.

Agrippa jamais ultrapassou a primeira parte da grande obra e morreu penosamente, empenhando-se para ser dono de si unicamente e estabelecer sua independência.

Existem, portanto, duas operações herméticas: uma espiritual e outra temporal, uma dependente da outra.

Toda a ciência hermética está contida no dogma de Hermes, primitivamente gravado, segundo dizem, em uma tábua de esmeralda. Já explicamos os primeiros artigos. Eis aqui os que se referem à operação da grande obra:

---

41. Outra figura historicamente controvertida. Entretanto, para o ocultismo, Nicholas Flamel (1330-1417 ou 1418) estudou muito diligentemente a alquimia e conseguiu operar a transmutação metálica. Deixou muitos escritos, inclusive o chamado *Livro das Figuras Hieroglíficas*.

"Tu separarás a terra do fogo, o sutil do denso com grande indústria.

"Sobe da terra ao céu e logo desce à terra e recebe a força das coisas superiores e inferiores.

"Tu terás, por esse meio, a glória de todo o mundo e, por isso, toda obscuridade fugirá de ti.

"É a força fonte de toda força porque ela vencerá toda coisa sutil e penetrará toda coisa sólida.

"Assim foi criado o mundo."

Separar o sutil do denso na primeira operação, que é puramente interna, é liberar a alma de todo preconceito e de todo vício, o que se faz com o uso do sal filosófico, ou seja, da sabedoria; do mercúrio, ou seja, da habilidade pessoal e do trabalho; e, por último, do enxofre, c qual representa a energia vital e o calor das vontades. Chega-se por esse meio a transformar em ouro espiritual desde as coisas menos preciosas até as imundícies da terra.

É nesse sentido que é preciso compreender a *turba de filósofos*, de Bernardo Trevisan, de Basile Valentin,[42] de Maria, a egipcíaca e de outros profetas da alquimia. Mas em suas obras, como na grande obra, é preciso separar habilmente o sutil do denso, o místico do positivo, a alegoria da teoria. Caso se queira lê-los com prazer e inteligência, é necessário acima de tudo entendê-los alegoricamente no seu conjunto para depois descer das alegorias às realidades pela via das correspondências ou analogias indicadas no dogma único.

"O que está em cima é como o que está embaixo e reciprocamente. A palavra ART invertida, ou lida da forma que era lida à maneira das escrituras sagradas e primitivas, ou seja, da direita para a esquerda, expressa por meio dessas três iniciais os diferentes graus da grande obra: T significa ternário, teoria, trabalho; R realização; A adaptação. No 12º capítulo do *Ritual* daremos a receita dos grandes mestres para a adaptação e, especialmente, a contida na fortaleza hermética de Heinrich Khunrath.

Entretanto, para as investigações de nossos leitores recomendamos um admirável tratado atribuído a Hermes Trismegisto, intitulado *Minerva Mundi*.

Tal tratado encontra-se unicamente em algumas edições de Hermes e contém, sob alegorias repletas de poesia e profundidade, o dogma da criação dos seres por si mesmos ou da lei de criação que resulta do

---

42. Basile Valentin, monge do mosteiro beneditino dc Erfolt, na Alemanha. Foi um dos grandes Adeptos do século XV. Dcixou duas obras fundamentais de alquimia; O *Azoth dos Filósofos* e as *Doze Chaves da Alquimia*.

acordo das duas forças, daquelas que os alquimistas chamavam de o *fixo* e o *volátil* e que são, no absoluto, a necessidade e a liberdade. Aí é explicada a diversidade das formas espalhadas na natureza pela diversidade de espíritos e as monstruosidades pela divergência dos esforços. A leitura e a meditação dessa obra são indispensáveis a todos os Adeptos que querem aprofundar os mistérios da natureza e se devotar seriamente à busca da grande obra.

Quando os mestres da alquimia dizem que é preciso pouco tempo e pouco dinheiro para realizar as obras da ciência, quando, sobretudo, afirmam que basta um vaso, quando falam do grande e único *athanor* que todos podem usar, que está ao alcance de todos e que os homens o possuem sem sabê-lo, estão aludindo à alquimia filosófica e moral. Realmente, uma vontade forte e decidida pode atingir em pouco tempo a independência absoluta e todos nós possuímos o instrumento químico, o grande e único *athanor* que serve para separar o sutil do denso e o fixo do volátil. Esse instrumento, completo como o mundo e exato como as próprias matemáticas, é designado pelos sábios sob o emblema do pentagrama ou estrela de cinco pontas que é o signo absoluto da inteligência humana. Imitando os sábios, não o nomearei, porém é fácil demais adivinhá-lo.

A figura do tarô que corresponde a esse capítulo foi mal compreendida por Court de Gebelin e por Etteilla, que meramente acreditaram ter visto um erro cometido por um fabricante alemão de cartas. Essa figura representa um homem com as mãos atadas atrás das costas, carregando dois sacos de dinheiro presos debaixo dos braços e pendurado por um pé a um instrumento constituído por dois troncos de árvore, contendo cada um deles uma raiz de seis ramos cortados e um travessão, que completa a figura da Thô hebraica, ת ; as pernas do paciente estão cruzadas e seus cotovelos formam um triângulo com sua cabeça. Ora, o triângulo encimado por uma cruz significa, em alquimia, o fim e a perfeição da grande obra, significação idêntica àquela da letra ת , que é a última do alfabeto sagrado.

Esse supliciado é, pois, o Adepto ligado por seus compromissos, espiritualizado, com os pés dirigidos para o céu; é também Prometeu, sofrendo mediante uma tortura imortal a pena de seu glorioso furto.

É vulgarmente Judas, o traidor, e seu suplício ameaça os reveladores do grande arcano. Finalmente, para os cabalistas judeus, esse supliciado, que corresponde ao seu duodécimo dogma, o do prometido Messias, é um protesto contra o Salvador reconhecido pelos cristãos, a quem parece dizer: Como salvarias tu os outros se não pudeste salvar a ti mesmo?

No *Sepher-Toldos-Jeschu*, compilação rabínica anticristã, existe uma parábola singular: Jeschu – diz o rabino autor da lenda – viajava com Simão Barjona e Judas Iscariotes. Chegaram tarde e cansados a uma casa isolada; estavam muito famintos e só tinham para comer uma gansa, nova, miúda, e muito fraca. Era muito pouco para três pessoas; dividi-la seria apenas tornar ainda mais aguda a fome, sem saciá-la. Concordaram, assim, que decidiriam pela sorte, mas como não podiam conter o próprio sono, disse Jeschu: "Vamos dormir enquanto a refeição é preparada; quando acordarmos contaremos nossos sonhos e aquele que tiver tido o sonho mais bonito comerá sozinho a pequena gansa". Assim foi feito. Dormiram e despertaram. "Eu – disse São Pedro – sonhei que era o vigário de Deus." "Eu – disse Jesus – sonhei que era o próprio Deus." "E eu – acrescentou hipocritamente Judas – sonhei que era sonâmbulo e que me levantava, descia lentamente, retirava a gansa do forno e a comia." Depois disso, desceram ao piso, porém a gansa efetivamente havia sumido. Judas sonhara desperto.

Essa lenda é um protesto do positivismo judaico contra o misticismo cristão. Realmente, enquanto os crentes se entregavam a belos sonhos, o israelita proscrito, o Judas da civilização cristã, trabalhava, vendia, até agiotava e se enriquecia, apoderando-se das realidades da vida presente e se colocava em situação de prestar meios de existência aos próprios cultos que durante muito tempo o haviam proscrito. Os antigos adoradores da arca, fiéis ao culto da burra, têm na atualidade a Bolsa por templo e é por isso que governam o mundo cristão. Judas pode, realmente, rir e felicitar-se por não haver dormido como São Pedro.

Nas antigas escrituras anteriores ao cativeiro, a Thô hebraica tem a figura de uma cruz, o que confirma uma vez mais nossa interpretação da duodécima lâmina do tarô cabalístico. A cruz, geradora de quatro triângulos, é também o signo sagrado do duodenário e os egípcios a chamavam por isso mesmo de a chave do céu. Assim, Etteilla, confuso nas suas amplas pesquisas para compatibilizar as necessidades analógicas da figura com sua opinião pessoal (nisso sofrera a influência do sábio Court de Gebelin), colocara na mão de seu supliciado, de cabeça para cima, do qual fez a prudência, um caduceu hermético formado por duas serpentes e uma Thô grega. Visto que compreendera a necessidade da Thô ou da cruz na duodécima página do livro de Toth, teria compreendido o múltiplo e, magnífico símbolo do dependurado hermético, o Prometeu da ciência, o homem vivo que somente toca a terra com o pensamento e cuja base está no céu, o Adepto livre e sacrificado; o revelador, ameaçado de morte; a conjuração do Judaísmo contra o Cristo, que parece ser uma confissão involuntária da divindade oculta do sacrificado, o signo, enfim, da obra realizada, do ciclo terminado, a Thô intermediária que resume pela primeira vez antes do último denário os signos do alfabeto sagrado.

13 מ N
A NECROMANCIA
Ex ipsis – Mors

Já dissemos que na luz astral se mantêm as imagens das pessoas e das coisas. É também nessa luz que podem ser evocadas as formas daqueles que já não estão no nosso mundo e é por seu intermédio que se verificam os mistérios tão contestados quanto reais da necromancia.

Os cabalistas que discorreram sobre o mundo dos espíritos simplesmente se referiram ao que viram em suas evocações.

Eliphas Levi Zahed, que escreve este livro, evocou e viu.

Digamos primeiramente o que os mestres escreveram a respeito de suas visões ou de suas intuições naquilo que eles denominavam a *luz da glória*.

Lê-se no livro hebraico da *Revolução das Almas* que há almas de três classes: as filhas de Adão, as filhas dos anjos e as filhas do pecado. Há também, segundo o mesmo livro, três classes de espíritos: os espíritos cativos, os errantes e os livres. As almas são enviadas aos pares. Há, portanto, almas de homens que nascem viúvas e cujas esposas estão retidas como cativas por *Lilith* e por *Naemah*, as rainhas das estriges: essas são as almas que têm de expiar a temeridade de um voto de celibato. Assim, quando um homem renuncia desde a infância ao amor das mulheres, torna escrava dos Demônios da perversidade a esposa que lhe estava destinada. As almas crescem e se multiplicam no céu, assim como os corpos na terra. As almas imaculadas são as filhas dos beijos dos anjos.

Nada que não proceda do céu nele pode entrar. Depois da morte, o espírito divino que animava o homem retoma sozinho ao céu e deixa sobre a terra e na atmosfera dois cadáveres: um terrestre e elementar, o outro aéreo e astral; um já inerte, o outro animado, ainda, pelo movimento universal da alma do mundo, porém destinado a morrer lentamente absorvido pelas forças astrais que o produziram. O cadáver terrestre é visível, o outro é invisível aos olhos dos corpos terrestres e vivos e somente pode ser percebido pelas aplicações da luz astral ao *translúcido* que comunica suas impressões ao sistema nervoso e afeta assim o órgão da vista até fazer ver as formas que foram conservadas e as palavras que estão escritas no livro da luz vital.

Quando o homem viveu bem, o cadáver astral evapora como uma nuvem de incenso, ascendendo a regiões superiores. Contudo, se o homem viveu como um criminoso, seu cadáver astral, o qual o mantém prisioneiro, busca os objetos de suas paixões e pretende retomar a vida. Atormenta os sonhos das jovens ou se banha no vapor do sangue derramado, e se arrasta pelos arredores dos lugares onde foram vividos os prazeres de sua vida; vela, ademais, pelos tesouros que deixou enterrados; consome-se em dolorosos esforços para construir órgãos materiais e reviver. Todavia, os astros o aspiram e o absorvem; experimenta o enfraquecimento de sua inteligência, sua memória se perde lentamente, todo o seu ser se dissolve... Os antigos vícios lhe aparecem e o perseguem sob figuras monstruosas que o atacam e devoram... O desgraçado perde assim sucessivamente todos os membros que lhe serviram para suas iniquidades; depois morre pela segunda vez e para sempre, porque perde então sua personalidade e sua memória. As almas que devem viver, mas que não se encontram completamente purificadas, permanecem mais ou menos cativas no cadáver astral, onde são queimadas pela luz ódica que procura absorvê-lo para si e dissolvê-lo. É para se desprender desse cadáver que as almas que sofrem entram algumas vezes nos vivos e permanecem em um estado que os cabalistas chamam de *embrionato*.

Esses são os cadáveres aéreos que, mediante a necromancia, evocamos. São larvas, substâncias mortas ou moribundas com as quais é estabelecida a relação; ordinariamente são capazes de falar, mas nada mais do que pelo zumbido de nossos ouvidos produzido pelo abalo nervoso a que me referi, e não raciocinam usualmente a não ser refletindo nossos pensamentos ou nossos sonhos.

Entretanto, para ver essas estranhas formas, é preciso pôr-se em um estado excepcional que tem algo do sono e da morte, ou seja, é preciso magnetizar a si mesmo e atingir uma espécie de sonambulismo lúcido e desperto.

A necromancia obtém, portanto, resultados reais e as evocações da magia são capazes de produzir visões verdadeiras. Já afirmamos que no grande agente mágico, que é a luz astral, são conservadas todas as marcas das coisas, todas as imagens formadas, seja por raios, seja por reflexos e é nessa luz que aparecem nossos sonhos, essa é a luz que embriaga os alienados e arrasta seu juízo adormecido à perseguição dos mais estranhos fantasmas.

Para ver sem ilusões nessa luz é preciso saber afastar os reflexos por meio de uma vontade poderosa e atrair para si apenas os raios. Sonhar desperto é ver na luz astral; e as orgias do sabá, narradas por tantas bruxas em seus processos criminais, não se afiguravam a elas de outra maneira. Com frequência, as substâncias e as preparações empregadas para lograr esse resultado eram horríveis, como veremos brevemente no *Ritual*. Contudo, os resultados jamais eram duvidosos. Viam-se, escutavam-se, apalpavam-se as coisas mais abomináveis, mais fantásticas e mais impossíveis. Já retomaremos a esse assunto no capítulo XV; limitar-nos-emos aqui à evocação dos mortos.

Na primavera de 1854, dirigi-me a Londres para fugir a sofrimentos íntimos e me dedicar, sem qualquer distração, à ciência. Possuía cartas de apresentação para figuras eminentes que estavam desejosas de revelações relativas ao mundo sobrenatural.

Visitei várias dessas pessoas e nelas descobri, misturado a muita cortesia, um grande fundo de indiferença ou de superficialidade.

A única coisa que me pediam eram prodígios, nem mais nem menos, como se se tratasse de um charlatão. Encontrava-me um tanto desanimado porque, a bem da verdade, longe de estar disposto a iniciar os outros nos mistérios da magia cerimonial, experimentara sempre, no que me dizia respeito, temor diante das suas ilusões e fadigas.

Por outro lado, esse tipo de cerimônias requer um material dispendioso e difícil de ser reunido.

Concentrei-me, assim, no estudo da alta Cabala e esqueci os Adeptos ingleses, até que um dia, ao retornar ao meu hotel, encontrei uma correspondência para mim. A correspondência continha a metade de uma cartão cortado transversalmente em cuja frente reconheci logo o signo do selo de Salomão e um papel bastante pequeno no qual estava escrito a lápis: "Amanhã, às três horas, diante da Abadia de Westminster, vos será apresentada a outra metade do cartão". Compareci ao local citado. Havia uma carruagem estacionada na praça.

Tinha, sem qualquer afetação, meu fragmento do cartão à mão. Um serviçal aproximou-se respeitosamente de mim e fez-me um sinal, abrindo-me a porta da carruagem. Dentro desta havia uma senhora vestida de negro, chapéu sobre o rosto coberto por um véu espesso. Essa senhora fez-me sinal para que entrasse na carruagem, exibindo-me a outra metade do cartão que eu recebera. Entrei e a porta do coche foi fechada. O coche se pôs em movimento e, tendo a senhora erguido o véu, pude constatar que me achava diante de uma pessoa de idade, sobrancelhas cinzentas, olhos extremamente negros, vivos e estranhamente fixos. "*Sir*" – disse-me, com um sotaque inglês bastante pronunciado – "sei que a lei do segredo é estrita entre os Adeptos; uma amiga de Sir B... L... que vos viu está ciente de que solicitaram do senhor experiências e que vos recusastes a satisfazer tal curiosidade. Talvez não possuais as coisas necessárias; vou vos mostrar um gabinete mágico completo; entretanto, vos solicito, acima de tudo, o mais inviolável segredo. Se não tiver essa promessa do senhor por vossa honra, darei ordem para que vos conduzam a vossa casa."

Fiz a promessa que me exigia e sou fiel a ela não declarando o nome, nem o nível social, nem o domicílio dessa senhora, em quem reconheci imediatamente uma iniciada, não exatamente de primeira ordem mas de um grau muito elevado. Entretivemos amplas e extensas conversações, durante as quais ela insistiu sempre na necessidade de práticas para completar a iniciação. Indicou-me uma coleção de trajes e instrumentos mágicos e até me emprestou alguns livros raros dos quais eu necessitava. Em seguida, estabeleceu que eu empreendesse em sua casa a experiência de uma evocação completa, para a qual me preparei durante 21 dias, observando escrupulosamente as práticas indicadas no 13º capítulo do *Ritual*.

Minha preparação findara em 24 de julho. Tratava-se de evocar o fantasma do *divino Apollonius* (Apolônio de Tiana) e interrogá-lo a respeito de dois segredos, um que dizia respeito a mim exclusivamente e outro que interessava à dama em questão. Esta devia assistir, a princípio, à evocação acompanhada de uma pessoa de confiança, porém na última hora tal pessoa teve medo, e como o ternário ou a unidade são rigorosamente necessários para os ritos mágicos, fui deixado só. O gabinete preparado para a evocação fora construído em uma pequena torre, e lá foram colocados quatro espelhos côncavos, uma espécie de altar com cimo de mármore branco e circundado por uma corrente de ferro imantado.

Sobre o mármore branco estava gravado e dourado o signo do pentagrama, tal como é apresentado no início do quinto capítulo desta obra; o mesmo signo estava traçado em diversas cores sobre uma pele branca de cordeiro, inteiramente nova, que se achava estendida no altar. No centro da mesa de mármore havia um pequeno fogareiro de cobre com carvão de madeira de alno e de loureiro; outro fogareiro estava colocado diante de mim sobre um tripé.

Eu estava vestido com uma túnica branca, muito semelhante à alva dos sacerdotes católicos, porém mais larga e mais comprida, e tinha na cabeça uma coroa de folhas de verbena entrelaçadas por uma pequena corrente de ouro. Em uma mão envergava uma espada nova e na outra o *Ritual*. Acendi os dois lumes com as substâncias exigidas e preparadas e iniciei, primeiramente em voz baixa, as invocações do *Ritual*.

A fumaça espalhou-se. As chamas fizeram os objetos que iluminavam vacilar e depois se apagaram. A fumaça elevava-se branca e morosa sobre o altar de mármore e me pareceu experimentar um ligeiro abalo, como se fosse um tremor de terra; sentia um zumbido nos ouvidos e meu coração batia fortemente.

Voltei a lançar alguns ramos e perfumes nos fogareiros e, quando a chama se elevou, vi claramente diante do altar uma figura de homem maior que o tamanho natural, que se decompunha e se apagava. Recomecei as evocações e me coloquei em um círculo que traçara previamente entre o altar e o tripé; vi então se aclarar pouco a pouco o fundo do espelho que se achava diante de mim, atrás do altar, e uma forma esbranquiçada desenhou-se nele, aumentando de tamanho e parecendo aproximar-se gradativamente.

Chamei três vezes "Apollonius" fechando os olhos e quando os abri um homem se achava diante de mim, envolto completamente em uma espécie de lençol que me pareceu mais cinzento do que branco; seu rosto era delgado, e estava triste e sem barba, fato que não correspondia de modo algum precisamente à ideia que eu havia formado, em princípio, de Apolônio.

Experimentei uma sensação incomum de frio e quando abri a boca para interpelar o fantasma foi-me impossível articular um único som. Pus então a mão em cima do signo do pentagrama e dirigi para ele a ponta da espada, ordenando-lhe mentalmente por meio desse signo que não me assustasse e me obedecesse.

Em seguida, a forma se tornou mais confusa e desapareceu subitamente. Ordenei-lhe que retornasse e então senti passar próximo de mim como se fosse um sopro e algo que tocou minha mão que empunhava a espada; senti imediatamente o braço como se estivesse dormente até o ombro. Deduzi que a espada ofendia o espírito e a finquei pela ponta no interior do círculo perto de mim.

A figura humana reapareceu imediatamente, mas senti uma debilidade tão grande nos ombros e a iminência tão repentina de um desfalecimento que dei dois passos para sentar-me. Ao me sentar, caí em uma espécie de torpor profundo, acompanhado de sonhos dos quais não restou, ao despertar, senão uma lembrança confusa e vaga.

Durante muitos dias, meu braço permaneceu dormente e dolorido. A figura não havia se dirigido a mim por palavras, mas me parece que as perguntas que tinha de fazer-lhe haviam se respondido em meu espírito. À pergunta da senhora, uma voz interior respondia em mim: *Morto* (tratava-se de um homem do qual desejava ter notícias). Quanto a mim, queria saber se a aproximação e o perdão seriam possíveis entre duas pessoas nas quais eu pensava, ao que o mesmo eco interior respondia implacavelmente: *Mortas!*

Narro aqui os fatos tais como ocorreram; não os imponho à fé de ninguém. O efeito dessa experiência em mim foi algo extraordinário, algo inexplicável. Já não era o mesmo homem; algo do outro mundo passara por mim; não me sentia alegre nem triste, mas experimentava um encanto singular pela morte, sem sentir, contudo, qualquer desejo de me suicidar. Analisei cuidadosamente o que experimentara e apesar de uma repulsa nervosa muito acentuadamente sentida, repeti duas vezes, a um intervalo de apenas alguns dias, o mesmo experimento. Os fenômenos que se produziram dessas vezes diferem muito pouco do que acabo de narrar e devo suprimi-los para não tornar excessivamente extensa a narração. Entretanto, o resultado dessas duas outras evocações representou para mim a revelação de dois segredos cabalísticos, que se fossem conhecidos por todo o mundo poderiam mudar em pouco tempo as bases e as leis de toda a sociedade.

Deverei concluir disso que realmente evoquei, vi e tateei o grande Apolônio de Tiana? Não estou suficientemente alucinado para crê-lo, bem como não sou tão pouco sério para afirmá-lo. O efeito das preparações, dos perfumes, dos espelhos, dos pentáculos é uma verdadeira embriaguez da imaginação que deve operar vivamente sobre uma pessoa por si impressionável e nervosa. Não sei por quais leis fisiológicas vi e toquei; afirmo unicamente que vi e toquei; que vi clara e distintamente, sem ilusões, e isso basta para crer na eficácia real das cerimônias mágicas. Aliás, considero tal prática perigosa e nociva. A saúde, moral ou física, não resistiria a tais operações caso se tornassem habituais. A dama idosa de que falei e em relação à qual tive depois razões para me queixar era uma prova disso, porque, apesar de negá-lo, não duvido que tivesse o costume de praticar a necromancia e a goécia. Por vezes, se punha a proferir disparates sem conta, entregando-se em outras ocasiões a iras insensatas, das quais com dificuldade podia atinar com a causa. Deixei Londres sem vê-la novamente mas cumprirei fielmente o compromisso com ela contraído de não revelar a ninguém, seja quem for, nada que possa permitir sua identificação ou até provocar alarme sobre essas práticas às quais se dedica indubitavelmente com o desconhecimento de sua família, que é, suponho, bastante grande e ocupa uma posição muito respeitável.

Há evocações de inteligência, evocações de amor e evocações de ódio, porém nada prova, mais uma vez, que os espíritos abandonem realmente as esferas superiores para conversar e se entreter conosco, sendo sim o contrário mais provável. Nós evocamos as lembranças que deixaram na luz astral, que é o receptáculo comum do magnetismo universal. É nessa luz que o imperador Juliano viu em outros tempos aparecer os deuses, embora velhos, enfermos e decrépitos; nova prova da influência das opiniões correntes e creditadas aos reflexos desse mesmo agente mágico que faz as mesas falarem e responde por golpes dados nas paredes. Depois da evocação que acabo de relatar, voltei a ler com atenção a vida de Apolônio, que os historiadores nos mostram como um tipo ideal de beleza e elegância antiga. Nessa leitura pude saber também que Apolônio, nos derradeiros dias de sua vida, cortou a barba e padeceu longos tormentos na prisão. Essa circunstância que eu havia retido em outros tempos, sem nela pensar depois para me recordar, teria determinado talvez a forma pouco atraente de minha visão, que julgo tão somente o sonho voluntário de um homem desperto. Vi outras duas pessoas, que é de pouca monta nomear, igualmente diferentes no seu aspecto e traje do que esperava ver.

Recomendo a maior reserva àquelas pessoas que desejam devotar-se a esse tipo de experiências. O resultado destas são grandes fadigas e até com frequência desarranjos orgânicos bastante anormais, que podem ocasionar enfermidades.

Não encerrarei esse capítulo sem assinalar nele a opinião, pouco comum, de alguns cabalistas, que distinguem a morte aparente da morte real e que creem que raramente acontecem simultaneamente. Segundo dizem, a maioria das pessoas que foram enterradas estariam vivas e muitas outras, que se acreditam vivas, estariam mortas.

A loucura incurável, por exemplo, seria para eles uma morte incompleta, porém real, que deixa o corpo terrestre sob a direção puramente instintiva do corpo astral. Quando a alma humana sofre uma violência que é incapaz de suportar se separaria assim do corpo e deixaria em seu lugar a alma animal ou corpo astral, o que faz desses restos humanos alguma coisa menos viva, de algum modo, que o próprio animal. Reconhece-se – dizem os cabalistas – os mortos dessa espécie na extinção completa dos sentidos afetivos e de moralidade; não são maus, mas tampouco bons: estão mortos. Esses seres, que são os fungos venenosos da espécie humana, absorvem tanto quanto podem da vida dos vivos. É por isso que à sua proximidade a alma se entorpece e sente-se frio no coração.

Esses seres cadavéricos, se existissem, realizariam tudo o que se asseverava em outros tempos acerca dos lobisomens e dos vampiros.

Não há seres junto aos quais nos sentimos menos inteligentes, menos bons e até, às vezes, menos honestos?

Não é à sua proximidade que se extingue toda crença e todo entusiasmo, ligando-vos a eles por vossas debilidades, eles vos dominando por vossas más inclinações e vos fazendo morrer moralmente em meio a um suplício parecido ao de Mezêncio?

São mortos que nós tomamos por vivos; são vampiros que nós tomamos por amigos!

14 ⊃ 0
AS TRANSMUTAÇÕES
Sphera Lunae – Sempiternum – Auxilium

Santo Agostinho duvida seriamente que Apuleio tenha podido ser transformado em asno por uma feiticeira da Tessália. Os teólogos dissertaram amplamente a respeito da transmutação de Nabucodonosor em animal selvagem. Isso prova simplesmente que o eloquente doutor de Hipona ignorava os arcanos mágicos e que os teólogos em questão não estavam muito avançados em exegese.

Vamos examinar neste capítulo maravilhas muito mais incríveis e, todavia, incontestáveis. Falo da licantropia ou da transformação noturna dos homens em lobos, tão célebres nas reuniões de nossos camponeses, pelas histórias de lobisomens; histórias tão bem averiguadas que para explicá-las a ciência incrédula recorreu a insanidades furiosas e disfarces de animais. Mas, essas hipóteses são pueris e nada explicam. Busquemos em outro lugar o segredo dos fenômenos observados concernentes a tal assunto e comprovemos primeiramente:

1. Que nunca alguém foi morto por um lobisomem a não ser por sufocação, sem derramamento de sangue e sem ferimentos.

2. Que os lobisomens pressionados, perseguidos e mesmo feridos jamais morreram no ponto em que foram encurralados.

3. Que as pessoas suspeitas dessas transformações foram sempre encontradas em suas casas depois da caça ao lobisomem, mais ou menos feridas, algumas vezes moribundas, mas sempre sob sua forma natural.

Agora, comprovemos fenômenos de outra ordem.

Nada no mundo está mais e melhor testemunhado, nem mais irrefutavelmente provado que a presença real e visível do padre Afonso Liguori ao lado do papa agonizante, enquanto a mesma personagem era observada em sua casa, a uma grande distância de Roma, em oração e em êxtase.

A presença simultânea do missionário Francisco Xavier em muitos lugares ao mesmo tempo não foi menos rigorosamente comprovada.

Dirão que se trata de milagres, ao que responderemos que os milagres, quando reais, constituem para a ciência pura e simplesmente fenômenos.

As aparições de pessoas que nos são queridas, coincidindo com o momento da morte delas, são fenômenos da mesma classe e atribuíveis a causa idêntica.

Já nos referimos ao corpo astral e dissemos que é o intermediário entre a alma e o corpo físico ou material. Esse corpo permanece geralmente desperto enquanto o outro dorme e se transporta com nosso pensamento por todo o espaço que a imantação universal abre diante dele. Desse modo, estende sem romper o cordão simpático que o mantém ligado ao nosso coração e ao nosso cérebro, que é o que torna perigoso o despertar em sobressalto das pessoas que sonham. Realmente, uma comoção demasiadamente forte pode romper bruscamente esse cordão e causar repentinamente a morte.

A forma do corpo astral se apresenta em conformidade com o estado habitual de nossos pensamentos e modifica ao longo do tempo os traços do corpo material. É por isso que Swedenborg, em suas intuições sonambúlicas, via frequentemente espíritos sob a forma de diversos animais.

E agora ousamos afirmar que um lobisomem não é outra coisa senão o corpo astral de um homem, do qual o lobo representa os instintos selvagens e sanguinários, e que enquanto seu fantasma passeia pelos campos, esse homem dorme penosamente em seu leito e sonha que é um verdadeiro lobo.

O que torna o lobisomem visível é a sobre-excitação quase sonambúlica causada por quem tem medo dele ou a disposição, mais característica nas pessoas do campo, de pôr-se em comunicação direta com a luz astral, que é o meio comum das visões e dos sonhos. Os golpes dirigidos ao lobisomem realmente ferem a pessoa adormecida por congestão ódica e simpática da luz astral, por correspondência entre o corpo imaterial e o material. Muitas pessoas crerão estar sonhando ao ler tais coisas e nos perguntarão se estamos bem despertos. Mas pediremos, unicamente, aos homens de ciência que reflitam nos fenômenos da gravidez e na influência da imaginação das grávidas sobre a forma de seu filho. Uma mulher, que assistira ao suplício de um homem que era submetido à roda vivo, deu à luz uma criança que nasceu com todos os membros deformados. Que nos expliquem como a impressão produzida na alma da mãe por tão horrendo espetáculo pôde atingir e deformar os membros da criança e explicaremos como os golpes desfechados contra o lobo e recebidos em sonho podem fragmentar realmente e ferir até gravemente o corpo daquele que os recebe na imaginação, sobretudo quando seu corpo sofre e está submetido a influências nervosas e magnéticas.

É a esses fenômenos e às leis ocultas que os produzem que se deve atribuir os efeitos do feitiço, de que temos de falar. As obsessões diabólicas e a maioria das doenças nervosas que afetam o cérebro são ferimentos inflingidos ao aparelho nervoso pela luz astral pervertida, ou seja, absorvida ou projetada em proporções anormais. Todas as tensões extraordinárias e extranaturais da vontade predispõem às obsessões e às doenças nervosas. O celibato forçado, o ascetismo, o ódio, a ambição, o amor não correspondido são outros tantos princípios geradores de formas e de influências infernais. Paracelso diz que as regras das mulheres engendram fantasmas no ar. Os conventos, desse ponto de vista, seriam os locais de semeadura de pesadelos e seria possível comparar os Diabos a essas cabeças da hidra de Lerna, que renasciam infindavelmente e se multiplicavam mediante o próprio sangue de suas feridas.

Os fenômenos da possessão das ursulinas de Loudun, tão fatal para Urbain Grandier, foram desconhecidos. As religiosas estavam realmente possuídas pela histeria e pela imitação fanática dos pensamentos secretos de seus exorcistas, transmitidos ao seu sistema nervoso pela luz astral. Recebiam a impressão de todos os ódios que esse infeliz sacerdote levantara contra si mesmo e essa comunicação inteiramente interna parecia a elas mesmas diabólica e miraculosa. Assim, nesse lamentável assunto, todos estavam de boa-fé, até Laubardemont que, executando cegamente as determinações prejulgadas pelo cardeal Richelieu, acreditava tanto cumprir os deveres de um verdadeiro juiz (sem suspeitar que era um criado de Pôncio Pilatos) quanto era menos possível para ele ver no cura, espírito forte e libertino, de Saint-Pierre du Marché, um discípulo de Cristo e um mártir.

A possessão das religiosas de Louviers não passa de uma cópia daquela das religiosas de Loudun. Os Demônios são pouco criativos e fazem plágio uns dos outros. O processo de Gaufridy e de Magdalena de la Palud possui um caráter mais estranho. Aqui são as próprias vítimas que acusam a si mesmas. Gaufridy se reconhece culpado de ter tirado de muitas mulheres, por meio de um mero sopro nas narinas, a liberdade de se defender contra as seduções. Uma jovem e formosa senhorita, de família nobre, insuflada por ele, narra com todas as minúcias cenas nas quais o lúbrico convive com o monstruoso e o grotesco. Tais são as alucinações ordinárias do falso misticismo e do celibato mal conservado. Gaufridy e sua amante estavam obsidiados por suas mútuas quimeras e a cabeça de um refletia os pensamentos do outro. O próprio marquês de Sade não foi contagioso para certas naturezas debilitadas e enfermas?

O escandaloso processo do padre Girard é uma nova prova dos delírios do misticismo e das singulares neuroses a que pode dar lugar. Os desmaios de la Cadière, seus êxtases, seus estigmas, tudo aquilo era tão real quanto a insensata depravação, talvez involuntária, de seu diretor. Ela o acusou quanto este resolveu abandoná-la e a conversão dessa jovem foi uma vingança, porque nada é tão cruel quanto os amores depravados. Uma poderosa corporação que interveio no processo Grandier para nele perder o possível sectário salvou o padre Girard para a honra da Companhia. Grandier e o padre Girard haviam chegado ao mesmo resultado por vias diametralmente opostas e nos ocuparemos desses fatos especialmente no capítulo XVI.

Operamos mediante nossa imaginação sobre a imaginação dos outros, mediante nosso corpo astral sobre o dos outros e mediante nossos órgãos sobre os órgãos dos outros. De modo que, pela simpatia, seja de atração, seja de obsessão, nos possuímos uns aos outros e nos identificamos com aqueles sobre quem queremos atuar. São as reações contra esse domínio o que faz suceder, com frequência, as mais vivas simpatias pelas mais veementes antipatias. O amor tem a tendência de identificar os seres – ora, ao identificá-los, torna-os amiúde rivais e consequentemente inimigos se o fundo de ambas as naturezas for de uma disposição insociável, como o seria, por exemplo, o orgulho; saturar igualmente de orgulho duas almas reunidas é desuni-las, tornando-as rivais. O antagonismo é o resultado necessário da pluralidade dos deuses.

Quando sonhamos com uma pessoa viva, é ou seu corpo astral que se apresenta ao nosso na luz astral ou, ao menos, o reflexo desse mesmo corpo e a forma pela qual nos sentimos impressionados por seu encontro nos revela, muitas vezes, as disposições secretas dessa pessoa em relação a nós. O amor, por exemplo, modela o corpo astral de um à imagem e semelhança do outro, de modo que o médium anímico da mulher é como um homem e o do homem como uma mulher. Os cabalistas exprimem tal permuta de uma maneira oculta quando dizem, ao explicar uma passagem obscura do Gênesis: "Deus criou o amor introduzindo uma costela de Adão no peito da mulher e a carne de Eva no peito de Adão, de maneira que o âmago do coração da mulher é um osso do homem e o âmago do coração do homem é carne de mulher". Uma alegoria a que não faltam nem profundidade nem beleza.

Já adiantamos algo, ainda que pouco, no capítulo anterior sobre o que os mestres da Cabala chamam de *embrionato das almas*. Esse embrionato, completo depois da morte da pessoa que detém a outra, é muitas vezes principiado em vida, seja por obsessão, seja por amor. Conheci uma jovem para a qual os pais inspiravam um grande medo e que passou a praticar repentinamente, contra uma pessoa inofensiva, os atos que temia da parte dos pais. Também conheci outra que após ter participado de uma evocação que envolvia uma mulher culpada e atormentada no outro mundo por certos atos excêntricos, sem razão alguma passou a imitar os atos consumados pela mulher morta. É a esse poder oculto que se deve atribuir a temível influência da maldição dos pais, que mete medo nos povos da terra, e o verdadeiro risco das operações mágicas quando não foi conquistado o isolamento dos verdadeiros Adeptos.

Essa virtude da transmutação astral, que existe realmente no amor, explica os prodígios alegóricos da varinha de Circe. Apuleio fala de uma tessaliana que se transformava em pássaro; fez-se amar pela criada dessa senhora com a finalidade de surpreender os segredos da ama e o máximo que conseguiu foi transformar-se em asno. Essa alegoria explica os mistérios mais ocultos do amor. Os cabalistas asseguram também que quando se ama uma mulher elemental – ondina, sílfide ou gnomina –obtém-se a imortalização ou morre-se com ela. Já vimos que os seres elementais são homens imperfeitos e ainda mortais. A revelação a que aqui nos referimos, tida como uma fábula, é todavia o dogma da solidariedade no amor, que é o fundo do próprio amor e que explica por si só toda a sua santidade e todo o seu poder.

Qual é essa bruxa que transforma seus adoradores em porcos e cujos encantos são destruídos quando ela se submete ao amor?

É a antiga cortesã; é a mulher de mármore de todos os tempos. A mulher sem amor absorve e envilece tudo quanto dela se aproxima; a mulher que ama espalha o entusiasmo, a nobreza e a vida.

Falou-se muito no século passado de um Adepto acusado de charlatanismo e que se chamou em vida de o divino Cagliostro. Sabe-se que praticava as evocações e só foi superado nessa arte pelo iluminado Schroepffer. Sabe-se que se vangloriava de unir simpatias e que se dizia estar de posse do segredo da Grande Obra. Entretanto, o que o celebrizava era a confecção de um certo elixir da vida que devolvia aos velhos instantaneamente o vigor e a seiva da juventude. Essa composição tinha por base o vinho *malvasia* e se obtinha pela destilação do esperma de certos animais com o suco de muitas plantas. Possuímos a receita e é fácil compreender por que mantemos o silêncio acerca dela.

15 ◘ P
A MAGIA NEGRA
Samael – Auxiliator

Penetramos na magia negra. Vamos enfrentar mesmo em seu santuário o deus negro do sabá, o formidável bode de Mendes. Aqui, aqueles que têm medo devem fechar este livro e as pessoas sujeitas a impressões nervosas farão melhor procurando uma distração ou se abstendo. Quanto a nós, impusemo-nos uma tarefa e nos é forçoso levá-la a cabo.

Abordemos, portanto, franca e audaciosamente o assunto.

O Diabo existe?

O que é o Diabo?

Diante da primeira pergunta a ciência se cala, a filosofia nega casualmente e só a religião responde afirmativamente.

Diante da segunda pergunta, a religião responde que é o anjo caído; a filosofia oculta aceita e explica essa definição.

Não voltaremos a isso, mas permitam-nos aqui uma nova revelação.

O DIABO, EM MAGIA NEGRA, É O GRANDE AGENTE MÁGICO EMPREGADO PARA O MAL POR UMA VONTADE PERVERSA.

A antiga serpente da lenda não é outra coisa senão o agente universal; é o fogo eterno da vida terrestre, é a alma da terra e o fogo vivo do inferno.

Já afirmamos que a luz astral é o receptáculo das formas. Evocadas pela razão, essas formas são produzidas com harmonia; evocadas pela loucura, surgem desordenadas e monstruosas. Tal é a origem dos pesadelos de Santo Antônio e dos fantasmas do sabá.

As evocações da goécia e da demonomancia oferecem ou não resultados? Sim, certamente. Um resultado incontestável e mais terrível do que podem narrar as lendas.

Quando se convoca o Diabo mediante as cerimônias consagradas requeridas, o Diabo acode e é visto. Para não morrer de pavor diante de sua presença, para não se tornar idiota, é preciso já estar louco.

Grandier era um libertino por falta de devoção e talvez já por ceticismo; Girard fora depravado e depravador por entusiasmo, como consequência do ascetismo e pela cegueira da fé.

No 15º capítulo de nosso *Ritual,* apresentaremos todas as evocações diabólicas e as práticas da magia negra, não para que o leitor se sirva delas, mas para que as conheça e as julgue e possa defender-se de tais aberrações.

Eudes de Mirville, cujo livro sobre as mesas falantes tem suscitado ultimamente tanto ruído, pode estar ao mesmo tempo contente e descontente com a solução que oferecemos aqui para os problemas da magia negra. Realmente, sustentamos com ele a realidade e os efeitos maravilhosos; como ele, lhes atribuímos como causa a antiga serpente, o princípio oculto deste mundo. Entretanto, não estamos de acordo sobre a natureza desse agente cego, que é, ao mesmo tempo, mas sob diversas direções, o instrumento de todo bem e de todo mal, o servidor dos profetas e o inspirador das pitonisas. Em uma palavra, o *Diabo*, para nós, é a força posta a um tempo a serviço do erro, como o pecado mortal é, a nosso ver, a persistência da vontade no absurdo. De Mirville tem, mil vezes, razão por um lado, mas, por uma vez – é uma grande vez –, carece de razão.

O que é preciso excluir do reinado dos seres é o arbitrário. Nada sucede nem por acaso nem por autocracia de uma vontade boa ou má.

Há duas câmaras no céu e o tribunal de Satã está encerrado em seus desvios pelo senado da divina sabedoria.

16 ע Q
Os Feitiços
Fons — Oculus — Fulgur

O homem que olha uma mulher com desejo impuro, profana essa mulher – disse o grande Mestre. Aquilo que se quer com perseverança se faz. Toda vontade real se confirma por atos; toda vontade confirmada por um ato é uma ação. Toda ação está submetida a um juízo e esse juízo é eterno. Esses são dogmas e princípios.

Segundo esses princípios e esses dogmas, o bem ou o mal que desejais, seja para vós mesmos, seja para os outros, na extensão de vosso querer e na esfera de vossa ação, ocorrerá infalivelmente, seja para os outros, seja para vós mesmos se confirmais vossa vontade e se fixais vossa determinação por meio de atos.

Os atos devem ser análogos à vontade. A vontade de causar o mal ou fazer-se amar deve ser confirmada para ser eficaz por atos de ódio ou de amor.

Tudo que traz a marca de uma alma humana pertence a essa alma; tudo aquilo de que o homem se apropria de uma maneira qualquer converte-se em seu corpo na acepção mais ampla da palavra e tudo quanto se faz ao corpo de um homem o sente mediata ou imediatamente sua alma.

É por isso que toda espécie de ação hostil ao próximo é considerada pela teologia moral como um começo de homicídio.

O feitiço é, portanto, um homicídio e um homicídio ainda mais covarde, pois não permite o direito de defesa à vítima e punição da lei.

Estabelecido esse princípio para tranquilidade de nossa consciência e advertência aos fracos, afirmemos sem temor que o feitiço é possível.

Vamos mais longe e afirmamos que não é somente possível como também de algum modo necessário e fatal. Ocorre incessantemente no mundo social, ainda que na ignorância dos agentes e dos pacientes. O feitiço involuntário é um dos mais terríveis perigos da vida humana.

A simpatia passional submete necessariamente o mais ardente desejo à vontade mais forte. As enfermidades morais são mais contagiosas do que as físicas e seu sucesso é considerável, por predileção e moda, que até poderiam ser comparadas à lepra e ao cólera morboso.

Morre-se tanto de um conhecimento mau como de um contato contagioso e a horrível enfermidade que já há alguns séculos unicamente na Europa pune a profanação dos mistérios do amor é uma revelação das leis analógicas da natureza e não apresenta sequer mais que uma imagem debilitada das corrupções morais que são o resultado diário de uma simpatia equívoca.

Fala-se de um homem ciumento e covarde que, para se vingar de um rival, infectou a si mesmo voluntariamente com um mal, infiltrando-o aos que com ele compartilhavam o leito. Essa história é a de todo mago, ou melhor, a de todo bruxo praticante dos feitiços. Envenena-se para envenenar, condena-se para torturar, aspira o inferno para respirá-lo, fere-se de morte para matar. Mas se tiver o lamentável destemor para fazê-lo não será menos positivo e certo que envenenará e matará por meio da projeção somente de sua vontade perversa.

Podem existir amores que matam tanto quanto o ódio e os feitiços da benevolência são a tortura dos malvados. As orações dirigidas a Deus para a conversão de um homem levam a desgraça a esse homem se ele não desejar converter-se. Há, como dissemos, fadiga e perigo em lutar contra as correntes fluídicas excitadas por cadeias de vontades unidas.

Há, portanto, duas classes de feitiços: o feitiço involuntário e o feitiço voluntário. É possível, também, distinguir-se entre o feitiço físico e o feitiço moral.

A força atrai a força; a vida atrai a vida; a saúde atrai a saúde: é uma lei da natureza.

Se duas crianças vivem juntas e, sobretudo, dormem juntas e uma delas é forte enquanto a outra é fraca, a forte absorverá a fraca e essa perecerá. Por essa causa apenas, é importante que as crianças durmam sós.

Nos colégios, certos alunos absorvem a inteligência dos seus condiscípulos e em todo círculo humano logo se descobre um indivíduo que se assenhoreia das vontades dos demais.

O feitiço por correntes é uma coisa muito comum, como já assinalamos. Alguém se sente impelido pela multidão tanto no moral como no físico. Mas o que vamos fazer constar mais particularmente neste capítulo é o poder quase absoluto da vontade humana sobre a determinação de seus atos e a influência de toda demonstração exterior de uma vontade sobre as coisas até externas.

Os feitiços voluntários são, ainda, frequentes em nossos campos porque as forças naturais, entre pessoas ignorantes e solitárias, operam sem ser enfraquecidas por nenhuma dúvida ou nenhum desvio. Um ódio franco, absoluto e sem nenhuma mescla de paixão repelida ou de concupiscência pessoal é um decreto de morte para aquele que é objeto dele em certas condições. Digo sem mescla de paixão amorosa e de concupiscência porque um desejo, sendo uma paixão, contrabalança e anula o poder de projeção. Assim, por exemplo, um ciumento jamais enfeitiçará seu rival e um herdeiro concupiscente não abreviará, pelo simples fato de sua vontade, os dias de um tio avaro e vivaz. Os feitiços ensaiados nessas condições caem sobre aqueles que os operam e são mais saudáveis do que prejudiciais para a pessoa que deles é objeto porque se desprendem de uma ação odiosa que se destrói a si mesma ao exaltar-se fora da medida.

A palavra *envoûtement**, muito enérgica em sua simplicidade gaulesa, expressa admiravelmente a própria coisa que significa: *envoûtement*, ação de tomar, por assim dizer, e envolver alguém em um voto, em uma vontade formulada.

O instrumento de todos os feitiços não é outro senão o grande agente mágico que sob uma vontade perversa se converte, real e positivamente, no Demônio.

O malefício propriamente dito, ou seja, a operação cerimonial que visa ao feitiço atua somente sobre a vontade do operador e serve para fixar e confirmar sua vontade, formulando-a com firmeza e empenho, duas condições que tornam a vontade eficaz.

Quanto mais difícil ou horrível for a operação, mais eficaz resultará, porque atuará com maior força sobre a imaginação e confirmará o esforço em razão direta da resistência.

É isso que explica a extravagância e mesmo a atrocidade das operações da magia negra entre os antigos e na Idade Média, as missas do Diabo, os sacramentos administrados a répteis, os derramamentos de sangue, os sacrifícios humanos e outras monstruosidades que são a própria essência e a realidade da goécia e da necromancia. Foram tais práticas que atraíram sobre os bruxos de todos os tempos a justa repressão das leis. A magia negra é realmente uma combinação de sacrilégios

---

* Traduzido correntemente por *enfeitiçamento*. (NT)

e crimes graduados para perverter para sempre uma vontade humana e concretizar em um homem vivo o fantasma repugnante do Demônio. É propriamente falando a religião do Demônio, o culto das trevas, o ódio ao bem levado ao paroxismo; é a encarnação da morte e a criação permanente do inferno.

O cabalista Bodin,[43] que como se supõe equivocadamente, foi um espírito fraco e supersticioso, não teve outro motivo para escrever sua *Demonomania*, senão a necessidade de prevenir os espíritos contra uma perigosíssima incredulidade. Iniciado por meio do estudo da Cabala aos verdadeiros segredos da magia, estremecera ao pensar nos perigos aos quais a sociedade estava exposta estando esse poder a serviço da maldade de alguns homens. Tentou, pois, o que agora acaba de ensaiar, entre nós, Eudes de Mirville: colheu fatos sem explicá-los e denunciou às ciências desatentas ou preocupadas a existência de influências ocultas de operações criminosas da má magia. Bodin não foi ouvido em seu tempo, como também não será agora Eudes de Mirville, porque não basta indicar fenômenos e prejulgar a causa para impressionar os homens sérios; a causa deve ser estudada, explicada e sua existência demonstrada, e é isso que pretendemos fazer. Teremos nós maior êxito?

Pode-se morrer pelo amor de certos seres, como se pode morrer pelo seu ódio; há paixões absorventes sob cuja aspiração nos sentimos desfalecer como aquelas prometidas aos vampiros. Não são apenas os malvados que atormentam os bons, pois os bons, por sua vez, atormentam os malvados. A doçura de Abel era um amplo e penoso feitiço para a ferocidade de Caim. O ódio ao bem entre os malvados procede do próprio instinto de conservação. Aliás, negam que aquilo que os atormenta seja o bem e procuram mostrar-se tranquilos, deificando e justificando o mal; Abel diante de Caim era um hipócrita e um covarde que desonrava a ferocidade humana por suas escandalosas submissões à divindade. Quanto não deve ter sofrido o primeiro assassino antes de perpetrar o espantoso assassinato de seu irmão! Se Abel tivesse podido compreendê-lo, teria ficado amedrontado.

---

43. Jean Bodin (1520-1596) foi um gênio versátil: magistrado, economista, filósofo e demonólogo... até cabalista, como sustenta Levi. Mas, embora tenha sido um grande estudioso da magia e do oculto em geral (sua própria atividade como jurisconsulto o exigia), seria certamente um *equívoco* considerá-lo um mago ou Adepto, pois, embora a magia propriamente dita se distinga da feitiçaria ou bruxaria, é bastante improvável que Bodin, bem como outros assessores diretos ou indiretos da Inquisição, fizesse tal distinção, inclusive judicialmente. Na sua *Demonomania dos Bruxos*, obra-prima da demonologia publicada em 1580, em Paris, Bodin declara a necessidade do extermínio dos bruxos e de todos aqueles que se comoviam com a situação destes. Contaminado pela peste negra, Bodin morreu em 1596.

A antipatia não é outra coisa senão o pressentimento de um possível feitiço, que poderia ser de amor ou de ódio, porque se observa com frequência a antipatia ser sucedida pelo amor. A luz astral nos adverte a respeito das influências vindouras por meio de uma ação exercida sobre o sistema nervoso, mais ou menos sensível e mais ou menos viva. As simpatias instantâneas, os amores fulminantes são explosões de luz astral motivadas exatamente e não menos matematicamente explicáveis e demonstráveis que as descargas elétricas de poderosas baterias elétricas. É possível contemplar em todas as partes quantos e quão graves são os perigos que ameaçam o profano que brinca sem cessar com fogo na proximidade da pólvora que não vê.

Encontramo-nos saturados de luz astral e a projetamos incessantemente para lhe dar lugar e atrair. Os órgãos nervosos destinados seja à projeção, seja à atração são particularmente os olhos e as mãos. A polaridade destas reside no polegar e é por isso que, segundo a tradição mágica conservada ainda nos nossos campos, quando alguém se acha em companhia suspeita, coloca o dedo polegar dobrado e oculto na palma da mão e evita fitar alguém, empenhando-se em ser o primeiro a olhar para aquele de quem tem algo a temer, para evitar, desse modo as projeções fluídicas inesperadas e os olhares fascinantes.

Existem também certos animais que têm a propriedade de romper as correntes de luz astral por meio de uma absorção que lhes é peculiar. Esses animais nos são violenta e decididamente antipáticos c têm cm seu olhar algo que fascina: tais são o sapo, o basilisco e a toupeira. Esses animais aprisionados e levados vivos para nossas casas, ou aí mantidos, são proteções contra as alucinações e as ilusões da embriaguez astral, a *Embriaguez Astral*, expressão que registramos aqui pela primeira vez e que esclarece todos os fenômenos das paixões furiosas, das exaltações mentais e da loucura. .

"Cria sapos e basiliscos, meu caro senhor" – dir-me-ia um discípulo de Voltaire – "leva-os contigo e não escreve mais!" – a isso posso responder que pensarei em tal coisa seriamente quando me sentir disposto a rir do que ignoro e julgar loucos os homens cuja ciência e sabedoria não compreendo.

Paracelso, o maior dos magos cristãos, opunha ao feitiço as práticas de um feitiço contrário. Compunha remédios simpáticos e os aplicava não aos membros doloridos, mas a representações desses próprios membros, formadas e consagradas segundo o cerimonial mágico. O êxito era prodigioso e jamais qualquer outro médico obteve as formidáveis curas de Paracelso.

Mas, Paracelso descobrira o magnetismo muito antes de Mesmer e levara tão luminosa descoberta até as últimas consequências, ou melhor, essa iniciação à magia dos antigos que mais do que nós compreendiam o grande agente mágico e não faziam da luz astral, do *azoth*, da magnésia universal dos sábios um fluido animal e particular emanado somente de alguns seres especiais.

Na sua filosofia oculta, Paracelso combate a magia cerimonial, da qual não ignorava seguramente o terrível poder, mas de que queria, sem dúvida, interditar as práticas a fim de desacreditar a magia negra. Coloca todo o poder de mago no *magnes* interior e oculto. Os mais hábeis magnetizadores de hoje não diriam outro tanto na atualidade. Todavia, Paracelso quer que sejam empregados os signos mágicos e especialmente os talismãs para a cura das enfermidades. Teremos a oportunidade de nos deter nesse assunto, ou seja, os talismãs de Paracelso, no capítulo XVIII, abordando desse modo, segundo Gaffarel, a grande questão da iconografia e da numismática ocultas.

Cura-se também o feitiço mediante a substituição quando essa é possível e mediante a ruptura ou desvio da corrente astral. As tradições da região rural sobre esse ponto são admiráveis e procedem de épocas remotas: são restos dos ensinos dos druidas, os quais tinham sido iniciados nos mistérios da Índia e do Egito por hierofantes viajantes. Sabe-se, pois, em magia vulgar, que um feitiço, ou seja, uma vontade determinada e confirmada para causar o mal, obtém sempre seu efeito e que não pode ser retratada sem perigo de morte. O bruxo que causa a uma pessoa um malefício tem de deter outro objeto na sua maldade, caso contrário ele será também atingido e sucumbirá vítima de seu próprio malefício. Sendo o movimento astral circular, toda emissão azótica ou magnética que não encontra seu *médium* retoma vigorosamente ao seu ponto de partida. É o que explica uma das mais estranhas narrativas de um livro sagrado, aquela dos demônios enviados aos porcos que se precipitaram ao mar. Essa obra da alta iniciação não foi outra coisa senão a ruptura de uma corrente magnética infestada de vontades malvadas. "Eu me chamo legião", dizia a voz instintiva do paciente, "porque somos muitos."

As possessões demoníacas nada mais são do que feitiços e existe em nossos dias uma enorme quantidade de possessos. Um santo religioso e devotado ao serviço dos alienados, o irmão Hilaire Tissot, conseguiu, graças a uma longa experiência e à prática constante das virtudes cristãs, curar muitos enfermos e praticava, sem sabê-lo, o magnetismo de Paracelso. Atribui a maioria das doenças a desordens da vontade ou à influência perversa de vontades estranhas; considera todos os crimes atos de insanidade e deseja que todos os criminosos sejam tratados como enfermos, em lugar de exasperá-los e torná-los incuráveis sob o pretexto de puni-los. Quanto tempo não será necessário transcorrer para que o irmão Hilaire seja reconhecido como um homem de gênio! E quantos homens sérios, ao lerem esse capítulo, não dirão que Hilaire Tissot e eu deveríamos tratar um e outro segundo as ideias que nos são comuns, evitando cuidadosamente a publicação de nossas teorias se não quisermos que nos tomem por médicos dignos de ser enviados aos incuráveis!

"E contudo, gira!" – exclamava Galileu dando com o pé na terra. "Conhecei a verdade e a verdade vos libertará" – disse o Salvador dos homens. Poderíamos acrescentar: Amai a justiça e a justiça vos tornará sãos. Um vício é um veneno, mesmo para o corpo; a verdadeira virtude é um salário de longevidade.

O método dos feitiços cerimoniais varia segundo os tempos e as pessoas e todos os homens artificiosos e dominadores encontram em si mesmos os segredos e a prática, sem mesmo os calcular precisamente, sem refletir nos resultados, ou seja, na sua continuidade. Acatam nisso as inspirações instintivas do grande agente que é assimilado magnificamente, como já dissemos, aos nossos vícios e às nossas virtudes; porém, pode-se dizer geralmente que estamos submetidos às vontades dos demais pelas analogias de nossas inclinações e, sobretudo, de nossas falhas. Acariciar as debilidades de uma individualidade é apoderar-se dela e convertê-la em instrumento na ordem dos mesmos erros e das mesmas depravações. Ora, quando duas naturezas analógicas em falhas subordinam-se uma à outra opera-se uma espécie de substituição do mais fraco pelo mais forte e uma verdadeira obsessão de um espírito pelo outro. Usualmente o fraco debate-se e desejaria rebelar-se, mas depois cai mais baixo do que nunca na servidão. Assim era como Luís XIII conspirava contra Richelieu e logo obtinha até certo ponto sua graça por meio do abandono de seus cúmplices.

Todos temos uma falha dominante que é para nossa alma como o umbigo de seu nascimento pecador e é por ali que o inimigo pode sempre se apoderar de nós: a vaidade em uns, a preguiça em outros e o egoísmo em quase todos. Se um espírito astucioso e perverso se apoderar dessa mola estarás perdido. Então não te converterás em um louco, em um idiota, mas sim, em um alienado na acepção mais forte dessa palavra, ou seja, em um ser submetido a um impulso estranho. Neste estado sentes um horror instintivo por tudo aquilo que poderia te devolver a razão e nem sequer desejas escutar os argumentos contrários a tua demência. Trata-se de uma das mais perigosas enfermidades capazes de afetar o moral humano.

O único remédio aplicável a *esse* tipo de feitiço consiste em apoderar-se da própria loucura, a fim de curá-la e fazer com que o enfermo encontre satisfações imaginárias em uma ordem contrária àquela em que se perdeu. Assim, por exemplo, curar um ambicioso fazendo-o desejar as glórias do céu, remédio místico; curar um malvado por meio de um amor verdadeiro, remédio natural; fazer um vaidoso buscar êxitos honrados, mostrar desinteresse diante do avarento e fazê-los buscar o justo benefício em uma participação honrada em empreendimentos generosos, etc.

Atuando desse modo sobre o moral, a cura de um grande número de enfermidades físicas será exequível porque o moral influi sobre o físico em virtude do axioma mágico: "O que está em cima é como o que está embaixo". Essa é a razão por que o Mestre dizia ao falar de uma mulher paralítica: "Satã a ligou". Uma enfermidade provém sempre de uma falha ou de um excesso e sempre encontrarás na origem de um mal físico uma desordem moral: essa é uma lei invariável da natureza.

17 ב R
A ASTROLOGIA
Stella – Os – Influxus

De todas as artes derivadas do magismo dos antigos, a astrologia é atualmente a mais desconhecida. Já não se crê mais nas harmonias universais e no encadeamento necessário de todos os efeitos com todas as causas. Aliás, a verdadeira astrologia, aquela que está ligada ao dogma universal e único da Cabala, foi profanada pelos gregos e pelos romanos da decadência; a doutrina dos sete céus e três móveis, emanada primitivamente da década sefirótica, os caracteres dos planetas governados por anjos, cujos nomes foram trocados pelos nomes de divindades do paganismo, a influência das esferas umas sobre as outras, a fatalidade unida aos números, a escala de proporção entre as hierarquias celestes correspondentes às hierarquias humanas, tudo, tudo isso foi materializado e transformado em superstição pelos genetlíacos e os tiradores de horóscopos da decadência e da Idade Média. Resgatar para a astrologia sua primitiva pureza seria, até certo ponto, criar uma nova ciência. Tratemos, portanto, de simplesmente indicar seus princípios primeiros acompanhados de suas consequências mais imediatas e mais próximas.

Já dissemos que a luz astral recebe e conserva todas as marcas das coisas visíveis. Disso resulta que a disposição cotidiana do céu se reflete nessa luz, que sendo o agente principal da vida, opera por uma série de órgãos destinados a esse fim pela natureza, a concepção, o embrionato e o nascimento das crianças. Ora, se essa luz for bastante pródiga em imagens para dar ao fruto de uma gravidez as marcas visíveis de uma fantasia ou de um deleite materno, com maior razão deverá transmitir ao temperamento, ainda mutável e incerto do recém-nascido, as impressões atmosféricas e as influências diversas que resultem em um dado momento em todo o sistema planetário desta ou daquela disposição particular dos astros.

Nada é indiferente na natureza. Um pedregulho a mais ou a menos em uma estrada pode comprometer ou alterar profundamente os destinos dos grandes homens, ou ainda dos maiores impérios; com maior razão, a posição desta ou daquela estrela no céu não poderia ser indiferente com relação ao destino da criança que nasce e que adentra por meio de seu nascimento a harmonia universal do mundo astral. Os astros estão encadeados uns aos outros pelas atrações que os mantêm em equilíbrio e os fazem mover-se regularmente no espaço; essas redes de luz percorrem todas as esferas e não existe um só ponto em cada planeta ao qual não esteja unido um desses fios indestrutíveis. O lugar preciso e a hora do nascimento devem ser perfeitamente calculados pelo verdadeiro Adepto em astrologia; em seguida, quando se tenha feito o cálculo exato das influências astrais, restará considerar as probabilidades de estado, ou seja, as facilidades ou barreiras que a criança deve encontrar um dia no seu estado, em seus pais, em seu caráter, no temperamento que herdou dos pais e consequentemente em suas disposições naturais para o cumprimento de seu destino; e, contudo, terá de levar em conta a liberdade humana e sua iniciativa, se a criança chegar um dia a ser verdadeiramente um homem capaz de escapar por uma poderosa vontade às influências fatais e aos grilhões do destino. Pode-se ver que não concedemos demasiado à astrologia, mas, em contrapartida, o que lhe atribuímos é incontestável: o cálculo científico e mágico das probabilidades.

A astrologia é tão antiga ou mais antiga ainda do que a astronomia e todos os sábios da Antiguidade viva lhe renderam a mais completa confiança. Não há como, portanto, condenar ou desprezar levianamente o que nos chega circundado e sustentado por autoridades tão respeitáveis.

Longas e pacientes observações, confrontos concludentes e experiências frequentemente reiteradas devem ter conduzido os antigos sábios a suas conclusões, e seria necessário, no intuito de refutá-las, principiar em sentido inverso o mesmo trabalho. Paracelso foi, talvez, o último grande astrólogo prático; curava doenças por meio de talismãs formados sob influências astrais e reconhecia em todos os corpos a marca da estrela dominante, e essa era, segundo ele, a verdadeira medicina universal, a ciência absoluta da natureza perdida por causa dos homens e apenas encontrada de novo por um pequeno número de iniciados. Reconhecer o signo de cada estrela nos homens, nos animais e nas plantas constitui a verdadeira ciência natural de Salomão, essa ciência considerada perdida e cujos princípios foram, entretanto, conservados como todos os demais segredos nos simbolismos da Cabala. Percebe-se que para ler o que está escrito nas estrelas é preciso conhecer as próprias estrelas, conhecimento que se obtém pela *domificação* cabalística do céu e pelo conhecimento do planisfério cabalístico, encontrado e explicado por Gaffarel. Neste planisfério, as constelações formam letras hebraicas e as figuras mitológicas podem ser substituídas pelos símbolos do tarô. É a esse mesmo planisfério que Gaffarel vincula a origem da escrita dos patriarcas, que teriam encontrado nas cadeias de atração dos astros os primeiros delineamentos dos caracteres primitivos; o livro do céu teria falado, portanto, servindo de modelo ao de Enoque, e o alfabeto cabalístico seria o resumo de todo o céu. Nisto não há falta de poesia e nem, especialmente, de probabilidades, e o estudo do tarô, que é evidentemente o livro primitivo e hieroglífico de Enoque, como o entendeu o sábio Guillaume Postel, bastaria para nos convencer disso.

Os signos impressos na luz astral pelo reflexo e a atração dos astros se produzem, portanto, como o descobriram os sábios, sobre todos os corpos que se formam mediante o concurso dessa luz. Os homens portam os sinais de sua estrela sobretudo na fronte e nas mãos; os animais, em sua configuração inteira e em seus signos particulares; as plantas deixam-nos os entrever em suas folhas e seus grãos; os minerais em suas veias e no aspecto de seus cortes.

O estudo desses caracteres constituiu o trabalho de toda a vida de Paracelso e as figuras de seus talismãs são o resultado de suas investigações; contudo, ele não nos transmitiu a chave e o alfabeto cabalístico astral com suas correspondências permanece, assim, por fazer; a ciência da escrita mágica não convencional se deteve, para a publicidade, no planisfério de Gaffarel.

A arte séria da adivinhação repousa, por completo, no conhecimento desses signos. A quiromancia é a arte de ler nas linhas das mãos o que está escrito nas estrelas e a metoposcopia busca os mesmos caracteres, ou outros análogos, na fronte dos consultantes. Efetivamente, os vincos formados na face humana pelas contrações nervosas são fatalmente determinados e a irradiação do tecido nervoso é absolutamente análoga a essas redes formadas entre os mundos pelas cadeias de atração das estrelas.

As fatalidades da vida estão escritas, portanto, necessariamente em nossas rugas e são reconhecidas, frequentemente à primeira vista, sobre a fronte de um desconhecido uma ou muitas letras misteriosas do planisfério cabalístico. Tal letra é todo um pensamento e esse pensamento deve dominar a existência desse homem. Se a letra não estiver muito clara e estiver gravada penosamente haverá conflito nele entre a fatalidade e a vontade e já em suas emoções e suas tendências mais fortes, todo o seu passado se revela ao mago; o futuro é então fácil de ser conjeturado e, se os acontecimentos por vezes ludibriam a sagacidade do adivinho, o consultante não fica menos assombrado e persuadido da ciência sobre-humana do Adepto.

A cabeça humana é feita com base no modelo das esferas celestes; atrai e irradia e é ela que na concepção da criança se manifesta e se forma primeiramente.

Sofre, pois, de uma maneira absoluta a influência astral e testemunha, por suas diversas protuberâncias, suas diversas atrações. A frenologia deve, portanto, encontrar sua última palavra na astrologia científica e depurada, da qual submetemos os problemas à paciência e boa-fé dos sábios.

Segundo Ptolomeu, o Sol seca e a Lua umedece; segundo os cabalistas, o Sol representa a justiça rigorosa e a Lua é simpática à misericórdia. É o Sol que forma as tempestades; é a Lua que, por meio de uma espécie de doce pressão atmosférica, faz crescer e decrescer e como que respirar o mar. Lê-se no Zohar, um dos grandes livros sagrados da Cabala, que "a serpente mágica, filha do sol, ia devorar o mundo quando o mar, filho da Lua, pôs-lhe o pé sobre a cabeça e a dominou". É por isso que entre os antigos, Vênus era filha do mar, como Diana era idêntica à Lua; também por isso o nome Maria significa estrela do mar ou sal do mar.

Para consagrar esse dogma cabalístico nas crenças do vulgo se disse em linguagem profética: "É a mulher que deve esmagar a cabeça da serpente".

Jerôme Cardan, um dos mais audazes investigadores e, sem dúvida, o astrólogo mais hábil de seu tempo e que foi, a darmos crédito à lenda em torno de sua morte, o mártir de sua fé na astrologia, deixou um cálculo por meio do qual todos podem prever a boa ou má sorte de todos os anos de sua vida. Apoiou sua teoria nas próprias experiências e afirma que tal cálculo jamais o enganou. Para saber, assim, qual será a boa ou má sorte de um ano, resume os eventos daqueles que o precederam em 4, 8, 12, 19 e 30; o número 4 é o da realização; o 8 o de Vênus ou o das coisas naturais; o 12, que é o do ciclo de Júpiter, corresponde aos êxitos, aos bons acontecimentos; ao 19 correspondem os ciclos da Lua e de Marte e o número 30 é o de Saturno, ou seja, o da fatalidade.

Assim, por exemplo, quero saber o que acontecerá a mim neste ano de 1855. Repassarei em minha memória tudo quanto me ocorreu de decisivo e real na ordem do progresso e da vida de agora há quatro anos; o que me ocorreu de afortunado ou desafortunado de um modo natural há oito anos; o que se pode contar como êxitos ou infortúnios há 12 anos, as vicissitudes, as desgraças ou enfermidades que me aconteceram há 19 anos e o que experimentei de triste e fatal há 30 anos. Depois, considerando fatos irrevogavelmente acontecidos e os progressos da idade, somo as análogas probabilidades às que já devo à influência dos próprios planetas e digo: em 1851 tive ocupações medíocres, mas suficientemente lucrativas, com alguns apuros; em 1847 me vi violentamente separado de minha família, acarretando essa separação grandes sofrimentos para os meus e para mim; em 1843 viajei como apóstolo, falando ao povo, e fui perseguido por pessoas mal-intencionadas; fui, em duas palavras, honrado e proscrito; por último, em 1825, a vida familiar para mim cessou e passei definitivamente a uma via fatal, que me conduziu à ciência e à desgraça. Posso, por conseguinte, crer que terei esse ano trabalho, pobreza, penas, exílio do coração, mudanças de lugar, publicidade e contradições, acontecimento decisivo para o resto de minha existência e encontro já no presente todo tipo de razões para crer nesse porvir. Concluo que para mim e no que se refere ao ano presente a experiência confirma perfeitamente a exatidão do cálculo astrológico de Cardan.

Esse cálculo se refere, ademais, ao dos anos climatéricos, ou melhor, *climatéricos* dos antigos astrólogos. *Climatéricos* quer dizer dispostos em escala ou calculados segundo os degraus de uma escada. João Tritêmio, em seu livro *Das Causas Segundas*, calculou muito curiosamente a volta dos anos felizes ou funestos para todos os impérios do mundo. Faremos uma análise exata e mais clara do que o próprio livro, no capítulo XXI de nosso *Ritual*, com a continuação do trabalho de Tritêmio até nossos dias e a aplicação de sua escala mágica aos acontecimentos contemporâneos para deduzir as probabilidades mais espantosas relativamente ao futuro próximo da França, da Europa e do mundo.

Segundo todos os mestres da Astrologia, os cometas são as estrelas dos heróis excepcionais e só se aproximam da Terra para anunciar grandes transformações. Os planetas presidem aos conjuntos de seres e modificam os destinos das gerações de homens; as estrelas mais distantes e mais débeis em sua ação atraem as pessoas e decidem quanto às suas tendências; algumas vezes um grupo inteiro de estrelas influi no destino de um só homem e muitas vezes um grande número de almas se vê atraído pelo raio afastado de um mesmo sol. Quando morremos, nossa luz interior se vai, seguindo a atração de sua estrela, sendo desse modo que revivemos em outros universos, onde a alma confecciona uma nova vestimenta, análoga aos progressos ou regressões de sua beleza, porque nossas almas, separadas de nossos corpos, assemelham-se às estrelas errantes e são glóbulos de luz animada em busca constante de seu centro para achar seu equilíbrio e seu movimento; mas antes devem se desprender dos anéis da serpente, ou seja, da luz astral não depurada que as circunda e as aprisiona enquanto a força da vontade não as eleva. A imersão da estrela viva na luz morta é um suplício hediondo, somente comparável ao de Mezêncio. A alma congela-se e se abrasa aí ao mesmo tempo e não dispõe de outro meio de desprender-se senão voltando a entrar na corrente das formas exteriores e adquirir um invólucro carnal, e lutar depois com energia contra os instintos para afirmar a liberdade moral que lhe permitirá, no momento da morte, romper as cadeias da Terra e voar triunfante para o astro consolador cuja luz lhe sorriu.

A partir disso se compreende o que é o fogo do inferno, idêntico ao Demônio, ou à antiga serpente, no que consiste a salvação ou a reprovação dos homens, todos chamados e todos sucessivamente eleitos, contudo em pequeno número, depois de terem sido expostos por sua falta a cair no fogo eterno.

Tal é a grande e sublime revelação dos magos, revelação matriz de todos os símbolos, de todos os dogmas, de todos os cultos.

Pode-se ver também como Dupuis se equivocava quando acreditava serem todas as religiões provenientes exclusivamente da astronomia. Pelo contrário, é a astronomia que se originou da astrologia e a astrologia primitiva é uma das ramificações da Santa Cabala, a ciência das ciências e a religião das religiões.

Assim se vê na página 17 do tarô uma admirável alegoria: uma mulher nua, que representa simultaneamente a Verdade, a Natureza e a Sabedoria, sem véu, inclinando duas ânforas para a terra, vertendo fogo e água; acima de sua cabeça brilha o setenário estrelado ao redor de uma estrela de oito raios, a de Vênus, símbolo de paz e de amor; em torno da mulher as plantas da terra verdejam e sobre uma dessas plantas vem pousar-se a borboleta de Psiquê, emblema da alma, substituída em algumas cópias do livro sagrado por um pássaro, símbolo egípcio e provavelmente mais antigo.

Essa figura, que no tarô moderno se intitula Estrela Brilhante, é análoga a muitos símbolos herméticos e não deixa de guardar analogias com a estrela flamejante dos iniciados da Franco-Maçonaria, expressando a maior parte dos mistérios da doutrina secreta dos rosa-cruzes.

18 ש S
OS FILTROS E SORTILÉGIOS
Justitia – Mysterium – Canes

Abordaremos agora o mais criminoso abuso que se pode fazer das ciências mágicas: a magia, ou melhor, a bruxaria envenenadora. É preciso que se compreenda que escrevemos isto para prevenir e não para ensinar.

Se a justiça humana, ao perseguir os Adeptos, tivesse se limitado aos necromantes e bruxos ou feiticeiros envenenadores, é certo, como já o asseveramos, que seus rigores não houvessem sido excessivos contra tais celerados.

Todavia, não se deve crer que o poder de vida e de morte que pertence secretamente ao mago tenha sido sempre exercido para satisfazer alguma vingança covarde, ou uma concupiscência ainda mais covarde. Na Idade Média, como no mundo antigo, as associações mágicas fulminaram, com frequência, ou fizeram perecer lentamente os reveladores ou profanadores dos mistérios, e quando o punhal mágico devia se omitir, quando o derramamento de sangue era para se temer, então a água *Toffana*, os ramalhetes perfumados e as túnicas de Nessus e outros instrumentos de morte, mais desconhecidos e mais estranhos, serviam para executar cedo ou tarde a terrível sentença dos franco-juízes.

Já dissemos que existe na Magia um grande e indizível arcano que não é comunicado jamais entre Adeptos e que, sobretudo, é imperioso impedir que os profanos adivinhem; em outros tempos, aquele que revelasse ou tornasse acessível aos outros, mediante revelações imprudentes, a chave desse arcano supremo era condenado imediatamente à morte e obrigado, amiúde, ele mesmo a executar a sentença.

O famoso jantar profético de Cazotte, descrito por La Harpe, ainda não foi compreendido e La Harpe ao narrá-lo cedeu ao desejo, bastante natural, certamente, de impressionar seus leitores dando maiores detalhes. Todos os homens que participaram desse jantar, à exceção de La Harpe, eram iniciados e reveladores, ou ao menos profanadores dos mistérios.

Cazotte, mais elevado que todos eles na escala da iniciação, pronunciou seu decreto de morte em nome do Iluminismo e tal decreto foi, embora diversamente, rigorosamente executado, como outros decretos semelhantes já o haviam sido muitos anos e muitos séculos antes contra o abade de Villars, Urbain Grandier e tantos outros, e os filósofos revolucionários pereceram, como também deviam perecer Cagliostro, abandonado nas prisões da Inquisição, o grupo místico de Catarina de Teos, o imprudente Schroepffer, obrigado a se suicidar em meio aos seus triunfos mágicos e a admiração mundial, o desertor Kotzebüe, apunhalado por Carl Sand e tantos outros, cujos cadáveres são encontrados sem que se saiba a causa de sua morte súbita e sangrenta.

Está bem fresco, ainda, em nossa memória o estranho discurso que dirigiu ao próprio Cazotte, ao condená-lo à morte, o presidente do tribunal revolucionário, seu confrade e coiniciado.

O enredo terrível do drama de 1793 está, ainda, oculto no santuário mais obscuro das sociedades secretas; aos Adeptos de boa-fé que queriam emancipar o povo, outro Adeptos de uma seita contrária, ligados a tradições mais antigas, fizeram uma oposição terrível por meios análogos aos de seus adversários: tornaram impossível a prática do grande arcano ao desmascarar a teoria.

A multidão não compreendeu nada, mas desconfiou de todos e desceu, via desânimo, mais baixo do que onde se encontrava.

O grande arcano se tornou mais desconhecido do que nunca. Apenas os Adeptos, neutralizados uns pelos outros, ficaram impossibilitados de exercer o poder, seja para subjugar os outros, seja para libertar a si mesmos; condenaram-se, pois, mutuamente, como traidores e se entregaram uns aos outros ao exílio, ao suicídio, ao punhal e ao cadafalso.

Perguntar-me-ão, talvez, se perigos tão terríveis ameaçam em nossos dias seja os intrusos do santuário oculto, seja os reveladores do arcano. Por que deverei responder à incredulidade dos curiosos? Se me exponho a uma morte violenta para instruí-los, não me salvarão certamente; se têm medo por si mesmos, que se abstenham de toda investigação imprudente – é tudo que posso dizer-lhes.

Voltemos à magia envenenadora.

No romance O *Conde de Monte Cristo*, Alexandre Dumas revelou certas práticas dessa ciência funesta. Não repetiremos, depois dele, as lamentáveis teorias, a saber, como envenenar as plantas, sendo que os animais que delas se alimentam adquirem uma carne enfermiça, podendo, ao servir, por sua vez, de alimento aos homens, provocar a morte destes, sem que permaneça o vestígio de um veneno. Nós nos calaremos quanto a revelar como, mediante unções venenosas, pode-se envenenar as paredes das moradias e como por meio de fumigações pode-se tornar venenoso o ar que se respira, o que requer o emprego da máscara de vidro de Santa Cruz por parte do operador. Relegaremos à Canídia seus mistérios detestáveis e não investigaremos até que ponto os rituais infernais de Sagana aprimoram a arte de Locusta. Será o bastante dizer que esses malfeitores da pior estirpe destilavam em conjunto o *vírus* de doenças contagiosas, a peçonha de répteis e o suco deletério de certos vegetais, que extraíam do cogumelo seu humor narcótico e viscoso, que os princípios de sufocação eram por eles extraídos da *Datura stramonium*, que obtinham do pessegueiro e do loureiro-amendoeiro um veneno tão letal a ponto de uma única gota ser suficiente para matar instantaneamente (se administrada na língua ou ouvido) o mais saudável e vigoroso dos seres vivos; levavam ao ponto de ebulição uma mistura de suco branco de titímalo e leite em que afogavam previamente víboras e áspides; de suas viagens traziam, após meticulosa colheita, a seiva venenosa de uma árvore das Antilhas que, por vezes, encomendavam por preços muito elevados, bem como frutos de Java, o suco de mandioca e outros venenos; o sílex era reduzido a pó, a baba seca dos répteis era misturada com cinzas impuras; compunham poções repugnantes empregando o vírus de jumentos tomados pela raiva e as secreções de cadelas no cio; o sangue humano era mesclado com drogas repelentes, obtendo-se com isso um óleo do qual o mero odor causava a morte, o que lembra a torta burbônica de Panurgo. Chegavam a escrever receitas de envenenamento disfarçadas no jargão da alquimia e em mais de um velho compêndio considerado hermético, o que se diz ser o segredo do pó de projeção não passa de pó de sucessão.

No *Grande Grimório* pode-se ainda encontrar uma destas receitas, menos disfarçadas do que as outras, tendo como título apenas *Meio de confeccionar ouro*. Trata-se de uma temível decocção de verdete, vitríolo, arsênico e serragem de madeira, a qual, para ser apropriada, deverá provar-se capaz de dar fim imediatamente a um galho que nela for embebido e corroer celeremente um prego. Na sua *Magia Natural*, João

Batista Porta oferece uma receita do veneno dos Bórgias. Mas, como se deduz com acerto, caçoa do público e não divulga a verdade, realmente bastante perigosa nesse assunto. Com o único intuito de satisfazer a curiosidade de nossos leitores, podemos dar aqui a receita de Porta.

O sapo, ele próprio não venenoso, é entretanto uma esponja de venenos: é o fungo do reino animal. Arranja, pois, um grande sapo – diz Porta – e o aprisiona com víboras e áspides em uma garrafa; alimenta todos eles durante muitos dias com fungos venenosos, digital e cicuta; depois disso, passa a irritá-los, espancando-os, queimando-os e submetendo-os a tormentos de toda sorte até matá-los de raiva e fome; em seguida, salpica-os com espuma de cristal em pó e eufórbio, depois do que deverás colocá-los em uma redoma perfeitamente fechada, eliminando devagar toda a umidade dos corpos por meio do fogo; depois da incineração, aguardarás que esfrie e procederás à separação da cinza dos cadáveres do pó incombustível que tiver permanecido no fundo da redoma: o resultado diante de ti serão dois venenos, um líquido e outro pulverizado. O líquido terá a mesma eficácia da água *Toffana*,* o veneno em pó, administrado na dosagem simples de uma só pitada na bebida causará um processo de desidratação e envelhecimento rapidíssimo de alguns dias na vítima, fazendo-a morrer em meio à agonia ou atonia geral. Não há como negar que tal receita tem um aspecto mágico dos mais disformes e mais negros e lembra, trazendo indignação aos nossos corações, as cozinhas ignominiosas e abomináveis de Canídia e Medeia.

Tais pós, supostamente recebidos no sabá pelos feiticeiros da Idade Média, eram também os que eles vendiam a elevado preço aos ignorantes e odientos: era pela tradição de tais mistérios que espalhavam o espanto nos campos e chegavam a lançar malefícios. Quando a imaginação era ferida, o sistema nervoso atacado, a vítima sucumbia depressa, e até o terror de seus pais e seus amigos abreviava sua perda.

O feiticeiro e a feiticeira eram quase sempre uma espécie de sapo humano, inchado de rancores inveterados: eram pobres, eram repelidos por todos e, por consequência, odiavam.

O temor que inspiravam era seu consolo e sua vingança. Envenenados eles próprios por uma sociedade da qual só haviam conhecido as escórias e os vícios, envenenavam por sua vez aqueles que eram suficientemente fracos para temê-los e vingavam na juventude e na beleza sua velhice maldita e sua fealdade imperdoável. Somente a realização dessas obras de maldade e o cumprimento desses repugnantes mistérios

---

* N.T.: Veneno muito em voga na Itália nos séculos XVI e XVII, quase certamente uma solução de ácido arsenioso. (NT)

constituíam e confirmavam o que então era chamado de pacto com o espírito do mal.

É certo que o operador devia pertencer de corpo e alma ao mal e que merecia a justo título a censura universal e irrevogável exibida pela alegoria do inferno.

Que as almas humanas tenham descido a esse grau de perversidade e de demência nos deve assombrar e sem dúvida afligir, mas não é necessário uma profundidade para servir de apoio à altura das mais excelsas virtudes e o abismo dos infernos não demonstra por antítese a elevação e a grandeza do céu?

No norte, onde os instintos estão mais reprimidos e são mais vivazes; na Itália, onde as paixões são mais expansivas e mais ardentes, os sortilégios e o olho gordo são ainda temidos; em Nápoles não se enfrenta impunemente a *jettatura* e, inclusive, se reconhece por meio de certos sinais externos os seres que desgraçadamente estão dotados desse poder.

Para se proteger contra ela é preciso portar chifres à cabeça – dizem os especialistas – e o povo, que tudo toma ao pé da letra, apressa-se em exibi-los como adorno, sem se deter no sentido da alegoria.

Figura 7 – Os pentáculos de Ezequiel e Pitágoras

Os cornos, atributos de Júpiter Amon, Baco e Moisés, são os símbolos do poder moral ou do entusiasmo e os magos querem dizer que para evitar a *jettatura* é mister subjugar com uma grande audácia, mediante um grande entusiasmo ou por meio de um grande pensamento a corrente fatal dos instintos. É assim que quase todas as superstições populares são interpretações profanas de algum axioma ou de algum maravilhoso arcano da sabedoria oculta.

Pitágoras, ao registrar seus admiráveis símbolos, não legou aos sábios uma filosofia perfeita e ao vulgo uma nova série de vãs observâncias e práticas ridículas? Assim, quando dizia "Não pises no que cai da mesa, não cortes as árvores do grande caminho, não mates a serpente que caiu em teu quintal", não oferecia, sob transparentes alegorias, os preceitos da caridade, seja social, seja particular? E quando dizia "Não te olhes no espelho sob a luz da tocha", não era um modo engenhoso de ensinar o verdadeiro conhecimento de si mesmo, que não podia existir mediante as luzes fictícias e os preconceitos dos sistemas?

O mesmo sucede com os demais preceitos de Pitágoras que, como se sabe, foram seguidos literalmente por uma multidão de discípulos imbecis, a ponto de nas observâncias supersticiosas de nossas províncias existir um grande número de superstições que remontam à inteligência primitiva dos símbolos de Pitágoras.

Superstição provém de uma palavra latina que quer dizer *sobreviver*. É o signo que sobrevive ao pensamento; é o cadáver de uma prática religiosa. A superstição é para a iniciação o que a ideia do Diabo é para a ideia de Deus. É nesse sentido que o culto das imagens é proibido e porque o dogma mais santo, em sua concepção primeira, pode se converter em superstição e impiedade quando se perderam sua inspiração e espírito.

Então é quando a religião, sempre una como a razão suprema, muda suas vestes e troca os antigos ritos pela cobiça e a farsa dos decaídos, metamorfoseados por sua maldade e sua ignorância em charlatães e farsistas.

Os emblemas e os caracteres mágicos cujo sentido não é mais compreendido e que são gravados fortuitamente sobre amuletos e talismãs podem ser comparados às superstições. As imagens mágicas dos antigos eram pentáculos, isto é, sínteses cabalísticas. A roda de Pitágoras é um pentáculo análogo ao das rodas de Ezequiel e ambas as figuras contêm os mesmos segredos e a mesma filosofia – é a chave de todos os pentáculos e já nos referimos a isto. Os quatro animais, ou melhor, a esfinge de quatro cabeças do mesmo profeta é idêntica a um admirável símbolo indiano, do qual apresentamos o desenho e que se refere à ciência do grande arcano. São João, em seu Apocalipse, copiou e ampliou Ezequiel e todas as figuras monstruosas desse livro maravilhoso são outros tantos pentáculos mágicos, dos quais os cabalistas encontram facilmente a chave. Contudo, os cristãos, tendo desprezado a ciência com o desejo de aumentar a fé, quiseram ocultar posteriormente as origens de seu dogma e condenaram ao fogo todos os livros de Cabala e de magia. Destruir os originais é outorgar uma espécie de originalidade às cópias e, indubitavelmente, disto sabia São Paulo perfeitamente quando, imbuído talvez das intenções mais louváveis, realizou seu auto de fé científico em Éfeso. É assim que seis séculos depois o crente Omar sacrificaria em nome da originalidade do Corão a biblioteca de Alexandria, e quem sabe no porvir um futuro apóstolo não queira incendiar nossos museus literários e confiscar a imprensa em benefício de alguma predileção religiosa e de alguma lenda em que novamente se acredite?

O estudo dos talismãs e dos pentáculos é um dos mais curiosos ramos da magia e está ligado à numismática histórica. Existem talismãs indianos, egípcios e gregos, medalhas cabalísticas provenientes dos hebreus, antigos e modernos, abraxas gnósticos, amuletos bizantinos, moedas ocultas em uso entre os membros das sociedades secretas e chamadas, às vezes, de *senhas do sabá*, medalhas dos templários e joias dos franco-maçons. Coglieno, em seu *Tratado das Maravilhas da Natureza*, descreve os talismãs de Salomão e os do rabino Chael. O desenho de muitos outros deles, dos mais antigos, foi registrado nos calendários mágicos de Tycho Brahe e de Duchenteau, e deve ser reproduzido na totalidade ou em parte nos fastos iniciáticos de J. M. Ragon, trabalho extenso e sábio que recomendamos aos nossos leitores.

19 ק T
A PEDRA DOS FILÓSOFOS
ELAGÁBALA
Vocatio – Sol – Aurum

Os antigos adoravam o Sol sob forma de uma pedra negra, à qual davam o nome de *Elagábala* ou *Heliogábala*. Qual era o significado desta pedra e como podia ser ela a imagem do mais brilhante dos astros? Os discípulos de Hermes, antes de prometer a seus adeptos o elixir da longa vida ou o pó de projeção, lhes recomendavam que buscassem a *pedra filosofal*. O que é essa pedra e por que uma pedra?

O grande iniciador dos cristãos convida seus fiéis a edificar sobre a pedra, se não quiserem ver suas construções derrubadas. Ele próprio se nomeia a pedra angular e diz ao mais crente dos apóstolos: "Tu és Pedro e és a pedra sobre a qual edificarei minha igreja".

Essa *pedra*, dizem os mestres de alquimia, é o verdadeiro sal dos filósofos, que entra em um terço na composição do *azoth*. Ora, AZOTH é, como se sabe, o nome do grande agente hermético e do verdadeiro agente filosofal; por isso eles representaram seu sal sob a forma de uma pedra cúbica, como se pode ver nas 12 chaves de Basile Valentin ou nas alegorias de Trevisan.

O que é, entretanto, tal pedra? É o fundamento da filosofia absoluta; é a suprema e inquebrantável razão. Antes de cogitar da obra metálica, é necessário estar fixado sempre sobre os princípios absolutos da sabedoria, é necessário possuir essa razão, que é a pedra de toque da verdade. Jamais um homem com preconceitos poderá chegar a ser rei da natureza e mestre em transmutações. A pedra filosofal é assim necessária, mas como encontrá-la? Hermes no-lo disse em sua Tábua de Esmeralda: "É necessário separar o sutil do espesso, com um grande cuidado e atenção extremada".⁴⁴ Assim, portanto, devemos desvincular nossas certezas de nossas crenças e distinguir bem os domínios da ciência dos domínios da fé; compreender bem que não conhecemos as coisas em que cremos e que não cremos desde já em nenhuma das coisas que chegamos a saber, e que, assim, a essência das coisas da fé é o desconhecido e o indefinido, enquanto que ocorre o contrário nas coisas da ciência. É preciso, pois, concluir que a ciência repousa sobre a razão e a experiência, enquanto que a fé tem por base o sentimento e a razão. Em outros termos, a pedra filosofal é a verdadeira certeza que a prudência humana assegura às pesquisas conscientes e à dúvida modesta, enquanto que o entusiasmo religioso o proporciona exclusivamente à fé. Ora, ela não pertence nem à razão sem aspirações, nem às aspirações irrazoáveis; a verdadeira certeza é a aquiescência recíproca da razão que sabe ao sentimento que crê e do sentimento que crê à razão que sabe. A aliança definitiva da razão e da fé resultará não de sua distinção e de sua separação absolutas, mas de seu exame recíproco e de seu fraternal concurso. Tal é o sentido das duas colunas do pórtico de Salomão, das quais uma se chama *Jakin* e a outra *Bohas*, uma branca e a outra negra. São distintas, estão separadas e, na aparência, são contrárias; porém, se a força cega deseja reuni-las, aproximando-as, a abóbada do templo desmoronará, porque separadas constituem uma mesma força e reunidas são duas forças que se destroem mutuamente. É por essa mesma razão que o poder espiritual se enfraquece no momento em que quer usurpar o temporal e o poder temporal perece vitimado de suas ab-rogações sobre o poder espiritual. Gregório VII perdeu o papado e os reis cismáticos perderam e perderão a monarquia. O equilíbrio humano tem necessidade de dois pés, os mundos gravitam mediante duas forças, a geração exige dois sexos. Tal é o sentido do arcano de Salomão, representado pelas duas colunas do templo *Jakin* e *Bohas*.

O Sol e a Lua dos alquimistas correspondem ao mesmo símbolo e concorrem para o aperfeiçoamento e a estabilidade da pedra filosofal. O Sol é o signo hieroglífico da verdade porque é o manancial visível da luz e a pedra bruta é o símbolo da estabilidade. Por essa razão, os antigos magos tomavam a pedra Elagábala pela própria figura do Sol e é por isso também que os alquimistas da Idade Média indicavam a pedra filosofal como o primeiro meio de confeccionar o ouro filosófico, ou seja, a transformação de todos os poderes vitais, figurados pelos seis metais, no Sol, ou seja, em verdade e em luz, primeira e indispensável

---

44. O texto exato é: "Separarás a Terra do Fogo, o sutil do espesso, docemente, com grande indústria".

operação da grande obra, que conduz às adaptações secundárias, e que faz, pelas analogias da natureza, encontrar o ouro natural e grosseiro aos criadores do ouro espiritual e vivo, aos possuidores do verdadeiro sal, do verdadeiro mercúrio e do verdadeiro enxofre filosófico.

Encontrar a pedra filosofal é, portanto, ter encontrado o absoluto, como dizem todos os mestres. Ora, o absoluto é o que não admite erros, é o fixo do volátil, é a regra da imaginação, é a própria necessidade do ser, é a lei imutável da razão e da verdade; o absoluto é o que é. Bem, o que existe, existe de certo modo, antes daquilo que é. O próprio Deus não existe sem razão de ser e só pode existir em virtude de uma suprema e inevitável razão. É, pois, essa razão o que é o absoluto; é nela que devemos crer se queremos que nossa fé tenha uma base razoável e sólida. Pôde-se afirmar em nossos dias que Deus não passa de uma hipótese, porém a razão absoluta não o é e é essencial ao ser.

Santo Tomás disse: "Uma coisa não é justa porque Deus a quer, mas sim Deus a quer porque é justa". Se Santo Tomás tivesse deduzido logicamente todas as consequências de tão belo pensamento, teria encontrado a pedra filosofal e em lugar de limitar-se a ser anjo da escola teria sido seu reformador.

Crer na razão de Deus e no Deus da razão é tornar o ateísmo impossível. Foram os idólatras que fizeram os ateus. Quando Voltaire dizia: "Se Deus não existisse, teriam de inventá-lo", sentia que não compreendia a razão de Deus. Existe realmente Deus? Nós não sabemos nada disso, mas desejamos que assim seja, e por isso cremos em sua existência. A fé assim formulada é uma fé razoável porque admite a dúvida da ciência e, realmente, cremos apenas nas coisas que nos parecem prováveis, mesmo quando não as conhecemos. Pensar diferentemente é delirar; falar diferentemente é exprimir-se como iluminado ou fanático. Ora, não é a tais pessoas que a pedra filosofal é prometida.

Os ignorantes que desviaram o Cristianismo de seu caminho, substituindo a ciência pela fé, a experiência pelo sonho, a realidade pelo fantástico; os inquisidores que durante séculos e séculos efetivaram contra a magia uma guerra de extermínio conseguiram cobrir de trevas as antigas descobertas do espírito humano, de tal modo que hoje caminhamos tateando para voltar a encontrar a chave dos fenômenos da natureza. Ora, todos os fenômenos naturais dependem de uma única e imutável lei, representada também pela pedra filosofal e, especialmente, por sua forma simbólica, que é o cubo. Essa lei, expressa na Cabala pelo quaternário, suprira os hebreus com todos os mistérios do seu tetragrama divino. Pode-se, portanto, dizer que a pedra filosofal é quadrada em todos os sentidos, como a Jerusalém celeste de São João e que de um lado tem escrito o nome de שדמה e em outro o de Deus; sobre uma de suas faces o de ADÃO e sobre a outra o de EVA e depois os de AZOTH e INRI sobre os outros dois lados. No frontispício de uma tradução francesa de um livro do sr. de Nuissement acerca do sal filosófico, vê-se o espírito da terra de pé sobre um cubo percorrido por línguas de fogo; seu falo é um caduceu e ele tem sobre o peito o Sol e a Lua, à direita e à esquerda; é barbudo, está coroado e tem um cetro na mão. É o *azoth* dos sábios sobre o pedestal de sal e de enxofre. Coloca-se, às vezes, nessa imagem, a cabeça simbólica do bode de Mendes; é o Bafomé dos templários, o bode do sabá e o verbo dos gnósticos; imagens estranhas que serviram de espantalhos para o vulgo, depois de terem servido de meditações para os sábios; hieróglifos inocentes do pensamento e da fé, que também serviram de pretexto para os furores das perseguições. Quão infelizes são os homens em sua ignorância, mas quanto desprezariam a si mesmos se chegassem a conhecê-la!

20 ר U
A MEDICINA UNIVERSAL
Caput – Ressurrectio – Circulus

A maior parte de nossas enfermidades físicas procede de nossas enfermidades morais, segundo o dogma mágico único e universal e em razão da lei das analogias.

Uma grande paixão pela qual alguém se deixe subjugar corresponde sempre a uma grande enfermidade que se prepara a si próprio. Os pecados *mortais* assim são chamados porque física e positivamente causam a morte.

Alexandre Magno morreu de orgulho. Era temperante por natureza, mas se entregou por orgulho aos excessos que lhe ocasionaram a morte.

Francisco I morreu por causa de um adultério. Luís XV morreu em virtude de seu parque de cervos. Quando Marat foi assassinado, morria de altivez e de inveja. Era um megalômano do orgulho, que se acreditava o único ser justo e teria desejado matar todos que não fossem Marat.

Muitos de nossos contemporâneos morreram de ambição molograda depois da revolução de fevereiro.

Se tua vontade se confirma irrevogavelmente em uma tendência absurda, estás morto, e o escolho no qual te despedaçarás não está muito distante.

É, portanto, uma verdade dizer que a sabedoria prolonga a vida. O grande Mestre disse: "Minha carne é um alimento e meu sangue uma bebida. Comei da minha carne e bebei meu sangue e vivereis". E como o vulgo murmurasse, acrescentou: "A carne que entra aqui nada significa; as palavras que vos dirijo são espírito e vida". Assim queria dizer: saciai-vos de meu espírito e vivei de minha vida.

E quando estava para morrer, vinculou a lembrança de sua vida ao signo do pão e a de seu espírito ao do vinho, instituindo desse modo a comunhão da fé, da esperança e da caridade.

Nesse mesmo sentido se expressaram os mestres herméticos: Fazei o ouro potável e tereis a medicina universal; ou seja, apropriai-vos da verdade em vossos costumes e seja ela a fonte de que bebereis todos os dias e assim conquistareis para sempre a imortalidade dos sábios. A temperança, a tranquilidade da alma, a simplicidade do caráter, a calma e a razão da vontade tornam o homem não somente feliz, como sábio e vigoroso.

É fazendo-se razoável e bom que o homem atinge a imortalidade. Somos os autores de nossos próprios destinos e Deus não nos salva sem nosso concurso.

A morte não existe para o sábio; a morte é um fantasma pintado de horrível pela ignorância e a debilidade do vulgo.

A transformação testemunha o movimento e o movimento não revela outra coisa senão a vida. O próprio cadáver não se decomporia se estivesse morto; todas as moléculas que o compõem permanecem vivas e se movem para se desprenderem umas das outras. Podeis imaginar que é o espírito o que primeiramente desprendeu-se do corpo para não mais viver? Podeis crer que o pensamento e o amor podem morrer quando a própria matéria grosseira não morre?

Se a transformação deve receber o nome de morte, morremos e renascemos diariamente porque todos os dias nossas formas mudam.

Vamos temer, pois, manchar e rasgar nossas roupas mas nos despir quando chega a hora do descanso.

O embalsamamento e a conservação dos cadáveres são uma superstição contra a natureza. É um ensaio de criação da morte; é a imobilização forçada de uma substância de que a vida tem necessidade. Porém, não é preciso apressar-se para destruir ou fazer desaparecer os cadáveres porque nada ocorre bruscamente na natureza e não se deve correr o risco de romper violentamente os laços de uma alma que se desprende.

A morte nunca é instantânea; opera-se gradualmente como o sono. Enquanto o sangue não esfriou por completo, enquanto os nervos são capazes de estremecimento, o homem não está inteiramente morto e se nenhum dos órgãos essenciais da vida não está destruído, a alma pode ser chamada, seja acidentalmente, seja por uma vontade poderosa.

Um filósofo disse que preferiria duvidar do testemunho universal do que crer na ressurreição de um morto e nisto procedeu temerariamente porque é baseado na fé do testemunho universal que ele acreditava na impossibilidade de uma ressurreição.

Provada uma ressurreição, o que resultaria disto? Que seria necessário negar a evidência ou renunciar à razão? A mera suposição disto já seria absurda. Seria preciso deduzir simplesmente que teria sido irrazoável crer na impossibilidade da ressurreição. *Ab actu ad posse valet consecutio.* Ousamos afirmar agora que a ressurreição é possível e que é produzida com maior frequência do que se crê. Quantas pessoas cuja morte foi jurídica e cientificamente comprovada foram encontradas mortas, é certo, em seu caixão, mas que tinham vivido e que tinham dilacerado os pulsos e os dedos tentando romper as artérias para escapar por meio de uma nova morte a tão horrendos sofrimentos!

Um médico nos dirá que essas pessoas não estavam mortas, mas sim em estado de letargia. Mas o que é a letargia? É o nome que dão ao estado em que a morte é começada mas não concluída, à morte que vem desmentir um retorno à vida. Livramo-nos facilmente das dificuldades com as palavras quando é impossível explicar as coisas.

A alma está ligada ao corpo pela sensibilidade e quando esta cessa é sinal certo de que a alma se distancia. O sono magnético é uma letargia ou morte fictícia e curável à vontade. A eterização do corpo ou o torpor produzidos pelo clorofórmio são verdadeiras letargias que às vezes acabam em uma morte definitiva, quando a alma, feliz devido ao seu desprendimento passageiro, empreende esforços pela vontade para distanciar-se definitivamente, o que é possível para aqueles que venceram o inferno, ou seja, cuja força moral é superior à força de atração astral.

Assim, a ressurreição só é possível para as almas elementares e são essas, especialmente, que estão mais predispostas a reviver involuntariamente no túmulo. Os grandes homens e os verdadeiros sábios não são enterrados vivos.

Em nosso *Ritual* explicaremos a teoria e a prática do ressurrecionismo e àqueles que me perguntarem se ressuscitei mortos responderei que se o dissesse não me creriam.

Resta-nos examinar aqui se a eliminação da dor é possível e se é saudável empregar o clorofórmio ou o magnetismo nas operações cirúrgicas. Opinamos, e a ciência o reconhecerá mais tarde, que diminuindo a sensibilidade se diminui a vida e que tudo quanto evita a dor em tais circunstâncias resulta em proveito da morte.

A dor testemunha a luta da vida. Observa-se, assim, que no caso das pessoas operadas em estado de letargia, os curativos são excessivamente dolorosos. Caso se reiterasse em cada um desses curativos o aturdimento provocado pelo clorofórmio, uma destas duas coisas ocorreria: ou o enfermo morreria, ou entre os curativos a dor retomaria e se tornaria contínua. Não se violenta impunemente a natureza.

21 ש X
A ADIVINHAÇÃO
Dentes – Furca – Âmen

O autor deste livro muito ousou em sua vida e jamais seu pensamento foi prisioneiro de um temor. Não é, todavia, sem um legítimo terror que chega ao final do dogma mágico.

Trata-se, agora, de revelar, ou melhor, de encobrir de novo o grande Arcano, esse terrível segredo, esse segredo de vida e de morte, expresso na Bíblia por aquelas formidáveis e simbólicas palavras da serpente, também esta simbólica: I NEQUAQUAM MORIEMINI, II SED ERITIS, III SICUT DII, IV SCIENTES BONUM ET MALUM.

Um dos privilégios do iniciado ao grande Arcano e aquele que resume todos os demais é o da *Adivinhação*.

Segundo o significado vulgar da palavra, adivinhar quer dizer conjeturar o que se ignora; mas o verdadeiro sentido da palavra é inefável àforça de ser sublime. Adivinhar *(divinari)* é exercer a divindade. A palavra *divinus*, em latim, significa algo mais que a palavra *divus*, cujo sentido é equivalente a homem-Deus. *Devin*, em francês, contém as quatro letras da palavra DIEU (Deus), mais a letra N que corresponde por sua forma ao א hebraico e que expressa cabalística e hieroglificamente o grande Arcano, cujo símbolo no tarô é a figura do prestidigitador.

Aquele que compreende perfeitamente o valor numérico absoluto de א multiplicado por N, com a força gramatical do N final nas palavras *ciência, arte, que expressam poder*, adicionando depois as cinco letras da palavra DEVIN, a fim de fazer entrar cinco em quatro, quatro em três, três em dois e dois em um, aquele que traduzir o número que descobrir em letras hebraicas primitivas, escreverá o nome oculto do grande Arcano e possuirá uma palavra da qual o próprio santo tetragrama nada mais é do que o equivalente e como que a imagem.

Ser adivinho, segundo a força da palavra, é, portanto, ser divino e algo, entretanto, ainda mais misterioso.

Os dois signos da divindade humana, ou da humanidade divina, são as profecias e os milagres.

Ser profeta é ver por antecipação os efeitos que existem nas causas; é ler na luz astral; fazer milagres é operar valendo-se do agente universal e submetê-lo à nossa vontade.

Perguntar-se-á ao autor deste livro se é profeta e taumaturgo.

Que os curiosos averigúem e leiam tudo quanto foi escrito por ele antes de certos acontecimentos que sucederam no mundo. Quanto ao que tinha podido dizer e fazer, se o narrasse, e se nisso havia realmente algo maravilhoso, acreditariam em sua palavra?

Aliás, uma das condições essenciais da adivinhação é a de não ser forçada e jamais submeter-se à tentação, ou seja, à prova. Nunca os mestres da ciência cederam à curiosidade de quem quer que seja. As sibilas queimam seus livros quando Tarquínio se recusa a apreciá-los em seu justo valor; o grande Mestre se cala quando lhe solicitam os sinais de sua missão divina; Agrippa morre na miséria antes de obedecer àqueles que lhe exigem um horóscopo. Dar provas da ciência àqueles que duvidam da própria ciência é iniciar indignos, é profanar o ouro do santuário, é merecer a excomunhão dos sábios e a morte dos reveladores.

A essência da adivinhação, ou seja, o grande Arcano mágico, é representada por todos os símbolos da ciência e se une estreitamente ao dogma único e primitivo de Hermes. Em filosofia concede a certeza absoluta; em religião, o segredo universal da fé; em física, a composição, a decomposição, a recomposição, a realização e a adaptação do mercúrio filosofal, chamado de *azoth* pelos alquimistas; em dinâmica, multiplica nossas forças pelas do movimento contínuo; é, ao mesmo tempo, místico, metafísico e material com correspondências de efeitos nos três mundos; logra caridade em Deus, verdade na ciência e ouro na riqueza, porque a transmutação metálica é, concomitantemente, uma alegoria e uma realidade, como bem o sabem todos os Adeptos da verdadeira ciência.

Sim, pode-se real e materialmente produzir ouro com a pedra dos sábios, que é um amálgama de sal, enxofre e mercúrio combinados três vezes em *azoth* por uma tríplice sublimação e uma tríplice fixação. Sim, a operação é com frequência fácil e pode ser executada em um dia, em um instante; outras vezes requer meses ou mesmo anos. Entretanto, para ter êxito na grande obra, é preciso ser *divinus*, ou adivinho no sentido cabalístico da palavra e é indispensável ter renunciado, por interesse pessoal, às vantagens das riquezas, das quais alguém se converte, desta forma, em dispensador. Raymundo Llullio enriquecia os soberanos, espalhava suas fundações pela Europa e permanecia pobre; Nicholas Flamel, que está bem morto, diga o que quiser a lenda, somente logrou a grande obra depois de ter conseguido, pelo ascetismo, um desligamento completo das riquezas. Foi iniciado pelo saber que lhe proporcionou repentinamente a leitura do livro *Asch Mezareph*, escrito em hebraico pelo cabalista Abraão, o mesmo, talvez, que redigiu o *Sepher Jezirah*. Ora, esse saber foi, em Flamel, uma intuição merecida, ou antes possibilitada pelas preparações pessoais do Adepto. Creio ter dito o bastante.

A adivinhação é, portanto, uma intuição e a chave dela está no dogma universal e mágico das analogias. É pelas analogias que o mago interpreta os sonhos, como constatamos na Bíblia, o fez o patriarca José, no Egito, porque as analogias nos reflexos da luz astral são tão rigorosas como os matizes de cores o são na luz solar e podem ser calculadas e explicadas com a maior exatidão. É indispensável, apenas, conhecer o grau de vida intelectual do sonhador, o qual é possível revelar por completo a si mesmo por seus próprios sonhos, até causar em si mesmo o maior assombro.

O sonambulismo, os pressentimentos e a segunda vista não passam de uma predisposição acidental ou habitual para sonhar em sono voluntário ou em estado de vigília, ou seja, perceber desperto os reflexos analógicos da luz astral. Logo explicaremos tudo isso com evidência em nosso *Ritual*, quando proporcionaremos o meio, tão buscado, de produzir e dirigir regularmente os fenômenos magnéticos.

Quanto aos instrumentos adivinhatórios, são simplesmente um meio de comunicação entre o adivinho e o consultante e frequentemente servem unicamente para fixar as duas vontades sobre um mesmo signo; as figuras vagas, complicadas, móveis, ajudam a unir os reflexos do fluido astral e é assim que se vê na borra do café, nas nuvens, na clara de ovo, etc., etc., formas fatídicas, existentes apenas no *translúcido*, ou seja, na imaginação dos operadores.

A visão na água se opera pelo ofuscamento e fadiga do nervo óptico, que cede suas funções ao translúcido e produz uma ilusão no cérebro, que toma por imagens reais os reflexos da luz astral; assim, as pessoas nervosas, que têm vista fraca e imaginação viva, estão mais predispostas para esse gênero de adivinhação que é bem-sucedido, especialmente quando é realizado por meio de crianças.

Portanto, não se deve menosprezar a função que atribuímos aqui à imaginação nas artes adivinhatórias. Vê-se, sem dúvida, por meio da imaginação e essa é a face natural do milagre; mas vê-se coisas verdadeiras e é nisso que consiste o maravilhoso da obra natural.

Todos os Adeptos estão convidados para essa experiência. O autor deste livro empregou todos os gêneros de adivinhação e obteve sempre resultados proporcionais à exatidão de suas operações científicas e à boa-fé dos consultantes.

O tarô, esse livro miraculoso, inspirador de todos os livros sagrados dos antigos povos é, por causa da precisão analógica de suas figuras e de seus números, o mais perfeito instrumento de adivinhação a ser utilizado.

Efetivamente, os oráculos desse livro são sempre rigorosamente verdadeiros, pelo menos em um sentido, e quando nada predizem, revelam sempre coisas ocultas e oferecem aos consultantes os mais sábios conselhos.

Alliette, de cabeleireiro que era, tornou-se no século passado* cabalista, depois de ter passado 30 anos meditando sobre o tarô; Alliette, que se chamava cabalisticamente Etteilla, ao ler seu nome como se deve ler em hebraico, esteve na iminência de descobrir tudo quanto havia de oculto nesse estranho livro; mas sucedeu que, ao deslocar as chaves do tarô por não tê-las compreendido bem, inverteu a ordem e os caracteres das figuras, sem destruir completamente suas analogias, por serem elas tão simpáticas e correspondentes entre si. Os escritos de Etteilla, já bastante raros, são cansativos e obscuros e de um estilo decididamente bárbaro. Nem todos eles foram impressos e os manuscritos desse pai dos cartomantes modernos permanecem ainda nas mãos de um livreiro de Paris, que teve a bondade de mostrá-los a mim. O mais notável que se pode constatar neles é a obstinação, e a boa-fé do autor, que pressentiu durante toda a sua vida a grandeza das ciências ocultas e teve de morrer à porta do santuário sem poder penetrá-lo além do véu. Gostava pouco de Agrippa, tinha Jean Belot em alta conta e desconhecia a filosofia oculta de Paracelso; mas, em compensação, detinha uma intuição muito exercitada, uma vontade muito perseverante e mais fantasia do que discernimento. Tudo isto era muito pouco para que fosse um mago, mas fazia dele um adivinho vulgar bastante hábil e, consequentemente, a quem se dava muito crédito. Como resultado, Etteilla obteve sucesso e esteve em moda, coisa que um mago mais sábio quiçá errasse em não perseguir, mas que seguramente não perseguiria.

---

* XVIII (NT).

Ao dizer, em nosso *Ritual*, a última palavra sobre o tarô, indicaremos o modo completo de lê-lo e consultá-lo, tratando não só das probabilidades marcadas pelo destino, como também dos problemas de religião e de filosofia, relativamente aos quais fornece sempre solução correta e admiravelmente exata, se explicarmos na ordem hierárquica das analogias dos três mundos com as três cores e os quatro matizes que compõem o setenário sagrado. Tudo isto diz respeito à prática positiva da magia, podendo ser apenas indicado e estabelecido em princípio e por alto nesta primeira parte, onde está encerrado unicamente o dogma da alta magia e a chave filosófica e religiosa das altas ciências, conhecidas, ou antes, ignoradas com a designação de ciências ocultas.

22 ת Z
RESUMO E CHAVE GERAL DAS QUATRO CIÊNCIAS OCULTAS
Signa – Thot – Pan

Resumamos agora toda a ciência dos princípios.

A analogia é a derradeira palavra da ciência e a primeira da fé.

A harmonia está no equilíbrio e este subsiste pela analogia dos contrários.

A unidade absoluta é a razão suprema e última das coisas. Ora, essa razão não pode ser nem uma pessoa, nem três pessoas: é uma razão e é a razão por excelência.

Para criar o equilíbrio é preciso separar e unir: separar pelos polos e unir pelo centro.

Raciocinar sobre a fé é destruir a fé; fazer misticismo em filosofia é atentar contra a razão.

A razão e a fé se excluem mutuamente por sua natureza e se unem pela analogia.

A analogia é o único mediador possível entre o visível e o invisível, entre o finito e o infinito. O dogma é a hipótese sempre ascendente de uma equação presumível. Para o ignorante é a hipótese que é a afirmação absoluta e esta, todavia, é a que verdadeiramente é a hipótese.

Há na ciência hipóteses necessárias e aquele que se ocupa de realizá-las amplia os domínios da ciência, sem restringir a fé, porque do outro lado da fé existe o infinito.

Crê-se no que se ignora e naquilo que a razão deseja que admitamos. Definir o objeto da fé e circunscrevê-lo é, portanto, formular o desconhecido. As profissões de fé são fórmulas da ignorância e das aspirações do homem. Os teoremas da ciência são os monumentos de suas conquistas.

O homem que nega a Deus é tão fanático quanto aquele que o define com uma pretensa infalibilidade. Define-se ordinariamente Deus dizendo todo o contrário do que ele é.

O homem faz Deus por uma analogia do menos ao mais; do menor ao maior, resultando que a concepção de Deus no homem é sempre a de um homem infinito que faz do homem um Deus finito.

O homem pode realizar o que crê na medida do que sabe e na razão do que ignora e faz tudo o que quer na medida do que crê e na razão do que sabe.

A analogia dos contrários é a analogia da luz com a sombra, da saliência com a cavidade, do pleno com o vazio. A alegoria, mãe de todos os dogmas, é a substituição das estampas pelos clichês, das sombras pelas realidades. É a mentira da verdade e a verdade da mentira.

Não se inventa um dogma, mas se vela uma verdade e se produz uma sombra em favor dos olhos fracos. O iniciador não é um impostor, é um revelador, isto é, segundo a expressão da palavra latina *revelare*, um homem que vela novamente. É o criador de uma nova sombra.

A analogia é a chave de todos os segredos da natureza e a única razão de ser de todas as revelações.

Eis por que todas as religiões parecem estar escritas no céu e em toda a natureza. Isso assim deve ser porque a obra de Deus é o livro de Deus e no que Ele escreve deve-se ver a expressão de seu pensamento e, consequentemente, de seu ser, pois o concebemos como o pensamento supremo.

Dupuis e Volney nada mais viram senão um plágio nessa esplêndida analogia que deveria tê-los conduzido ao reconhecimento da catolicidade, ou seja, a universalidade do dogma primitivo, único, mágico, cabalístico e imutável da revelação pela analogia.

A analogia concede ao mago todas as forças da natureza; a analogia é a quintessência da pedra filosofal; é o segredo do movimento contínuo; é a quadratura do círculo; é o templo que repousa sobre as duas colunas, JAKIN e BOHAS; é a chave do grande Arcano; é a raiz da árvore da vida; é a ciência do bem e do mal.

Encontrar a escala exata das analogias nas coisas apreciáveis para a ciência é fixar as bases da fé e se apoderar também da varinha dos milagres.

Nisso existe um princípio e uma fórmula rigorosa, que é o grande Arcano. Se o sábio não o busca é porque já o encontrou; quanto ao vulgo, que o busque – buscá-lo-á sempre sem encontrá-lo.

A transmutação metálica se opera espiritual e materialmente pela chave positiva das analogias.

A medicina oculta nada mais é do que o exercício da vontade aplicada ao próprio manancial da vida, a essa luz astral cuja existência é um fato e cujo movimento é conforme os cálculos, dos quais a escala ascendente e descendente é o grande Arcano mágico.

Figura 8 – Adhanari, grande pentáculo indiano

Tal Arcano universal, último e eterno segredo da alta iniciação, é representado no tarô por uma jovem nua que toca a terra apenas mediante um pé, detém uma varinha imantada em cada mão e parece correr dentro de uma coroa suportada por um anjo, uma águia, um boi e um leão.

Essa figura é análoga, relativamente ao fundo das coisas, ao querubim de Jekeskiel, do qual apresentamos o desenho, bem como o símbolo indiano de Adhanari, análogo ao Adonai de Jekeskiel, a quem chamamos vulgarmente de Ezequiel.

A compreensão dessa figura é a chave de todas as ciências ocultas. Os leitores de meu livro devem compreendê-la já filosoficamente, se tiverem se familiarizado um pouco com o simbolismo da Cabala.

Resta-nos agora realizar a segunda e mais importante operação da grande obra. Encontrar a pedra filosofal já é algo, sem dúvida. Mas como vamos triturá-la para fazer o pó de projeção? Qual é o uso da varinha mágica? Qual é o poder real dos nomes divinos da Cabala? Os iniciados o sabem e os iniciáveis o saberão também se pelas indicações tão múltiplas quanto precisas que acabamos de lhes dar, descobrirem o grande Arcano.

Por que essas verdades tão simples e tão puras estão necessariamente ocultas para os homens? Porque os eleitos da inteligência constituem um pequeno número na Terra e se parecem, em meio aos imbecis e aos malvados, com Daniel na cova dos leões.

A propósito, a analogia nos ensina as leis da hierarquia, e sendo a ciência absoluta uma onipotência, deve ser exclusivamente compartilhada pelos mais dignos. A confusão da hierarquia é o verdadeiro declínio das sociedades porque então os cegos conduzem os cegos, conforme as palavras do Mestre.

Devolva-se a iniciação aos reis e aos sacerdotes e a ordem será restabelecida. Assim, convocando os mais dignos e mesmo me expondo a maldições que circundam os reveladores, creio realizar uma coisa tão útil quanto grande: dirijo ao caos social o alento do Deus vivo sobre a humanidade e evoco os sacerdotes e os reis para o mundo do porvir!

Uma coisa não é justa porque Deus a quer – disse o *anjo da escola* –, mas sim, Deus a quer porque é justa. Isto é como se tivesse dito: o absoluto é a razão. A razão existe por si mesma; existe porque existe e não porque a supomos; ela existe ou nada existe. E como quereis que algo exista sem razão? A própria loucura não se produz sem razão. A razão é a necessidade, é a lei, é a regra de toda a liberdade e a direção de toda iniciativa. Se Deus existe é pela razão. A concepção de um Deus absoluto fora ou independentemente da razão é o ídolo da magia negra, é o fantasma do Diabo.

O Demônio é a morte que se disfarça com as vestes usadas da vida; é o espectro de Hirrenkesept entronizado sobre os escombros das civilizações arruinadas e ocultando sua horrível nudez com os abandonados despojos das encarnações de Vishnu.

SEGUNDA PARTE
RITUAL

Figura 1 – Bode do sabá, Bafomé e de Mendes

INTRODUÇÃO

Conheceis a velha rainha do mundo, a qual anda sempre e jamais experimenta fadiga?

Todas as paixões desregradas, todas as volúpias egoístas, todas as forças sem freio da humanidade e as debilidades tirânicas antecedem a sovina dona do nosso vale de lágrimas e tais obreiras incansáveis, empunhando a pequena foice, executam uma colheita eterna.

Essa soberana é antiga como o tempo, porém oculta seu esqueleto sob os despojos da formosura das mulheres, das quais rouba sua juventude e seus amores.

Cabelos frios que não são seus cobrem sua cabeça. Desde a cabeleira de Berenice, completamente do brilho de estrelas, até os cabelos prematuramente encanecidos de Maria Antonieta, que o carrasco cortou de sua cabeça, a saqueadora das frontes coroadas tem se adornado com os restos das rainhas.

O corpo dela, lívido e glacial, está coberto com adornos desbotados bem como mortalhas de farrapos.

Suas mãos denunciadoras de ossos e repletas de anéis portam diademas e ferros, cetros e ossos, pedrarias e cinzas.

À sua passagem, as portas se escancaram por si mesmas. Ela atravessa as paredes, adentra até as alcovas reais, flagra os ladrões dos pobres nas suas mais secretas bacanais, senta-se à sua mesa e lhes serve bebida, distribui sorrisos nos seus cantos exibindo seus dentes sem gengivas, substituindo a cortesã impura e oculta sob suas saias.

Aprecia acompanhar os voluptuosos que, sonolentos, adormecem; busca carícias como se alimentasse a expectativa de encontrar calor nos seus abraços, mas tudo o que toca é congelado por ela, que nunca absorve calor. Contudo, poder-se-ia dizer que por vezes é tomada de vertigem; seu caminhar não é mais lento, ela corre; no caso da escassa celeridade de seus pés, ela açoita as ancas de um lívido cavalo, arrojando-o inteiramente estafado em meio às turbas. O assassínio galopa na mesma garupa dela em um cavalo ruço; o incêndio, expandindo uma cabeleira de fumaça, compõe um voo à sua frente movimentando asas vermelhas e negras. E a fome e a peste, cavalgando equinos doentios e descarnados, vão atrás dela a passo e apanham as pouquíssimas espigas olvidadas por ela para completar sua ceifa.

Passado esse cortejo macabro, surgem duas crianças que irradiam sorrisos e vida, a inteligência e o amor do século vindouro, o duplo gênio de uma humanidade cujo nascimento acontecerá.

Frente a elas, as sombras da morte retrocedem como faz a noite diante das estrelas matutinas; elas lavram a terra ligeiramente e nela semeiam, fartamente, a esperança de mais um ano.

Contudo, a morte não voltará mais para, implacável e terrível, tocar as espigas maduras do século futuro como capim seco; será substituída pelo anjo do progresso que suavemente libertará as almas de seus grilhões letais a fim de permitir que ascendam para Deus.

Quando os homens tiverem aprendido a viver, não perecerão mais, metamorfoseando-se em uma imitação da crisálida que se transforma em borboleta brilhante.

Os terrores causados pela morte são rebentos de nossa ignorância. A própria morte só é tão horrenda pelos escombros de que se cobre e as cores sinistras com que suas imagens são circundadas. A morte é verdadeiramente o labor da vida.

Há na natureza uma força imperecível que transforma os seres de modo ininterrupto com a finalidade de os preservar. Trata-se da razão ou o verbo da natureza.

No homem há também uma força que é análoga àquela da natureza – é a razão ou o verbo do homem. E o verbo do homem é a expressão de sua vontade que a razão dirige.

Sempre que for razoável, esse verbo será onipotente porque será análogo ao próprio verbo de Deus.

O homem se torna o conquistador da vida e pode se tornar o vencedor da morte mediante o verbo de sua razão.

Toda a vida do homem nada mais é do que o parto ou o aborto do seu verbo. Os seres humanos que perecem sem a compreensão da palavra de razão e sem tê-la formulado perecem sem esperança eterna.

Para a disputa em vantagem contra o fantasma da morte faz-se imprescindível que o homem se identifique com as realidades da vida.

Que importância tem para Deus um aborto perecedor se a vida é eterna? Que importância tem para a natureza uma loucura perecedora se a razão imortal guarda as chaves da vida?

A força terrível e justiceira que eternamente assassina os abortos recebeu o nome de Samael dos hebreus, Satã dos orientais e Lúcifer dos latinos.

O Lúcifer da Cabala não é um anjo maldito e fulminado, mas sim, o anjo iluminador e regenerador que o faz queimando; é para os anjos da paz aquilo que o cometa é para as plácidas estrelas das constelações da primavera.

A estrela fixa é formosa, resplandecente e serena; respira os aromas do céu e contempla suas irmãs amorosamente; trajada de sua vestimenta esplendorosa e com sua fronte adornada de diamantes, sorri, entoando os cantos matutino e vespertino; ela desfruta um eterno descanso imperturbável e caminha com solenidade sem se deslocar de seu lugar, determinado entre as atalaias da luz.

Em contrapartida, o cometa errante, ensanguentado e desgrenhado, emerge dos abismos do céu; lança-se pelas esferas calmas como uma biga que atravessasse as fileiras de uma procissão de vestais; atreve-se a desafiar a espada flamejante dos guardiões do Sol e, tal como uma esposa enamorada que busca o esposo sonhado de suas noites de viuvez, invade até o tabernáculo do monarca dos dias, depois se evadindo e exalando os fogos que o devoram, e arrastando sob seus pés um incêndio prolongado. À sua aproximação, as estrelas se tornam lívidas; os rebanhos de constelações que nas extensas campinas celestes pastam flores de luz parecem debandar sob a ameaça de seu alento terrível. A grande assembleia dos astros tem lugar e a desolação se universaliza.

A estrela fixa mais formosa recebe a incumbência de, em nome da totalidade do céu, dirigir-se a esse vagabundo mensageiro e propor-lhe a paz.

Meu irmão – começa ela –, por que abalas a harmonia de nossas esferas? Qual foi o mal que te causamos e por que, em lugar de vagar sem rumo, não te imobilizas no sítio que te cabe na corte do Sol? Por que não te associas a nós na entoação do hino vespertino, envergando como nós um traje alvo que se fixa ao peito por meio de um broche diamantino? Por que em meio aos vapores noturnos deixas flutuar tua cabeleira que derrama um suor ígneo? Oh, quão mais formoso te mostrarias se assumisses um lugar entre a prole celeste! Tua fronte não se inflamaria mais por causa da fadiga de teu inaudito percurso velocíssimo; teus olhos ganhariam pureza e teu rosto sorridente se tornaria alvo e rosado como o de tuas venturosas irmãs; todos os astros, sem exceção, te conheceriam e, deixando de se intimidar quando tu te aproximas, se encheriam de júbilo ao ver-te próximo, isto porque estarias irmanado a nós mediante os vínculos indestrutíveis da harmonia universal – tua existência se converteria em uma voz a mais que se somaria ao cântico do amor infinito.

E esta seria a resposta do cometa à estrela fixa:

Minha irmã, não deves crer que eu tenha o poder de vagar sem rumo e conturbar a harmonia das esferas. Como traçou teu caminho, Deus também traçou minha rota, e se minha carreira parece a ti equívoca e sem destino, isso acontece porque teus raios não podem atingir tais distâncias que te permitam abarcar o contorno da elipse que me estabeleceram por carreira. Quanto à minha cabeleira de flamas, ela é o fanal de Deus; sou o mensageiro dos sóis e me locupleto no seio de seus fogos para que possa distribuí-las no meu caminho entre os novos mundos que ainda carecem de calor e os astros idosos que padecem de frio em sua solidão. Se me canso por causa de minhas longas jornadas, se tua beleza a minha supera, se meus adornos são menos virginais, não penses que por isso deixo de ser, tal como tu, um digno filho do céu. Se não és capaz de compreender-me, deixa-me o segredo de minha sorte terrível, deixa-me à mercê do espanto que me cerca, amaldiçoa-me até... não será por isso que deixarei de cumprir a obra que a mim foi imposta e prosseguirei minha trajetória sob o impulso do sopro de Deus! Sim... venturosas são as estrelas que na sociedade serena dos universos descansam e resplandecem como jovens soberanas! Quanto a mim, sou o proscrito e viajante perene que nenhuma pátria tem senão o infinito. Sou acusado de ser o incendiador dos planetas aos quais ofereço calor e o aterrorizador dos astros aos quais trago luz; reprovam-me porque pelo fato de não cumprir uma rotação em torno dos centros particulares dos universos eu perturbo sua harmonia e os prendo entre si, mantendo meu olhar fixo no centro único de todos os sóis. Tranquiliza-te, pois, formosa estrela, porque não desejo despojar-te de tua luz serena... pelo contrário, por ti darei minha vida e meu calor. Poderei sumir no céu quando tiver me consumido. E meu destino terá sido tão belo! Saibas que fogos distintos que dão glória a Deus ardem no seu templo. Tu és o lume dos candelabros de ouro e eu sou a flama do sacrifício: cumpramos nossos destinos.

Pronunciando essas últimas palavras, o cometa agita sua cabeleira, reveste-se de sua couraça flamejante e se arroja nos espaços infinitos, parecendo aí sumir para todo o sempre.

Nas narrativas alegóricas bíblicas é desse modo que Satã surge e desaparece.

Um dia – lemos no livro de Jó – os filhos de Deus haviam se reunido para se apresentarem diante do Senhor e... entre eles estava presente também Satã, a quem o Senhor indagou: "De onde vens?".

"Dei a volta à Terra e a percorri", respondeu ele.

É do seguinte modo que um evangelho gnóstico, descoberto no Oriente por um sábio viajante e nosso amigo, elucida, em favor do simbólico Lúcifer, a origem da luz:

"A verdade que chegamos a conhecer é o pensamento vivo. A verdade é o pensamento que se encontra em si mesmo e o pensamento enunciado é a palavra. Quando o pensamento eterno estava em busca de uma forma, disse: Faça-se a luz!"

Bem, esse pensamento falante é o Verbo e o Verbo diz: "Faça-se a luz porque o Verbo mesmo é a luz dos espíritos".

A luz incriada, ou seja, o Verbo divino, é irradiante porque deseja ser vista e ao exclamar Faça-se a luz! emite ordem para os olhos para que se abram e cria inteligências.

E quando Deus disse Faça-se a luz, a inteligência foi produzida e a luz surgiu.

Pois bem, a inteligência que Deus derramara a partir do sopro de sua boca tal como uma estrela solta do Sol assumiu a forma de anjo fulgurante que foi saudado pelo céu com o nome de Lúcifer.

A inteligência despertou e atingiu inteiramente a compreensão de si mesma ao escutar a palavra do Verbo divino: Faça-se a luz!

Sentiu-se livre porque a ordem de Deus era para que assim o fosse, e erguendo a cabeça e estendendo suas asas replicou:

"Não serei a servidão!"

"Serás, então, a dor?", indagou-lhe a voz incriada.

"Serei a Liberdade!", respondeu a voz criada.

"Mas assim sofrerás a sedução do orgulho...", retrucou a voz suprema, "e engendrarás a morte."

"Para mim é necessário", a luz criada insistiu, "lutar contra a morte para conquistar a vida."

Foi então que Deus soltou de seu seio o fio de esplendor que prendia o anjo altivo e ao vê-lo projetar-se na noite que era marcada de glória, amou o rebento de seu pensamento e sorrindo inefavelmente disse para si mesmo: Como era bela a luz!

Não foi Deus que criou a dor. Foi a Inteligência que, para ser livre, a aceitou. E a condição imposta para ser livre foi a dor, por aquele que é o único que não pode ser ludibriado porque é infinito.

Isto porque a essência da inteligência é o juízo bem como a essência do juízo é a liberdade.

É mediante a faculdade de fechar-se e abrir-se que o olho percebe efetivamente a luz. Se o olho fosse obrigado a permanecer sempre aberto, não passaria de um cativo e uma vítima da luz, tortura da qual escaparia deixando de ver.

Assim, a Inteligência criada só experimenta felicidade ao afirmar Deus por meio da liberdade de que dispõe para negá-lo. Ora, a Inteligência que nega está sempre afirmando algo, visto que afirma sua liberdade.

Essa é a razão por que o blasfemador glorifica a Deus, porque o inferno se faz necessário para a bem-aventurança celeste.

Se não houvesse a sombra para repelir a luz, as formas visíveis não existiriam.

Se o primeiro anjo criado não tivesse desafiado os abismos da noite, o parto de Deus não teria sido pleno, bem como a luz criada não teria podido divorciar-se da luz por essência.

A Inteligência jamais teria conhecido o grau da bondade de Deus se nunca o tivesse perdido.

O amor infinito de Deus nunca teria resplandecido mediante os júbilos de sua misericórdia caso o filho pródigo do céu tivesse permanecido na morada de seu pai.

Quando tudo era luz, a luz não possuía seu lugar; estava encerrada no seio divino que estava em gestação para produzi-la. Quando disse: Faça-se a luz!, possibilitou que as trevas repelissem a luz e foi assim que o Universo emergiu do caos.

O que constituiu o equilíbrio para o mundo e o princípio do movimento das esferas foi a negação do anjo que, ao ser criado, rejeitou ser escravo.

E os espaços infinitos tiveram admiração por esse amor à liberdade que era tão colossal a ponto de preencher o vazio da noite eterna e tão vigoroso a ponto de ser capaz de sustentar o ódio de Deus.

Contudo, Deus não poderia odiar o mais nobre de seus filhos, experimentando-o apenas, pela sua ira, para confirmá-lo no seu poder.

E por isso, o próprio Verbo de Deus, como se invejasse Lúcifer, desejou descer do céu e cruzar vitoriosamente as sombras infernais.

Desejou ser proscrito e condenado e antecipadamente refletiu na hora terrível na qual exclamaria no clímax de seu suplício: "Meu Deus! Meu Deus! Por que me abandonaste?". Considerando que a estrela matutina antecede o Sol, a rebelião instaurada por Lúcifer anunciou à natureza que nascia a encarnação divina próxima.

E, quem sabe, Lúcifer, ao precipitar-se na noite, tenha arrastado consigo uma precipitação de sóis atraídos por sua glória!

É inegável ser esse o motivo de Lúcifer manter-se tranquilo quando ilumina as hediondas angústias humanas tanto quanto a lenta agonia terrestre, pois ele goza de liberdade em sua solidão e detém sua luz.

Eram essas as tendências dos heresiarcas dos primeiros séculos. Uns adotaram a veneração do Demônio na figura da serpente; outros, como os cainistas, encontraram uma justificativa para a sedição do primeiro anjo idêntica à do primeiro assassino. Todos esses erros, todas essas sombras, todos esses ídolos monstruosos da anarquia que a Índia, por meio de sua simbologia, opõe ao mágico *Trimurti*, haviam encontrado no Cristianismo sacerdotes e veneradores.

Não há nenhuma passagem do Gênesis sobre o Demônio. Nossos primeiros pais foram enganados por uma serpente alegórica. A maioria dos tradutores faz com que o texto sagrado exprima o seguinte:

"Ora, a serpente era o mais sutil de todos os animais do campo que o Senhor Deus fizera."

E Moisés diz o seguinte:

והנחש היה ערום מכל חית
חשרה אשר עשה יהוה אלהים

(V'ha-Nahasch haiath harum micol haiath hachadeh acher hachah Ilhoah AElohim)

que Antoine Fabre d'Olivet traduziu assim:

"Ora, a atração original (a concupiscência) era a paixão arrastadora de toda a vida elementar na natureza, obra de Ilhoah e Ser dos Seres."

Entretanto, a verdadeira interpretação escapou a Fabre d'Olivet pelo fato de ele desconhecer as grandes chaves da Cabala. A palavra *Nahasch*, que as letras simbólicas do tarô elucidam, tem o seguinte significado estrito:

    14 נ *Nun* – a força produtora das misturas.

    5 ה *Hê* – o recipiente e o produtor passivo das formas.

    21 ש *Schin* – o fogo natural e central cujo equilíbrio é produzido pela dupla polarização.

A palavra que Moisés utilizou, se lida cabalisticamente, nos fornece, portanto, a descrição e a definição do agente mágico universal que em todas as teogonias é representado pela serpente, agente que os hebreus também designavam como *Od* quando manifesta sua força ativa, quando apresenta sua força passiva e *Aur* quando se manifesta inteiramente no seu poder em equilíbrio, gerador da luz celeste e do ouro entre os metais.

Eis aí a antiga serpente que envolve todo o mundo e encontra paz para sua cabeça devoradora sob o pé de uma *Virgem*, representação da iniciação; a Virgem que apresenta para a adoração dos reis magos uma criança recém-nascida, recebendo deles, em troca, por tal favor, ouro, mirra e incenso.

Em todas as religiões hieráticas o dogma serve, portanto, ao propósito de encobrir o segredo das forças da natureza do qual o iniciado pode dispor. As fórmulas religiosas são o resumo de tais palavras carregadas de mistério e forças capazes de fazer os deuses descerem do céu para serem submetidos à vontade dos homens. A Judeia colheu tal segredo do Egito, enquanto que a Grécia remeteu seus hierofantes e, posteriormente, seus teósofos à escola dos grandes profetas. Quanto à Roma dos césares, que foi solapada pela iniciação cristã das catacumbas, um dia desmoronou-se na Igreja e foi refeito um simbolismo com as sobras de todos os cultos que a soberana do mundo submetera.

Segundo o que conta o Evangelho, a inscrição pela qual se declarou a realeza espiritual do Cristo foi registrada em hebraico, grego e latim. Era a expressão da síntese universal.

O helenismo, de fato, essa grande e bela religião da forma, anunciara tanto quanto os profetas do Judaísmo a vinda do Salvador. A fábula de Psiquê constitui uma abstração mais do que cristã e o culto dos panteus, que reabilita Sócrates, dispunha os altares para a unidade de Deus da qual Israel foi o preservador misterioso.

Contudo, a Sinagoga pronunciou a renegação de seu Messias, sendo as letras hebraicas apagadas para os olhos cegos dos judeus.

Os perseguidores romanos ultrajaram o helenismo que a moderação enganosa de Juliano foi incapaz de recuperar; Juliano, denominado, quem sabe injustamente, o Apóstata porque seu Cristianismo jamais foi sincero. Posteriormente, a ignorância da Idade Média veio estabelecer a oposição dos santos e as virgens aos deuses, deusas e ninfas. O profundo sentido do simbolismo helênico foi condenado à maior incompreensão de todos os tempos. A própria Grécia, além de perder as tradições de seu antigo culto, divorciou-se da Igreja latina. E desse modo, as letras gregas foram apagadas aos olhos dos latinos, bem como aos olhos dos gregos as letras latinas desvaneceram.

Resultou que a inscrição da cruz do Salvador desapareceu completamente, restando apenas iniciais misteriosas.

Mas quando ciência e a filosofia, em reconciliação com a fé, juntarem em um único todos os diferentes símbolos, aí então a totalidade das magnificências dos cultos antigos experimentará novo florescimento na memória dos homens, em um proclamar do progresso do espírito humano na intuição da luz de Deus.

Mas, entre todos os progressos, o maior de todos será aquele que, oferecendo as chaves da natureza à ciência, sujeitará para sempre o horrível fantasma de Satã e esclarecendo todos os fenômenos excepcionais da natureza, aniquilará o império da superstição e da credulidade ingênua.

Dedicamos nossa vida à execução de tal progresso e empenhamos a seu serviço nosso tempo, às pesquisas mais laboriosas e mais difíceis. Nosso intento é libertar os altares pela derrubada dos ídolos; queremos que o homem de inteligência se torne o sacerdote e o rei da natureza e desejamos preservar, pela elucidação, todas as imagens do santuário universal.

O motivo de os profetas terem falado por parábolas e imagens foi a falta, de sua parte, da linguagem abstrata e porque, sendo a percepção profética o sentimento da harmonia ou das analogias universais, traduz-se naturalmente pelas imagens, que encaradas materialmente pelo vulgo, converteram-se em ídolos ou mistérios insondáveis.

O conjunto e a sucessão desses mistérios e imagens são o que chamamos de simbolismo, o qual, portanto, procede de Deus, a despeito de sua formulação humana.

Em todas as idades a humanidade foi acompanhada pela revelação, a qual se transfigurou com o gênio humano. Mas sempre expressou a mesma verdade.

A verdadeira religião é una e seus dogmas são singelos e acessíveis a todos.

Entretanto, a multiplicidade dos símbolos constituiu tão somente um volume de poesias necessário à educação do gênio humano.

A harmonia das formosuras externas bem como a poesia da forma deviam ter revelado Deus à infância humana. Porém, Psiquê logo rivalizou com Vênus e seduziu o amor.

É desse modo que o culto da forma devia render-se a esses sonhos ambiciosos da alma, pelos quais a eloquente sabedoria de Platão já é embelezada. Realizava-se assim o preparo da vinda de Cristo e é por isso que era aguardada; ele veio porque o mundo o aguardava. O resultado foi que a filosofia se converteu em crença para se tornar popular.

No entanto, emancipado por essa mesma crença, o espírito humano não tardou a se rebelar contra a escola que pretendia materializar seus sinais, e a obra do Catolicismo romano consistiu unicamente em preparar, sem estar ciente disso, a libertação das consciências e estabelecer as bases da associação universal.

Todas essas coisas constituíram apenas o desenvolvimento regular e normal da vida divina entre os homens, porque Deus é a grande alma de todas as almas. Deus é o centro imutável em torno do qual todas as inteligências gravitam, como se fossem uma profusão de estrelas.

A inteligência do homem teve sua manhã. Seu meio-dia despontará, bem como advirá seu declínio, mas Deus será sempre o mesmo.

Aos moradores da Terra, contudo, se lhes afigura que o Sol nasce novo e acanhado, que ao meio-dia irradia com toda a sua força e que à tarde se põe, cansado. No entanto, é a Terra que se move em rotação – o Sol é imóvel.

Estribado, pois, na fé no progresso humano e na estabilidade de Deus, o homem livre vota respeito à religião sob suas formas pretéritas, não blasfemando seja contra Júpiter, seja contra Jeová; saúda amorosamente a resplandecente imagem de Apolo Pítio, vendo nele uma semelhança fraternal se comparado com o rosto glorioso do Salvador ressuscitado.

Dá crédito à grande missão da hierarquia católica e é do seu agrado contemplar os papas da Idade Média empregarem a religião como uma barreira ao poder absoluto dos monarcas; mas, fazendo coro com todos os séculos revolucionários, insurge-se contra o cativeiro da consciência, a qual as chaves pontifícias desejavam aprisionar; apresenta-se ainda mais protestante do que Lutero porque não acredita sequer na confissão de Augsburgo, e ainda mais católico do que o sumo pontífice porque não receia que a malevolência das cortes produza o cisma da unidade religiosa.

Tem mais confiança em Deus do que na política de Roma, no que respeita à salvação da ideia unitária; tem respeito pela velhice da Igreja, embora não receie pela morte desta; está seguro de que sua morte aparente não será senão uma transformação e uma assunção plena de glória.

O autor deste livro dirige um novo apelo aos magos do Oriente no sentido de que venham reconhecer, ainda uma vez, no Mestre divino, em cujo berço visitaram e saudaram, o magno iniciador de todos os tempos.

Todos os seus inimigos tombaram; todos aqueles que o anatematizavam pereceram; todos aqueles que o perseguiam se prostraram para sempre, enquanto ele permanece sempre de pé!

Os sustentadores da inveja uniram-se contra ele e entraram em consenso em um só ponto; os defensores da divisão se reuniram para destruí-lo, arvoraram-se em soberanos e o proscreveram; fizeram-se juízes e o condenaram à morte; arvoraram-se em carrascos e o executaram; obrigaram-no a beber a cicuta, crucificaram-no, apedrejaram-no e arremessaram suas cinzas ao vento. Depois tiveram de enrubescer de espanto, pois ele estava de pé perante eles, acusando-os pelas suas chagas e fulminando-os pelo brilho de suas cicatrizes.

Acreditam tê-lo decapitado no berço de Belém e ele está vivo no Egito! Ele é arrastado sobre a montanha para ser precipitado; a multidão constituída por seus assassinos está ao seu redor e já celebram sua perda certa – ouve-se um grito! Não será, então, ele que acaba de espatifar-se entre os rochedos do precipício? Ficam pálidos e se entreolham... E ele, sereno e sorridente, atravessa suas fileiras e se vai.

Temos aqui uma outra montanha que terminaram agora de tingir com seu sangue, vede uma cruz e um sepulcro com soldados de guarda em seu túmulo. Néscios! A tumba está vazia e quanto àquele que é para eles agora um morto, anda calmamente pela estrada de Emaús, entre dois viandantes.

Onde se encontra ele? Para onde ruma? Avisai os senhores da Terra! Comunicai aos césares que seu império está ameaçado! Mas por quem? Por um pobre que nem sequer possui uma pedra para repousar sua cabeça, por um homem do povo que foi condenado à morte dos escravos. Há aqui um ultraje ou uma insanidade? Não importa, pois os césares articularão todo o seu poder. Editos sanguinários proscrevem o fugitivo, cadafalsos são erguidos em todas as partes, circos com arenas repletas de leões e gladiadores são abertos, fogueiras são acesas, correm rios de sangue, e os césares, que se acreditam triunfantes, se atrevem a somar um nome àqueles com os quais blasonam seus troféus, depois eles morrem e sua apoteose é ultrajante para os deuses que acreditavam defender. O ódio do mundo confunde em um menoscabo único Júpiter e Nero; os templos, que a adulação transformou em tumbas, são derrubados sobre as cinzas proscritas e, de pé, sobre os restos dos ídolos, sobre os escombros dos impérios, ELE SOMENTE, o mesmo homem que os césares declaravam proscrito, aquele que tantos perseguiam encarniçadamente, que tantos carrascos torturavam, ELE SOMENTE permanece de pé, só ele impera, só ele é vitorioso!

A despeito disso, não tarda para que seus próprios discípulos façam mau uso do seu nome. O santuário é invadido pelo orgulho; aqueles cuja tarefa seria anunciar a ressurreição do Mestre desejam imortalizar sua morte com o intuito de, à maneira de abutres, se alimentarem de sua carne que renasce sempre. Em lugar de imitarem seus atos de sacrifício e ofertar o próprio sangue aos filhos de fé, eles o retêm no Vaticano, como em um novo Cáucaso, e convertem-se em abutres desse divino Prometeu. Contudo, qual a importância para ele desse seu sonho mau? Tudo que retiveram dele foi sua imagem... ele mesmo permanece ereto e marcha de desterro em desterro e de conquista em conquista.

É possível aprisionar um homem, mas não o Verbo de Deus, que não se submete ao cativeiro. A palavra é livre e nada pode exercer coação sobre ela.

Essa palavra viva representa a condenação dos maus e essa é a razão de desejarem sua morte; todavia, afinal, são eles que acabam morrendo, permanecendo a palavra da verdade para julgar sua memória.

Foi possível que Orfeu perecesse despedaçado pelas bacantes; Sócrates sorveu o conteúdo do copo de veneno; Jesus e seus apóstolos morreram pelo derradeiro suplício; João Huss, Jerônimo de Praga e muitos outros pereceram na fogueira; a noite de São Bartolomeu e as chacinas de setembro produziram mártires; o soberano russo dispõe ainda de cossacos, cnutes e os desertos da Sibéria. Contudo, o espírito de Orfeu, Sócrates, Jesus e de todos os mártires permanece sempre vivo no seio dos próprios perseguidores que, por sua vez, perecem – esse espírito mantém-se erguido em meio a instituições que encontram sua queda e impérios que desmoronam!

Trata-se desse espírito divino, o espírito do Filho único de Deus, que é representado no Apocalipse de São João, de pé, no meio de candelabros de ouro, porque constitui o centro de todas as luzes, portando sete estrelas em sua mão, tal como a semente de um céu que é completamente novo e fazendo com que desça à terra sua palavra na forma de uma espada de dois gumes.

Quando os sábios, em desânimo, adormecem na noite da dúvida, o espírito do Cristo encontra-se de pé e vigilante.

Quando os povos, exaustos do trabalho libertador, se prostram e se debilitam nas suas cadeias, o espírito do Cristo se alteia e protesta.

Quando os sectários cegos de religiões já infecundas curvam-se no pó dos velhos tempos e arrastam-se de modo servil em uma apreensão supersticiosa, o espírito do Cristo se alteia e ora.

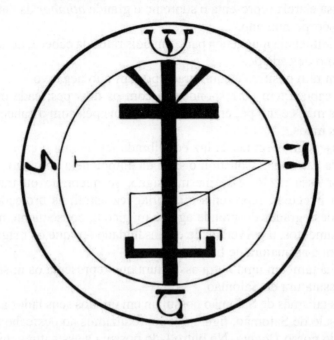

Quando os vigorosos perdem seu vigor, debilitando-se, quando as virtudes são corrompidas, quando tudo se dobra e se avilta em busca de um misero alimento, o espírito do Cristo se alteia, fitando o céu e na espera da hora do seu Pai.

Cristo quer dizer sacerdote e monarca por excelência.

O Cristo, o iniciador dos tempos modernos, teve como meta de sua vinda ao mundo a formação, mediante a ciência, e sobretudo por meio da caridade, de novos monarcas e novos sacerdotes. Os antigos magos eram sacerdotes e reis.

Uma estrela anunciou aos antigos magos a vinda do Salvador. Tal estrela era o pentagrama mágico que tem uma letra sagrada em cada uma das pontas.

Trata-se da figura da inteligência que é regente por meio da unidade da força das quatro forças elementares. É o pentagrama dos magos. É a estrela chamejante dos filhos de Hiram.[45] É o protótipo da luz

---

45. Figura do arquiteto chefe da reconstrução do Templo de Salomão, figura esta associada às origens mais remotas da Franco-Maçonaria.

equilibrada. Um raio luminoso ascende para cada uma das pontas do pentagrama. De cada uma das pontas do pentagrama um raio luminoso desce.

Essa estrela representa o supremo e grande *athanor* da natureza, a saber, o corpo humano.

A influência magnética parte em dois raios da cabeça, de cada mão bem como de cada pé.

Um raio positivo é equilibrado por um raio negativo.

A cabeça tem correspondência com os dois pés; cada mão com uma das mãos e um pé, enquanto que os dois pés com a cabeça e cada uma das mãos.

Esse signo regular da luz equilibrada representa o espírito da ordem e da harmonia. Constitui o sinal da onipotência do mago.

Por essa razão, esse mesmo signo, se quebrado ou traçado de maneira irregular, representa a embriaguez astral, as projeções anormais e desregradas do grande agente mágico e, consequentemente, os enfeitiçamentos, a perversidade e a insanidade – o que os magistas denominam a assinatura de Lúcifer.

E há também uma outra assinatura que representa os mistérios da luz: a assinatura de Salomão.

Os talismãs de Salomão possuíam em um dos seus lados a impressão do selo de Salomão, figura que reproduzimos ao desfecho do capítulo V do nosso *Dogma*. No outro lado possuía a assinatura cuja forma apresentamos na página anterior.

Tal figura é a teoria hieroglífica da composição dos ímãs e representa a lei circular do raio.

É possível prender os espíritos desregrados exibindo-lhes ou a estrela chamejante do pentagrama ou a assinatura de Salomão porque os fazemos encarar a prova de sua insanidade e, simultaneamente, os intimidamos por meio de um poder soberano capaz de os atormentar e que os chama à ordem.

Não há o que mais atormenta os maus do que o bem. Nada é mais detestável para a loucura do que a razão.

Entretanto, se um operador empregar esses signos sem conhecê-los, agirá como um cego que discursa sobre a luz para outros cegos. É um asno que pretende ensinar a leitura às crianças.

Se o cego for condutor do cego – disse o divino hierofante – os dois se precipitarão no fosso.

Agora uma última palavra a fim de sintetizar esta introdução.

Supondo que sejas cego, como Sansão, quando sacudires as colunas do templo, os escombros te esmagarão.

A subjugação da natureza exige que nos tornemos superiores à natureza mediante a resistência às suas atrações.

Supondo que teu espírito esteja inteiramente livre de todo preconceito, de toda superstição e de toda incredulidade, tu dominarás os espíritos.

Supondo que consigas não te submeter às forças da fatalidade, as forças da fatalidade se submeterão a ti.

Supondo que sejas sábio como Salomão, executarás as obras que Salomão executou.

Supondo que sejas santo como Cristo, realizarás as obras que Cristo realizou.

Se pretendes dirigir as correntezas da luz móvel, terás de estar imóvel em uma luz imóvel.

Se pretendes comandar os elementos, terás, primeiro, de subjugar seus furacões, seus raios, seus abismos e suas tormentas.

Faz-se necessário *saber* para *ousar*.

Faz-se necessário *ousar* para *querer*.

Faz-se necessário *querer* para obter o reino.

E para reinar faz-se necessário *calar*.

I
AS PREPARAÇÕES

Toda intenção que não se manifesta por meio de atos é uma intenção vã e a palavra que a expressa é uma palavra ociosa. A vida é demonstrada pela ação e é também a ação que comprova e demonstra a vontade. É por isso que se disse nos livros simbólicos e sagrados que os homens serão julgados não por seus pensamentos e por suas ideias, mas sim por suas obras. Para ser é necessário fazer.

Vamos agora penetrar no grande e terrível tema das obras mágicas. Aqui não se trata de teorias e abstrações. Chegamos ao terreno dos fatos e vamos colocar na mão do Adepto a varinha dos milagres, dizendo-lhe: Não procedas somente segundo nossas palavras – age por ti mesmo.

Trata-se aqui das obras de uma onipotência relativa e do meio de apoderar-se dos maiores segredos da natureza em benefício de uma vontade esclarecida e inflexível.

A maior parte dos rituais mágicos conhecidos são ou mistificações ou enigmas. Vamos descerrar pela primeira vez, depois de tantos séculos, o véu do santuário oculto. Revelar a santidade dos mistérios é remediar sua profanação. Tal é a ideia que mantém nosso valor e nos faz enfrentar todos os perigos desta obra, a mais audaz, talvez, que tenha sido concebida e empreendida pelo espírito humano.

As operações mágicas são o exercício de um poder natural, mas superior às forças ordinárias da natureza. São o resultado de uma ciência e de um costume que exaltam a vontade humana acima dos seus limites habituais.

O sobrenatural nada mais é do que o natural extraordinário ou o natural exaltado. Um milagre é um fenômeno que assombra as multidões pelo inesperado; o maravilhoso e o que maravilha são os efeitos que surpreendem áqueles que ignoram as causas ou que lhes atribuem causas desproporcionais a tais resultados. Os milagres só existem para os ignorantes, porém, como não há ciência absoluta entre os homens, o milagre pode, contudo, existir e existe para todos.

Comecemos por afirmar que cremos em todos os milagres porque estamos convencidos e certos até por experiência própria, de sua total probabilidade.

Há aqueles que não explicamos, mas consideramos como explicáveis. Do mais ao menos e do menos ao mais, as consequências são identicamente relativas e as proporções progressivamente rigorosas.

Todavia, para fazer milagres é necessário colocar-se fora das condições comuns da humanidade. É preciso abstrair-se pela sabedoria ou exaltar-se pela loucura, acima de todas as paixões, destas se separando ou se desligando com frenesi ou por êxtase. Tal é a primeira e mais indispensável das preparações do operador.

Assim, por uma lei providencial ou fatal, o mago somente pode exercer sua onipotência na razão inversa de seu interesse material; quanto mais ouro produz o alquimista, mais se resigna às privações, mais estima a pobreza protetora dos segredos da grande obra.

Só o Adepto, de coração sem paixões, disporá por si só do amor e do ódio daqueles dos quais queira se servir como instrumentos para a realização de sua ciência; o mito do Gênesis é eternamente verdadeiro e Deus apenas deixa aproximar-se da árvore da ciência homens suficientemente abstinentes e fortes para não cobiçar seus frutos.

Vós que buscais na magia o meio de satisfazer vossas paixões, renunciai a essa via funesta. Nela não encontrareis senão a loucura ou a morte. Era isso que antigamente se exprimia com o provérbio segundo o qual o Diabo cedo ou tarde acaba torcendo o pescoço dos bruxos.

O mago deve, portanto, ser impassível, sóbrio, casto, desinteressado, impenetrável e inacessível a toda espécie de preconceito ou de terror. Não deve ter defeitos corporais e submeter-se à prova de todas as contradições e aflições. A primeira e a mais importante de todas as obras mágicas é atingir essa rara superioridade.

Já dissemos que o êxtase apaixonado pode produzir os mesmos resultados que a superioridade absoluta e isso é exato quanto ao êxito, porém não com referência à direção das operações mágicas.

A paixão projeta vigorosamente a luz vital e imprime movimentos imprevistos ao agente universal; porém não pode reter tão facilmente como projetou e seu destino é então muito semelhante ao de Hipólito, arrastado por seus próprios cavalos, ou o de Falaris, que experimenta ele mesmo o instrumento de suplício que inventara para os outros.

A vontade humana concretizada pela ação é semelhante à bala de canhão que não retrocede nunca diante do obstáculo. Atravessa-o ou penetra-o e se perde nele quando lançada com violência; entretanto, se mover-se paciente e perseverantemente, não se perde jamais, assemelhando-se então à onda que sempre retorna e acaba por corroer o ferro.

O homem pode ser modificado pelo costume, que segundo o adágio se converte em uma segunda natureza nele. Por meio de uma ginástica insistente e gradativa, as forças e a agilidade do corpo se desenvolvem ou são criadas, em proporção espantosa. O mesmo sucede com os poderes da alma. Quereis imperar sobre vós mesmos e sobre os outros? Pois aprendei a querer.

Como é possível aprender a querer? Esse é o primeiro arcano da iniciação mágica e é para dar a compreender o próprio fundo desse arcano que os antigos depositários da arte sacerdotal circundavam os acessos ao santuário de tantos terrores e prestígios. Não davam crédito a uma vontade senão quando haviam produzido as provas de sua existência e tinham sobeja razão nisso. A força somente pode afirmar-se por vitórias.

A preguiça e o esquecimento são os inimigos da vontade e é por isso que todas as religiões multiplicaram as práticas e tornaram seus cultos minuciosos e difíceis. Quanto mais alguém se preocupa com uma ideia, mais força adquire no sentido dessa ideia. As mães não preferem aqueles entre seus filhos que lhes exigiram maiores esforços e sacrifícios? Assim a força das religiões está contida por completo na vontade inflexível dos que a praticam. Enquanto houver um fiel crente no santo sacrifício da missa, haverá um sacerdote para celebrá-la e, enquanto existir um sacerdote para ler diariamente seu breviário, haverá um papa no mundo.

As práticas mais insignificantes aparentemente e mais estranhas por si mesmas ao fim que alguém se proponha são, todavia, as que conduzem a esse fim pela educação e o exercício da vontade. Um camponês que se levantasse todas as madrugadas às duas ou três horas e que fosse longe, muito longe de sua casa, colher todos os dias um ramo da mesma erva antes do nascer do Sol, poderia, levando consigo essa erva, operar um grande número de prodígios. Tal erva seria o signo de sua vontade e se converteria por obra dessa mesma vontade em tudo que ele quisesse no interesse de seus desejos.

Para poder é preciso crer que se pode e essa fé deve imediatamente traduzir-se em atos. Quando uma criança diz "não posso", sua mãe lhe replica "experimenta". A fé nem mesmo experimenta; começa pela certeza de conduzir ao proposto e labora com calma, como se detivesse a onipotência às suas ordens e a eternidade diante de si.

Vós que vos apresentais perante a ciência dos magos, que é que lhe pedis? Atrevei-vos a formular vosso desejo, seja qual for, e depois procedei imediatamente à obra e não cesseis de operar no mesmo sentido e para o mesmo fim. O que tivestes desejado se realizará e já está principiado para vós e por vós.

Sisto V, quando era pastor, dissera: "Quero ser papa".

Vós sois um pedinte e quereis fazer ouro, pois mãos à obra e não parareis enquanto não o conseguires. Eu vos prometo em nome da ciência todos os tesouros de Flamel e de Raymundo Llullio.

Qual é a primeira coisa a fazer? Crer com toda a fé de que sois capaz e operar em seguida. Como operar? Levantai todos os dias muito cedo e à mesma hora; lavai-vos em qualquer estação sempre em uma fonte antes do nascer do Sol; nunca usai roupa suja e lavai-a vós mesmos, se for necessário; praticai o exercício das privações voluntárias para melhor sofrer as involuntárias; silenciai todo desejo que não seja o da realização da grande obra.

– Como? Lavando-me todos os dias em uma mesma fonte farei ouro? –

– Trabalhareis nisso.

– Não é isso uma burla?

– Não, é um arcano.

– Como posso servir-me de um arcano que não posso compreender?

– Tende fé e trabalhai, e logo compreenderás.

Uma pessoa dizia-me certo dia: Quisera ser um católico fervoroso, mas até agora sou um voltairiano. Quanto não daria para ter fé! Pois bem, lhe respondi, não digais *quisera*, digais *eu quero* e cumpri as obras da fé e eu vos asseguro que tereis fé. Sois voltairiano, dizeis, e entre as diferentes maneiras que existem de compreender a fé, a dos jesuítas é para vós a mais antipática e vos parece a mais desejável e a mais forte... Fazei e recomeçai sem desânimo os exercícios de Santo Inácio e vos convertereis em um crente como um jesuíta. O resultado é infalível e se tiverdes então a ingenuidade de crer que é um milagre já vos enganais se vos credes voltairiano.

Um preguiçoso nunca será mago. A magia é um exercício de todas as horas, de todos os instantes. É mister que o operador das grandes obras seja senhor absoluto de si mesmo; que saiba vencer o atrativo do prazer, do apetite e do sono; que seja insensível tanto ao sucesso quanto à derrota. Sua vida deve ser uma vontade dirigida por um pensamento e servida por toda a natureza submetida ao espírito em seus próprios órgãos e por simpatia em todas as forças universais que lhe são correspondentes.

Todas as faculdades e todos os sentidos devem participar da obra e nada no sacerdote de Hermes tem o direito de permanecer ocioso; é preciso formular a inteligência por signos e resumi-la por caracteres ou pentáculos; é preciso determinar a vontade por palavras e cumprir as palavras por meio de atos; é necessário traduzir a ideia mágica em luz para os olhos, em harmonia para os ouvidos, em perfumes para o olfato, em sabores para a boca e em formas para o tato. É preciso, em uma palavra, que o operador realize em toda a sua vida o que quer realizar fora de si no mundo; é necessário que se transforme em um ímã para atrair a coisa desejada; e que quando esteja suficientemente imantado saiba que a coisa virá sem que ele nela pense e por si mesma.

É importante que o mago conheça os segredos da ciência, porém pode conhecê-los por intuição, sem havê-los aprendido. Os solitários, que vivem na contemplação habitual da natureza, frequentemente adivinham suas harmonias e se acham mais instruídos em meio a sua simplicidade e bom senso do que os doutores, cujo senso natural é falseado pelos sofismas das escolas. Os verdadeiros magos práticos encontram-se quase sempre no campo e são, muitas vezes, pessoas sem instrução e singelos pastores.

Há, outrossim, certas constituições físicas mais predispostas do que outras às revelações do mundo oculto; também há naturezas sensíveis e simpáticas, para as quais a intuição na luz astral lhes é, por assim dizer, inata; certos sofrimentos e certas enfermidades podem modificar o sistema nervoso e constituir, sem o concurso da vontade, um aparelho adivinhatório mais ou menos perfeito. Entretanto, esses fenômenos são excepcionais e geralmente o poder mágico deve e pode ser adquirido mediante a insistência e o trabalho.

Há também substâncias que produzem o êxtase e predispõem ao sono magnético; há aquelas que põem a serviço da imaginação todos os reflexos mais vivos e mais coloridos da luz elementar. Contudo, o emprego dessas substâncias é perigoso pelo fato de geralmente produzirem a estupefação e a embriaguez. São, todavia, empregadas mas em proporções estritamente calculadas e em circunstâncias absolutamente excepcionais.

Aquele que deseja devotar-se seriamente à obra mágica, depois de haver fortalecido seu espírito contra todo perigo de alucinação ou de medo, deve purificar-se interior e exteriormente durante 40 dias. O número 40 é sagrado e até mesmo sua figura é mágica. Em algarismos árabes, compõe-se do círculo, imagem do infinito, e do 4 que resume o ternário pela unidade. Em algarismos romanos, dispostos da maneira abaixo, representa o signo do dogma fundamental de Hermes e o caráter do selo de Salomão.

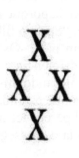 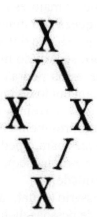

A purificação do mago deve consistir na abstinência das volúpias grosseiras, em um regime vegetariano e suave, na privação de bebidas fortes e na regularidade das horas de sono. Essa preparação tem sido indicada e representada em todos os cultos durante um tempo de penitência e privações que antecede as festas simbólicas da renovação da vida.

É necessário, como já o dissemos, observar externamente o asseio mais rigoroso; o mais pobre entre nós pode encontrar água nas fontes. É necessário também que se lave ou se mande lavar, cuidadosamente, as vestes, os móveis e os vasos de que se faz uso. Toda sujeira é testemunho de negligência, e em magia a negligência é mortal.

É necessário purificar o ar ao levantar-se e ao se deitar com um perfume composto de seiva de loureiro, sal, cânfora, resina branca e enxofre e pronunciar ao mesmo tempo as quatro palavras sagradas dirigindo-se às quatro partes do mundo.

É preciso não mencionar a ninguém as obras em realização, e como já asseveramos no *Dogma*, o mistério é a condição rigorosa e indispensável de todas as operações da ciência. É necessário despistar os curiosos, alegando outras ocupações e outras pesquisas, como, por exemplo, experiências químicas para operações industriais, cuidados higiênicos, a investigação dos segredos da natureza, etc., etc., contudo, a palavra interdita da magia jamais deve ser enunciada.

O mago deve isolar-se no começo e restringir duramente suas relações para concentrar em si a força e escolher os pontos de contato; contudo, quanto mais duro e inacessível tenha se mostrado no início, mais popular e rodeado de pessoas deverá se ver logo, quando tiver imantado sua cadeia e eleito seu lugar em uma corrente de ideias e de luz.

Uma vida laboriosa e pobre é de tal modo favorável à iniciação na prática que os maiores mestres a buscaram, mesmo quando podiam dispor das riquezas do mundo. É então que Satã, ou seja, o espírito da ignorância, que ri, que duvida, que odeia a ciência porque a teme, vem tentar o futuro senhor do mundo, dizendo-lhe: "Se és o filho de Deus, faz com que essas pedras se transformem em pão". Os homens de dinheiro tratam então de humilhar o príncipe da ciência, impondo-lhe todos os tipos de barreiras, depreciando ou explorando miseravelmente seu trabalho; rompem em dez pedaços para que estenda a mão outras tantas vezes para o pedaço de pão do qual parece ter necessidade. O mago não se digna sequer a rir de tal inépcia e prossegue sua obra com tranquilidade.

É necessário evitar, na medida do possível, a visão de coisas horrendas e de pessoas disformes; não comer na companhia de pessoas que não se estima, evitar todo gênero de excessos e viver de uma maneira regular e ordenada.

É preciso ter o maior respeito por si mesmo e se considerar como um soberano desconhecido que assim age para reconquistar sua coroa; ser amável e digno com todos, mas jamais deixar-se absorver nas relações sociais e retirar-se dos círculos nos quais inexista qualquer iniciativa.

Pode-se, e até se deve, cumprir as obrigações e praticar os ritos do culto a que se pertença. Mas, que se frise, de todos os cultos o mais mágico é aquele que realiza maiores milagres, aquele que se apoia sobre as mais sábias razões os mais inconcebíveis mistérios, cujas luzes são iguais às suas sombras, que populariza os milagres e encarna Deus nos homens pela fé. Essa religião existiu sempre e sempre esteve no mundo sob diversos nomes: é a religião única e dominante. Assume agora, entre os povos da Terra, três formas aparentemente hostis entre si, que logo se fundirão em uma só para constituir uma Igreja universal. Refiro-me à ortodoxia russa, ao Catolicismo romano e uma transfiguração última da religião de Buda.

Acreditamos ter deixado perfeitamente claro, pelo exposto, que nossa magia se opõe à dos goécios e dos necromantes. Nossa magia é, ao mesmo tempo, uma ciência e uma religião absoluta que deve, em lugar de destruir e assimilar todas as opiniões e todos os cultos, regenerá-los e dirigi-los, reconstituindo o círculo dos iniciados, propiciando assim às massas cegas condutores sábios e clarividentes.

Vivemos em um século no qual nada há para destruir, tendo nós, sim, de refazê-lo totalmente, pois tudo está destruído. Refazer o quê? O passado? Não se refaz o passado. Reconstruir o quê? Um templo e um trono? É preciso fazê-lo, considerando que os antigos caíram? É como dizer: Minha casa acaba de vir abaixo de tão velha, para que construir outra? Mas, a casa que vais edificar será semelhante à que desmoronou? Não, aquela que ruiu era velha e essa será nova. Mas, enfim, será sempre uma casa? Que querias, pois, que fosse?

II
O EQUILÍBRIO MÁGICO

O equilíbrio é o resultado de duas forças.

Se as duas forças fossem absolutamente e para sempre iguais, o equilíbrio seria a imobilidade e, consequentemente, a negação da vida. O movimento é o resultado de uma preponderância alternada.

O impulso dado a um dos pratos de uma balança determina necessariamente o movimento do outro prato. Os contrários operam assim sobre os contrários, em toda a natureza, por correspondência e por conexão analógica.

Toda a vida se compõe de uma aspiração e de um sopro; a criação é a suposição de uma sombra para servir de limite à luz, de um vazio para servir de espaço à plenitude do ser, de um princípio passivo fecundado para apoiar e realizar o poder do princípio ativo gerador.

Toda a natureza é bissexual e o movimento que produz as aparências da morte e da vida é uma contínua geração.

Deus ama o vazio que fez para preencher; a ciência ama a ignorância que ela, ciência, ilumina; a força ama a fraqueza que ela, força, sustenta; o bem ama o mal aparente que o glorifica; o dia é apaixonado pela noite e a persegue sem cessar girando ao redor do mundo; o amor é simultaneamente uma sede e uma plenitude que necessita expandir-se. Aquele que dá, recebe, e aquele que recebe dá; o movimento: é uma permuta perpétua.

Conhecer a lei dessa permuta, saber a proporção alternativa ou simultânea dessas forças, é possuir os primeiros princípios do grande arcano mágico, que constitui a verdadeira divindade humana.

Cientificamente pode-se apreciar as diversas manifestações do movimento universal por meio dos fenômenos elétricos ou magnéticos. Os aparelhos elétricos, em particular, revelam material e positivamente as afinidades e as antipatias de certas substâncias. O consórcio do cobre com o zinco, a ação de todos os metais na pilha galvânica são revelações perpétuas e irrecusáveis. Que os físicos pesquisem e descubram; os cabalistas explicarão as descobertas da ciência.

O corpo humano está submetido, como a terra, a uma lei dupla: atrai e irradia; está imantado de magnetismo andrógino e opera sobre as duas potências da alma, a intelectual e a sensitiva, em razão inversa, mas proporcional, das preponderâncias alternadas dos dois sexos em seu organismo físico.

A arte do magnetizador se apoia completamente no conhecimento e uso dessa lei. Polarizar a ação e dar ao agente uma força bissexual e alternada é o meio desconhecido e procurado em vão de dirigir à vontade os fenômenos do magnetismo; porém, é necessário um tato muito exercitado e uma grande precisão nos movimentos interiores para não confundir os signos da aspiração magnética com os da expiração; é preciso também conhecer perfeitamente a anatomia oculta e o temperamento especial das pessoas sobre as quais se opera.

O que mais barra a direção do magnetismo é a má-fé ou a má vontade dos pacientes. As mulheres, sobretudo, que são essencialmente e sempre comediantes e que gostam de se impressionar impressionando os demais, e que são as primeiras a se enganar quando desempenham seus melodramas nervosos, as mulheres – repetimos – são a verdadeira magia negra do magnetismo. Assim será impossível para os magnetizadores não iniciados nos supremos arcanos e não assistidos pelas luzes da Cabala dominar sempre esse elemento fugaz e refratário. Para ser senhor da mulher, é preciso distraí-la e ludibriá-la habilmente, deixando-a supor que é ela própria que está enganando. Esse conselho que oferecemos aqui especialmente aos médicos magnetizadores, poderia também, talvez, ser útil na vida conjugal.

O homem pode produzir, segundo sua vontade, dois sopros: um quente e o outro frio; pode igualmente projetar à sua vontade a luz ativa ou a luz passiva; porém, é necessário que adquira a consciência dessa força por meio do costume de nela pensar. Um mesmo gesto da mão pode alternativamente expirar e aspirar isso que convencionamos chamar de fluido; e o próprio magnetizador será avisado do resultado de sua intenção mediante uma sensação alternativa de calor e de frio na mão, ou em ambas as mãos, se operar com elas simultaneamente, sensação que o paciente deverá experimentar ao mesmo tempo, mas em sentido inverso, ou seja, acompanhado de uma alternativa inteiramente oposta.

O pentagrama, ou o signo do microcosmo, representa entre outros mistérios mágicos a dupla simpatia dos extremos humanos entre si e a circulação da luz astral no corpo humano. Assim, ao figurar um homem na estrela do pentagrama, como se pode ver na filosofia oculta de Agrippa, deve-se observar que a cabeça corresponde em simpatia masculina ao pé direito e em simpatia feminina ao esquerdo; que a mão direita corresponde, do mesmo modo, à mão e o pé esquerdo e a mão esquerda reciprocamente, sendo necessário considerar tudo isso nos passes magnéticos, caso se deseje atingir o domínio de todo o organismo e a ligação de todos os membros pelas suas próprias cadeias de analogia e de simpatia natural.

Esse conhecimento é necessário ao uso do pentagrama nos conjuros aos espíritos e nas evocações de formas errantes na luz astral, chamadas vulgarmente de necromancia, como explicaremos no capítulo V deste *Ritual*; mas é conveniente observar aqui que toda ação provoca uma reação e que magnetizando ou influenciando magicamente aos demais, estabeleceremos deles para nós uma corrente de influência contrária, embora análoga, que pode nos submeter a eles em lugar de os submeter a nós, como acontece frequentemente nas operações que têm por objetivo a simpatia e o amor. Por isso que é essencial defender-se ao mesmo tempo que se ataca a fim de não aspirar pela esquerda ao mesmo tempo que se sopra pela direita. O andrógino mágico (veja-se o desenho da página 204) tem escrito no braço direito SOLVE e no esquerdo COAGULA, o que corresponde à figura simbólica dos trabalhadores do segundo templo, que tinham em uma mão a espada e na outra a régua. Ao mesmo tempo que se edifica, é preciso defender sua obra dispersando os inimigos; a natureza não faz outra coisa quando destrói ao mesmo tempo que regenera. Ora, segundo a alegoria do calendário mágico de Duchenteau, o homem, quer dizer, o iniciado, é o macaco da natureza, a qual o tem preso a si, mas que o faz operar incessantemente imitando os procedimentos e as obras de sua divina mestra e de seu modelo imperecível.

A utilização alternada de forças contrárias, o quente depois do frio, a doçura depois da severidade, o amor depois da cólera, etc., é o segredo do movimento contínuo e do prolongamento do poder; é o que sentem instintivamente as *coquettes* que fazem seus adoradores alternarem entre a esperança e o temor e entre a alegria e a tristeza. Operar sempre no mesmo sentido e da mesma maneira é sobrecarregar apenas um prato da balança, com o resultado imediato da destruição do equilíbrio. A perpetuidade das carícias gera logo a saciedade, o tédio, a antipatia, do mesmo modo que uma frieza ou uma severidade constantes distancia e destrói gradativamente a afeição.

Em alquimia, sempre um mesmo fogo e constantemente ardendo calcina a matéria-prima e faz, às vezes, fragmentar o vaso hermético; é preciso substituir a intervalos regulares o calor do fogo pelo calor da cal ou do carvão mineral. Assim, em magia, cumpre temperar as obras da cólera e do rigor com operações de benevolência e de amor, pois se o operador mantém a tensão de sua vontade sempre no mesmo sentido, o resultado para ele será uma grande fadiga seguida de uma espécie de impotência moral.

O mago não deve, pois, viver exclusivamente em seu laboratório, entre seu *athanor*, seus elixires e seus pentáculos. Por mais devorador que seja o olhar desta Circe, que se chama força oculta, é preciso apresentar-lhe, a propósito, a espada de Ulisses afastar a tempo de nossos lábios a taça que nos apresenta. Uma operação mágica deve ser sempre seguida de um repouso igual à sua duração e de uma distração análoga, mas contrária ao seu objeto. Lutar continuamente contra a natureza para dominá-la e vencê-la é expor-se a perder a razão e a vida. Paracelso se atreveu a fazê-lo e, todavia, nessa própria luta empregava forças equilibradas e opunha à embriaguez a fadiga corporal e essa por um novo trabalho de inteligência. Assim, Paracelso era um homem de inspiração e de milagres; mas consumiu sua vida nesta atividade devoradora, ou melhor, destroçou e rasgou rapidamente suas vestes, porque os homens como Paracelso podem usar e abusar sem temor; sabem perfeitamente que não poderiam morrer e que não devem envelhecer aqui embaixo.

Nada predispõe melhor à alegria do que a dor nem nada está mais próximo da dor do que a alegria. Assim, o operador ignorante se espanta sempre por atingir resultados contrários àqueles aos quais se propôs, pois não sabe cruzar nem alternar sua ação; deseja enfeitiçar seu inimigo e é ele mesmo que se causa desgraça e se põe enfermo; quer fazer-se amar e se apaixona louca e miseravelmente, por mulheres que zombam dele; quer fazer ouro e esgota seus últimos recursos; seu suplício é eternamente o de Tântalo, a água se retira sempre quando ele quer beber. Os antigos em seus símbolos e em suas operações mágicas multiplicavam os signos do binário para não esquecerem sua lei, que é a do equilíbrio. Em suas evocações, construíam sempre dois altares diferentes e imolavam duas vítimas, uma branca e outra negra; o operador ou a operadora tinha em uma mão a espada e na outra a varinha mágica e devia ter um pé calçado e o outro descalço. Todavia, como o binário seria a imobilidade e a morte sem o motor equilibrador, nas obras de magia não era possível operar senão três ou um, e quando um homem e uma mulher participavam da cerimônia, o operador tinha de ser uma virgem, um andrógino ou uma criança. Se o leitor me perguntar se a extravagância desses ritos é arbitrária e se sua finalidade é apenas exercer a vontade multiplicando ao bel-prazer as dificuldades da obra mágica, responderei que em magia nada é arbitrário porque tudo é regulado e determinado de antemão pelo dogma único e universal de Hermes, aquele da analogia dos três mundos. Todo signo corresponde a uma ideia e possui a forma especial de uma ideia; todo ato expressa uma vontade correspondente ao seu pensamento e formula as analogias desse pensamento e dessa vontade. Os ritos são, pois, determinados de antemão pela própria ciência. O ignorante que não conhece o tríplice poder sofre a fascinação misteriosa; o sábio o conhece e faz dele o instrumento de sua vontade; porém, quando os ritos são cumpridos com exatidão e fé, jamais ficam sem efeito.

Todos os instrumentos mágicos devem ser duplos; é preciso ter duas espadas, duas varinhas, duas taças, dois fogareiros, dois pentáculos e duas lâmpadas; o mago deve envergar dois trajes sobrepostos de duas cores contrárias, como praticam, inclusive, os sacerdotes católicos; é preciso não portar consigo nenhum metal, ou portar, ao menos, dois. As coroas de loureiro, de arruda, de verbena ou de artemísia devem ser igualmente duplas; nas evocações conserva-se uma das coroas e se queima a outra, observando, como augúrio, o ruído que faz ao crepitar e as ondulações da fumaça produzida.

Essa observância não é vã porque na obra mágica todos os instrumentos da arte são magnetizados pelo operador; o ar está carregado de seus perfumes, o fogo por ele consagrado está submetido à sua vontade; as forças da natureza parecem escutá-lo e respondê-lo e ele em todas as formas as modificações e os complementos de seu pensamento. É então que vê a água turvar-se e como que ferver por si mesma, o fogo arrojar um grande esplendor ou extinguir-se, as folhas das grinaldas se sacudirem e a varinha mágica mover-se sozinha e é quando ouve no ar estranhas e desconhecidas vozes. Foi durante tais evocações que Juliano viu aparecer os fantasmas muito amados de seus deuses caídos e se espantou, a sua revelia, com a decrepitude e a palidez deles.

Bem sei que o Cristianismo suprimiu para sempre a magia cerimonial e proscreveu severamente as evocações e os sacrifícios do mundo antigo; nossa intenção não é dar-lhes uma nova razão de ser, revelando os antigos mistérios após tantos séculos. Nossas experiências, ainda nesta ordem de fatos, têm sido sábias investigações e nada mais. Comprovamos fatos para apreciar causas e jamais tivemos a pretensão de renovar ritos para sempre abolidos.

A ortodoxia israelita, essa religião tão racional quanto divina e tão pouco conhecida, não reprova menos que o Cristianismo os mistérios da magia cerimonial. Para a tribo de Levi, o próprio exercício da alta magia devia ser considerado uma usurpação do sacerdócio e é a mesma razão que fará com que seja abolida pelos meios oficiais a magia operativa, adivinhatória e milagrosa. Mostrar o natural do maravilhoso e produzi-lo à vontade é aniquilar para o vulgo a prova concludente dos milagres que cada religião reivindica para si, como a propriedade exclusiva e como argumento definitivo.

Respeito as religiões estabelecidas, mas a ciência também tem seu lugar. Não estamos mais, graças a Deus, nos tempos dos inquisidores e das fogueiras; os sábios não são mais assassinados por causa da denúncia de alguns fanáticos alienados ou devido àquela de algumas mulheres histéricas. A propósito, que se entenda bem que fizemos estudos curiosos e não uma propaganda insensata, impossível. Aqueles que nos criticarem pela ousadia de nos chamarmos de magos nada têm a temer de tal exemplo e é mais que provável que não cheguem a ser nem sequer bruxos.

III
O TRIÂNGULO DOS PENTÁCULOS

O abade Tritêmio, que foi em magia o mestre de Cornélio Agrippa, explica em sua *Estenografia* o segredo dos conjuros e das evocações de uma maneira muito filosófica e muito natural, mas talvez por isso mesmo demasiadamente singela e excessivamente fácil.

Evocar um espírito – diz – é penetrar no pensamento dominante desse espírito e se nos elevarmos moralmente mais acima na mesma linha, arrastaremos esse espírito conosco e ele nos servirá; de outro modo, entraremos em seu círculo e seremos nós que o serviremos.

Conjurar é opor a um espírito isolado a resistência de uma corrente e de uma cadeia: *cum jurare*, jurar conjuntamente, isto é, fazer ato de uma fé comum. Quanto maior for o entusiasmo dessa fé, mais eficaz será o conjuro. É por isso que o Cristianismo nascente fazia calar os oráculos: ele só possuía então a inspiração e a força. Posteriormente, quando São Pedro envelheceu, ou seja, quando o mundo acreditou ter de fazer acusações legítimas ao papado, o espírito da profecia veio substituir os oráculos e os Savonarola, os Joaquim de Fiore, os João Huss e tantos outros agitaram por sua vez os espíritos e traduziram em lamentações e ameaças as inquietudes e as revoluções secretas de todos os corações.

Pode-se estar só para evocar um espírito, mas para conjurá-lo é preciso falar em nome de um círculo ou de uma associação. E isso é o que representa o círculo hieroglífico traçado ao redor do mago durante a operação e do qual não se deve sair, se não se quiser perder no mesmo instante todo o poder.

Abordemos claramente aqui a questão principal, a questão importante:

A evocação real e o conjuro a um espírito são possíveis e essa possibilidade pode ser cientificamente demonstrada?

À primeira parte da pergunta posso, desde logo, responder que toda coisa cuja impossibilidade não resulte evidente pode e deve ser provisoriamente admitida como possível. Relativamente à segunda parte, diremos que em virtude do grande dogma mágico da hierarquia e da analogia universal, pode-se cabalisticamente demonstrar a possibilidade das evocações reais. Quanto à realidade fenomênica do resultado das operações mágicas conscientemente executadas, é uma questão de experiência; e, como dissemos, comprovamos por nós mesmos essa realidade e, por meio deste *Ritual*, colocaremos nossos leitores em condições de renovar e confirmar nossas experiências.

Nada perece na natureza e tudo quanto viveu continua vivendo sempre sob formas novas; mas até as próprias formas anteriores não são destruídas, visto que as encontramos em nossas lembranças. Não vemos em nossa imaginação o menino que conhecemos e que agora é um ancião? As próprias marcas que cremos estarem apagadas em nossa memória não estão realmente, pois uma circunstância fortuita as evoca e as faz lembrar para nós. Mas como as vemos? Já dissemos que é na luz astral que são transmitidas a nosso cérebro por meio do mecanismo do sistema nervoso.

Por outro lado, todas as formas guardam proporção e analogia com a ideia que as determinou; são o caráter natural, a assinatura dessa ideia, como dizem os magistas, e desde que se evoca ativamente a ideia, a forma se realiza e se produz.

Schroepffer, o famoso iluminado de Leipzig, semeara por meio de suas evocações o terror em toda a Alemanha e sua audácia nas operações mágicas fora tão grande que sua reputação tornou-se para ele um fardo insuportável; depois se deixou arrastar pela imensa corrente de alucinações que deixara formar-se; as visões do outro mundo o fizeram desgostar do presente e ele se matou. Esse relato deve levar à circunspecção os curiosos da magia cerimonial. Não se violenta impunemente a natureza e não se joga sem perigo com forças desconhecidas e incalculáveis.

É em função disso que nos recusamos e nos recusaremos sempre a satisfazer a vã curiosidade daqueles que solicitam ver para crer e sempre lhes responderemos como respondemos a um personagem eminente da Inglaterra que nos ameaçava com sua incredulidade.

"Tendes perfeitamente o direito de não crer. Mas, de nossa parte, não nos encontramos por isso nem mais desanimados nem menos convencidos."

Àqueles que venham nos dizer que cumpriram corajosa e escrupulosamente todos os ritos e que nada se produziu, diremos que farão melhor não indo avante e que isso talvez tenha sido uma advertência da natureza que lhes recusa essas obras excêntricas, e que se persistirem em sua curiosidade só lhes restará recomeçar.

Sendo o ternário a base do dogma mágico, esse necessariamente deve ser observado nas evocações; por isso é o número simbólico da realização e do efeito.

A letra ש está ordinariamente traçada nos pentáculos cabalísticos que têm por objeto o cumprimento de um desejo. Essa letra é também a marca do bode emissário na Cabala mística e Saint-Martin assinala que essa letra, intercalada no tetragrama incomunicável, formou o nome do redentor dos homens, יחשוה. Isto é o que representavam os mistagogos da Idade Média quando, em suas assembleias noturnas, exibiam um bode simbólico que portava à cabeça, entre os dois chifres, uma tocha acesa. Esse animal monstruoso, do qual fazemos no capítulo XV deste *Ritual* a descrição das formas alegóricas e do extravagante culto, representava a natureza entregue ao anátema, mas resgatada pelo sinal da cruz. Os ágapes gnósticos e as priapeias pagãs que ocorriam em sua honra revelavam bastante a consequência moral que os Adeptos queriam extrair dessa exibição. Tudo isso será explicado com os ritos, proibidos e considerados agora como fabulosos, do grande sabá da magia negra.

No grande círculo das evocações se traça comumente um triângulo e é necessário observar bem de que lado se deve traçar a parte superior. Se se supõe que o espírito virá do céu, o operador deve se manter na parte superior e colocar o altar das fumigações na base; caso se suponha que o espírito deve ascender do abismo, o operador se colocará na base

Figura 2 – O selo de Salomão.

e o fogareiro será colocado na parte superior. É preciso, ademais, ter sobre a fronte, sobre o peito e na mão direita o símbolo sagrado dos dois triângulos reunidos, formando a estrela de seis raios, da qual reproduzimos o desenho e que é conhecida em magia pelo nome de pentáculo ou selo de Salomão.

Independentemente desses signos, os antigos empregavam em suas evocações combinações místicas de nomes divinos que já fornecemos no *Dogma* segundo os cabalistas hebreus. O triângulo mágico dos teósofos pagãos é o célebre ABRACADABRA, ao qual atribuíam virtudes extraordinárias e se afigurava assim:

ABRACADABRA
ABRACADABR
ABRACADAB
ABRACADA
ABRACAD
ABRACA
ABRAC
ABRA
ABR
AB
A

 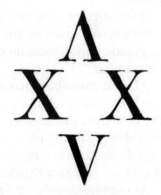

Essa combinação de letras é uma chave do pentagrama. O A inicial repete-se na primeira linha cinco vezes e 30 vezes ao todo, o que dá os elementos e os números destas duas figuras:

O A isolado representa a unidade do primeiro princípio e do agente intelectual ou ativo. O A unido ao B representa a fecundação do binário pela unidade. O R é o signo do ternário porque representa hieroglificamente a efusão que resulta da união dos dois princípios. O número 11 das letras da palavra agrega a unidade do iniciado ao denário de Pitágoras; e o número 66, total de todas as letras adicionadas, forma cabalisticamente o número 12, que é o quadrado do ternário e, consequentemente, a quadratura mística do círculo. Indiquemos, de passagem, que o autor do Apocalipse, essa clavícula da Cabala cristã, compôs o número da besta, ou seja, da idolatria, acrescentando um 6 ao duplo senário do ABRACADABRA: o que dá cabalisticamente 18, número atribuído no tarô ao signo hieroglífico da noite e dos profanos, a Lua com as torres, o cão, o lobo e o caranguejo; número misterioso e obscuro, cuja chave cabalística é 9, o número da iniciação.

O cabalista sagrado* diz expressamente a esse respeito: "Que aquele que tenha a inteligência (ou seja, a chave dos números cabalísticos) calcule o número da besta, porque esse é o número do homem e esse número é 666".

É, efetivamente, a década de Pitágoras multiplicada por si mesma e acrescentada à soma do pentáculo triangular do Abracadabra; é, portanto, a síntese de toda a magia do mundo antigo, o programa inteiro do gênio humano, que o gênio divino do Evangelho queria absorver ou suplantar.

Essas combinações hieroglíficas de letras e números pertencem à parte prática da Cabala e deste ponto de vista se subdivide em *gematria* e *temurah*.

Tais cálculos, que nos parecem agora arbitrários e desinteressantes, pertenciam então ao simbolismo filosófico do Oriente e detinham uma grande importância no ensino das coisas santas emanadas das ciências ocultas.

O alfabeto cabalístico absoluto, que unia as ideias primitivas às alegorias, essas às letras e as letras aos números, era o que se chamava então de chaves de Salomão. Vimos que essas chaves, conservadas até nossos dias, mas completamente desconhecidas, nada mais são senão o jogo do tarô, cujas alegorias antigas foram notadas e apreciadas pela primeira vez atualmente pelo sábio arqueólogo Court de Gébelin.

O duplo triângulo de Salomão é explicado por São João de uma maneira notável. "Há" – ele diz – "três testemunhos no céu: o Pai, o Logos e o Espírito Santo, e três testemunhos na terra: o enxofre, a água e o sangue." São João está, desse modo, de acordo com os mestres de filosofia hermética, que dão ao seu enxofre o nome de éter, ao seu mercúrio o nome de água filosófica, ao seu sal o qualificativo de sangue do

---
* Ou seja, São João (NT).

dragão ou mênstruo da terra; o sangue ou o sal corresponde, por oposição, ao Pai; a água azótica ou mercúrio ao Verbo ou Logos e o enxofre ao Espírito Santo. Mas as coisas de alto simbolismo somente podem ser entendidas pelos verdadeiros filhos da ciência.

Às combinações triangulares se uniam nas cerimônias mágicas as repetições dos nomes por três vezes e com entonaçôes diferentes. A varinha mágica era frequentemente encimada por uma forquilha imantada, que Paracelso substituía pelo tridente do qual apresentamos um desenho a seguir.

Figura 3 – Tridente de Paracelso

O tridente de Paracelso é um pentáculo expressando a síntese do ternário na unidade, que completa assim o quaternário sagrado. Ele atribuía a essa figura todas as virtudes que os cabalistas hebreus atribuíam ao nome de Jeová e as propriedades taumatúrgicas do *Abracadabra* dos hierofantes de Alexandria. Reconheçamos aqui que é um pentáculo e, por conseguinte, um signo concreto e absoluto de uma doutrina inteira que foi aquela de um círculo magnético imenso tanto para os filósofos antigos quanto para os Adeptos da Idade Média. Ao atribuir moderadamente seu valor primitivo mediante a inteligência de seus mistérios, não poderíamos nós devolver-lhe toda a sua virtude miraculosa e todo o seu poder contra as enfermidades humanas?

As antigas feiticeiras, quando passavam à noite em uma encruzilhada qualquer em que haviam três caminhos, uivavam três vezes em louvor à tríplice Hécate.

Todas essas figuras, todos esses atos análogos às figuras, todas essas disposições de números e caracteres não são, como já afirmamos, senão instrumentos de educação para a vontade, na qual eles fixam e determinam os hábitos. Têm a função, ademais, de unir conjuntamente na ação todos as forças da alma humana e de aumentar a força criadora da imaginação. É a ginástica do pensamento que se exercita na realização; por isso o efeito dessas práticas é infalível como a natureza, quando se realizam com uma confiança absoluta e uma persistência inflexível.

Por meio da fé, dizia o grande Mestre, transporta-se as árvores ao mar e move-se montanhas. Uma prática, mesmo supersticiosa, mesmo insensata, é eficaz pois é uma realização da vontade. Por isso mesmo é que uma oração é mais poderosa se for feita na igreja e não em domicílio próprio e por seu intermédio se obterá milagres se, por fazê-la em um santuário milagroso, isto é, magnetizado com grande corrente pela afluência dos visitantes, caminharmos cem ou 200 léguas para isso, pedindo esmolas com os pés descalços.

Há quem ria da pobre mulher que se priva de alguns centavos de leite todas as manhãs e que vai levar aos triângulos mágicos, que existem nas igrejas e capelas, uma pequena vela e a deixa iluminando enquanto ela reza. São os ignorantes os que riem e a boa mulher não paga excessivamente caro o que adquire assim com resignação e valor. Os ricos, em contrapartida, passam diante das igrejas dando de ombros e se rebelam contra as superstições com um ruído que faz estremecer o mundo. Que resulta disso? As casas dos ricos acabam por ruir e seus restos são vendidos entre os negociantes de quinquilharias, que de bom grado bradam em todos os lugares que seu reinado findou para sempre desde que governem sempre.

As grandes religiões nunca tiveram de temer senão uma rival séria, e essa rival é a magia.

A magia produziu as sociedades ocultas que trouxeram a revolução chamada de Renascimento; mas sucedeu ao espírito humano cego por amores loucos, por sonhos de realização impossível realizar em todos os lugares a alegoria do Hércules hebreu* derrubando as colunas do templo e sepultando-se a si mesmo sob seus escombros.

As sociedades maçônicas atuais não compreendem hoje em dia as elevadas razões de seus símbolos mais que os rabinos compreendem o *Sepher Jezirah* e o *Zohar*, na escala ascendente dos três graus, com a progressão transversal da direita para a esquerda e da esquerda para a direita do setenário cabalístico. O compasso do G∴A∴ e o esquadro de Salomão converteram-se no nível grosseiro e material do jacobinismo inteligente, representado por um triângulo de aço: isso para o céu e a terra.

---

* Sansão (NT).

Os Adeptos profanadores para os quais o iluminado Cazotte havia predito uma morte sangrenta excederam-se nos nossos dias ao pecado de Adão; depois de haver colhido temerariamente os frutos da árvore da ciência, dos quais não souberam se nutrir, arrojaram-nos aos répteis e animais da terra. Assim o reinado da superstição principiou e deve durar até o tempo em que a verdadeira religião volte a constituir-se sobre as eternas bases da hierarquia dos três graus e do tríplice poder que o ternário exerce fatal ou providencialmente nos três mundos.

IV
A CONJURAÇÃO DOS QUATRO

As quatro formas elementares separam e especificam por uma espécie de esboço os espíritos criados que o movimento universal desprende do fogo central. Em todas as partes o espírito trabalha e fecunda a matéria para a vida; toda matéria é animada; o pensamento e a alma estão espalhados por todas as partes.

Apoderando-se do pensamento que produz as diversas formas, alguém se converte em senhor dessas formas e se faz servir delas para seus usos.

A luz astral está saturada de almas que desprende na geração incessante dos seres. As almas têm vontades imperfeitas que podem ser dominadas e empregadas por vontades mais poderosas; então elas formam grandes cadeias invisíveis e podem ocasionar ou determinar grandes comoções elementares.

Os fenômenos comprovados nos processos de magia e muito recentemente, inclusive por Eudes de Mirville, não procedem de outras causas.

Os espíritos elementais são como crianças e atormentarão mais aqueles que deles se ocupam a menos que sejam dominados mediante uma elevada razão e muito severamente.

São esses espíritos que designamos com o nome de elementos ocultos.

São eles que muitas vezes determinam para nós os sonhos inquietantes ou estranhos; são quem produz os movimentos da varinha adivinhatória e os golpes que ressoam nas paredes e nos móveis. Mas jamais podem expressar outro pensamento que não seja o nosso e se não pensamos, eles nos falam com toda a incoerência que se insinua nos sonhos; reproduzem indiferentemente o bem e o mal porque carecem de livre-arbítrio e, consequentemente, de responsabilidade; mostram-se aos extáticos e aos sonâmbulos sob formas incompletas e fugazes; foram eles que fizeram nascer os pesadelos de Santo Antônio e muito provavelmente as visões de Swedenborg; não são condenados nem culpados, são curiosos e inocentes; pode-se deles usar ou abusar como dos animais e das crianças. Assim, o mago que deles se utiliza assume uma terrível responsabilidade, devendo expiar por todo o mal que os tenha feito causar e a medida de seus tormentos será proporcional à extensão do poder que tenha exercido por intermédio deles.

Para dominar os espíritos elementais e se converter em rei dos elementos ocultos, é preciso ter sofrido primeiramente as quatro provas das antigas iniciações; e, como as iniciações já não existem mais, é necessário substituí-las por atos análogos, a saber, expor-se sem temor a um incêndio, atravessar um abismo sobre o tronco de uma árvore ou sobre uma tábua; escalar uma montanha a pé durante uma tempestade; arriscar-se a nado em uma cachoeira ou em um redemoinho perigoso. O homem que teme a água jamais será senhor das ondinas; o que tem medo do fogo em nada poderá subjugar as salamandras; enquanto tiver pavor das alturas, deverá deixar em paz os silfos e não irritar os gnomos, porque os espíritos inferiores apenas obedecem a um poder comprovado, demonstrando nosso domínio até em seus próprios elementos.

Conquistado pela audácia e exercício esse poder indiscutível, será necessário impor aos elementos o verbo de nossa vontade mediante consagrações especiais do ar, do fogo, da água e da terra, e esse é o início indispensável de todas as operações mágicas.

Exorciza-se o ar soprando do lado dos quatro pontos cardeais e dizendo:

Spiritus Dei ferebatur super aquas, et inspiravit in faciem hominis spiraculum vitae. Sit Michael dux meus, et Sabtabiel servus meus, in luce et per lucem.

Fiat verbum halitus meus; et imperabo spiritibus aeris hujus, et refroenabo equos solis voluntate cordis mei, et cogitatione mentis meae et nutu oculi dextri.

Exorciso igitur te, creatura aeris, per Pentagrammaton et in nomine Tetragrammaton, in quibus sunt voluntas firma et fides recta. Amén. Sela fiat.

Que assim seja.

Recita-se então a oração dos silfos, uma vez traçado no ar seu signo com uma pena de águia.

Oração dos silfos

"Espírito de luz, espírito de sabedoria, cujo hálito dá e recolhe a forma de toda coisa; tu, diante de quem a vida dos seres é uma sombra que se transforma e um vapor que passa; tu que te ergues sobre as nuvens e que caminhas com as asas dos ventos; tu que expiras e os espaços sem fim povoas; tu que aspiras e tudo que de ti procede a ti retorna; movimento infinito na estabilidade eterna, sê eternamente bendito. Nós te louvamos e te bendizemos no império móvel da luz criada, das sombras, dos reflexos e das imagens, e aspiramos incessantemente tua imutável e imperecível claridade. Deixa penetrar até nós o raio de tua inteligência e o calor de teu amor; então, o que é móvel se verá fixado, a sombra será um corpo, o espírito do ar será uma alma, o sonho será um pensamento. Nós não nos veremos mais transportados pela tempestade, mas manteremos as rédeas dos alados cavalos matutinos e dirigiremos o curso dos ventos vespertinos para voar ante ti. Oh, espírito dos espíritos! Oh, alma eterna das almas! Oh, hálito imperecível da vida, suspiro criador, boca que aspira e expira as existências de todos os seres, no fluxo e refluxo de tua eterna palavra, que é o oceano divino do movimento e da verdade!... Amém."

Exorciza-se a água por imposição das mãos, pelo sopro e pela palavra, colocando-se o sal consagrado com um pouco das cinzas que ficam no recipiente dos perfumes. O aspersório é feito com ramos de verbena, de pervinca, de sálvia, de hortelã, de valeriana, de freixo e de manjericão, unidos por um fio sagrado da roca de uma virgem, com um cabo de amendoeiro que não tenha ainda produzido frutos e sobre o qual gravareis com o punção mágico os caracteres dos sete espíritos. Benzereis e consagrareis separadamente o sal e a cinza dos perfumes, dizendo:

Sobre o sal

In isto sale sit sapientia, et ab omni corruptione servet mentes nostras et corpora nostra, per Hochmael et in virtute Ruach-Hochmael, recedant ab isto fantasmata hylae ut sit sal coelestis, sal terrae et terra salis, ut nutrietur bos triturans et addat spei nostrae cornua tauri volantis. Amen.

Sobre a cinza

Revertatur cinis ad fontem aquarum viventium, et fiat terra fructificans, et germinet arborem vitae per tria nomina, quae sunt Netsah, Hod et Jesod, in principio et in fine, per Alpha et Omega qui sunt in Spiritu AZOTH. Amen.

Ao misturar a água, o sal e a cinza

In sale sapientiae aeternae, et in aqua regenerationis, et in cinere germinante terrant novam, omnia fiant per Elohim, Gabriel, Raphael et Uriel, in saecula et aeonas. Amen.

Exorcismo da água

Fiat firmamentum in medio aquarum et separet aquas ab aquis, quae superius sicut quae inferius, et quae inferius sicut quae superius, ad perpetranda miracula rei unius. Sol ejus pater est, luna mater et ventus hanc gestavit in utero suo, ascendit a terra ad coelum et rursus in coelo in terram descendit. Exorciso te, creatura aquae, ut sis mihi speculum Dei vivi in operibus ejus, et fons vitae, et ablutio peccatorum. Amen.

Oração das ondinas

"Rei terrível do mar, vós que tendes as chaves das cataratas do céu e que encerrais as águas subterrâneas nas cavernas da terra; rei do dilúvio e das chuvas da primavera, vós que abris o manancial dos rios e das fontes; vós que comandais a umidade, que é como o sangue da terra, para que se converta na seiva das plantas, nós vos adoramos e vos invocamos! A nós, vossas instáveis e móveis criaturas, falai-nos nas grandes comoções do mar e tremeremos diante de vós; falai-nos também no murmúrio das águas límpidas e desejaremos vosso amor. Oh, imensidade na qual perder-se-ão todos os rios do ser, que renascem sempre em vós! Oh, oceano de perfeições infinitas! Altura que se contempla na profundidade, profundidade que exalais na altura, conduzi-nos à verdadeira vida pela inteligência e pelo amor! Conduzi-nos à imortalidade pelo sacrifício para que cheguemos a ser dignos de vos oferecer algum dia a água, o sangue e as lágrimas para a remissão dos erros. Amém."

Exorciza-se o fogo lançando-lhe o sal, incenso, resina branca, cânfora e enxofre, e pronunciando três vezes os três nomes dos gênios do fogo: MIGUEL, rei do Sol e do raio; SAMAEL, rei dos vulcões, e ANAEL, príncipe da luz astral. Recita-se em seguida a oração das salamandras.

Oração das salamandras

"Imortal, eterno, inefável e incriado pai de todas as coisas, que és transportado sem cessar no rodopiante carro dos mundos sempre giratórios. Dominador das imensidades etéreas, onde se encontra elevado o trono de teu poder, desde cuja altura teus formidandos olhos descobrem tudo, e que com teus belos e santos ouvidos tudo escutas, atende teus filhos aos quais amas desde o nascimento dos séculos! Porque tua adorada, grande e eterna majestade resplandece acima do mundo e do céu das estrelas; estás erguido sobre elas, oh, fogo rutilante! Tu te iluminas e te conservas a ti mesmo com teu próprio esplendor e saem de tua essência arroios inesgotáveis de luz, que nutrem teu espírito infinito, esse espírito infinito que também nutre todas as coisas e forma esse inesgotável tesouro de substância sempre pronta para a geração que trabalha e que se apropria das formas das quais tu a impregnaste desde o princípio. Nesse espírito têm também sua origem esses santíssimos reis que estão ao redor de teu trono e que compõem tua corte. Oh, pai universal! Oh, único! Oh, pai dos bem-aventurados mortais e imortais!

Tu criaste em particular potências que são maravilhosamente semelhantes ao teu eterno pensamento e à tua essência adorável; tu as estabeleceste superiores aos anjos que anunciam ao mundo tuas vontades, e por último, nos criaste em terceira ordem em nosso império elementar. Nele, nosso contínuo exercício é o de louvar-te e adorar teus desejos e nele também ardemos por possuir-te. Oh, pai, oh, mãe, a mais terna das mães! Oh arquétipo admirável da maternidade e do puro amor! Oh, filho, a flor dos filhos! Oh, forma de todas as formas! Oh, alma, espírito, harmonia e número de todas as coisas. Amém."

Exorciza-se a terra pela aspersão da água, pelo enxofre e pelo fogo, com os perfumes próprios a cada dia, e se diz a oração dos gnomos.

Oração dos gnomos

"Rei invisível que tomastes a terra por apoio e que escavastes seus abismos para preenchê-los com vossa onipotência; vós cujo nome faz tremer as abóbadas do mundo; vós que fazeis correr os sete metais nas veias da pedra, monarca das sete luzes, remunerador dos obreiros subterrâneos, transportai-nos ao ar anelado e ao reino da claridade! Velamos e trabalhamos sem descanso, buscamos e esperamos pelas 12 pedras da cidade santa, pelos talismãs que estão escondidos, pelo cravo imantado que atravessa o centro do mundo. Senhor, Senhor, Senhor, tende piedade daqueles que sofrem, dilatai nossos peitos, desembaraçai e erguei nossas cabeças, engrandecendo-nos, oh, estabilidade e movimento; oh, dia envolto de noite! Oh, obscuridade velada de luz! Oh, mostre que não deteis jamais o salário de vossos trabalhadores! Oh, alvura argentina, esplendor dourado! Oh, coroa de diamantes vivos e melodiosos! Vós que levais o céu em vosso dedo, como se fora um anel de safira, vós que ocultais sob a terra no reino das pedrarias a maravilhosa semente das estrelas, vivei, reinai e sede o eterno dispensador de riquezas, das quais nos fizestes guardiões! Amém."

É preciso observar que o reino especial dos gnomos encontra-se ao norte, o das salamandras ao sul, o dos silfos ao oriente e o das ondinas ao ocidente. Todos eles influem nos quatro temperamentos do homem, isto é, os gnomos sobre os melancólicos, as salamandras sobre os sanguíneos, as ondinas sobre os fleumáticos e os silfos sobre os biliosos. Seus signos são: os hieróglifos do touro para os gnomos e são comandados com a espada, os do leão para as salamandras e são comandadas com a varinha bifurcada ou o tridente mágico, da águia para os silfos e são comandados com os santos pentáculos e, finalmente, do aquário para as ondinas e são evocadas com a taça das libações. Seus soberanos respectivos são: *Gob* para os gnomos, *Djin* para as salamandras, *Paralda* para os silfos e *Nicksa* para as ondinas.

Quando um espírito elemental passa a atormentar ou, ao menos, inquietar os habitantes deste mundo, é preciso conjurá-lo pelo ar, pela água, pelo fogo ou pela terra, soprando, aspergindo, queimando perfumes e traçando sobre a terra a estrela de Salomão e o pentagrama sagrado. Essas figuras devem ser perfeitamente regulares e feitas ou com os carvões do fogo consagrado ou com um caniço embebido em tinta de diversas cores, ao que se misturará ímã pulverizado. Em seguida, tendo o pentáculo de Salomão à mão, e tomando, por sua vez, a espada, a varinha mágica e a taça, se pronunciará nos termos seguintes e em voz alta o conjuro dos quatro:

"Caput mortuum imperet tibi Dominus per vivum et devotum serpentem.

Cherub, imperet tibi Dominus per Adam Iot-Chavah! Aquila errans, imperet tibi Dominus per alas Tauri. Serpens, imperet tibi Dominus tetragrammaton per angelum et leonem!

Michael, Gabriel, Raphael, Anael!

FLUAT UDOR per spiritum ELOHIM.

MANEAT TERRA per Adam IOT-CHAVAH.

FIAT FIRMAMENTUM per IAHUVEHU-ZEBAOTH.

FIAT JUDICIUM per ignem in virtute MICHAEL.

Anjo dos olhos mortos, obedece ou escorre-te com essa santa água. Touro alado, trabalha ou volve à terra se não queres que te pique com essa espada.

Águia acorrentada, obedece a esse signo ou retira-te ante esse sopro. Serpente móvel, arrasta-te aos meus pés ou sê atormentada pelo fogo sagrado e evapora-te com os perfumes que nele queimo.

Que a água volva à água; que o fogo arda; que o ar circule; que a terra caia sobre a terra pela virtude do pentagrama, que é a estrela matutina, e em nome do tetragrama que está escrito no centro da cruz luminosa. Amém."

O sinal da cruz adotado pelos cristãos não lhes pertence exclusivamente. É também cabalístico e representa as oposições e o equilíbrio quaternário dos elementos. Vemos, pelo versículo oculto do *Pater*, assinalado em nosso *Dogma*, que havia primitivamente dois modos de o fazer ou, pelo menos, duas fórmulas muito diferentes para caracterizá-lo: uma reservada aos sacerdotes e aos iniciados e a outra destinada aos neófitos e aos profanos. Assim, por exemplo, o iniciado, levando a mão a sua testa, dizia: *A ti*, depois acrescentava *pertencem* e continuava, levando a mão ao peito, o *reino*, e depois ao ombro esquerdo, *a justiça* e logo ao ombro direito, *e a misericórdia*. Depois unia as mãos, acrescendo: *nos ciclos geradores. Tibi sunt Malchut est Geburah et Chesed per aeonas*. Sinal da cruz absoluta e magnificamente cabalístico que as profanações do gnosticismo fizeram a Igreja militante e oficial perder completamente.

Esse signo, feito da forma indicada, deve preceder e encerrar o conjuro dos quatro.

Para dominar e se servir dos espíritos elementais, é preciso jamais curvar-se aos defeitos que os caracterizam. Assim, jamais os espíritos superficiais e caprichosos governarão os silfos. Jamais uma natureza branda, fria e volúvel exercerá o domínio sobre as ondinas; a cólera irrita as salamandras e a concupiscência grosseira faz daqueles que querem se servir dos gnomos, joguetes destes.

É preciso ser ágil e ativo como os silfos, flexível e atento às imagens como as ondinas, forte e enérgico como as salamandras, laboriosos e pacientes como os gnomos: em uma palavra, é necessário vencê-los em sua força, sem deixar-se jamais dominar por suas fraquezas. Conquistadas tais disposições, o mundo inteiro estará a serviço do sábio operador. Andará sob a tempestade sem que a chuva toque sua cabeça; o vento não desarrumará uma só dobra de seu traje; cruzará o fogo sem queimar-se; caminhará sobre a água e verá os diamantes através da espessura da terra. Essas promessas, que podem parecer hiperbólicas, apenas o são nos conceitos do vulgo, porque se o sábio não torna materiais precisamente as coisas que essas palavras exprimem, fará coisas maiores e mais admiráveis. Todavia, é indubitável que se pode, por meio da vontade, dirigir os elementos até certo ponto e alterar ou deter realmente os efeitos.

Por quê, por exemplo, se se comprovou que as pessoas em estado de êxtase perdem momentaneamente seu peso, não seria possível caminhar ou deslizar sobre a água? Os convulsionários de São Medardo não sentiam os efeitos do fogo nem do ferro e solicitavam como alívio os golpes mais violentos e as torturas mais incríveis. As estranhas ascensões e o equilíbrio prodigioso de certos sonâmbulos não são, por acaso, uma revelação dessas forças ocultas da natureza? Mas vivemos em um século em que não se tem a coragem de confessar os milagres de que se é testemunha e se alguém quiser dizer: "Eu mesmo vi ou fiz as coisas que vos conto", se lhe responderá: "Queres te divertir às nossas custas ou estás doente?". Vale mais calar-se e trabalhar.

Os metais que correspondem às quatro formas elementais são: o ouro e a prata ao ar; o mercúrio à água; o ferro e o cobre ao fogo e o chumbo à terra. Com eles são compostos talismãs relativos às forças que representam e aos efeitos que se propõem a obter.

A adivinhação pelas quatro formas elementares, que se chamam *aeromancia*, *hidromancia*, *piromancia* e *geomancia*, é feita de diversos modos, dependendo todas elas da vontade e do translúcido ou da imaginação do operador.

De fato, os quatro elementos nada mais são que instrumentos de suporte da segunda vista.

A segunda vista é a faculdade de ver na luz astral.

A segunda vista é natural como a primeira vista ou visão sensível e ordinária. Contudo, só pode operar pela abstração dos sentidos.

Os sonâmbulos e os extáticos gozam naturalmente da segunda vista. Entretanto, quanto mais completa for a abstração dos sentidos, mais lúcida será essa vista.

A abstração é produzida pela embriaguez astral, ou seja, por uma superabundância de luz que pela saturação total torna o instrumento nervoso inerte.

Os temperamentos sanguíneos têm melhor predisposição para a aeromancia, os biliosos para a piromancia, os fleumáticos para a hidromancia e os melancólicos para a geomancia.

A aeromancia se confirma pela oniromancia ou adivinhação pelos sonhos; supre-se a piromancia com o magnetismo, a hidromancia com a cristalomancia e a geomancia com a cartomancia. Trata-se de transposições e aperfeiçoamentos dos métodos.

Contudo, a adivinhação, de qualquer modo que possa operar-se, é perigosa ou, pelo menos, inútil porque desanima, desalenta a vontade e tolhe, consequentemente, a ação livre, a liberdade e traz fadiga ao sistema nervoso.

V
O PENTAGRAMA FLAMEJANTE

Chegamos à explicação e à consagração do santo e misterioso pentagrama.

Neste ponto, que o ignorante e o supersticioso fechem este livro: verão somente trevas e as trevas só podem escandalizar tais pessoas.

O pentagrama, chamado nas escolas gnósticas de estrela flamejante, é o signo da onipotência e da autocracia intelectuais.

É a estrela dos magos; é o signo do Verbo feito carne e segundo a direção de seus raios, esse símbolo absoluto em magia representa o bem ou o mal, a ordem ou a desordem, o cordeiro bendito de Ormuz e de São João ou o bode maldito de Mendes.

É a iniciação ou a profanação; é Lúcifer ou Vésper, a estrela matutina ou vespertina.

É Maria ou Lilith; é a vitória ou a morte, é a luz ou a sombra.

O pentagrama, se elevadas ao ar duas de suas pontas, representa Satã ou o bode do *sabá* e representa também o Salvador quando apenas um dos seus raios é elevado para o ar.

O pentagrama é a figura do corpo humano com quatro membros e uma ponta única que deve representar a cabeça.

Uma figura humana, com a cabeça para baixo, representa naturalmente o Demônio, quer dizer, a subversão intelectual, a desordem ou a loucura.

Ora, se a magia é uma realidade, se essa ciência oculta é a verdadeira lei dos três mundos, esse signo absoluto, esse signo tão antigo quanto a história ou ainda mais antigo do que ela, deve exercer, e desde logo exerce, uma influência incalculável sobre os espíritos desligados de seus envoltórios materiais.

O signo do pentagrama chama-se igualmente signo do microcosmo e representa o que os cabalistas do livro de *Zohar* denominam *microprosopo*.

A completa interpretação do pentagrama é a chave dos dois mundos. É a filosofia e a ciência natural absolutas.

O signo do pentagrama deve se compor dos sete metais ou, pelo menos, ser traçado com ouro puro sobre mármore branco.

Pode também ser desenhado com vermelhão em uma pele de cordeiro sem manchas ou defeitos, símbolo da integridade e da luz.

O mármore deve ser virgem, isto é, não deve ter sido antes destinado a qualquer outro uso; a pele de cordeiro deve ser preparada sob os auspícios do Sol.

O cordeiro precisa ser degolado na época da Páscoa com uma faca nova e a pele salgada com sal consagrado pelas operações mágicas.

A negligência relativamente a qualquer desses detalhes cerimoniais, em aparência tão difíceis e arbitrários, resultará no fracasso das grandes obras da ciência.

Consagra-se o pentagrama com os quatro elementos; sopra-se cinco vezes sobre a figura mágica; asperge-se outras tantas com a água consagrada; seca-se a fumaça dos cinco perfumes, que são: incenso, mirra, aloés, enxofre e cânfora, aos quais pode-se acrescentar um pouco de resina branca e âmbar gris. Sopra-se cinco vezes pronunciando os nomes dos cinco gênios, que são: Gabriel, Rafael, Anael, Samael e Orifiel; depois coloca-se alternativamente o pentáculo no solo ao norte, ao sul, ao oriente e ao ocidente e, no centro, a cruz astronômica, pronunciando uma após a outra as letras do tetragrama sagrado; em seguida diz-se em voz baixa os nomes benditos de *Aleph* e da *Thô* misteriosa, reunidas no nome cabalístico de AZOTH.

O pentagrama deve ser colocado sobre o altar dos perfumes e sobre o tripé das evocações. O operador deve também portar consigo a figura do mesmo, conjuntamente com a do macrocosmo, ou seja, a estrela de seis raios, composta de dois triângulos cruzados e superpostos.

Quando se evoca um espírito de luz, é preciso mover a cabeça da estrela, ou seja, uma de suas pontas para o tripé da evocação e as duas pontas inferiores do lado do altar dos perfumes. É preciso fazer o contrário quando se tratar de um espírito das trevas; mas nesse caso é necessário que o operador tenha o cuidado de manter a ponta da varinha ou a ponta da espada na cabeça do pentagrama.

Já dissemos que os signos são o verbo ativo da vontade. Ora, a vontade deve proporcionar seu verbo completo para transformá-lo em ação; e uma só negligência, representada por uma palavra ociosa, por uma dúvida, uma vacilação, converte toda a operação em uma obra de ficção e de impotência e devolve contra o operador todas as forças despendidas inutilmente.

Cumpre, portanto, abster-se em absoluto de toda cerimônia mágica ou executá-las todas escrupulosa e exatamente!

O pentagrama traçado em linhas luminosas sobre vidro por meio de uma ferramenta elétrica exerce também uma grande influência sobre os espíritos e aterroriza os fantasmas.

Os antigos magos traçavam o signo do pentagrama sobre o umbral de suas portas para impedir a entrada dos maus espíritos e a saída dos bons. Esse constrangimento resulta da direção dos raios da estrela; com duas pontas para fora afastava os maus espíritos; com duas pontas para dentro os mantinha prisioneiros; com uma única ponta para dentro prendia os bons espíritos.

Todas essas teorias mágicas, baseadas no dogma único de Hermes e nas induções analógicas da ciência, sempre foram confirmadas pelas visões dos extáticos e pelas convulsões dos caralépticos, que se dizem possessos pelos espíritos.

O G que os franco-maçons colocam no meio da estrela flamejante significa: GNOSIS e GERAÇÃO, as duas palavras sagradas da antiga Cabala. Quer dizer também GRANDE ARQUITETO, porque o pentagrama, de qualquer lado que o olhemos, representa um A.

Figura 4 – O pentagrama

Dispondo-o de modo que duas de suas pontas fiquem para cima e apenas uma para baixo, pode-se ver nele os cornos, as orelhas e a barba do bode hierático de Mendes, convertendo-se então no signo das evocações infernais.

A estrela alegórica dos magos não é outra coisa senão o misterioso pentagrama; e esses três reis, filhos de Zoroastro, conduzidos pela estrela flamejante ao berço do Deus microcósmico, bastariam para demonstrar as origens essencialmente cabalísticas e verdadeiramente mágicas do dogma cristão. Um desses reis é branco, o segundo é negro e o terceiro é moreno. O branco oferece ouro, símbolo de vida e de luz; o negro, mirra, imagem da morte e da noite, enquanto que o terceiro, o moreno, presenteia com incenso, emblema da divindade do dogma conciliador dos dois princípios. Logo, quando regressam aos seus países por outro caminho, demonstram que um novo culto é simplesmente uma nova rota que conduza a humanidade à religião única, a do ternário sagrado do pentagrama radiante, o único *Catolicismo* eterno.

No Apocalipse, São João vê essa mesma estrela cair do céu à terra. Nomeia-a então absinto ou amargura e todas as águas se tornam amargas. Isso é uma imagem clara da materialização do dogma, que produz o fanatismo e as amarguras da controvérsia. É de fato ao Cristianismo que se pode dirigir essas palavras de Isaías: "Como caíste tu do céu, estrela brilhante, tu que eras tão esplêndida em tua manhã?".

Mas o pentagrama, profanado pelos homens, brilha sempre sem sombra na mão direita do Verbo de verdade, e a voz inspiradora promete àquele que vença pô-lo em posição dessa estrela matutina, reabilitação solene prometida ao astro de Lúcifer.

Como se vê, todos os mistérios da magia, todos os símbolos da gnosis, todas as figuras do ocultismo, todas as chaves cabalísticas da profecia resumem-se no signo do pentagrama, que Paracelso proclama como o maior e mais poderoso de todos os signos.

Por que se assombrar, depois disso, com a confiança dos magistas e com a influência real exercida por esse signo sobre os espíritos de todas as hierarquias? Aqueles que desprezam o sinal da cruz tremem diante da estrela do microcosmo. O mago, pelo contrário, quando sente que sua vontade desfalece, dirige seu olhar para o símbolo, toma-o em sua mão direita e se sente armado com todo o poder intelectual sempre que for verdadeiramente um rei digno de ser conduzido pela estrela até o berço da realização divina; sempre que *saiba*, que *ouse*, que *queira* e que *se cale*; sempre que conheça o emprego do pentáculo, da taça, da varinha e da espada; sempre, enfim, que os olhares intrépidos de sua alma correspondam a esses dois olhos, cuja ponta superior de nosso pentagrama lhes apresenta sempre abertos.

VI
O MÉDIUM E O MEDIADOR

Afirmamos previamente que para conquistar o poder mágico duas coisas são exigidas: desvincular a vontade de todo servilismo e exercer a vontade para o domínio.

A vontade soberana é representada em nossos símbolos pela mulher que esmaga a cabeça da serpente e pelo anjo radiante que reprime e contém o dragão sob o pé e com sua lança.

Declaremos aqui, sem rodeios, que o grande agente mágico, a dupla corrente de luz, o fogo vivo e astral da terra foi representado pela serpente com a cabeça de touro, de bode ou de cão nas antigas teogonias. É a serpente dupla do caduceu; é a antiga serpente do Gênesis; mas é também a serpente de zinco de Moisés entrelaçada na *tau*, ou seja, no *lingam* gerador; é também o bode do sabá e o Bafomé dos templários; é o *Hylé* dos gnósticos; é a dupla cauda de serpente que forma as pernas do galo solar de abraxas; é, enfim, o Diabo de Eudes de Mirville e é, realmente, a força cega que as almas têm de vencer para se libertar das cadeias da terra; porque se sua vontade não as separa dessa imantação fatal, serão absorvidas na corrente pela força que as produziu e voltarão ao fogo central e eterno.

Toda obra mágica consiste, portanto, em desprender-se dos anéis da antiga serpente e depois pôr sua cabeça sob o pé e conduzi-la aonde o mago queira. "Eu te darei" – ela diz no mito evangélico – "todos os reinos da Terra se te curvares e me adorares." O iniciado deve responder-lhe: "Não me curvarei e tu te arrastarás aos meus pés; tu não me darás nada, mas eu me servirei de ti e farei de ti tudo quanto me agrade porque eu sou teu senhor e teu dominador". Resposta que está compreendida, ainda que velada, na resposta que lhe deu o Salvador.

Já dissemos que o Diabo não é uma pessoa. É uma força desviada, como, aliás, seu nome indica. Uma corrente ódica ou magnética formada por uma cadeia de vontades perversas constitui esse mau espírito que o evangelho chama de *legião* e que precipita os porcos no mar: uma nova alegoria que mostra o arrastamento dos seres instintivos guiados por forças cegas que podem pôr em movimento a má vontade e o erro.

Pode-se comparar esse símbolo com o dos companheiros de Ulisses transformados em porcos pela maga Circe.

Ora, vejamos o que faz Ulisses para preservar a si mesmo e libertar seus companheiros. Recusa a taça da feiticeira e a comanda com a espada. Circe é a natureza com todos os seus atrativos e voluptuosidades; para dela usufruir é preciso vencê-la: tal é o sentido da fábula homérica porque os poemas de Homero, verdadeiros livros sagrados da antiga Hélade, contêm todos os mistérios das altas iniciações do Oriente.

O *médium* natural é, pois, a serpente sempre ativa e sedutora das vontades indolentes e à qual é preciso resistir, dominando-a.

Um mago apaixonado, um mago glutão, um mago colérico, um mago preguiçoso são monstruosidades impossíveis. O mago pensa e quer, nada ama com desejo, nada repele com paixão. A palavra *paixão* representa um estado passivo e o mago é sempre ativo e vitorioso. Nas altas ciências, o mais difícil é atingir tal realização; assim, quando o mago criou a si mesmo terá cumprido a grande obra, pelo menos em seu instrumento e em sua causa.

O grande agente ou *médium* natural do poder humano somente pode ser dominado e dirigido por um mediador *extranatural*, que é uma vontade livre. Arquimedes pedia um ponto de apoio para erguer o mundo. O ponto de apoio do mago é a pedra cúbica intelectual, a pedra filosofal de Azoth, ou seja, o dogma da razão absoluta e das harmonias universais pela simpatia dos contrários.

Um de nossos escritores mais fecundos, e o menos estável em suas ideias, Eugène Sue, construiu toda uma epopeia romanesca sobre uma individualidade que se esforça para se tornar odiosa e que chega a ser interessante, a seu despeito, tanto lhe concede ele paciência, também inteligência e sua audácia – tanto é o poder que se lhe atribui – e gênio. Trata-se de uma espécie de Sisto V, pobre, sóbrio, sem cólera, que tem o mundo na rede de suas sábias combinações.

Esse homem excita ao seu bel-prazer, graças à sua poderosa vontade, às paixões de seus adversários, destruindo-os uns pelos outros e chegando sempre aonde quer chegar, e isso sem ruído, sem ostentação, sem charlatanismo. Seu fim, seu objetivo, é livrar o mundo de uma sociedade que o autor do livro julga perigosa e perversa, e para isso paga qualquer preço: está mal abrigado, malvestido e alimentado como o último dos pobres, mas sempre atento à sua obra. O autor, atento a essas circunstâncias, o apresenta pobre, sujo, asqueroso e horrível. Porém, se esse mesmo exterior é um meio de disfarçar a ação e de chegar mais seguramente aos seus propósitos, não representa a prova mais sublime de um valor temerário?

Quando Rodin for papa, achas que andará malvestido e ensebado? Eugène Sue faltou, portanto, ao seu fim; quer atacar o fanatismo e a superstição e une-se à inteligência e à força, ao gênio e todas as virtudes humanas. Se houvesse muitos Rodin entre os jesuítas, ou mesmo um apenas não proporcionaria grandes coisas ao partido contrário, apesar dos brilhantes e incorretas defesas de seus eminentes advogados.

Querer bem, querer amplamente, querer sempre, sem desejar nunca nada, tal é o segredo da força; e esse é o arcano mágico que Tasso põe em ação na personalização dos cavaleiros que liberam Renaud e destroem os encantos de Armida. Resistem tão perfeitamente aos feitiços das ninfas mais encantadoras quanto à ferocidade dos animais mais terríveis; permanecem sem desejos e sem temores e alcançam sua meta.

Disso resulta que um verdadeiro mago é mais temível que amável.

Não me coloco em desacordo com a ideia, e ainda admitindo quão doces são as seduções da vida, fazendo justiça ao gracioso gênio de Anacreonte e a toda a juvenil florescência da poesia dos amores, convido aos muito estimáveis amigos do prazer a não considerar as elevadas ciências senão como um objeto de curiosidade e não se aproximar jamais do tripé mágico; as grandes obras da ciência são mortais para a voluptuosidade.

O homem que se libertou da cadeia dos instintos perceberá imediatamente seu poder pela submissão dos animais. A história de Daniel na cova dos leões não é uma fábula, e mais de uma vez durante as perseguições ao Cristianismo nascente, tal fenômeno renovou-se perante todo o povo romano. Um homem raramente tem algo a temer de um animal que não lhe inspira medo.

As balas de Gérard, o matador de leões, são mágicas e inteligentes. Só uma vez correu um verdadeiro risco: deixou-se acompanhar por um medroso e então, considerada essa imprudência antecipadamente como um perigo, teve ele também medo, embora não por si mesmo mas pelo camarada.

Muitas pessoas dirão que é muito difícil e mesmo impossível chegar a uma tal resolução; que a força de vontade e a energia são dons da natureza, etc. Não discutirei isso, mas reconheço que o hábito, o costume pode refazer a obra da natureza. A vontade pode ser aprimorada pela educação e, como já disse, todo cerimonial mágico, semelhante nisso ao religioso, não tem outra finalidade senão experimentar, exercitar e acostumar desse modo a vontade, à perseverança e à força. Quanto mais difíceis e humilhantes são as práticas, maiores são os efeitos produzidos, é o que agora deve ser compreendido.

Se até o presente foi impossível dirigir os fenômenos do magnetismo é porque, na verdade, não foi encontrado um magnetizador verdadeiramente iniciado e livre.

Quem pode, realmente, orgulhar-se e jactar-se de sê-lo? Não temos constantemente que fazer esforços sobre nós mesmos? É certo, contudo, que a natureza obedecerá ao signo e à palavra daquele que se sinta forte e que não duvide para dobrá-la. Digo que a natureza cederá, não que se desmentirá ou conturbará a ordem de suas possibilidades. As curas das doenças nervosas por meio de uma palavra, um sopro ou um contato; as ressurreições em determinados casos; a resistência às más vontades capaz de desarmar e inclusive derrotar o mais terrível assassino; a própria faculdade de tornar-se invisível confundindo a visão daqueles de quem se quer escapar; tudo isso, enfim, é um efeito natural da projeção ou do afastamento luz astral. Foi assim que Valente foi acometido pela ofuscação e o terror ao entrar no templo de Cesareia, como em outros tempos, Heliodoro, fulminado por uma demência súbita no templo de Jerusalém, acreditou-se enxovalhado e pisado pelos anjos. Foi assim também que o almirante Coligny foi capaz de impor respeito aos seus assassinos, podendo ser morto somente por um homem furioso que se atirou sobre ele, perdendo a cabeça. O que tornava Joana D'Arc sempre vitoriosa era o prestígio de sua fé e a maravilha de sua audácia. Paralisava os braços daqueles que queriam golpeá-la ou feri-la e os ingleses puderam seriamente crer na maga ou na feiticeira. Era, de fato, maga sem estar ciente disso porque ela mesma acreditava atuar sobrenaturalmente, enquanto o que realmente ocorria era que dispunha de uma força oculta, universal e sempre submetida às mesmas leis.

O magista magnetizador deve comandar o médium natural e, consequentemente, o corpo astral que estabelece comunicação entre nossa alma e nossos órgãos. Pode-se dizer ao corpo material: Dorme! e ao corpo astral: Sonha! E então as coisas visíveis mudam de aspecto como nas visões do *haschich*. Cagliostro possuía – conforme se disse – tal poder e auxiliava sua ação por meio de perfumes e fumigações. Mas o verdadeiro poder magnético deve prescindir desses auxiliares, mais ou menos venenosos para a razão e nocivos para a saúde. Ragon, em sua sábia obra sobre a Maçonaria Oculta, fornece a receita de uma série de medicamentos próprios para exaltar o sonambulismo. Trata-se de um conhecimento nada desprezível, sem dúvida, mas do qual os magistas cautelosos não devem fazer uso.

A luz astral é projetada pelo olhar, pela voz, pelos polegares e pelas palmas das mãos. A música é um poderoso auxiliar da voz e dela procede a palavra *encantamento*. Nenhum instrumento musical é mais encantador do que a voz humana, mas os sons distantes do violino ou da harmônica podem aumentar seu poder. Assim se prepara o paciente a quem se quer submeter; depois, quando estiver já meio adormecido e como que envolto nesse encanto, estende-se a mão para ele e se lhe ordena dormir ou ver, e ele acata, à sua revelia. Se resistisse, seria necessário fitá-lo, colocar um dos polegares sobre sua fronte, entre as sobrancelhas, e o outro sobre o peito, tocando-o lentamente, com um único e rápido contato; depois, aspirar lentamente e expirar suavemente um sopro cálido e repetir-lhe, em voz baixa, as palavras: *dorme* ou *vê*.

VII
O SETENÁRIO DOS TALISMÃS

Sendo as cerimônias, os trajes, os perfumes, os caracteres e as figuras, como já asseveramos, necessários ao emprego da imaginação na educação da vontade, o êxito das obras mágicas depende da fiel observação de todos os ritos. Esses ritos, como já dissemos, nada têm de fantásticos nem de arbitrários, nos foram transmitidos pela Antiguidade e subsistem sempre pelas leis essenciais da realização analógica e da relação que necessariamente existe entre as ideias e as formas. Depois de ter passado muitos anos consultando e confrontando todos os grimórios* e todos os rituais mágicos de maior autenticidade, logramos, não sem grande empenho, reconstituir todo o cerimonial da magia universal e primitiva. Os únicos livros sérios que encontramos são manuscritos, registrados em caracteres convencionais que conseguimos decifrar com a ajuda da poligrafia de Tritêmio; outros foram escritos inteiramente em hieróglifos e símbolos com os quais apareciam adornados, disfarçando a verdade de suas imagens sob ficções supersticiosas de um texto mistificador. Tal é, por exemplo, o *Enchiridion*, do papa Leão III, que jamais foi impresso com suas gravuras e que reconstituímos para nosso uso particular, conforme um antigo manuscrito.

Os rituais conhecidos com o nome de *Clavículas de Salomão* são bastante copiosos. Muitos foram impressos, outros permaneceram sob forma de manuscritos e alguns foram copiados muito cuidadosamente. Existe um belo exemplar muito elegantemente caligrafado na Biblioteca Imperial; é adornado com pentáculos e caracteres que se encontram, na sua maioria, nos calendários mágicos de Tycho Brahe e de Duchenteau. Há, finalmente, clavículas e grimórios impressos que são mistificações e vergonhosas especulações de livreiros inescrupulosos. O livro

---
* Ou engrimanços (NT).

tão famoso e tão interditado pelos nossos pais, conhecido pelo nome de *Pequeno Alberto*, pertence, por uma das facetas de sua redação, a essa última categoria; nele só há de sério alguns cálculos tomados de Paracelso e algumas figuras de talismãs.

No que se refere à realização do ritual, Paracelso é uma autoridade do maior calibre. Ninguém executou, como ele, as grandes obras e por isso mesmo oculta o poder das cerimônias e ensina unicamente na filosofia oculta a existência do agente magnético do poder da vontade; sintetiza também toda a ciência dos caracteres e dois signos, que são as estrelas *macro* e *microcósmicas*. Era dizer o bastante para os Adeptos. O importante era não iniciar o vulgo. Paracelso, portanto, não ensinava o ritual, mas o praticava e sua prática era uma sucessão de milagres.

Já aludimos à importância que têm em magia o ternário e o quaternário. Desta reunião se compõe o número religioso e cabalístico que representa a síntese universal e que constitui o sagrado setenário.

O mundo, a julgar pelo que acreditavam os antigos, é governado por sete causas secundárias, *secundae* como as chama Tritêmio, e são as forças universais designadas por Moisés pelo nome plural *Elohim*, os deuses. Essas forças análogas e contrárias entre si produzem o equilíbrio por meio de seus contrastes e regulam o movimento das esferas. Para os hebreus os sete arcanjos, *Miguel, Gabriel, Rafael, Anael, Samael, Zadquiel* e *Orifiel*. Os gnósticos cristãos nomeiam os quatro últimos da maneira seguinte: Uriel, Baraquiel, Sealtiel e Jehudiel. Os demais povos atribuíram a esses espíritos o governo dos sete planetas principais e lhes deram os nomes de suas grandes divindades. Todos acreditavam em sua influência relativa e a astronomia repartiu entre eles o céu antigo e lhes atribuiu sucessivamente o governo dos sete dias da semana.

Tal é a razão das diversas cerimônias da semana mágica e do culto setenário dos planetas.

Já vimos aqui que os planetas são signos e não outra coisa; exercem a influência que a fé universal lhes atribui porque são realmente mais astros do espírito humano do que estrelas do firmamento.

O Sol, que a antiga magia julgou sempre fixo, não podia ser mais do que um planeta para o vulgo. Assim representa na semana o dia de repouso que chamamos, sem que se saiba por que, de domingo* e que os antigos chamavam de dia do 501.**

---

* Em francês, *dimanche* (NT).
** Literalmente, por exemplo, em inglês, *Sunday* e alemão, *Sonntag* (NT).

Os sete planetas mágicos correspondem às sete cores do prisma e às sete notas da oitava musical. Representam, inclusive, as sete virtudes e por oposição os sete vícios na moral cristã.

Os sete sacramentos se referem também a esse grande setenário universal. O batismo, que consagra o elemento da água, refere-se à Lua; a penitência rigorosa está sob os auspícios de Samael, o anjo de Marte; a confirmação, que concede o espírito da inteligência e comunica ao verdadeiro crente o dom das línguas, está sob os auspícios de Rafael, o anjo de Mercúrio; a eucaristia substitui a realização sacramental de Deus feito homem pelo domínio de Júpiter; o matrimônio é consagrado pelo anjo Anael, o gênio purificador de Vênus; a extrema-unção é a salvaguarda dos enfermos na iminência de cair sob a foice de Saturno, e a ordem que consagra o sacerdócio de luz é o que está mais especialmente marcado com os caracteres do Sol. Quase todas essas analogias foram observadas pelo sábio Dupuis, que concluiu pela falsidade de todas as religiões, em lugar de reconhecer a santidade e a perpetuidade de um dogma único, sempre reproduzido no simbolismo universal das formas religiosas sucessivas. Não compreendeu a revelação permanente transmitida ao gênio humano pelas harmonias da natureza e só viu uma série de erros nessa cadeia de imagens engenhosas e verdades eternas.

As obras mágicas são também em número de sete:

1. obras de luz e de riqueza, sob os auspícios do Sol;
2. obras de adivinhação e de mistérios, sob a invocação da Lua;
3. obras de habilidade, de ciência e de eloquência, sob a proteção de Mercúrio;
4. obras de cólera e de castigo, consagradas a Marte;
5. obras de amor, favorecidas por Vênus;
6. obras de ambição e de política, sob os auspícios de Júpiter;
7. obras de maldição e de morte, sob o patronato de Saturno.

Em simbolismo teológico, o Sol representa o Verbo de verdade, a Lua, a própria religião; Mercúrio é a interpretação e a ciência dos mistérios; Marte, a justiça; Vênus, a misericórdia e o amor; Júpiter, o Salvador ressuscitado e glorioso; Saturno, o Deus Pai ou o Jeová de Moisés. No corpo humano, o Sol é análogo ao coração, a Lua ao cérebro, Júpiter à mão direita, Saturno à mão esquerda, Marte ao pé esquerdo e Vênus ao direito; Mercúrio aos órgãos sexuais, que faz com que às vezes se represente o gênio desse planeta sob uma figura andrógina.

No rosto humano, o Sol domina a fronte, Júpiter o olho direito e Saturno, o esquerdo; a Lua reina entre os dois olhos, na raiz do nariz, do qual Marte e Vênus governam ambas as fossas; Mercúrio, finalmente, exerce sua influência sobre a boca e o queixo.

Essas noções formavam entre os antigos a ciência oculta da fisiognomia, encontrada imperfeitamente depois por Lavater.

O mago que quer proceder às obras de luz deve operar no domingo, de meia-noite às oito da manhã, ou das três da tarde até dez horas da noite. Deverá estar vestido com um traje púrpura, com tiara e braceletes de ouro. O altar dos perfumes e o tripé do fogo sagrado deverão estar circundados de grinaldas de loureiro, de heliotropos e de girassóis; os perfumes serão a canela, o incenso macho, o açafrão e o sândalo vermelho; os tapetes serão de peles de leão; o anel será de ouro com um crisólito ou um rubi; os leques serão de penas de gavião.

Na segunda-feira, o mago vestirá um traje branco com as bordas de prata com um tríplice colar de pérolas, cristais e selenitas; a tiara será recoberta de seda amarela, com caracteres de prata, formando em hebraico o monograma de Gabriel, tal como se acha na filosofia oculta de Agrippa; os perfumes serão sândalo branco, cânfora, âmbar, aloés e a semente de pepino em pó; as grinaldas serão de artemísia, selenotropo e ranúnculo amarelo. As armações, os trajes e os objetos de cor negra deverão ser evitados e não se empregará nenhum outro metal exceto prata.

Na terça-feira, dia das operações de cólera, o traje será da cor do fogo, da ferrugem ou de sangue, com um cinturão e braceletes de aço; a tiara deverá ser rodeada de ferro e o mago não se servirá da varinha, mas sim unicamente do estilete mágico e da espada; as grinaldas serão de absinto e de arruda e usará no dedo um anel de aço com uma ametista, como pedra preciosa.

Na quarta-feira, dia favorável para a alta ciência, o traje será verde ou de um tecido de reflexos de distintas cores; o colar será de contas de vidro oco contendo mercúrio; os perfumes serão o benjoim, o macis e o estoraque; as flores, a noz-moscada, o lírio, a mercurial, a furnária e a manjerona; a pedra preciosa será a ágata.

Na quinta-feira, dia das grandes obras religiosas e políticas, o traje será escarlate e se usará na fronte uma lâmina de estanho com caracter do espírito de Júpiter e estas três palavras: GIARAR, BETHOR, SAMGABIEL; os perfumes serão o incenso, o âmbar gris, o bálsamo, o grão do paraíso, a noz-moscada e o açafrão; o anel estará adornado com uma esmeralda ou uma safira; as grinaldas e as coroas serão de carvalho, de álamo, de figueira e de romãzeira.

Na sexta-feira, dia das operações amorosas, o traje será azul-marinho; as armações serão verdes e rosas; os adornos de cobre polido; as coroas de violetas; as grinaldas de rosas, mirto e oliveiras; o anel estará adornado com uma turquesa; o lápis-lazúli e o berilo servirão para a tiara e os broches; os leques serão de penas de cisne e o operador usará sobre o peito um talismã de cobre com o caráter de Anael e estas palavras: AVEEVA VADELILITH.

No sábado, dia das obras fúnebres, o traje será negro ou escuro, com caracteres bordados em seda, cor de laranja; usar-se-á ao pescoço uma medalha de chumbo com o caráter de Saturno e estas palavras: ALMALEC, APHIEL, ZARAHIEL; os perfumes serão o diagrídio, a escamôlea, o alúmen, o enxofre e a assa-fétida; o anel terá uma pedra de ônix; as grinaldas serão de freixo, de cipreste e de heléboro negro; sobre o ônix do anel se gravará com o punção sagrado e nas horas de Saturno uma dupla cabeça de Jano.

Tais são as antigas magnificências do culto secreto dos magos. É com tal aparato que os magos da Idade Média procediam à consagração diária dos pentáculos e dos talismãs relativos aos sete gênios. Já dissemos que um pentáculo é um caráter sintético que resume todo o dogma mágico em uma de suas concepções especiais. É, portanto, a expressão verdadeira de um pensamento e de uma vontade completa; é a assinatura de um espírito. A consagração cerimonial deste signo une a ele mais fortemente ainda a intenção do operador e estabelece entre ele e o pentáculo uma verdadeira cadeia magnética. Os pentáculos podem ser traçados indistintamente sobre o pergaminho virgem, sobre papel ou sobre os metais. Dá-se o nome de talismã a uma peça de metal que apresenta pentáculos ou caracteres e que tenha recebido uma consagração especial para uma intenção determinada. Gaffarel, em uma obra sábia sobre as antiguidades mágicas, demonstrou cientificamente o poder real dos talismãs e a confiança em sua virtude se acha de tal modo na natureza que se conserva de bom grado recordações daqueles que se ama com a convicção de que essas relíquias nos preservarão de perigos e deverão nos fazer mais felizes. Os talismãs são feitos com os sete metais cabalísticos e neles são gravados nos dias e horas favoráveis os signos queridos e determinados. As figuras dos sete planetas com seus quadrados mágicos encontram-se no *Pequeno Alberto*, tomados de Paracelso, sendo este um dos raros trechos sérios desse livro vulgar de magia. É preciso observar que Paracelso substitui a figura de Júpiter pela de um sacerdote, substituição que não é feita sem uma intenção misteriosa e bem marcante. Contudo, as figuras alegóricas e mitológicas dos sete espíritos se tornaram em nossos dias demasiadamente clássicas e assaz vulgares para que se possa traçá-las com sucesso sobre os talismãs; é preciso recorrer a signos mais sábios e mais expressivos. O pentagrama deve ser gravado sempre em um dos lados do talismã, com um círculo para o Sol, uma crescente para a Lua, um caduceu alado para Mercúrio, uma espada para Marte, um G para Vênus, uma coroa para Júpiter e uma pequena foice para Saturno. O outro lado do talismã deve ter o signo de Salomão, ou seja, a estrela de seis raios feita com dois triângulos superpostos, colocando-se uma figura humana no centro dos raios do Sol para aos talismãs do Sol, uma taça nos da Lua, uma cabeça de cão nos de Mercúrio, uma cabeça de águia nos de Júpiter, uma de leão nos de Marte, uma pomba nos de Vênus e uma cabeça de touro ou de bode nos de Saturno. A isto se acrescentariam os nomes dos sete anjos, seja em hebraico, seja em árabe, seja em caracteres mágicos semelhantes aos do alfabeto de Tritêmio. Os dois triângulos de Salomão podem ser substituídos pela dupla cruz das rodas de Ezequiel, que se encontram em um grande número de antigos pentáculos e que são, como já afirmamos em nosso *Dogma*, a chave dos trigramas de Fohi.

Pode-se também empregar pedras preciosas para amuletos e talismãs. Mas, todos os objetos desta classe, de metal ou de pedrarias, devem ser portados envoltos cuidadosamente em saquinhos de seda de cores análogas ao espírito do planeta e perfumados com o perfume correspondente ao seu dia, devendo ser protegidos contra todo olhar e todo contato impuro. Assim, os talismãs e os pentáculos do Sol não devem ser vistos nem tocados por pessoas disformes, ou por mulheres de má conduta; os da Lua são profanados pelos olhares e pelas mãos de homens depravados e mulheres menstruadas; os de Mercúrio perdem sua virtude caso sejam vistos por sacerdotes assalariados; os de Marte devem permanecer ocultos para os covardes; os de Vênus devem permanecer ocultos dos homens depravados e daqueles que fizeram voto de celibato; os de Júpiter ocultos dos ímpios e os de Saturno das virgens e das crianças, não porque os olhares ou o contato destes últimos sejam impuros, mas sim porque o talismã lhes causaria infelicidade e desse modo perderia sua força.

As cruzes de honra e outras condecorações semelhantes são verdadeiros talismãs que aumentam o valor e o mérito pessoais. As distribuições solenes que delas se faz equivalem às consagrações. A opinião pública pode proporcionar-lhes um poder prodigioso. Ainda não se observou bem a influência recíproca dos signos sobre as ideias e destas sobre aqueles; não é menos certo que a obra revolucionária destes tempos modernos, por exemplo, foi simbolicamente resumida pela substituição napoleônica da cruz de São Luís pela estrela da honra. É o pentagrama substituindo o lábaro; é a reabilitação do símbolo da luz, é a ressurreição maçônica de Adonhiram. Diz-se que Napoleão cria em sua estrela e se lhe pudessem ter indagado o que entendia por essa estrela, teriam sabido que era seu gênio; teve, pois, de adotar por signo o pentagrama, símbolo da soberania humana para a iniciativa inteligente. O grande soldado da revolução sabia pouco, mas pressentia e adivinhava quase tudo; por isso foi o maior mago instintivo e prático dos tempos modernos. O mundo está repleto de seus milagres e há até pessoas simples do campo que não creem que esteja morto.

Os objetos bentos e indulgenciados, tocados por santas imagens ou por pessoas veneráveis, os rosários vindos da Palestina, os *agnus Dei* feitos de cera do círio pascal e os restos anuais do santo crisma, os escapulários e as medalhas, enfim, são verdadeiros talismãs. Uma dessas medalhas tornou-se atualmente popular e até mesmo aqueles que não professam uma religião a colocam no pescoço de seus filhos. E como as figuras que aparecem nela são perfeitamente cabalísticas, a tal medalha é verdadeiramente um duplo e maravilhoso pentáculo. De um lado se vê a grande iniciadora, a mãe celeste do *Zohar*, a Ísis do Egito, a Vênus Urânia dos platônicos, a Maria do Cristianismo, em pé sobre o mundo e com um pé sobre a cabeça da serpente mágica. Estende as mãos de tal forma que um triângulo é formado, do qual a cabeça da mulher é a parte superior; suas mãos estão abertas e irradiam eflúvios, o que forma um pentagrama duplo, cujos raios se dirigem para a terra, o que representa evidentemente a libertação da inteligência por meio do trabalho. Do outro lado, vê-se a *Tau* dupla dos hierofantes, o *lingam* de *cteis* duplo, ou de tríplice *phallus* sustentado com o enlace e a dupla inserção pelo M cabalístico e maçônico, representando o esquadro entre as duas colunas Jakin e Bohas; acima acham-se ao mesmo nível dois corações doloridos e amantes, e ao redor 12 pentagramas. Todos dirão que os portadores dessa medalha não atinam com sua significação. Mas não é por isso que deixa de ser menos mágica, tendo um duplo sentido e, consequentemente, uma dupla virtude. A extática sobre cujas revelações foi gravado esse talismã já o vira perfeito quando já existia na luz astral, o que demonstra mais uma vez a íntima conexão das ideias com os signos, dando nova sanção ao simbolismo da magia universal.

Quanto maior importância e solenidade se atribui à consagração dos talismãs e dos pentáculos, maiores virtudes adquirem, como se deve compreender pela evidência dos princípios que estabelecemos. Essa consagração deve ser feita nos dias especiais que indicamos e com o aparato minucioso revelado. São consagrados pelos quatro elementos exorcizados depois de realizada a conjuração dos espíritos das trevas mediante a conjuração dos quatro; depois toma-se o pentáculo na mão e se diz, aspergindo-o com algumas gotas da água mágica:

In nomine Elohim et per spiritum aquarum viventium, sis mihi in signum lueis et sacramentum voluntatis.

E, apresentando-o à fumaça dos perfumes, se diz:

Per serpentem aenum sub quo cadunt serpentes ignei, sis mihi (etc.).

Soprando sete vezes sobre o pentáculo ou sobre o talismã, se diz:

Per firmamentum et spiritum vocis, sis mihi (ete).

Finalmente, colocando sobre ele triangularmente alguns grãos de terra purificada ou de sal, se diz:

In sale terrae et per virtutem vitae aeternae, sis mihi (etc.).

Depois se faz a conjuração dos sete da forma seguinte:

Lança-se alternativamente no fogo sagrado uma pastilha dos sete perfumes e se diz:

"Em nome de Miguel, que Jeová te comande e te afaste daqui, Chavajoth!

"Em nome de Gabriel, que Adonai te comande e te afaste daqui, Belial!

"Em nome de Rafael, desaparece diante de Elchim, Sachabiel!

"Por Samael Zebaoth e em nome de Elohim Gibor, afasta-te, Adramelek!

"Por Zachariel e Sachiel-Melek, obedece a Elvah, Samgabiel!

"Pelo nome divino e humano de Schaddai e pelo signo do pentagrama que tenho à mão direita, em nome do anjo Anael, pelo poder de Adão e Eva, que são Jotchavah, retira-te, Lilith; deixa-nos em paz, Nahemah!

"Pelos santos Elohim e os nomes dos gênios Cassiel, Sehaltiel, Aphiel e Zarahiel, sob o comando de Orifiel, retira-te de nossa presença, Moloch! Nós não te daremos nossos filhos para que os devores."

Quanto aos instrumentos mágicos, os principais são: a varinha, a espada, a lâmpada, a taça, o altar e o tripé. Nas operações de alta e divina magia empregam-se a lâmpada, a varinha e a taça; nas operações de magia negra substitui-se a varinha pela espada e a lâmpada pela candeia de Cardan. Já explicaremos essa diferença no artigo especial sobre magia negra.

Passemos à descrição e consagração dos instrumentos. A varinha mágica não deve ser confundida com a simples varinha adivinhatória, nem com a forquilha dos necromantes ou o tridente de Paracelso. A verdadeira e absoluta varinha mágica deve ser feita de um único galho perfeitamente reto de amendoeira ou aveleira, cortado de um só golpe com a foice mágica ou a faca de ouro antes do nascer do Sol e na fase em que a árvore está prestes a florescer. É necessário perfurá-la em todo o seu comprimento sem fendê-la ou rompê-la e introduzir dentro dela uma haste de ferro imantado que ocupe toda a sua extensão; depois é adaptado em uma de suas extremidades um prisma talhado triangularmente e na outra extremidade uma figura semelhante de resina negra. No meio da varinha são colocados dois anéis, um de cobre vermelho, o outro de zinco; depois a varinha deverá ser dourada do lado da resina e prateada do lado do prisma até o anel do meio, revestindo-a de seda exclusivamente até as extremidades. Sobre o anel de cobre os caracteres שחקדמהילשי deverão ser gravados, e sobre o de zinco, שלמה המלב. A consagração da varinha deve durar sete dias, começando na lua nova, e deve ser feita por um iniciado detentor dos grandes arcanos e que possua também uma varinha consagrada. Essa é a transmissão do

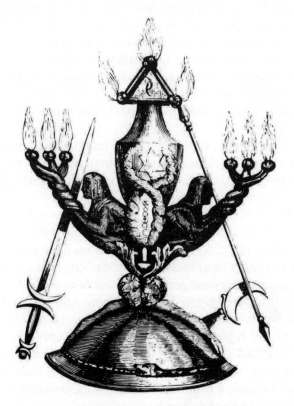

Figura 5 – Instrumentos mágicos. A lâmpada, a espada e a foice

sacerdócio mágico, transmissão que não cessou desde as tenebrosas origens da alta ciência. A varinha e os demais instrumentos, mas a varinha sobretudo, devem ser ocultados com cuidado e sob hipótese alguma o magista deverá permitir que sejam vistos ou tocados pelos profanos. Se isso acontecer, perderão sua virtude.

A maneira de transmitir a varinha é um dos arcanos da ciência, que não é permitido revelar.

O comprimento da varinha não deve exceder o do braço do operador. O mago só deverá servir-se dela quando estiver sozinho e nem sequer deve tocá-la sem necessidade. Alguns magos da Antiguidade a faziam somente do comprimento de seu antebraço e a ocultavam entre as largas mangas de suas túnicas, exibindo em público apenas a simples varinha adivinhatória ou algum cetro alegórico feito de marfim ou de ébano, segundo a natureza das obras.

O cardeal Richelieu, que ambicionava todos os poderes, procurou durante toda a sua vida em vão a transmissão da varinha mágica. Seu cabalista Gaffarel só pôde dar-lhe a espada e os talismãs. Talvez tenha sido esse o motivo de seu grande ódio contra Urbain Grandier, que conhecia alguma coisa relativamente às fraquezas do cardeal. A longa conversação secreta de Laubardemont com o desgraçado sacerdote algumas horas antes de seu derradeiro suplício, e as palavras de um amigo e confidente deste último, quando estava para morrer, "Senhor, sois um homem hábil, não vos percais", dão o que pensar sobre esse particular.

A varinha mágica é o *Verendum* do mago, o qual nunca deve falar dela de uma maneira clara e precisa. Ninguém deve vangloriar-se por possuí-la e ninguém deve transmitir a consagração a não ser sob condições de discrição e confiança absolutas.

A espada é menos oculta e eis como deve ser feita:

Tem de ser de aço puro, com punho de cobre feito em forma de cruz com três gomos, tal como está representada no *Enchiridion* de Leão III, ou tendo por guarda duas meias-luas, como em nosso desenho. No nó central da guarda, que deve ser revestido de uma placa de ouro, é preciso gravar de um lado o signo do macrocosmo e no outro o do microcosmo. No punho deverá ser gravado o monograma hebraico de Miguel, tal e como se vê em Agrippa, e sobre a lâmina, de um lado, os caracteres באילים יחוה מיכמכה e do outro o monograma do lábaro de Constantino seguido das seguintes palavras: *Vince in hoc, Deo duce, ferro comite*. (Para a autenticidade e exatidão destas figuras, consulte-se as melhores antigas edições do *Enchiridion*.)

A consagração da espada deve ser realizada no domingo e nas horas do Sol, sob a invocação de Miguel. Colocar-se-á a lâmina da espada em um fogo de loureiro e cipreste; logo se enxugará e se polirá essa mesma lâmina com as cinzas do fogo sagrado umedecidas com sangue de poupa ou de serpente e se dirá: *Sis mihi gladius, Michaelis, in virtute Elohim Sabaoth fugiant a te spiritus tenebrarum et reptilia terrae.* Depois se perfumará com os perfumes do Sol e a espada será encerrada em uma bainha de seda com ramos de verbena, que deverão ser queimados no sétimo dia.

A lâmpada mágica deve ser confeccionada de quatro metais: ouro, prata, zinco e ferro. A base tem de ser de ferro, o nó de zinco, o copo de prata e o triângulo mediano, de ouro. Deverá ter dois braços, compostos de três metais torcidos conjuntamente, de modo a permitir para o óleo um tríplice conduto. Terá nove mechas, três no meio e três em cada braço (ver figura na p. 263). Na base se gravará o selo de Hermes e em cima o Andrógino de duas cabeças de Khunrath. A borda inferior da base representará uma serpente que morde a cauda.

No copo, ou recipiente do óleo, se gravará o signo de Salomão. Nessa lâmpada serão adaptados dois globos: um ornado de pinturas transparentes representando os sete gênios e o outro, maior e duplo, que possa conter em quatro compartimentos, entre dois vidros, água tingida de diversas cores. O conjunto deverá estar encerrado em uma coluna de madeira, construída em forma giratória e que possa deixar escapar à vontade os raios luminosos dirigidos à fumaça do altar no momento das invocações. Essa lâmpada é um auxiliar precioso nas operações intuitivas das imaginações lentas e para criar diante das pessoas magnetizadas formas de uma realidade espantosa, que multiplicadas pelos espelhos se ampliarão prontamente e mudarão em uma sala imensa, repleta de almas visíveis, o gabinete do operador; a embriaguez dos perfumes e a exaltação das invocações transformarão logo essa fantasmagoria em um sonho real; serão reconhecidas as pessoas que alguém tenha conhecido; os fantasmas falarão e, depois, caso se cerre a coluna da lâmpada, redobrando o fogo dos perfumes, se produzirá algo inesperado e extraordinário.

VIII
ADVERTÊNCIA AOS IMPRUDENTES

Como já tivemos tantas chances de reiterar, as operações desta ciência não estão isentas de perigo.

Podem conduzir à loucura aqueles que não tenham se firmado na base da razão suprema, absoluta e infalível.

Podem também superexcitar o sistema nervoso e produzir doenças terríveis e incuráveis.

Quando a imaginação se toma impressionada e amedrontada podem produzir, igualmente, desmaios e mesmo a morte por congestão cerebral.

Toda advertência é pouca para as pessoas nervosas e naturalmente exaltadas, mulheres e os jovens, e as pessoas que não têm completo domínio sobre si mesmas e a capacidade de controlar o medo.

Nada mais perigoso, também, que fazer da magia um passatempo como certos indivíduos que a transformam em um entretenimento vespertino. Mesmo as próprias experiências magnéticas feitas em semelhantes condições podem não só causar transtornos nos pacientes como também desacreditar a ciência. Não se joga impunemente com os mistérios da vida e da morte; as coisas que tomamos a sério têm de ser tratadas seriamente e com a maior reserva.

Não cedas jamais ao desejo de convencer por meio de efeitos. Os mais surpreendentes efeitos não constituiriam provas para pessoas de antemão não convencidas. Poder-se-ia sempre atribuí-las a habilidades naturais e encarar o mago como um concorrente mais ou menos destro de Robert Houdin ou de Hamilton.*

---

* Célebres mágicos e prestidigitadores (NT).

Solicitar prodígios para crer na ciência é se mostrar indigno ou incapaz da mesma, SANCTA SANCTIS.

Não te vanglories jamais das obras que executaste, mesmo que tenhas ressuscitado os mortos. Teme a perseguição. O grande Mestre recomendava sempre o silêncio daqueles enfermos que curava e se esse silêncio tivesse sido fielmente observado, não teriam crucificado o iniciador antes da conclusão de sua obra.

Medita sobre a duodécima figura do tarô; pensa no grande símbolo de Prometeu e cala.

Todos os magos que divulgaram suas obras morreram violentamente e muitos se viram obrigados ao suicídio, como Cardan, Schroeppfer, Cagliostro e outros.

O mago deve viver em retiro e não se deixar abordar facilmente. É o que representa o símbolo da nona chave do tarô, no qual o iniciado é representado por um eremita completamente envolto em seu manto.

Todavia, esse retiro não deve significar isolamento. Ao mago são necessários afetos devotados e amizades que deve escolher com cuidado e conservar a todo custo.

Deve ter uma outra profissão além de ser mago. A magia não é um ofício.

Para dedicar-se à magia cerimonial é preciso ter o espírito livre de preocupações inquietantes; é necessário poder adquirir todos os instrumentos da ciência e possivelmente saber confeccioná-los por si mesmo; e é necessário, finalmente, um laboratório inacessível, onde não tema ver-se surpreendido ou molestado.

Ademais, e essa é a condição essencial, é preciso saber equilibrar as forças e conter os ímpetos de sua própria iniciativa. É o que representa a oitava figura das chaves de Hermes, na qual se vê uma mulher sentada entre duas colunas, tendo em uma mão uma espada, em posição reta, e na outra uma balança.

Para equilibrar as forças, é preciso mantê-las simultaneamente e fazê-las funcionar alternativamente, ação dupla representada pelo uso da balança.

Esse arcano também é representado pela cruz dupla dos pantáculos de Pitágoras e de Ezequiel (ver o desenho no capítulo XVIII do *Dogma*), onde as cruzes estão equilibradas entre si e os signos planetários sempre em oposição. Assim, Vênus é o equilíbrio das obras de Marte, Mercúrio modera e realiza as obras do Sol e da Lua, e Saturno deve contrabalançar Júpiter. É por esse antagonismo dos antigos deuses que Prometeu, diríamos o gênio da ciência, logrou entrar no Olimpo e roubar o fogo celeste.

Será preciso falar mais claramente? Quanto mais doce e sereno fores, maior será o poder de tua cólera; quanto mais enérgico te mostrares, maior será o encanto de tua doçura; quanto mais hábil fores, maior será o produto que obterás de tua inteligência e mesmo de tuas virtudes; quanto mais indiferente te mostrares, mais facilmente te farás amar. Isso é experiência na ordem moral e se realiza rigorosamente na esfera da ação. As paixões humanas produzem fatalmente, quando não são dirigidas, os efeitos contrários ao seu desejo desenfreado. O amor excessivo produz antipatia; o ódio cego anula-se e castiga a si mesmo; a vaidade conduz ao rebaixamento e às mais cruéis humilhações. O grande Mestre revelava um mistério da ciência mágica positiva quando disse: "Quereis acumular carvões acesos sobre a cabeça daquele que vos causou danos? Perdoai-o e devolvei em bem o mal que recebestes". Dirão, talvez, que tal perdão é uma hipocrisia e se assemelha muito a uma vingança refinada. Mas é preciso ter em conta que o mago é um soberano. Ora, um soberano nunca se vinga, porque tem o direito de castigar. Quando exerce esse direito, cumpre com seu dever e é implacável como a justiça. Observemos bem, para que ninguém interprete mal nossas palavras, que se trata de castigar o mal com o bem e de opor à violência a mansidão. Se o exercício da virtude é um flagelo para o vício, ninguém tem o direito de solicitar que seja poupado ou que se tenha piedade ante suas debilidades e suas dores.

Aquele que se devota às obras da ciência deve realizar diariamente um exercício moderado, abster-se de vigílias longas e seguir um regime saudável e regular. Deve evitar as emanações cadavéricas, a vizinhança de locais onde haja águas estagnadas e também alimentos indigestos ou impuros. Deve especialmente distrair-se diariamente das preocupações mágicas por meio de trabalhos de arte, indústria, etc. O meio de ver bem é não olhar sempre, e aquele que passasse toda sua vida tendo um mesmo fim, acabaria por jamais atingi-lo.

Uma precaução a não ser descurada é não operar quando estiver doente.

Sendo as cerimônias, como já afirmamos, meios artificiais para a criação dos hábitos da vontade, deixam de ser necessárias quando já se conquistou os hábitos. É neste sentido e pensando apenas nos Adeptos perfeitos que Paracelso proibia aos Adeptos aperfeiçoados os rituais mágicos na sua filosofia oculta. É preciso simplificá-las gradativamente antes de omiti-las totalmente, segundo a experiência que se possa fazer das forças adquiridas dos costumes estabelecidos no exercício do querer extranatural.

IX
O CERIMONIAL DOS INICIADOS

A ciência se conserva pelo silêncio e se perpetua pela iniciação. Somente para as multidões a lei do silêncio é absoluta e inviolável. A ciência só pode ser transmitida pela palavra. Os sábios devem, portanto, falar algumas vezes.

Sim. Os sábios devem falar, mas não para dizer e sim para conduzir os outros à busca. *Noli ire, fac venire* era a divisa de Rabelais, que possuindo todas as ciências de sua época não podia ignorar a magia.

Vamos revelar aqui os mistérios da iniciação.

O destino do homem é, como já dissemos, fazer-se ou criar-se a si mesmo e será o filho de suas obras no tempo e na eternidade.

Todos os homens são chamados à participação, mas o número dos eleitos, ou seja, daqueles que alcançam o êxito, é relativamente limitado; em outros termos, os homens desejosos de ser algo são muitos, porém os homens de elite são sempre muito raros.

Pois bem: o governo do mundo pertence, de direito, aos homens de elite e quando um mecanismo ou uma usurpação qualquer impede que lhes pertença de fato, se opera um cataclisma político ou social.

Os homens que são senhores de si mesmos tornam-se facilmente senhores dos outros, mas podem se impor mutuamente obstáculos se não reconhecerem as leis de uma disciplina e uma hierarquia universal.

Para submeter-se a uma mesma disciplina é preciso estar em comunhão de ideias e de desejos, não sendo possível atingir tal comunhão a não ser por meio de uma religião comum apoiada nas próprias bases da inteligência e da razão.

Essa religião sempre existiu no mundo e é a única que pode ser denominada una, infalível, indefectível e verdadeiramente católica, ou seja, universal.

Essa religião, da qual as outras foram sucessivamente os véus e as sombras, é a que demonstra o ser pelo ser, a vontade pela razão, a razão pela evidência e o senso comum.

É a que prova por meio das realidades a razão de ser das hipóteses, independentemente e fora das realidades.

É a que tem por base o dogma das analogias universais, mas que não confunde jamais as coisas da ciência com as coisas da fé. Não pode ser de fé que dois e um são mais ou menos três; que o conteúdo em física seja maior que o que o contém; que um corpo sólido, enquanto tal, possa comportar-se como um corpo fluido ou gasoso; que um corpo humano, por exemplo, possa passar através de uma porta fechada sem operar nem solução nem abertura. Dizer que se crê em tais coisas é falar como uma criança ou como um louco; contudo, não é menos insensato definir o desconhecido e raciocinar de hipótese em hipótese até negar, *a priori*, a evidência para afirmar suposições temerárias. O sábio afirma o que sabe e só crê no que ignora segundo a medida das necessidades razoáveis e conhecidas da hipótese.

Entretanto, essa religião razoável não poderia ser a das multidões às quais fazem falta fábulas, mitos, mistérios, esperanças definidas e terrores materialmente motivados.

É por isso que o sacerdócio foi estabelecido no mundo. Pois bem, os sacerdotes são recrutados pela iniciação.

As formas religiosas perecem quando a iniciação cessa no santuário, seja por divulgação, seja por negligência e esquecimento dos mistérios sagrados.

As divulgações gnósticas, por exemplo, distanciaram da Igreja cristã as elevadas verdades da Cabala, que contém todos os segredos da teologia transcendente. Assim os cegos se converteram em guias de outros cegos e se produziram grandes obscurecimentos, grandes quedas e deploráveis escândalos; ademais, os livros sagrados, cujas chaves são todas cabalísticas, desde o Gênesis até o Apocalipse, se fizeram tão ininteligíveis para os cristãos que os pastores tiveram, com razão, de proibir a leitura para os simples fiéis. Tomados ao pé da letra e compreendidos materialmente, tais livros seriam – como o demonstrou perfeitamente a escola de Voltaire – meramente uma inconcebível trama de absurdos e de escândalos.

O mesmo sucede com todos os dogmas antigos, com suas brilhantes teogonias e suas poéticas lendas. Dizer que os antigos acreditavam, na Grécia, nos amores de Júpiter* ou adoravam, no Egito, o cinocéfalo

---

* N.T.: Zeus (NT).

e o gavião como deuses vivos e reais é ser tão ignorante e de tanta má-fé quanto seria sustentar que os cristãos veneram um Deus tríplice composto de um ancião, um supliciado e um pombinho. A incompreensão dos símbolos é sempre caluniadora. Por isso, é preciso tomar cuidado para evitar caçoar de coisas que se ignora quando sua mera enunciação parece supor um absurdo ou mesmo uma singularidade qualquer. Isto seria tão pouco sensato como admiti-las sem discussão e exame.

Antes de existir uma coisa que nos agrade ou nos desagrade, existe uma verdade, isto é, uma razão, e é por essa razão que nossas ações devem ser reguladas – e não por nosso prazer, se quisermos criar em nós a inteligência, que é a razão de ser da imortalidade e a justiça, que é sua lei.

O homem, que o seja verdadeiramente, não pode querer mais do que o que deve, fazer com razão e justiça. Assim impõe silêncio aos apetites e ao temor para escutar apenas a razão.

Tal homem é um rei natural e um sacerdote espontâneo para as multidões errantes. E a isso se deve o fato das antigas iniciações serem chamadas indiferentemente de arte real ou arte sacerdotal.

As antigas sociedades mágicas eram seminários de sacerdotes e de reis e os indivíduos só conseguiam ser admitidos depois de realizar obras verdadeiramente sacerdotais e reais, ou seja, colocando-se bem acima das fraquezas naturais.

Não repetiremos aqui aquilo que se escreveu em todas as partes sobre as iniciações egípcias, perpetuadas, ainda que atenuadas, nas sociedades secretas da Idade Média. O radicalismo cristão fundado na falaciosa compreensão da sentença: "Não tendes mais que um pai e um senhor e sois todos irmãos" assestou um golpe terrível na hierarquia sagrada. A partir de então, as dignidades sacerdotais têm sido o resultado da intriga e do acaso. A mediocridade ativa veio suplantar a superioridade modesta e consequentemente desconhecida e, todavia, sendo a iniciação uma lei essencial da vida religiosa, uma associação instintivamente mágica formou-se às expensas do poder pontifical, concentrando em si mesma todo o poder do Cristianismo, porque somente ela compreendeu, ainda que vagamente, mas exerceu positivamente o poder hierárquico pelas provas de iniciação e a onipotência da fé na obediência passiva.

Que fazia o recipiendário nas antigas iniciações? Entregava inteiramente sua vida e liberdade aos mestres dos templos de Mênfis ou de Tebas. Avançava resolutamente através de espantosos perigos que até poderiam fazer-lhe supor um atentado premeditado contra si mesmo: atravessava fogueiras, cruzava a nado torrentes de água escura e borbulhante, suspendia-se em mecanismos basculantes desconhecidos à beira de abismos sem fundo... Não era isto obediência cega em toda a força desta expressão? Renunciar momentaneamente a sua liberdade para atingir uma emancipação não é o mais perfeito exercício da própria liberdade? Pois bem, é o que fizeram e o que devem fazer sempre aqueles que aspiram ao *Sanctum regnum* da onipotência mágica. Os discípulos de Pitágoras se condenavam a um rigoroso silêncio de muitos anos; os próprios sectários de Epicuro só compreendiam a soberania do prazer por meio da sobriedade adquirida e da temperança calculada. A vida é uma batalha em que cumpre submeter-se a provas para ascender em grau. A força não é concedida, é preciso conquistá-la.

A iniciação pela luta e pelas provas é, pois, indispensável para alcançar a ciência prática da magia. E dissemos como é possível triunfar sobre as quatro formas elementais. Não voltaremos a isso, recomendando ao leitor que queira conhecer as cerimônias das iniciações antigas, as obras do barão Tschoudy, autor da *Estrela flamejante* da Maçonaria Adonhiramita, e de muitos outros opúsculos maçônicos bastante interessantes.

Devemos insistir aqui em uma reflexão: a causa do caos intelectual e social em que perecemos é a negligência da iniciação, de suas provas e de seus mistérios. Homens para os quais o zelo era mais forte que a paciência, impressionados com as máximas populares do Evangelho, acreditaram na igualdade primitiva e absoluta dos homens. Um célebre alucinado, o eloquente e infeliz Rousseau, propagou com toda a magia de seu estilo o paradoxo segundo o qual é só a sociedade que corrompe os homens, do mesmo modo que poderia ter dito que é só a emulação e a concorrência no trabalho que tornam os operários preguiçosos.

A lei essencial da natureza, aquela da iniciação pelas obras e do progresso laborioso e voluntário se tornou fatalmente desconhecida. A Maçonaria teve seus desertores como o Catolicismo tivera os seus. Que resultou disso?

O nível do aço substituindo o nível intelectual e simbólico. Pregar a igualdade para o que está abaixo sem indicar-lhe os meios de como se elevar não será obrigar-se à descida? Assim se desceu e foi possível haver o reinado da *carmanhola*, dos *descamisados* e de Marat.

Para voltarmos a erguer a sociedade cambaleante ou caída, é preciso restabelecer a hierarquia e a iniciação. A tarefa é difícil, porém todas as pessoas inteligentes já sentem a necessidade de empreendê-la. Será preciso para isso que o mundo tenha de sofrer um novo dilúvio? Desejamos que não suceda dessa maneira e este livro, talvez a maior de todas as nossas audácias, embora não a última, é uma convocação a tudo aquilo que ainda vive para reconstituir a vida em meio da própria decomposição da morte.

X
A CHAVE DO OCULTISMO

Aprofundaremos agora o tema dos pentáculos, visto que toda a virtude mágica neles reside, pois o segredo da força se encontra na inteligência que a dirige.

Não voltaremos a nos ocupar dos pentáculos de Pitágoras e de Ezequiel, dos quais já apresentamos a explicação e o desenho. Provaremos em outro capítulo que todos os instrumentos do culto hebraico eram pantáculos e que Moisés escrevera em ouro e zinco no tabernáculo e em todos os seus acessórios a primeira e a última palavra da Bíblia. Porém, cada mago pode e deve ter seu pentáculo particular porque um pentáculo, bem entendido, nada mais é do que a síntese perfeita de um espírito.

É por isso que encontramos nos calendários mágicos de Tycho Brahe e de Duchenteau os pentáculos de Adão, de Jó, de Jeremias, de Isaías e de todos os grandes profetas que foram, cada qual em sua época, os reis da Cabala e os grandes rabinos da ciência.

Sendo o pentáculo uma síntese completa e perfeita, expressa por um só signo, serve para reunir toda a força intelectual em um olhar, em uma lembrança, em um contato. É algo assim como um ponto de apoio para projetar a vontade com força. Os necromantes e os goécios traçavam seus pentáculos infernais sobre a pele das vítimas que imolavam. As cerimônias da imolação, a maneira de degolar o cabrito, a de salgá-lo, secá-lo e alvejar sua pele encontram-se em muitas clavículas e grimórios. Alguns cabalistas hebreus também caíram nessa mesmas loucuras, sem atentar para as maldições pronunciadas na Bíblia contra aqueles que sacrificavam do mesmo modo nos terrenos elevados ou nas cavernas da terra. Todos os derramamentos de sangue celebrados cerimonialmente são abomináveis e ímpios e, desde a morte de Adonhiram, a sociedade dos verdadeiros Adeptos tem horror ao sangue. *Ecclesia abhorret a sanguine*.

Os símbolos iniciáticos dos pentáculos adotados em todo o Oriente são a chave de todas as mitologias antigas e modernas. Se não se conhecesse seu alfabeto hieroglífico, nos perderíamos nas obscuridades dos Vedas, do Zend-Avesta e da Bíblia.

A árvore engendradora do bem e do mal, o manancial único dos quatro rios, dos quais um rega a terra de ouro, ou seja, da luz, o outro corre na Etiópia, ou no reino da noite; a serpente magnética que seduziu a mulher e a mulher que seduziu o homem, revelando assim a lei da atração; depois o querubim ou esfinge colocado à porta do santuário edênico, com a espada refulgente dos guardiões do símbolo; logo, a regeneração pelo trabalho e o parto pela dor, lei das iniciações e das provas; a divisão de Caim e Abel, idêntica ao símbolo da luta de Anteros e Eros; a arca transportada sobre as águas do dilúvio, como o cofre de Osíris; o corvo negro que não retorna e a pomba branca que retorna, nova emissão do dogma antagônico e equilibrado. Todas essas magníficas alegorias cabalísticas do Gênesis que tomadas ao pé da letra e aceitas como histórias reais seriam alvo de riso e desprezo, que é o que lhes votou Voltaire, fazem-se luminosas para o iniciado, o qual saúda então com entusiasmo e amor a perpetuidade do verdadeiro dogma e a universalidade da mesma iniciação em todos os santuários do mundo.

Os cinco livros de Moisés, a profecia de Ezequiel e o Apocalipse de São João são as três chaves cabalísticas de todo o edifício bíblico. As esfinges de Ezequiel, idênticas àquelas do santuário e da arca, são uma quádrupla reprodução do quaternário egípcio; suas rodas, que giram umas dentro das outras, são as esferas harmoniosas de Pitágoras; o novo templo, cujo plano fornece sob as medidas cabalísticas, é o tipo dos trabalhos da Maçonaria Primitiva. São João, em seu Apocalipse, reproduz as mesmas imagens e os mesmos números e reconstitui, idealmente, o mundo edênico da nova Jerusalém; mas no manancial dos quatro rios, o cordeiro solar substituiu a árvore misteriosa. A iniciação pelo trabalho e pelo sangue ocorreu e já não existe templo porque a luz da verdade expandiu-se por todas as partes e o mundo se converteu em templo da justiça.

Esse belo sonho final das Sagradas Escrituras, essa formosa utopia divina, a qual a Igreja refere, com razão, à realização de uma vida melhor, foi o escolho de todos os antigos heresiarcas e de um grande número de ideólogos modernos. A emancipação simultânea e a igualdade absoluta de todos os homens supõem a cessação do progresso e, consequentemente, da vida: na terra dos iguais não pode haver nem crianças nem velhos; o nascimento, tanto quanto a morte, seriam inadmissíveis.

Isso é suficiente para provar que a nova Jerusalém não é deste mundo, do que o Paraíso primitivo, onde o homem não devia conhecer nem o bem, nem o mal, nem a liberdade, nem a geração, nem a morte; é, portanto, na eternidade onde principia e termina o ciclo de nosso simbolismo religioso.

Dupuis e Volney esbanjaram grande erudição para descobrir essa identidade relativa de todos os símbolos e concluíram pela negação de todas as religiões. Nós chegamos pela mesma via a uma afirmação diametralmente oposta e reconhecemos, com admiração, que jamais houve falsas religiões no mundo civilizado; que a luz divina, esse esplendor da razão suprema, do Logos do Verbo, que ilumina todo homem que vem a esse mundo, não faltou aos filhos de Zoroastro, do mesmo modo que às ovelhas fiéis de São Pedro; que a revelação permanente, única e universal, está escrita na natureza visível, se explica na razão e se completa pelas sábias analogias da fé; que não há, enfim, senão uma religião verdadeira, senão um dogma e uma crença legítima, como não há senão um Deus, uma razão e um universo; que a revelação não é obscura para ninguém, visto que todos compreendem pouco ou muito a verdade e a justiça, visto que tudo o que pode ser deve ser apenas analógico ao que é. O SER É O SER, אהיה אשר אהיה.

As figuras, tão extravagantes em aparência, que o Apocalipse de São João apresenta são hieroglíficas, como as de todas as mitologias orientais, e podem ser encerradas em uma série de pentáculos. O iniciador, vestido de branco, de pé entre os sete candelabros de ouro, tendo na sua mão sete estrelas, representa o dogma único de Hermes e as analogias universais da luz.

A mulher, vestida de Sol e coroada por 12 estrelas, é a Ísis celeste, é a gnose na qual a serpente da vida material quer devorar o filho; mas ela toma as asas de uma águia e escapa para o deserto, protesto do espírito profético contra o materialismo da religião oficial.

O anjo colossal cujo cabeça é um Sol, a auréola, um arco-íris; o vestido, uma nuvem; as pernas, colunas de fogo e que tem um pé sobre a terra e o outro sobre o mar, é um verdadeiro Panteu cabalístico.

Os pés representam o equilíbrio de Briah ou do mundo das formas; suas pernas são as colunas do templo maçônico Jakin e Bohas; seu corpo, velado por nuvens de entre as quais sai uma mão que sustém um livro, é a esfera de Jezirah ou das provas iniciáticas; a cabeça solar, coroada pelo setenário luminoso, é o mundo de Aziluth ou da revelação perfeita e é de se admirar o fato de os cabalistas hebreus não terem reconhecido e divulgado esse simbolismo que une tão inseparável e estreitamente ligado os mais elevados mistérios do Cristianismo ao dogma secreto, mas invariável, de todos os mestres em Israel.

A besta das sete cabeças é, no simbolismo de São João, a negação material e antagônica do setenário luminoso e a prostituta da Babilônia corresponde, do mesmo modo, à mulher revestida de Sol; os quatro cavaleiros são análogos aos quatro animais alegóricos; os sete anjos com suas sete trombetas, suas sete taças e suas sete espadas caracterizam o absoluto da luta do bem contra o mal, pela palavra, pela associação religiosa e pela força. Assim, os sete selos do livro oculto são sucessivamente erguidos e a iniciação universal ocorre. Os comentaristas que buscaram outra coisa neste livro de alta Cabala* perderam seu tempo e seu trabalho até o ponto de se tornarem ridículos. Ver Napoleão no anjo Apollyon, Lutero na estrela cadente, Voltaire e Rousseau nos gafanhotos equipados para guerrear é muita fantasia. O mesmo sucede com todas as violências feitas em nome de personagens célebres, a fim de encontrar em quaisquer algarismos o fatal 666, que já explicamos o suficiente; e quando se pensa que esses homens que se chamaram Bossuet e Newton se ocuparam dessas quimeras, compreende-se que a humanidade não é tão maliciosa em seu gênio como se poderia supor pelo aspecto de seus vícios.

---

* Ou seja, o Apocalipse de São João (NT).

XI
A TRÍPLICE CADEIA

A grande obra em magia prática, depois da educação da vontade e da criação da personalidade do mago, é a formação da cadeia magnética e esse segredo é verdadeiramente o do sacerdócio e o da realeza.

Formar a cadeia magnética é dar origem a uma corrente de ideias que produza a fé e que arraste um grande número de vontades em um círculo determinado de manifestações pelos atos. Uma cadeia bem formada é algo assim como um torvelinho que tudo absorve e arrasta.

Pode-se estabelecer a cadeia de três modos: pelos signos, pela palavra e pelo contato. Estabelece-se pelos signos fazendo adotar um signo a opinião como representante de uma força. É assim que os cristãos se comunicam mutuamente pelo sinal da cruz, os maçons pelo sinal do esquadro sob o Sol, e os magos pelo signo do microcosmo, que é feito com os cinco dedos estendidos.

Os signos, uma vez recebidos e propagados, ganham força por si mesmos. A vista e a imitação do sinal da cruz eram o suficiente para fazer prosélitos nos primeiros séculos do Cristianismo. A medalha tida como miraculosa operou ainda em nossos dias um grande número de conversões por meio da mesma lei magnética. A visão e a iluminação do jovem israelita Afonso de Ratisbona foram o mais notável desses fatos. A imaginação é criadora não só no interior de nós mesmos como fora de nós, por meio de nossas projeções fluídicas, e não é necessário, sem dúvida, atribuir a outras causas os fenômenos do lábaro de Constantino e da cruz de Migné.

A cadeia mágica pela palavra era representada entre os antigos por essas cadeias de ouro que saem da boca de Hermes. Nada iguala a eletricidade da eloquência. A palavra cria a inteligência mais elevada, entre as multidões mais ignorantes e mais grosseiramente constituídas. Até aqueles distantes para ouvi-la compreendem por comoção e se veem arrastados como os demais. Pedro, o Ermitão comoveu a Europa ao grito de "Deus o quer!". Uma única palavra do imperador eletrizava seu exército e tornava a França invencível. Proudhon matou o socialismo com seu célebre paradoxo: "A propriedade é o roubo". Basta frequentemente uma palavra que flui para derrubar um poder. Voltaire o sabia perfeitamente e comoveu o mundo com seus sarcasmos. Assim ele, que não temia nem os papas, nem os reis, nem os parlamentos, nem as bastilhas, assustava-se diante de uma frase de duplo sentido. Está-se muito próximo de cumprir as vontades de um homem quando se repete suas frases.

A terceira maneira de estabelecer a cadeia mágica é por meio do contato. Entre pessoas que se veem com frequência, a cabeça da corrente se revela prontamente e a vontade mais forte não tarda a absorver a dos demais. O contato direto e positivo de mão a mão completa a harmonia das disposições, sendo por esse motivo um sinal de simpatia e de intimidade. As crianças, que são guiadas instintivamente pela natureza, formam a cadeia magnética ao brincar de barra ou formando a roda. Então a alegria circula e o riso se difunde. As mesas redondas são mais favoráveis aos alegres banquetes do que as de outra forma. A grande roda do sabá que era o sinal do encerramento das reuniões misteriosas dos Adeptos da Idade Média era uma cadeia mágica que unia a todos em uma mesma vontade e para uma obra comum; eles a formavam colocando-se ombro a ombro e tomando-se as mãos, com a frente para dentro do círculo, imitando as antigas danças sagradas, das quais se vê, inclusive, reflexos nos baixos-relevos de alguns templos vetustos. As peles elétricas do lince, da pantera e mesmo do gato doméstico eram fixadas em suas vestes, imitando as antigas bacanais. Essa é a origem da tradição segundo a qual os participantes ímpios do sabá levavam um gato dependurado à cintura, dançando com todo esse aparato.

Os fenômenos das mesas giratórias e falantes foram uma manifestação fortuita da comunicação fluídica por meio da cadeia circular; logo a mistificação misturou-se a isso e pessoas, mesmo instruídas e inteligentes, apaixonaram-se por essa novidade a ponto de mistificarem a si mesmas e se converterem em vítimas de seu próprio engano. Os oráculos das mesas eram respostas sugeridas mais ou menos voluntariamente ou tomadas ao acaso, parecendo-se às conversações que temos nos sonhos. Os outros fenômenos mais estranhos podiam ser produtos externos da imaginação comum. Não negamos, sem dúvida, a possível intervenção de espíritos elementais nessas manifestações, como naquelas da adivinhação pelas cartas ou pelos sonhos. Mas não cremos que de alguma forma esteja provado e que algo possa, consequentemente, obrigar-nos a admiti-lo. Um dos mais estranhos poderes da imaginação humana é o da realização dos desejos da vontade, ou ainda de suas apreensões e temores. Crê-se facilmente naquilo que se teme ou que se deseja, diz o adágio e com razão, visto que o desejo e o temor concedem à imaginação um poder realizador cujos efeitos são incalculáveis.

Como se consegue, por exemplo, padecer da enfermidade de que se tem medo? Examinamos antes as opiniões de Paracelso a esse respeito e estabelecemos em nosso *Dogma* as leis ocultas, comprovadas pela experiência; mas, nas correntes magnéticas e por meio da cadeia, as realizações são tanto mais estranhas quanto são quase sempre inesperadas quando a cadeia não foi formada por um chefe inteligente, simpático e forte. Aí resultam, efetivamente, de combinações puramente fatais e fortuitas. O espanto vulgar dos convidados supersticiosos quando se sentam 13 à mesa e a convicção em que se acham de que um infortúnio ameaça o mais jovem e o mais débil de todos é, como a maioria das superstições, um resíduo da ciência mágica. Sendo o duodenário um número completo e cíclico nas analogias universais da natureza, arrasta sempre e absorve o 13º, número considerado desgraçado e supérfluo. Se o círculo de uma mó de moinho é representado pelo 12, o número 13 será o do grão a ser triturado. Os antigos haviam estabelecido sobre tais considerações a distinção dos números felizes e infelizes, a partir do que se deduzia a observância dos dias de bom e de mau augúrio. Neste assunto é que a imaginação criadora se fixa e os números e os dias não deixam de ser favoráveis ou desfavoráveis para aqueles que creem em sua influência. Foi, portanto, com razão que o Cristianismo proibiu as ciências adivinhatórias, porque diminuindo assim o número das sortes fatais, outorgou maiores elementos e mais elevado domínio à liberdade.

A imprensa é um instrumento admirável para formar a cadeia magnética por meio da divulgação da palavra. Efetivamente, nenhum livro se perde. Os escritos vão sempre aonde devem ir e as aspirações do pensamento atraem a palavra. Nós mesmos o experimentamos muitas vezes durante o curso de nossa iniciação mágica. Os mais raros livros se apresentavam sempre sem nossa procura na medida que se nos tornavam indispensáveis. Foi assim que descobrimos intacta essa ciência universal que muitos eruditos criam sepultada sob sucessivos cataclismas; foi assim também como penetramos na grande cadeia mágica, que começa com Hermes ou em Enoque para terminar tão só com o mundo. Foi então quando pudemos evocar e tornar presentes os espíritos de Apolônio, de Plotino, de Sinésio,[46] de Paracelso, de Cardan, de Cornélio Agrippa e de tantos outros mais ou menos conhecidos, porém religiosamente demasiado célebres para que os nomeie, de passagem. Nós continuaremos sua grande obra, que outros retomarão depois de nós. Contudo, a quem competirá findá-la?

---

46. Apolônio de Tiana, ver nota 7. Plotino de Licópolis (204-270 a.D.), grande filósofo grego neoplatônico e discípulo de Amônio Saccas em Alexandria; fundou sua escola em Roma em 244 a.D. O Plotino filósofo é, em última instância, transcendido e completado pelo Plotino místico e teúrgico. Sinésio foi inicialmente também um neoplatônico, discípulo de Hipatia, mas converteu-se ao Cristianismo mais tarde, passando à história como bispo.

XII
A GRANDE OBRA

Ser sempre rico, sempre jovem e não morrer nunca – tal foi em todos os tempos o sonho dos alquimistas.

Transformar o chumbo em ouro, o mercúrio e todos os outros metais; possuir a medicina universal e o elixir da vida – tal é o problema a ser resolvido para satisfazer esse desejo e concretizar esse sonho.

Como todos os mistérios mágicos, os segredos da grande obra têm uma tríplice significação: são religiosos, filosóficos e naturais.

O ouro filosofal em religião é a razão absoluta e suprema; em filosofia é a verdade; na natureza visível é o Sol. No mundo subterrâneo e mineral, o ouro é mais perfeito e mais puro.

É por isso que se chama a busca da grande obra de busca do absoluto e porque se designa essa mesma obra com o nome de obra do Sol.

Todos os mestres da ciência reconhecem que é impossível chegar a resultados materiais se não se tiver encontrado nos dois graus superiores todas as analogias da medicina universal e da pedra filosofal.

Então – dizem – o trabalho é simples, fácil e pouco dispendioso. Caso contrário, consumirá infrutiferamente a fortuna e a vida dos sopradores.

A medicina universal para a alma é a razão suprema e a justiça absoluta, para o espírito é a verdade matemática e prática, para o corpo é a quintessência, que é uma combinação de luz e de ouro.

A matéria-prima da grande obra no mundo superior é o entusiasmo e a atividade; no mundo intermediário é a inteligência e a indústria; no mundo inferior é o trabalho; e na ciência é o enxofre, o mercúrio e o sal volatilizados alternativamente e fixados, por sua vez, compõem o azoth dos sábios.

O enxofre corresponde à forma elementar do fogo, o mercúrio ao ar e água e o sal à terra.

Todos os mestres da alquimia que escreveram sobre a grande obra empregaram expressões simbólicas e figuradas e tiveram de agir assim tanto para afastar os profanos de um labor para estes perigoso quanto para se fazer entendidos pelos Adeptos, revelando-lhes o mundo inteiro das analogias que rege o dogma único e soberano de Hermes.

Assim, para eles, o ouro e a prata são o rei e a rainha, ou a lua e o Sol; o enxofre é a águia voadora; o mercúrio é o andrógino, alado e barbudo, erguido sobre um cubo e coroado de chamas; a matéria ou o sal é o dragão alado; os metais em ebulição são leões de diversas cores; finalmente, toda a obra tem por símbolos o pelicano e a fênix.

A arte hermética é ao mesmo tempo uma religião, uma filosofia e uma ciência natural. Como religião é a dos antigos magos e a dos iniciados de todos os tempos, como filosofia seus princípios podem ser encontrados na escola de Alexandria e nas teorias de Pitágoras, como ciência cumpre solicitar os procedimentos a Paracelso, Nicholas Flamel e Raymundo Llullio.

A ciência só é real para aqueles que admitem e compreendem a filosofia e a religião, e seus procedimentos só podem ter êxito entre os Adeptos que tenham atingido a vontade soberana e tenham se convertido em reis do mundo elementar porque o grande agente da operação do Sol é essa força descrita no símbolo de Hermes, da tábua de esmeralda; é o poder mágico universal, é o motor espiritual ígneo; é o *od* segundo os hebreus, é a luz astral em conformidade com a expressão que adotamos nesta obra.

É esse o fogo secreto, vivo e filosofal, do qual todos os filósofos herméticos falam mediante misteriosas reservas; é o esperma universal do qual guardaram o segredo e que representam exclusivamente pela figura do caduceu de Hermes.

Eis, pois, o grande arcano hermético e nós o revelamos aqui pela primeira vez, claramente e sem figuras místicas. O que os Adeptos chamam de matérias mortas são os corpos tal e como se acham na natureza; as matérias vivas são substâncias assimiladas e *magnetizadas* pela ciência e vontade do operador.

De modo que a grande obra é algo mais do que uma operação química: é uma verdadeira criação do verbo humano, iniciado no poder do próprio Deus.

Esse texto hebraico[47]* que transcrevemos como prova da autenticidade e da realidade de nossa descoberta é do rabino judeu Abraão, mestre de Nicholas Flamel, e se encontra em seu comentário oculto sobre o *Sepher Jezirah*, o livro sagrado da Cabala. Esse comentário é muito raro, porém as potências simpáticas de nossa cadeia nos fizeram encontrar um exemplar que foi conservado até 1643 na biblioteca da igreja protestante de Ruão. Nele lê-se na primeira página: *Ex dono*, depois um nome ilegível: *Dei magni*.

A criação do ouro na grande obra é feita por transmutação e por multiplicação.

Raymundo Llullio diz que para fazer ouro são necessários ouro e mercúrio, que para fazer prata são necessários prata e mercúrio, depois acrescenta: "Entendo por mercúrio esse espírito mineral tão fino e tão depurado que doura mesmo a própria semente do ouro e prateia a da prata". Ninguém duvida que ele se refira aqui ao *od* ou luz astral.

O sal e o enxofre só servem na obra para a preparação do mercúrio e é a esse, principalmente, que é preciso assimilar e incorporar o agente magnético. Paracelso, Raymundo Llullio e Nicholas Flamel parecem ser os únicos que conheceram verdadeiramente esse mistério. Basile Valentin e Trevisan o indicam de uma maneira imperfeita e que talvez possa ser interpretada de outro modo. Mas as coisas mais curiosas que descobrimos a esse respeito estão indicadas nas figuras místicas e lendas mágicas de um livro de Heinrich Khunrath, intitulado *Amphiteatrum sapientiae aeternae*.

Khunrath representa e resume as escolas gnósticas mais sábias e se refere no símbolo ao misticismo de Sinésio. Afeta o Cristianismo nas expressões e nos signos; mas é fácil reconhecer que seu Cristo é o dos abraxas, o pentagrama luminoso, irradiante da luz astronômica, a encarnação na humanidade do rei-sol celebrado pelo imperador Juliano; é a manifestação luminosa e viva desse *Ruach Elohim* que, segundo

---

* Na página anterior – tradução na nota 47 (NT).
47. "Dá-se o nome de buscadora, inteligente perpétua à 31ª via. Por esta são conduzidos o sol, a lua, bem como as outras estrelas e figuras, cada uma em sua órbita própria e distribuindo à totalidade das cousas criadas o que lhes é adequado de acordo com os signos e as figuras."

Moisés, cobria e elaborava a superfície das águas no nascimento do mundo; é o homem-sol, é o rei da luz, é o mago supremo, senhor e vencedor da serpente e aquele que encontra na lenda quádrupla dos evangelistas a chave alegórica da grande obra. Em um dos pentáculos de seu livro mágico representa a pedra filosofal, de pé, em meio a uma fortaleza circundada por uma cerca com 21 portas sem saída. Apenas uma delas é a que conduz ao santuário da grande obra. Em cima da pedra há um triângulo apoiado sobre um dragão alado e sobre a pedra está gravado o nome do Cristo, que ele qualifica de imagem simbólica de toda a natureza. "É tão somente por meio dele que podes atingir a medicina universal para os homens, para os animais, para os minerais e para os vegetais." O dragão alado, dominado pelo triângulo, representa, pois, o Cristo de Khunrath, ou seja, a inteligência soberana da luz e da vida. Esse é o segredo do pentagrama, esse é o mais elevado mistério dogmático e prático da magia tradicional. Daqui ao grande e para sempre incomunicável arcano há apenas um passo.

As figuras cabalísticas do judeu Abraão, que concederam a Flamel a iniciativa da ciência, não são senão as 22 chaves do tarô, aliás imitadas e sintetizadas nas 12 chaves de Basile Valentin. O Sol e a Lua reaparecem nelas sob as figuras do imperador e da imperatriz; Mercúrio é o prestidigitador; o grande hierofante é o Adepto ou o extrator da quintessência; a morte, o juízo, o amor, o dragão ou o Diabo, o eremita ou o velho coxo e, enfim, todos os demais símbolos encontram-se aqui com seus principais atributos e quase na mesma ordem. Não poderia ser diferentemente, pois o tarô é o livro primitivo e a chave mestra das ciências ocultas; deve ser hermético como é cabalístico, mágico e teosófico. Assim, pois, descobrimos na reunião de sua duodécima e 22ª chave, superpostas uma à outra, a revelação hieroglífica de nossa solução dos mistérios da grande obra.

A 12ª chave representa um homem dependurado por um pé em uma espécie de forca composta de três árvores ou mastros, que formam a letra hebraica ת. Os braços do homem formam desse modo um triângulo com sua cabeça e toda a sua forma hierática é de um triângulo invertido, encimado por uma cruz, símbolo alquímico conhecido por todos os Adeptos e que representa a realização da grande obra. A 22ª chave, com o número 21 porque o *louco* que a precede na ordem cabalística não tem número, representa uma jovem divindade ligeiramente velada que corre sobre uma coroa florescente, suportada nos quatro ângulos pelos quatro animais da Cabala. Essa divindade tem uma varinha em cada mão no tarô italiano e, no de Besançon, reúne em uma só mão as duas varinhas e tem a outra mão colocada sobre a coxa, símbolos igualmente notáveis da ação magnética, seja alternada na polarização, seja simultânea por oposição e por transmissão.

A grande obra de Hermes é, portanto, uma operação essencialmente mágica e a mais elevada de todas, porque supõe o absoluto em ciência e vontade. Há luz no ouro, ouro na luz e a luz em todas as coisas. A vontade inteligente que assimila a luz dirige assim as operações da forma substancial e se serve da química apenas como um instrumento secundário. A influência da vontade e da inteligência humanas sobre as operações da natureza, dependentes em parte de seu trabalho é, a propósito, um fato tão real que todos os alquimistas sérios conseguiram obter êxito em razão de seus conhecimentos e de sua fé, e reproduziram seus pensamentos nos fenômenos da fusão, da salificação e da recomposição dos metais. Agrippa, homem de enorme erudição e de grande gênio, mas filósofo puro e cético, não logrou ultrapassar os limites da análise e da síntese dos metais. Etteilla, cabalista confuso, atrapalhado, fantástico mas perseverante, reproduzia em alquimia as extravagâncias de seu tarô, mal compreendido e desfigurado. Os metais assumiam em seus crisóis formas singulares que excitavam a curiosidade de toda Paris, sem outro resultado, para a fortuna do operador, senão os honorários que cobrava de seus visitantes. Um soprador obscuro, nosso contemporâneo e que morreu insano, o pobre Louis Cambriel, curava realmente seus vizinhos e ressuscitou, segundo todo o bairro, um ferreiro seu amigo. Para a obra metálica, assumia as formas mais inconcebíveis e mais ilógicas em aparência. Viu um dia em seu alambique a figura de Deus, incandescente como o Sol, transparente como o cristal e com um corpo composto de junções triangulares que Cambriel comparava ingenuamente a uma pilha de pequenas peras.

Um cabalista, nosso amigo, que é um sábio mas pertence a uma iniciação que reputamos como errônea, executou ultimamente as operações químicas da grande obra. Chegou a enfraquecer a vista por causa da incandescência do athanor e criou um novo metal semelhante ao ouro; mas não era ouro e portanto não tinha valor algum. Raymundo Llullio, Nicholas Flamel e muito provavelmente Heinrich Khunrath produziram ouro verdadeiro e não levaram esse segredo ao túmulo, já que o registraram em seus símbolos e indicaram os mananciais onde buscaram para descobrir e realizar os efeitos. É esse mesmo segredo que publicamos agora.

XIII
A NECROMANCIA

Declaramos audaciosamente nosso pensamento, ou melhor, nossa convicção relativa à possibilidade da ressurreição em certos casos. É necessário completar aqui a revelação desse arcano e expor sua prática.

A morte é um fantasma da ignorância. A morte não existe. Tudo está vivo na natureza e por essa razão tudo se move e muda incessantemente de forma. A velhice é o início da regeneração; é o trabalho da vida que se renova e o mistério daquilo que chamamos de morte era representado entre os antigos pela fonte de Juventa, na qual se entrava como um ancião decrépito e da qual se saía como um menino.

O corpo é uma vestimenta da alma. Quando essa vestimenta se acha inteiramente gasta ou danificada grave e irreparavelmente, a alma a abandona e não retoma a ela. Mas, se por um acidente qualquer essa vestimenta lhe escapa sem estar gasta ou destruída, a alma pode, em certos casos, retornar a ela, seja mediante o próprio esforço, seja mediante o auxílio de uma outra vontade mais forte e mais ativa que a sua própria.

A morte não é nem o fim da vida nem o início da imortalidade; é a continuação e a transformação da vida.

Logo, implicando a transformação sempre em um progresso, há pouquíssimos mortos aparentes que consentem em reviver, isto é, voltar a tomar a vestimenta que acabam de abandonar. É isso que torna a ressurreição uma das obras mais difíceis da alta iniciação. O êxito aqui jamais é regra infalível, devendo ser considerado como acidental e inesperado. Para ressuscitar um morto é preciso cerrar súbita e energicamente a mais forte das cadeias de atração que possa uni-lo novamente à forma que acaba de abandonar. É, portanto, necessário conhecer antes tal cadeia, apossar-se em seguida dela e produzir depois um esforço de vontade suficientemente poderoso para fechá-la instantaneamente com um poder irresistível.

Tudo isso – repetimos – é extremamente difícil, porém nada há que seja absolutamente impossível. Os preconceitos da ciência materialista, não admitindo atualmente a ressurreição na ordem natural, dispõem-se a explicar todos os fenômenos dessa ordem como letargias, mais ou menos complicadas com os sintomas da morte, mais ou menos extensas. Lázaro ressuscitaria hoje diante de nossos médicos e esses declarariam simplesmente em seus relatórios às academias competentes o estranho caso de uma letargia, acompanhada de um princípio aparente de putrefação e de um odor cadavérico muito pronunciado: dar-se-ia um nome a esse acidente excepcional e tudo estaria dito.

Não apreciamos ofender quem quer que seja, e se por respeito aos homens condecorados que oficialmente representam a ciência é preciso chamar nossa teoria ressurrecionista, de arte de curar as letargias excepcionais e desesperadas, nada nos impedirá, assim o espero, de fazer-lhes tal concessão.

Se uma única ressurreição foi operada neste mundo, é inegável que a ressurreição é possível. Ora, os corpos constituídos protegem a religião e essa afirma positivamente o fato das ressurreições. Logo, as ressurreições são possíveis. É difícil escapar disto.

Dizer que são possíveis fora das leis da natureza e graças a uma influência contrária à harmonia universal é afirmar que o espírito da desordem, das trevas e da morte pode ser o árbitro soberano da vida. Não polemizemos com os adoradores do Diabo e passemos adiante.

Entretanto, não é só a religião que atesta os fatos ligados à ressurreição. Coletamos muitos exemplos. Um fato que chamou muito a atenção do pintor Greuze foi reproduzido por ele em um dos seus quadros mais notáveis: um filho indigno, próximo do leito de morte de seu pai, surpreende e abre um testamento que não lhe era favorável; o pai se reanima, sobressalta-se e maldiz seu filho; depois volta a deitar-se e morre pela segunda vez. Um fato análogo e mais recente foi-nos narrado por testemunhas oculares: um amigo, traindo a confiança de outro amigo que acabava de morrer, pegou e rasgou um atestado de fideicomisso subscrito por ele; diante desse fato, o morto ressuscitou e permaneceu vivo para defender os direitos dos herdeiros escolhidos, a quem seu infiel amigo ia prejudicar; o culpado enlouqueceu e o morto ressuscitado foi suficientemente compassivo para conceder-lhe uma pensão.

Quando o Salvador ressuscitou a filha de Jairo, entrou apenas com três de seus mais fiéis discípulos e afastou dali todos aqueles que choravam e faziam ruído, dizendo-lhes: "Essa jovem não está morta, dorme". Logo, na presença do pai, da mãe e de seus três discípulos, ou seja, em um círculo de perfeita confiança e de desejo, tomou a mão da menina, ergueu-a bruscamente e lhe disse: "Jovem, levanta-te!". A jovem, cuja alma indecisa vagava, sem dúvida, próxima de seu corpo, que talvez lamentasse a extrema juventude e beleza daquele corpo, surpreendida pelo acento dessa voz, que sua mãe e seu pai escutaram ajoelhados com um estremecimento de esperança, entrou outra vez em seu corpo, abriu os olhos e se levantou, enquanto que o Mestre ordenava que lhe dessem de comer para que as funções da vida fossem retomadas e começasse um novo ciclo de absorção e regeneração.

A história de Eliseu ressuscitando o filho de Sunamita, e de São Paulo ressuscitando Eutíquio são fatos da mesma classe. A ressurreição de Dorcas por São Pedro, contada com tanta singeleza nos *Atos dos Apóstolos*, é igualmente uma historieta de cuja veracidade não se poderia razoavelmente duvidar. Apolônio de Tiana parece também ter realizado tais maravilhas. Nós mesmos fomos testemunhas de fatos que não deixam de guardar semelhança com os referidos. Mas o espírito do século no qual vivemos nos impõe a esse respeito a mais absoluta reserva, pois os taumaturgos estão expostos nos nossos dias a uma acolhida bastante medíocre do público, o que não impede que a Terra gire e que Galileu seja um grande homem.

A ressurreição de um morto é a obra-prima do magnetismo porque é preciso, para executá-la, o exercício de uma espécie de onipotência simpática. É possível nos casos de morte por congestão, afogamento, apatia e histeria.

Eutíquio, que foi ressuscitado por São Paulo depois de haver caído de um terceiro pavimento, não devia ter, sem dúvida, rompido nada interno, sendo muito provável que tivesse perecido, fosse pela asfixia ocasionada pelo movimento do ar na queda, fosse pelo próprio horror. É preciso em tal caso e quando se sente a força e a fé necessárias para realizar semelhante obra, praticar como o apóstolo a insuflação boca contra boca, estabelecendo um contato com as extremidades para levar a elas o calor. Se se tivesse realizado simplesmente o que os ignorantes chamam de um milagre, Elias e São Paulo, cujos procedimentos em tal caso foram os mesmos, teriam falado em nome de Jeová ou do Cristo.

Pode bastar, às vezes, tomar a pessoa pela mão e erguê-la vivamente, chamando-a em voz alta. Esse procedimento, de êxito certo em geral nos desmaios, pode também atuar sobre a morte, quando o magnetizador que o exerce é dotado de uma palavra poderosamente simpática e possui o que poderíamos chamar de eloquência da voz. É preciso, também, que seja ternamente amado ou respeitado pela pessoa sobre quem quer operar e que realize sua obra com intenso impulso de fé e vontade.

Aquilo que se chama vulgarmente de necromancia nada tem de comum com a ressurreição e é, pelo menos, muito duvidoso que nas operações relativas a essa aplicação do poder mágico a pessoa efetivamente se ponha em relação com as almas dos mortos a quem evoca. Há dois gêneros de necromancia: o da luz e o das trevas; a evocação por preces, pentáculos e perfumes e a evocação pelo sangue, as imprecações e os sacrilégios. A primeira é a única que praticamos e não aconselharíamos a ninguém que se dedicasse à segunda.

É certo que as imagens dos mortos aparecem às pessoas magnetizadas que as evocam; é certo também que não revelam jamais coisa alguma sobre os mistérios da outra vida. São vistos tal e como podem estar na lembrança daqueles que os conheceram, tal como, indubitavelmente, ficaram seus reflexos na luz astral. Quando os espectros evocados respondem às perguntas que se lhes dirigem, é sempre por signos ou por impressão interior ou imaginária, nunca com uma voz que atinja vivamente aos ouvidos; e isto é bastante compreensível: como falaria uma sombra? Com que instrumento faria vibrar o ar para tornar os sons perceptíveis?

Experimentam-se, todavia, contatos elétricos por ocasião das aparições e esses contatos parecem, às vezes, ser produzidos pela própria mão do fantasma. Mas esse fenômeno é completamente interior e deve ter como causa única a força da imaginação e as afluências locais da força oculta, que nós chamamos de luz astral. A prova disto é que os espíritos ou, ao menos, os espectros, considerados como tais, fazem contato algumas vezes, mas ninguém poderia tocá-los, sendo essa uma das circunstâncias mais espantosas nas aparições, porque as visões têm, às vezes, uma aparência tão real que é impossível não se sentir emocionado quando a mão atravessa o que nos parece um corpo, sem poder tocar ou encontrar nada.

Lê-se nas histórias eclesiásticas que Espiridião, bispo de Tremithonte, que foi depois invocado como santo, evocou o espírito de sua filha Irene para dela saber onde se encontrava oculto um depósito de dinheiro que ela recebera de um viajante. Swedenborg se comunicava habitualmente com os supostos mortos, cujas formas apareciam para ele na luz astral. Nós conhecemos muitas pessoas dignas de fé que nos asseguram ter voltado a ver durante anos inteiros pessoas falecidas que lhes eram queridas. O célebre ateu Silvano Maréchal apareceu depois de sua morte a sua viúva e a uma amiga desta última para informá-las sobre uma quantia de 1.500 francos em ouro que ele escondera em uma gaveta secreta de um móvel. Soubemos desta história por meio de uma velha amiga da família.

As evocações devem ter sempre um bom motivo e uma finalidade louvável. Caso contrário, serão operações das trevas e da loucura, muito perigosas para a razão e a saúde. Evocar por mera curiosidade e para saber se é possível ver algo é se predispor à fadiga e ao sofrimento. As altas ciências não admitem nem a dúvida nem as infantilidades.

O motivo louvável de uma evocação pode ser de amor ou de inteligência.

As evocações de amor exigem menos aparato e são em tudo mais fáceis. Deve-se proceder da seguinte maneira:

Em primeiro lugar, deve-se recolher com cuidado todas as lembranças daquele ou daquela que se deseja voltar a ver, os objetos que lhe serviram e que conservaram sua marca, e mobiliar, seja um aposento que a pessoa tenha ocupado em vida, seja um local semelhante, aí colocando adicionalmente seu retrato com um véu branco em meio a flores que eram do agrado da pessoa amada, flores essas a serem renovadas diariamente.

Depois será necessário observar uma data precisa, um dia do ano do santo padroeiro da pessoa amada ou o dia mais feliz ligado ao afeto que une as duas pessoas; um dia em que suponhamos que sua alma, por mais feliz que se ache então, não tenha podido esquecer sua lembrança, sendo esse dia prefixado como o mesmo para a evocação, para a qual deverá haver um preparo de 14 dias.

Durante esse período será necessário não dispensar a ninguém as mesmas demonstrações de afeto que o morto ou a morta queridos teriam direito de esperar de nós; uma castidade rigorosa deverá ser observada, bem como um retiro, alimentos frugais e apenas uma leve refeição por dia.

Todas as noites e à mesma hora será preciso encerrar-se com uma luz pouco brilhante, tal como uma pequena lâmpada funerária ou uma vela, no quarto consagrado à lembrança da pessoa querida. Essa luz deverá ser colocada atrás de si e se descobrirá o retrato, diante do qual se ficará uma hora em silêncio; depois se perfumará o quarto com um pouco de incenso de boa qualidade e se sairá dele andando para trás.

No dia fixado para a evocação será preciso vestir-se e se adornar desde cedo como se fosse para uma festa, não dirigir em primeiro lugar a palavra a ninguém e ingerir somente um alimento composto de pão, vinho, raízes ou frutas; a toalha de mesa deverá ser branca; dois talheres serão colocados na mesa e uma parte do pão será cortada, pão que tenha sido servido por inteiro. Também algumas gotas de vinho serão vertidas no copo da pessoa que se queira evocar. Essa refeição deverá ser feita em silêncio na câmara das evocações, diante do retrato velado; depois tudo deverá ser recolhido, exceto o copo da pessoa falecida e sua parte do pão, que permanecerão diante do retrato.

À noite, à hora da visita costumeira, a pessoa se dirigirá silenciosamente ao aposento. Acenderá um fogo claro de madeira de cipreste e lançará nele sete vezes pedaços de incenso, pronunciando o nome da pessoa que se quer voltar a ver. A lâmpada deverá ser apagada então e se deixará o fogo extinguir-se. Desta vez não se removerá o véu do retrato.

Quando a chama tiver se extinguido, incenso novo deverá ser lançado às brasas e deverá invocar-se a Deus, segundo as fórmulas da religião a que pertencera a pessoa falecida e em conformidade com as mesmas ideias que ela tinha em relação a Deus.

Será necessário, ao fazer essa prece, identificar-se com a pessoa evocada, falar como ela falaria, crer de algum modo que é ela mesma; enfim, após 15 minutos de silêncio, falar-lhe como se ela estivesse presente, com afeição e fé, rogando-lhe que se deixe ver. Renovar essa súplica mentalmente, cobrindo-se o rosto com as duas mãos; em seguida chamar a pessoa três vezes em voz alta. Deve-se aguardar de joelhos e com os olhos cerrados ou cobertos durante alguns minutos, insistindo no chamado mentalmente. A seguir chama-se novamente três vezes com voz suave e afetuosa e abre-se os olhos. Caso não se veja nada, será necessário repetir essa experiência no ano seguinte e até três vezes. É certo que ao menos na terceira vez a aparição almejada ocorrerá e será tanto mais visível quanto mais longo tiver sido o tempo que foi necessário esperar.

As evocações de ciência e de inteligência são produzidas mediante cerimônias mais solenes. Se for o caso de uma personagem célebre, será preciso meditar durante 21 dias sobre sua vida e seus escritos, formar uma ideia de sua pessoa, de sua fisionomia e de sua voz. Falar-lhe mentalmente e imaginar suas respostas; portar seu retrato ou, ao menos, seu nome; submeter-se a um regime vegetariano durante os 21 dias e um jejum severo durante os sete últimos; a seguir, construir um oratório mágico tal como aquele que descrevemos no capítulo XIII do nosso *Dogma*. O oratório deve ser completamente fechado; no caso de operação diurna pode-se permitir uma estreita abertura do lado atingido pelos raios solares na hora da evocação e colocar diante dessa abertura um prisma triangular e em seguida, diante do prisma, um globo de cristal cheio d'água. Em caso de operação noturna, a lâmpada mágica deverá ser disposta de modo que deixe cair seu único raio de luz sobre a fumaça do altar. Esses preparativos visam a suprir ao agente mágico os elementos de uma aparência corporal e aliviar um pouco a tensão de nossa imaginação, que não poderia ser exaltada sem perigo até a absoluta ilusão do sonho. Aliás, compreende-se facilmente que um raio solar ou de um lume, colorido de maneira variável e caindo sobre uma fumaça móvel e irregular é totalmente incapaz de criar uma imagem perfeita. O fogareiro do fogo sagrado deve estar no centro do oratório e o altar dos perfumes a pouca distância. O operador deve se voltar para o oriente a fim de orar e para o ocidente a fim de evocar. Deve estar sozinho ou assistido por duas pessoas, as quais deverão observar o mais estrito silêncio. Deverá estar envergando as vestes mágicas, tais como as descrevemos no capítulo VII e coroado de verbena e ouro. Um banho deverá preceder a operação e suas roupas íntimas deverão estar completa e rigorosamente limpas.

Deve-se começar por uma prece apropriada ao gênio do espírito que se deseja evocar e que ele mesmo, se ainda vivesse, pudesse aprovar. Assim, por exemplo, jamais se evocaria Voltaire recitando orações ao

Βουλῆς δ'ὁ πατὴρ πάντων, καὶ καθηγητὴς ὁ τρισμέγιστος Ἑρμῆς. Ἰατρικῆς δ'ὁ Ἀσκληπιὸς ὁ Ἡφαίσθου. Ἰσχύος τε καὶ ῥώμης πάλιν Ὄσιρις με δ'ὧν ὣ τέκνον αὐτόσσυ. Φιλοσοφίας δὲ Ἀρνεβάσκινις. Ποιητικῆς δὲ πάλιν ὁ Ἀσκλέπιος, ὁ Ἰμούθης.

Οὗτοι τ'ὰ κρύπτα, φῦσιν Ἑρμῆς, τῶν ἐμῶν ἐπίγνοσον. Τὰ γράμματον πάντων, καὶ διακρινοῦσι, καὶ τῖνα μίναντοι κατίσχοσιν ἃ δὲ καὶ πρὸς εὐεργίσιας θνητῶν φθάνει, σῆλαι καὶ ὀβιλίσκοις χαραξῶσιν.

Μαγείαν, ὁ Ἀπολλώνιος, ἱ Ἀπολλώνιος, ὁ Ἀπολλώνιος διδάσκεις τοῦ Ζοροάστρου τοῦ Ὠρομάζου, ἰστί δέ τοῦτο, θεῶν θεραπεία.

gosto de Santa Brígida. No que concerne aos grandes homens antigos, deverão ser recitados os hinos de Cleanto e de Orfeu com o juramento que encerra os versos de Pitágoras. Por ocasião de nossa evocação a Apolônio, adotamos como ritual a magia filosófica de Patrício, contendo os dogmas de Zoroastro e as obras de Hermes Trismegisto. Lemos em voz alta o *Nuctameron* de Apolônio em grego e acrescentamos a conjuração seguinte:

Para a evocação dos espíritos pertencentes às religiões emanadas do Judaísmo, é preciso começar por dizer a invocação cabalística de Salomão, em hebraico ou em qualquer outra língua que se saiba ter sido familiar para o espírito que se evoca.

"Potências do reino, permanecei sob meu pé esquerdo e em minha mão direita! Glória e eternidade, tocai meus ombros e orientai-me pelas vias da vitória!

"Misericórdia e justiça, sede o equilíbrio e o esplendor de minha vida! Inteligência e sabedoria, dai-me a coroa; espíritos de MALKUT, conduzi-me entre as duas colunas sobre as quais se apoia todo o edifício do templo; anjos de NETSAH e de HOD, firmai-me sobre a pedra cúbica de JESOD!

"OH GEDULAEL! OH GEBURAEL! OH TIPHERETH, BINA-EL, sê meu amor; RUACH HOCHMAEL, sê minha luz; sê o que tu és e o que serás! OH KETHERIEL!

"Ishim, assisti-me em nome de SADDAI.

"Cherubim, sê minha força em nome de ADONAI.

"Beni-Elohim, sede meus irmãos em nome do filho e pelas virtudes de ZEBAOTH.

"Elohim, combatei por mim em nome de TETRAGRAMMATON. Malachim, protegei-me em nome de יהוה.

"Seraphim, depurai meu amor em nome de ELVOH.

"Hasmalim, iluminai-me com os esplendores de ELOI e de SCHECHINAH.

"Aralim, operai; Ophanim, girai e resplandecei; Hajoth ha-Kadosh, grita, falai, rugi, mugi, Kadosh, Kadosh, Kadosh, SADDAI, ADONAI, JOTCHAVAH, EIEAZEREIE.

"Hallelu-jah, Hallelu-jah, Hallelu-jah. Amén. אמן."

É preciso estar absolutamente ciente, sobretudo nas conjurações, que os nomes de Satã, de Belzebu, de Adramelek e os demais não designam individualidades espirituais, mas sim legiões de espíritos impuros. "Eu me chamo legião", diz no Evangelho o espírito das trevas, "porque somos em grande número." No inferno reina a anarquia e o número que faz a lei e o progresso aí ocorre em sentido inverso, ou seja, os mais avançados em desenvolvimento satânico, consequentemente os mais degradados, são os menos inteligentes e os mais débeis. Assim, uma lei fatal impulsiona os Demônios a descer quando creem e desejam subir. Assim os que se dizem chefes são os mais impotentes e os mais desprezados de todos. Quanto à multidão de espíritos perversos, treme diante de um chefe desconhecido, invisível, incompreensível, caprichoso, implacável, que jamais explica suas leis e que tem sempre o braço estendido para golpear aqueles que não souberam adivinhá-las, dão a esse fantasma os nomes de Baal, de Júpiter e ainda outros mais veneráveis e que não são pronunciados no inferno sem haver profanação; mas esse fantasma não passa da sombra e da lembrança de Deus, desfiguradas por sua perversidade voluntária e gravadas na imaginação deles como uma vingança da justiça e um remorso da verdade.

Quando o espírito de luz que foi evocado se apresenta com o rosto triste ou irritado, é preciso oferecer-lhe um sacrifício moral, isto é, sentir-se interiormente disposto a renunciar ao que o ofende; depois é necessário, antes de sair do oratório, despedi-lo dizendo: "Que a paz esteja contigo; eu não quis perturbar tua tranquilidade, não me atormentes; eu trabalharei para minha reforma íntima quanto a tudo aquilo que te ofende; oro e orarei contigo e para ti; ora comigo e para mim e retoma ao teu grande sono, esperando o dia em que despertemos juntos. Silêncio e adeus".

Não terminaremos este capítulo sem acrescentar para os curiosos alguns detalhes sobre as cerimônias de necromancia negra. Em vários autores antigos pode-se encontrar tais cerimônias, como as que praticavam as bruxas da Tessália e as Canídias de Roma. Depois de cavarem um buraco, em uma de suas bordas degolavam uma ovelha negra; em seguida, mediante a espada mágica, distanciavam as psilas e as larvas que se supunham presentes e dispostas a beber o sangue; a tríplice Hécate e os deuses infernais eram invocados e chamavam três vezes a sombra que desejavam ver surgir.

Na Idade Média, os necromantes profanavam as tumbas. Compunham filtros e unguentos com a gordura e o sangue dos cadáveres; a tais filtros e unguentos misturavam acônito, beladona e cogumelo venenoso. Depois coziam e faziam espumar essas horríveis misturas com fogos acesos com ossadas humanas e crucifixos roubados nas igrejas; mesclavam a tudo pó de sapo desidratado e a cinza de hóstias consagradas. A seguir esfregavam as têmporas, o peito e as mãos com o unguento infernal, traçavam o pentáculo diabólico, evocavam os mortos sob as forcas ou em cemitérios abandonados. Seu clamor era ouvido à distância e os viajantes retardatários acreditavam ver emergir da terra legiões de fantasmas; as próprias árvores assumiam diante de seus olhos formas amedrontadoras; viam-se refulgir olhos flamejantes nas moitas e as rãs dos marismas ou lodaçais pareciam repetir com voz rouca as misteriosas palavras do sabá. Era o magnetismo da alucinação e o contágio da loucura.

Os procedimentos da magia negra visam a perturbar a razão e produzir todas as exaltações febris, que incutem coragem para cometer-se toda sorte de crimes. Os grimórios que as autoridades de épocas passadas mandavam queimar em todas as partes onde os encontravam não eram certamente livros inocentes. O sacrilégio, o assassinato e o roubo eram indicados neles ou subentendidos como meios de realização em quase todas essas obras. Assim, no *Grande Grimório* e em O *Dragão Vermelho*, falsificação mais moderna do primeiro, lê-se uma receita intitulada: *Composição de morte ou pedra filosofal*. É uma espécie de extrato de ácido nítrico, cobre, arsênico e verdete. Há também procedimentos de necromancia que consistem em escavar a terra dos túmulos com as unhas e delas extrair ossadas que devem se dispor em cruz no peito, assistir também a missa do galo em uma igreja e no momento da elevação da hóstia levantar-se e fugir gritando "Que os mortos saiam de seus túmulos!". Depois retornar ao cemitério, tomar um punhado de terra bem próximo do ataúde, retornar em uma corrida à porta da igreja, sob o espanto dos assistentes, depor ali os dois ossos em cruz, repetindo a exclamação "Que os mortos saiam de seus túmulos!" e, caso não se encontre pela frente uma pessoa que o detenha e o conduza a um manicômio, afastar-se lentamente contando 4.500 passos sem volver-se, o que faz supor que cobrirás uma boa distância e que escalarás as muralhas. Cumpridos os 4.500 passos, deita-se no solo depois de ter lançado em forma de cruz a terra que foi mantida na mão, na mesma posição em que somos colocados no féretro, e repete-se novamente com voz lúgubre: "Que os mortos, etc.", chamando três vezes aquele que se deseja ver aparecer. Não há como duvidar que uma pessoa bastante louca e não menos perversa que seja capaz de devotar-se a tais operações não esteja em disposição para todas as quimeras e todos os fantasmas. A receita do Grande Grimório é, pois, certamente muito eficaz, porém não aconselhamos nenhum de nossos leitores que a empregue.

XIV
AS TRANSMUTAÇÕES

Figura 6 – Chave de Thot

Já mencionamos que Santo Agostinho se perguntava se Apuleio poderia ter se transformado em asno e depois voltar à sua forma primitiva. O mesmo doutor podia se preocupar igualmente com a aventura dos companheiros de Ulisses, transformados em porcos por Circe. As transmutações e as metamorfoses sempre foram, na concepção do vulgo, a própria essência da magia. Bem, o vulgo que se faz eco da opinião, rainha do mundo, não tem completa razão nem tampouco erra totalmente.

A magia realmente altera a natureza das coisas, ou melhor, modifica à sua vontade a aparência das coisas segundo a força de vontade do operador e a fascinação dos Adeptos aspirantes. A palavra cria sua forma e quando uma personagem reputada e infalível nomeia algo com um nome qualquer, transforma realmente esse algo na substância significada pelo nome que lhe dá. A obra-prima da palavra e da fé, nesse gênero, é a transmutação real de uma substância cuja aparência não muda. Se Apolônio tivesse dito aos seus discípulos, dando-lhes uma taça cheia de vinho: "Eis aqui meu sangue, que bebereis sempre para perpetuar minha vida em vós" e se seus discípulos tivessem tido fé, durante séculos, nessa transformação, repetindo as mesmas palavras e tomando o vinho, apesar de seu cheiro e seu sabor, pelo sangue real, humano e vivo de Apolônio, ter-se-ia que reconhecer esse grande mestre de teurgia como o mais hábil dos fascinadores e o mais poderoso de todos os magos. Só nos restaria venerá-lo.

É sabido que os magnetizadores dão à água dos seus sonâmbulos todos os sabores que lhes agradem e se supusermos um mago bastante poderoso sobre o fluido astral para magnetizar simultaneamente toda uma assembleia de pessoas, diga-se, a propósito, preparadas para o magnetismo por uma sobreexcitação suficiente, explicar-se-á com facilidade não o milagre evangélico de Canaã, mas sim obras do mesmo gênero.

As fascinações de amor resultantes da magia universal da natureza não são verdadeiramente prodigiosas e não transformam por si só as pessoas e as coisas? O amor é um sonho de encantamentos que transfigura o mundo; tudo se converte em música e perfumes, em embriaguez e felicidade. O ser amado é belo, é bom, é sublime, é infalível, resplandecente e até irradia saúde e bem-estar; e quando o sonho dissipa-se, crê-se cair das nuvens, contempla-se com desagrado a bruxa imunda que ocupou o lugar da linda Melusina, o Tersita que se tomava por Aquiles e por Nereu. O que não seria possível fazer crer à pessoa que nos ama? Mas, igualmente, que razão e que justiça pode-se fazer compreender àquela que não nos ama? O amor começa sendo mago e acaba sendo bruxo. Depois de haver criado as mentiras do céu sobre a terra, concretiza as do inferno; seu ódio é tão absurdo quanto seu entusiasmo porque é passional, isto é, está submetido a influências letais para si. Por esse motivo, os sábios o tornaram proscrito, declarando-o inimigo da razão. Serão de se invejar ou lastimar os sábios por terem eles condenado, sem ouvir, sem dúvida, o mais sedutor dos culpados? Tudo que se pode dizer é que quando assim discursavam não haviam amado ainda ou já não eram mais capazes de amar.

As coisas são para nós o que nosso verbo interior as faz serem. Acreditar-se feliz é ser feliz; aquilo que se estima torna-se precioso em proporção com a própria estimativa; e aqui se pode dizer como a magia altera a natureza das coisas. As *Metamorfoses* de Ovídio são verdadeiras, mas alegóricas como o asno de ouro do bom Apuleio. A vida dos seres é uma transformação progressiva da qual se pode determinar, renovar, conservar mais ou menos tempo e até destruir mais depressa todas as suas formas. Se a ideia de metempsicose fosse verdadeira, não seria possível dizer que o vício representado por Circe transformasse real e materialmente homens em porcos, porque os vícios – em tal hipótese – teriam por castigo a regressão às formas animais que a eles correspondem. Ora, a metempsicose, que tem sido frequentemente mal compreendida, tem um lado perfeitamente verdadeiro: as formas animais comunicam suas marcas simpáticas ao corpo astral do homem e se refletem em seguida em suas feições pela força de seus costumes. O homem possuidor de uma doçura inteligente e passiva, assume o aspecto e a fisionomia inerte de um carneiro; mas no sonambulismo não se trata mais de um homem de fisionomia acarneirada, é um carneiro mesmo que se percebe, como mil vezes o experimentou o sábio e extático Swedenborg. Esse símbolo é expresso no livro cabalístico do vidente Daniel, pela lenda de Nabucodonosor, transformado em animal, à qual se concedeu o pouco acerto de se considerar uma história real, como ocorreu com quase todas as alegorias mágicas.

Assim, portanto, pode-se realmente transformar os homens em animais e os animais em homens; pode-se metamorfosear as plantas e mudar sua virtude; pode-se dar aos minerais propriedades ideais. Aqui trata-se tão somente de querer.

Pode-se igualmente, à vontade, fazer-se visível ou invisível e vamos explicar na sequência os mistérios do anel de Gyges.

Comecemos primeiramente por afastar da mente de nossos leitores toda suposição absurda, ou seja, de um efeito sem causa, ou contrário à sua causa. Para tornar-se invisível, de três coisas somente uma é necessária: ou interpor um meio opaco entre a luz e nosso corpo, ou entre nosso corpo e os olhos dos assistentes, ou fascinar os olhos dos assistentes, de modo que não possam fazer uso de sua visão. Ora, destas três maneiras de fazer-se invisível, a única mágica é a terceira.

Percebemos frequentemente que sob a pressão de uma intensa preocupação olhamos sem ver e tropeçamos em objetos que estavam diante de nossos olhos. "Fazei que olhando, não vejam", disse o grande iniciador, e a história deste grande Mestre nos ensina que um dia, vendo-se a ponto de ser apedrejado no templo, invisibilizou-se e saiu do templo.

Não repetiremos aqui as mistificações dos grimórios vulgares sobre o anel da invisibilidade. Alguns o compõem com mercúrio fixo e querem que seja guardado em uma caixa do mesmo metal, depois de haver engastado nele uma pedrinha que deve ser encontrada infalivelmente no ninho da poupa.* O autor de O *Pequeno Alberto* quer que se confeccione tal anel com os pelos arrancados da cabeça de uma hiena furiosa; é bem próximo da história do guizo da cascavel de Rodilard. Os únicos autores que discorreram seriamente sobre o anel de Gyges são Jâmblico, Porfírio[48] e Pedro de Apono.

O que dizem é obviamente alegórico e a figura que nos proporcionam, ou a que pode ser deduzida da descrição deles, prova que pelo anel de Gyges não entendem ou designam outra coisa senão o grande arcano mágico.

Uma dessas figuras representa o ciclo do movimento universal, harmônico e equilibrado no ser imperecível; a outra, algo que deve ser feito com o amálgama dos sete metais, merece uma descrição particular.

Deve ter um engaste duplo e duas pedras preciosas, um topázio constelado com o signo do Sol e uma esmeralda com o signo da Lua. Internamente deve conter os caracteres ocultos dos planetas e externamente seus signos conhecidos, repetidos duas vezes e em oposição cabalística uns em relação aos outros, ou seja, cinco à direita e cinco à esquerda, os signos do Sol e da Lua resumindo as quatro inteligências diversas dos sete planetas. Essa configuração não é outra coisa senão um pentáculo, exprimindo todos os mistérios do dogma mágico e o sentido simbólico do anel é o de que para exercer a onipotência, da qual a fascinação ocular é uma das provas mais difíceis a ser dadas, é necessário possuir toda a ciência e dela saber fazer uso.

A fascinação se opera pelo magnetismo. O mago ordena interiormente a uma assembleia inteira que não o veja e a assembleia não o vê. Assim penetra por portas vigiadas por sentinelas, sai das prisões diante de estupefatos carcereiros. Experimentam então uma espécie de torpor estranho, e se recordam haver visto o mago como se fosse em um sonho, porém somente depois dele ter passado. O segredo da invisibilidade

---

* Levi faz um trocadilho entre *huppe* (poupa) e *dupe* (mentira, fraude, engano) (NT).
48. Jâmblico de Calcídia (? – aprox. 330), filósofo grego neopolatônico (fase síria), que sucedeu Porfírio em 301. Ainda mais que Plotino, Jâmblico aprofundou-se na alta magia, especialmente na teurgia dos grandes iniciados das *Escolas de Mistérios* egípcias, tendo sido ele mesmo, provavelmente, um grande iniciado. Porfírio (232-301), ou melhor, Porfírio de Tiro, filósofo neoplatônico helênico de origem fenícia, discípulo e sucessor de Plotino e mestre de Jâmblico. A grande tarefa de Porfírio foi divulgar o pensamento plotiniano e defender o paganismo contra o Cristianismo. Porfírio também celebrou uma aliança entre a filosofia e a magia, compatibilizando o discurso filosófico teológico plotiniano com a teurgia.

está, pois, todo ele encerrado em um poder que poderia ser definido como aquele de desviar ou paralisar a atenção, de modo que a luz atinja o órgão visual, mas sem excitar o olhar da alma.

Para exercer esse poder é preciso deter uma vontade acostumada aos atos enérgicos e repentinos, uma grande presença de espírito e uma não menor habilidade para engendrar distrações no público.

Se um homem, por exemplo, perseguido por assassinos, depois de ter se metido em uma travessa, volver-se de repente e acolher, com expressão tranquila, aqueles que correm em seu encalço, ou mesmo se misturar a eles e parecer ocupado na mesma perseguição, tal homem se fará certamente invisível. Um sacerdote a quem se perseguia no ano de 1793 para ser enforcado, dobrou rapidamente uma rua, abaixou a batina e se inclinou no ângulo de um muro em atitude de um homem preocupado. A multidão que o perseguia chegou logo, mas nenhum de seus integrantes o viu, ou melhor, nenhum o reconheceu – afinal, era tão pouco provável que fosse ele!

A pessoa que quer ser vista sempre se faz notar e a que deseja permanecer desapercebida apaga-se e desaparece. A vontade é o verdadeiro anel de Gyges; é também a varinha das transmutações e é, formulando-o clara e intensamente, ela que cria o verbo mágico. As palavras todo-poderosas dos encantamentos são aquelas que expressam esse poder criador de formas. O tetragrama, que é a palavra suprema em magia, significa: "É o que será" e se for aplicado a uma transformação, seja ao que for, com plena inteligência, renovará e modificará todas as coisas, mesmo a despeito da evidência e do senso comum. O *hoc est* do sacrifício cristão é uma tradução e uma aplicação do tetragrama; assim essa simples palavra opera a mais completa, a mais invisível, a mais inacreditável e a mais claramente afirmada de todas as transformações. Uma palavra dogmática, mais forte, inclusive, que a de transformação, foi julgada necessária pelos concílios para exprimir essa maravilha – a transubstanciação.

As palavras hebraicas יהוה, אגלא, אהיה, יאמן foram consideradas por todos os cabalistas como as chaves da transformação mágica. As palavras latinas *est, sit, esto, fiat* têm a mesma força quando são pronunciadas com plena inteligência. O Senhor de Montalembert conta com seriedade, em sua lenda de Santa Isabel da Hungria, que um dia essa piedosa senhora, surpreendida por seu nobre esposo, de quem queria ocultar suas boas obras, no momento em que levava aos pobres alguns pães em seu avental, disse-lhe que levava rosas e, feita a verificação, confirmou-se que não havia mentido: os pães haviam se transformado em rosas. Esse conto é um apólogo mágico dos mais graciosos e quer dizer que o verdadeiro sábio não poderia mentir, que o verbo de sabedoria determina a forma das coisas ou até sua substância, à parte de suas formas. Por que, por exemplo, o nobre esposo de Santa Isabel, cristão convicto e bom como ela, e que cria firmemente na presença real do Salvador em verdadeiro corpo humano sobre um altar, onde ele não via senão uma hóstia de farinha, não iria crer na presença real de rosas no avental de sua mulher sob a aparência do pão? Ela mostrou-lhe sem dúvida o pão, mas como ela havia dito: são rosas, ele, que a cria incapaz da mais ligeira mentira, não viu nem quis ver senão rosas. Eis o segredo do milagre.

Outra lenda narra que um santo, cujo nome não me ocorre, tendo encontrado para comer apenas uma ave na quaresma, ou na sexta-feira santa, ordenou a ela que se transformasse em peixe e a transformou em peixe. Essa parábola dispensa qualquer comentário e nos lembra de uma bela passagem de São Espiridão de Tremithonte, o mesmo que evocara a alma de sua filha Irene. Chegou à sua casa também em uma sexta-feira santa um viajante e como, naquela época, os bispos levavam o Cristianismo a sério e eram pobres, Espiridião, que jejuava regularmente, tinha em sua casa apenas toucinho salgado, que era preparado antecipadamente para o período pascal. Todavia, como o estrangeiro chegava extenuado e faminto, Espiridião apresentou-lhe esse prato e, para animá-lo a comer, sentou-se à mesa com ele e compartilhou dessa comida caritativa, transformando assim a própria carne que os israelitas consideravam a mais impura em ágape de penitência, pondo--se acima do materialismo da lei por meio do espírito da própria lei e mostrando-se um discípulo verdadeiro e inteligente do homem-Deus, que instaurou seus eleitos como reis da natureza nos três mundos.

XV
O *SABÁ* DOS FEITICEIROS

Chegamos a esse terrível número 15 que na clavícula do tarô é apresentado simbolicamente por um monstro de pé em um altar, mitra e cornos na cabeça, seios de mulher e órgãos sexuais masculinos; uma quimera, uma esfinge disforme; uma síntese de monstruosidade e abaixo da figura lemos a inscrição inteiramente franca e ingênua: O *Diabo*.

Abordamos aqui o fantasma de todos os espantos, o dragão de todas as teogonias, o *Arimã* dos persas, o *Tifon* dos egípcios, o *Píton* dos gregos, a antiga serpente dos hebreus, a *vouivre, graouilli, tarasque, gargouille*, a grande besta da Idade Média, pior que tudo isto, o Bafomé dos templários, o ídolo barbudo dos alquimistas, o deus obsceno de Mendes, o bode do sabá.

Apresentamos à frente deste *Ritual** a figura exata desse terrível imperador da noite, com todos os seus atributos e todos os seus caracteres.

Digamos agora, para a edificação do vulgo, para satisfação do sr. conde de Mirville, para a justificação de Bodin,[49] para a maior glória da Igreja que perseguiu os templários, queimou os magos, excomungou os franco-maçons, etc., etc.; digamos – repito – de maneira audaz e altiva que todos os iniciados em ciências ocultas (refiro-me aos iniciados inferiores e profanadores do grande arcano) adoraram, adoram ainda e sempre adorarão o que é significado por esse pavoroso símbolo.

Sim, nossa convicção profunda é de que os Grão-Mestres da Ordem dos Templários adoravam Bafomé e o faziam adorar por seus iniciados; sim, existiram e podem ainda existir assembleias presididas por essa figura, sentada sobre um trono, com sua tocha ardendo entre os

* Página 204 (NT).
49. Ver nota 43.

cornos; com a diferença que os adoradores desse emblema não pensam, como nós, que essa seja a representação do Diabo, mas a do deus Pan, o deus de nossas escolas de filosofia moderna, o deus dos teurgistas da escola de Alexandria e dos místicos neoplatônicos de nossos dias, o deus de Lamartine e Victor Cousin, o deus de Espinosa e de Platão, o deus das primitivas escolas gnósticas, o próprio Cristo do sacerdócio dissidente, e essa última qualificação, aplicada ao bode da magia negra, não assombrará aqueles que estudam as antiguidades religiosas e que acompanharam em suas diversas transformações as fases do simbolismo e do dogma, seja na Índia, seja no Egito, seja na Judeia.

O touro, o cão e o bode são os três animais simbólicos da magia hermética, na qual são resumidas todas as tradições do Egito e da Índia. O touro representa a terra ou o sal dos filósofos; o cão é Hermanubis, o mercúrio dos sábios, o fluido, o ar e a água; o bode representa o fogo e é, ao mesmo tempo, o símbolo da geração.

Na Judeia eram consagrados dois bodes, um puro, outro impuro. O puro era sacrificado pela expiação dos pecados; o outro, sob a carga das imprecações desses próprios pecados, era enviado em liberdade para o deserto. Coisa estranha, mas de um simbolismo profundo! A reconciliação por meio da abnegação e a expiação por meio da liberdade! Pois bem, todos os sacerdotes que se ocuparam do simbolismo judaico reconheceram no bode imolado a figura daquele que assumiu – dizem eles – a própria forma do pecado. Do que se infere que os gnósticos não estavam fora das tradições simbólicas quando atribuíam ao Cristo libertador a figura mística do bode.

De fato, toda a Cabala e toda a magia se partilham, com efeito, entre o culto do bode imolado e o do bode emissário. Há, pois, a magia do santuário e a do deserto, a Igreja branca e a Igreja negra, o sacerdócio das assembleias públicas e o sinédrio do sabá.

O bode representado no início de nosso *Ritual* tem na fronte o signo do pentagrama com a ponta para cima, o que basta para fazer dele um símbolo de luz; faz com as duas mãos o sinal do ocultismo e mostra no alto a lua branca de *Chesed* e embaixo a lua negra de *Geburah*. Esse signo expressa o perfeito acordo da misericórdia com a justiça. Um de seus braços é feminino e o outro masculino, como no andrógino de Khunrath, cujos atributos precisamos somar aos deste bode, visto que se trata de um único e mesmo símbolo. A tocha da inteligência, que resplandece entre seus cornos, é a luz mágica do equilíbrio universal; é também a figura da alma elevada acima da matéria, embora presa à própria matéria como a chama está presa à tocha. A repulsiva cabeça do animal exprime o horror ao pecado, do qual só o agente material, único responsável, é aquele que deve sempre suportar a pena, porque a alma é impassível em sua natureza e só sofre quando se materializa. O caduceu que tem em lugar dos órgãos da geração representa a vida eterna; o ventre, coberto de escamas, é a água; o círculo, que está em cima, é a atmosfera; as penas, a seguir, são o emblema do volátil. A humanidade é representada pelos dois seios e os braços andróginos desta esfinge das ciências ocultas.

Estão assim dissipadas as trevas do santuário infernal. Eis aqui a esfinge dos terrores da Idade Média adivinhada e precipitada de seu trono; *quomodo cecidisti, Lucifer*? O terrível Bafomé não é mais, como todos os ídolos monstruosos, enigma da ciência antiga e de seus sonhos, mas sim um hieróglifo inocente e mesmo piedoso. Como poderia o homem adorar a besta se exerce sobre ela um domínio soberano? Digamos em homenagem à humanidade que essa jamais adorou cães e bodes, nem tampouco cordeiros e pombas. Como hieróglifo, por que não um bode tanto quanto um cordeiro? Nas pedras sagradas dos cristãos gnósticos da seita de Basilides[50] vê-se representações de Cristo sob as diversas figuras dos animais da Cabala: aqui é um touro, lá um leão, aqui é uma serpente com cabeça de leão, lá uma serpente com cabeça de touro; em todas as partes porta, ao mesmo tempo, os atributos da luz, como nosso bode cujo signo do pentagrama não admite que seja tomado por uma das fabulosas figuras de Satã.

Digamos bem alto, a fim de combater os restos de maniqueísmo, que ainda são observados diariamente nos cristãos, que Satã, como personalidade superior e potência, não existe. Satã é a personificação de todos os erros, de todas as perversidades e, consequentemente, de todas as fraquezas. Se é possível definir Deus dizendo "aquele que existe necessariamente", não se poderia definir seu antagonista e inimigo como "aquele que necessariamente não existe"?

A afirmação absoluta do bem implica a negação absoluta do mal. Assim, na luz a própria sombra é luminosa. Assim, também, os espíritos extraviados são bons pelo que têm de ser e de verdade. Não há sombras sem reflexos, nem noites sem lua, sem fosforescências e sem estrelas. Se o inferno é uma justiça, é um bem. Ninguém jamais blasfemou contra Deus. As injúrias e zombarias que são dirigidas às suas imagens desfiguradas não o alcançam.

---

50. Filósofo gnóstico do século II pertencente à escola de Alexandria. Propôs a aproximação e conciliação do Cristianismo com a filosofia peripatética (aristotelismo) e o estoicismo. Como todos os demais gnósticos, foi considerado herético pela Igreja.

Acabamos de mencionar o maniqueísmo e é por meio desta monstruosa heresia que podemos explicar as aberrações da magia negra. O dogma de Zoroastro, mal compreendido, a lei mágica das duas forças que constituem o equilíbrio universal fizeram alguns espíritos ilógicos imaginarem uma divindade negativa, subordinada, porém hostil, à divindade ativa. É assim que se formou o binário impuro. Houve a loucura de dividir Deus; a estrela de Salomão foi separada em dois triângulos e os maniqueus imaginaram uma trindade da noite. Esse Deus mau, nascido na imaginação dos sectários, converteu-se no inspirador de todas as insanidades e de todos os crimes. A ele foram oferecidos sacrifícios sangrentos; a idolatria monstruosa substituiu a verdadeira religião; a magia negra fez com que a alta e luminosa magia dos Adeptos fosse caluniada e produziu nas cavernas e em sítios desertos horríveis conciliábulos de bruxos, vampiros e estriges, porque a demência se converte prontamente em frenesi e dos sacrifícios humanos à antropofagia não há mais que um passo.

Os mistérios do *sabá* foram narrados de variadas maneiras, mas figuram sempre nos grimórios e nos processos de magia. Todas as revelações que foram feitas a esse respeito podem ser divididas em três séries: 1. as que se referem a um sabá fantástico e imaginário. 2. as que traem os segredos das assembleias ocultas dos verdadeiros Adeptos. 3. as revelações das assembleias loucas e criminosas, tendo por meta as práticas da magia negra.

Para um grande número de desgraçados e desgraçadas, entregues a práticas insanas e abomináveis, o sabá nada mais era do que um extenso pesadelo no qual os sonhos pareciam realidades e que eles mesmos logravam por meio de beberagens, fricções e fumigações narcóticas. Porta, que já indicamos como um mistificador, dá em sua *Magia Natural* a pretensa receita do unguento das bruxas, por meio do qual elas providenciavam seu transporte ao sabá. Segundo ele era composto de gordura infantil, acônito fervido com folhas de álamo e algumas outras drogas; depois, quer que se misture tudo isso com fuligem de chaminé, o que deve tornar pouco atraente a nudez das bruxas que comparecem aos conciliábulos friccionadas com essa pomada. Eis aqui outra receita mais séria, igualmente fornecida por Porta, a qual transcrevemos em latim para manter intocável seu sabor de grimório:

Recipe: *suim, acorum vulgare, pentaphylon, vespertifllionis sanguinem, solanum somniferum et oleum* – tudo fervido e incorporado em conjunto até atingir a consistência de um unguento.

Pensamos que as composições opiáceas, a medula do cânhamo verde, a *datura stramonium*, o loureiro-amendoeira e outros opiáceos entrariam com sucesso comparável em tais composições. A gordura ou o sangue de certas aves noturnas, juntamente com esses narcóticos e as cerimônias da magia negra podem afetar a imaginação e determinar o encaminhamento dos sonhos. É aos sabás sonhados dessa maneira que devem ser atribuídas as histórias de bodes que saem de cântaros, neles entram depois das cerimônias, de pós infernais recolhidos do traseiro do próprio bode, chamado de mestre Leonardo, de festins onde são comidos fetos abortados fervidos sem sal com serpentes e sapos, de danças nas quais figuram animais monstruosos, ou homens e mulheres de formas impossíveis, de orgias desenfreadas, nas quais os íncubos repartem um esperma frio. Só o pesadelo pode produzir tais coisas e só ele pode explicá-las. O desgraçado cura Gaufridy e sua depravada penitente Magdalena de la Palud enlouqueceram por meio desses sonhos e se comprometeram em sustentá-los até a fogueira. É preciso ler em seu processo as declarações desses pobres enfermos para compreender a que aberrações pode uma imaginação doentia conduzir. Mas o sabá não foi sempre um sonho e existiu realmente. Ainda existem assembleias secretas e noturnas onde eram praticados ou são praticados os ritos do antigo mundo; entre essas assembleias, umas têm caráter religioso e um fim social, outras não passam de conjurações e orgias. É a partir deste duplo ponto de vista que vamos considerar e descrever o verdadeiro sabá, seja o de magia luminosa, seja o de magia das trevas.

Quando o Cristianismo proscreveu o exercício público dos antigos cultos, os partidários das outras religiões viram-se obrigados a se reunir em segredo para a celebração de seus mistérios. Essas reuniões eram presididas por iniciados, que estabeleceram entre os diversos matizes desses cultos perseguidos uma ortodoxia que a verdade mágica os ajudava a estabelecer com tanto maior facilidade quanto mais intensamente a proscrição reunia as vontades e estreitava os vínculos da confraternidade entre os homens. Assim, os mistérios de Ísis, de Ceres Eleusina, de Baco reuniram-se aos da grande deusa e aos do druidismo primitivo. As assembleias ocorriam ordinariamente entre os dias de Mercúrio e de Júpiter, ou entre os de Vênus e de Saturno; nelas os participantes se ocupavam dos ritos de iniciação, permutavam signos misteriosos, entoavam hinos simbólicos e confraternizavam em banquetes, formando sucessivamente a cadeia mágica por meio da mesa e da dança. Logo se separavam, não sem antes haver renovado seus juramentos perante os chefes e deles receber instruções.

O recipiendário do sabá devia ser levado à assembleia, ou melhor, conduzido com os olhos cobertos pelo manto mágico, no qual era envolvido por completo; atravessava grandes fogueiras e eram feitos em torno dele ruídos assustadores. Quando seu rosto era descoberto, via-se rodeado de monstros infernais e na presença de um bode colossal monstruoso, que ordenavam que venerasse. Todas essas cerimônias tinham como finalidade provar sua força de caráter e sua confiança nos seus iniciadores. A prova derradeira era, em especial, decisiva, porque se apresentava primeiramente ao espírito do recipiendário como algo que combinava o humilhante com o ridículo: tratava-se de beijar respeitosamente o traseiro do bode e a ordem era comunicada sem cerimônia ao neófito. Se se recusasse a fazê-lo, sua cabeça era coberta e era transportado para longe da assembleia tão celeremente que podia crer-se transportado por uma nuvem; se aceitasse, faziam com que circundasse o ídolo simbólico, dando de cara não com um objeto repugnante e obsceno, mas sim com o rosto jovem e gracioso de uma sacerdotisa de Ísis ou de Maia, que lhe dava um ósculo maternal, sendo ele em seguida admitido ao banquete.

Quanto às orgias que, em muitas assembleias desse gênero, se seguiam aos banquetes, é preciso guardar-se bem de crer que tenham sido geralmente admitidas nesses ágapes secretos, mas se sabe que muitas seitas gnósticas as praticavam em seus conventículos desde os primeiros séculos do Cristianismo. Que se tenha protestado contra o sexo em séculos de ascetismo e repressão dos sentidos é fato que não nos deve surpreender, porém não é cabível acusar a alta magia de desregramentos que jamais autorizou. Ísis é casta em sua viuvez, Diana Panteia é virgem, Hermanubis, tendo os dois sexos, não pode satisfazer nenhum, o Hermafrodita hermético é casto. Apolônio de Tiana jamais cedeu às seduções do prazer, o imperador Juliano era severamente casto. Plotino de Alexandria* era rigoroso em seus costumes como um asceta. Paracelso era tão estranho aos delírios do amor que se acreditou que possuía um sexo duvidoso; Raymundo Llullio só foi iniciado aos últimos segredos da ciência quando um amor desesperado o fez decidir pela castidade para sempre.

Constitui também tradição da alta magia que os pentáculos e os talismãs perdem toda a sua virtude quando seus portadores entram em um prostíbulo ou cometem adultério. O sabá orgíaco não deve, portanto, ser considerado aquele dos verdadeiros Adeptos.

---

* Nascido em Licópolis (NT).

Quanto ao termo *sabá*, houve quem pretendeu encontrar sua origem em *Sabasius*. Outros imaginaram outras etimologias. A mais simples, no nosso parecer, é a que faz proceder a palavra sabá do *sábado* judaico, visto que é certo que os judeus, os depositários mais fiéis da Cabala, foram quase sempre em magia os grandes mestres na Idade Média.[51]

O *sábado* era, pois, o domingo dos cabalistas, o dia de sua festa religiosa, ou melhor, a noite de sua assembleia regular. Essa festa, rodeada de mistérios, tinha por salvaguarda o próprio medo do vulgo, escapando à perseguição mediante o terror.

Quanto ao sabá diabólico dos necromantes, era uma falsificação daquele dos magos; tratava-se de uma assembleia de malfeitores que explorava os idiotas e os loucos. Ritos horrendos eram praticados e misturas abomináveis eram compostas. Nesses sabás, bruxos e bruxas faziam sua propaganda e política, informando-se uns aos outros de modo a sustentar entre si sua reputação de profetas e adivinhos, já que os adivinhos eram então consultados frequentemente e exerciam uma profissão lucrativa e poderosa.

Essas assembleias de bruxas e bruxos não podiam apresentar e não apresentavam ritos regulares; tudo dependia do capricho dos chefes e do delírio dos participantes.

O que contavam aqueles que puderam assisti-las servia de tipo a todos os pesadelos dos sonhadores e é da mistura dessas realidades impossíveis e sonhos demoníacos que emergiram as tediosas e tolas narrativas dos sabás apresentadas nos processos de magia e nos livros de Spranger, Delancre, Delrio[52] e Bodin.

---

51. Entre os judeus, o *sábado*, que é o sétimo dia, não é somente o dia destinado ao repouso, como também o dia da realização de assembleias às quais foi dado seu nome.
52. Pierre Delancre (ou Pierre de Lancre) (? – 1630) disputa com Jean Bodin o título de maior autoridade em demonologia de todos os tempos. Suas alentadas obras *Quadro da Inconstância dos Anjos Maus e Demônios* (1612), cerca de 800 páginas, e *A Incredulidade e Descrença do Sortilégio...*, de data duvidosa de publicação (provavelmente 1612 e improvavelmente 1622), composta de dez tratados totalizando cerca de 900 páginas, abrangem desde a discussão de temas como apostasia, heresia e ateísmo até quase todos os aspectos e ramos daquilo que entendemos corretamente por feitiçaria e magia negra. Obviamente, Delancre, o mais eficiente e zeloso juiz da Inquisição de todos os tempos, não era um cabalista ou ocultista. No primeiro tratado de *A Incredulidade...* se empenha em provar seu ponto de vista inarredável segundo o qual *tudo o que se dizia a respeito de magos e bruxos* era a pura verdade. Como Bodin, não via para *bruxos* e *magos* (na verdade, essa distinção não existe, a rigor, na jurisprudência inquisitorial) senão uma forma de punição: a morte. Sua eficiência e produtividade eram tais que "em torno de 1609" assinou a sentença de morte pela fogueira de mais de 500 "bruxos" e "bruxas". James Spranger e Heinrich Kramer (frades dominicanos alemães que floresceram no final do século XV) foram inquisidores-chefes nomeados pelo papa Inocêncio III e os autores da mais importante obra de jurisprudência demonológica, o *Malleus maleficarum*, que seria durante séculos o livro de

Os ritos do sabá gnóstico foram transmitidos na Alemanha a uma sociedade que tomou o nome de *Mopse*. Substituíram o bode cabalístico pelo cão hermético e, por ocasião da admissão do candidato ou da candidata (pois a Ordem admite mulheres), esse ou essa é conduzido à assembleia de olhos vendados, e produz-se em torno dele ou dela um barulho infernal, que fez com que fosse dado o nome de sabá a todo rumor inexplicável. A seguir, pergunta-se ao candidato se tem medo do Diabo, depois do que se lhe propõe bruscamente a escolha entre beijar o traseiro do grão-mestre ou beijar o de *Mopse*, que é uma figura de cão recoberta de seda que substitui a do antigo ídolo, o bode de Mendes. Os *Mopses* usam como sinal de reconhecimento um esgar ridículo, que lembra as fantasmagorias do antigo *sabá* e as máscaras dos assistentes.

Quanto ao mais, a doutrina deles se resume no culto do amor e da liberdade. Essa sociedade principiou quando a Igreja Romana perseguia a Franco-Maçonaria. Os Mopses afetavam recrutar-se apenas no meio católico e haviam substituído o juramento de recepção por uma solene promessa sob palavra de honra de não revelar os segredos da sociedade. Era mais que um juramento e a religião nada tinha que dizer contra.

O Bafomé dos templários é um nome que deve ser soletrado cabalisticamente, em sentido inverso, e é composto de três abreviaturas: TEM OHP AB, *Templi omnium hominum pacis abbas*, o pai do templo, paz universal dos homens; o Bafomé era, segundo alguns, uma cabeça monstruosa, segundo outros um demônio em forma de bode. Recentemente, foi exumado um pequeno cofre esculpido das ruínas de um antigo templo e os antiquários observaram nele uma figura bafomética análoga do ponto de vista dos atributos ao nosso bode de Mendes e ao andrógino de Khunrath. Essa figura é barbuda, tem corpo inteiramente feminino, tem em uma das mãos o Sol e na outra, a Lua, atados por correntes. É uma bela alegoria dessa cabeça viril que atribuía somente ao pensamento o princípio iniciador e criador.

A cabeça, nesse caso, representa o espírito e o corpo de mulher, a matéria. Os astros acorrentados à forma humana e dirigidos por essa natureza na qual a inteligência é a cabeça oferecem também uma bela alegoria. O signo em seu conjunto não deixou de ser considerado obsceno e diabólico pelos sábios que o examinaram. Que depois disso ninguém se espante com o fato de em nossos dias acreditar-se em superstições da Idade Média. Uma única coisa me surpreende, e é que crendo no Diabo

---

referência dos juízes inquisitoriais. Martin Antoine Del Rio é outro demonólogo importante, embora menos fervoroso e menos crédulo que Bodin e Delancre, como demonstra no seu interessantíssimo *Controvérsias Mágicas*, publicado em 1599 ou 1611.

e em seus acólitos não acendam mais fogueiras. O sr. Veuillot o desejaria, o que é lógico para ele e é preciso honrar os homens que sustentam com coragem suas opiniões.

Continuemos com nossas perguntas curiosas e cheguemos aos mais apavorantes mistérios dos grimários, que se referem à evocação dos diabos e aos pactos com o inferno.

Depois de ter atribuído uma existência real à negação absoluta do bem, depois de haver entronizado o absurdo e criado um deus da mentira, restava à insanidade humana invocar esse ídolo impossível e foi isto que fizeram os insensatos. Soubemos, ultimamente, por carta que o respeitável padre Ventura, antigo superior dos teatinos, examinador dos bispos, etc., etc., depois de ter lido nosso *Dogma*, declarou que a Cabala, na sua opinião, era uma invenção do Diabo e que a estrela de Salomão representava outro artifício do mesmo Diabo para persuadir o mundo de que ele, o Diabo, era uno com Deus. E eis aqui o que ensinam seriamente aqueles que são mestres em Israel! O ideal do nada e das trevas inventando uma sublime filosofia, que é a base universal da fé e a chave de todos os templos! O Demônio apondo sua assinatura ao lado da de Deus! Meus veneráveis mestres em teologia, vós sois mais bruxos do que se pensa e do que vós mesmos pensais. E aquele que disse: "o Diabo é embusteiro, assim como seu pai" teria, talvez, algumas coisas a corrigir nas decisões de vossas paternidades.

Os evocadores do Diabo devem, antes de mais nada, ser da religião que reconhece um Diabo criador que rivaliza com Deus. Para dirigir-se a uma potência, é preciso crer. Se tivermos um firme crente na religião do Diabo, eis aqui como deverá proceder para se corresponder com seu pseudodeus:

AXIOMA MÁGICO

No círculo de sua ação, todo verbo cria o que afirma.

CONSEQUÊNCIA DIRETA

Aquele que afirma o Diabo, cria ou faz o Diabo.

O que é necessário ter para ter êxito nas evocações infernais:

1. Uma obstinação invencível.
2. Uma consciência ao mesmo tempo endurecida no crime e bastante acessível aos remorsos e ao medo.
3. Uma ignorância afetada ou natural.
4. Uma fé cega em tudo que é incrível.
5. Uma ideia completamente falsa de Deus.

É também necessário:

Primeiramente, profanar as cerimônias do culto em que se acredite e pisotear seus signos mais sagrados.

Em segundo lugar, fazer um sacrifício sangrento.

Em terceiro lugar, providenciar a forquilha mágica. Trata-se de um galho de um único broto de aveleira ou amendoeira, que é necessário cortar de um só golpe com a faca nova que serviu para o sacrifício. A varinha deve terminar em forquilha. Será necessário instalar nessa forquilha de madeira uma forquilha de ferro ou de aço, feita com a própria lâmina da faca que serviu ao corte.

Será preciso jejuar durante 15 dias, fazendo apenas uma única refeição ao dia, sem sal, depois do pôr do sol. Essa refeição consistirá de pão negro e sangue temperado com condimentos, sem sal ou de favas negras e ervas leitosas e narcóticas.

A cada cinco dias, se deverá tomar um porre após o pôr do sol com um vinho no qual tenham sido colocadas em infusão durante cinco horas cinco cabeças de papoulas negras e cinco onças* de sementes de cânhamo trituradas, tudo isso encerrado em uma toalha que tenha sido fiada por uma mulher prostituída (a rigor, qualquer toalha confeccionada por uma mulher serve).

A evocação pode ser feita ou na noite de segunda para terça ou na noite de sexta para sábado.

É mister selecionar um lugar ermo e assombrado, tal como um cemitério frequentado pelos maus espíritos, uma casa arruinada no meio do campo, a cripta de um convento abandonado, o lugar onde se tenha cometido um assassinato, um altar druídico ou um antigo templo de ídolos.

É preciso prover-se de uma vestimenta negra, sem costuras e sem manchas, de um barrete de chumbo constelado com os signos da Lua, de Vênus e de Saturno, de duas velas de sebo humano, colocadas em candelabros de madeira negra, talhados em forma de meia-lua, de duas coroas de verbena, de uma espada mágica de cabo preto, da forquilha mágica, de um vaso de cobre que contenha o sangue da vítima, de um recipiente para os perfumes, que serão: incenso, cânfora, aloés, âmbar gris e estoraque, tudo isto amassado com sangue de bode, de poupa e de morcego; também será necessário dispor de quatro cravos arrancados do caixão de um supliciado, a cabeça de um gato negro alimentado com carne humana durante cinco dias, um morcego afogado em sangue,

---

* 144 gramas (NT).

os cornos de um bode *cum quo puella concubuerit* e o crânio de um parricida. Todos esses itens horríveis e de dificílima obtenção reunidos, eis como devem ser dispostos:

Traça-se um círculo perfeito com a espada, reservando-se, todavia, uma brecha para saída, ou um caminho de saída; no círculo inscreve-se um triângulo e se colore com o sangue o pentáculo traçado com a espada; depois, em um dos ângulos coloca-se o fogareiro de três pés, que também deve constar como um dos objetos indispensáveis; na base do triângulo devem ser feitos três pequenos círculos para o operador e seus dois ajudantes e atrás do círculo do operador traça-se, não com o sangue da vítima, mas sim com o próprio sangue do operador, a própria insígnia do lábaro ou monograma de Constantino. O operador, ou seus acólitos, devem ter os pés descalços e a cabeça coberta. Deverá ter-se também à disposição a pele da vítima imolada. Essa pele, cortada em tiras, será colocada no círculo e com ela será formado outro círculo interno que se fixará nos quatro cantos com os quatro cravos do supliciado; próximo dos quatro cravos, e fora do círculo, se colocará a cabeça do gato, o crânio humano, ou melhor, inumano, os cornos do bode e o morcego; deverão ser aspergidos com um galho de bétula empapado do sangue da vítima; em seguida, se acenderá um fogo com lenha de arnieiro e de cipreste; as duas velas mágicas deverão ser colocadas à

Figura 7 – Círculo goético das evocações negras e dos pactos

direita e à esquerda do operador, nas coroas de verbena (ver desenho a seguir).

Deverão então ser pronunciadas as fórmulas de evocação que se encontram nos elementos mágicos de Pedro de Apono ou nos grimórios, manuscritos ou impressos.

Na fórmula do *Grande Grimório*, repetida no vulgar *Dragão Vermelho*, foi feita uma alteração proposital por ocasião da impressão do manuscrito. Ei-la abaixo, tal como deve ser lida:

"Per Adonai Elohim, Adonai Jehova, Adonai Sabaoth, Metraton On Agla, Adonai Mathom, verbum pythonicum, mysterium salamandrae, conventus sylphorum, antra gnomorum, daemonia Coeli Gad, Almousin, Gibor, Jehosua, Evam, Zariatnatmik, veni, veni, veni."

A grande evocação de Agrippa consiste somente nestas palavras: *Dies Mies Jeschet Boenedoesef Douvema Enitemaus*. Não nos vangloriamos de compreender o sentido destas palavras, que talvez nem o tenham, ao menos nenhum razoável, visto que detêm o poder de evocar o Diabo, que é a soberana irracionalidade.

Pico de la Mirandola,[53] sem dúvida pelo mesmo motivo, afirma que em magia negra as palavras mais bárbaras e absolutamente ininteligíveis são as mais eficazes e as melhores.

As conjurações são repetidas elevando-se a voz e com imprecações, ameaças, até que o espírito responda. Aparece usualmente precedido por um vento forte que parece ressoar por todo o campo. Os animais domésticos então tremem e se escondem; os assistentes sentem um sopro no rosto e os cabelos umedecidos pelo suor frio ficam eriçados.

A grande e suprema evocação, segundo Pedro de Apono, é essa: "Hemen Etan! Hemen Etan! Hemen Etan! EI * ATI * TITEIP * AZIA * HIN * TEU * MINOSEL * vay * ACHADON * vay * vaa * Eie * Aaa * Eie * Exe * A EL EL EL A Hy! Hau! Hau! Hau! Hau! Va! Va! Va! CHAVAJOTH!

"Aie Saraye, aie Saraye, aie Saraye! Per Elohim, Archima, Rabur, Bathas Super ABRAC ruens superveniens ABEOR SUPER ABEOR Chavajoth Chavajoth impero tibi per clavem SALOMONIS et nomen magnum SEMHAMPHORAS."

---

53. Juan Pico de la Mirandola (1463-1494), filósofo, teólogo e cabalista italiano. Estudou hebraico, árabe e caldeu com afinco e é considerado por certos cabalistas contemporâneos, como Henri Sérouya, o verdadeiro introdutor da Cabala no mundo cristão. Apesar de ter impressionado com seu brilho o poderoso Lourenço de Médicis e se tornar seu protegido, Pico, um autêntico gênio precoce, foi perseguido pelos teólogos ortodoxos por causa das suas ideias e morreu com apenas 32 anos, assassinado por seu próprio secretário.

Eis agora abaixo os signos e as assinaturas dos Demônios ordinários:

Figura 8 – Diversos signos e assinaturas infernais

Essas são assinaturas de Demônios simples; abaixo reproduzimos as assinaturas oficiais dos príncipes do inferno:

Figura 9 – Assinaturas infernais

São firmas reconhecidas juridicamente (juridicamente, sr. conde de Mirville) e conservadas nos arquivos judiciários como peças de condenação do processo do desgraçado Urbain Grandier.

Essas assinaturas ou firmas constam na parte inferior de um pacto do qual Colin de Plancy[54] forneceu um facsímile no atlas de seu *Dicionário Infernal* e que contém a seguinte observação: "A minuta está no inferno, no gabinete de Lúcifer", dado bastante precioso a respeito de um lugar muito mal conhecido e de uma época nada remota relativamente à nossa, embora anterior, todavia, ao processo dos jovens Labarre e d'Etalonde, os quais, como todos sabem, foram contemporâneos de Voltaire.

O pacto era feito em duplicata, uma cópia ficando com o maligno e a outra em poder do réprobo voluntário. Os compromissos recíprocos eram: para o Demônio, servir o bruxo durante um certo número de anos e para o bruxo, pertencer ao Demônio após um tempo determinado.

A Igreja, em seus exorcismos, consagrou a crença em todas essas coisas e pode-se dizer que a magia negra e seu príncipe tenebroso são uma criação real, viva, terrível, do Catolicismo romano; são, desse modo, sua obra especial e característica, porque os sacerdotes não inventam Deus. Por isso, os verdadeiros católicos prendem-se no fundo do coração a conservar e mesmo regenerar a grande obra, que é a pedra filosofal do culto oficial e positivo. Diz-se que em linguagem carcerária os malfeitores chamam o Diabo de *padeiro*. Todo nosso desejo, e que fique bem claro que não falamos aqui como mago, mas sim como filho devotado ao Cristianismo e à Igreja, a que devemos nossa primeira educação e nossos primeiros entusiasmos, todo nosso desejo – repetimos – consiste em que o fantasma de Satã não possa mais ser chamado também de *padeiro* pelos ministros da moral e pelos representantes da mais elevada virtude. Nosso pensamento será compreendido e a audácia de nossas aspirações a favor de nossas intenções devotadas e da sinceridade de nossa fé será perdoada?

---

54. Jacques Albin Simon Collin (1794-1881), conhecido como Collin de Plancy (nome de seu local de nascimento), erudito francês dos mais destacados do século XIX, foi um demonólogo tardio. Inicialmente até racionalista voltaireano, a evolução de seu pensamento é curiosíssima e atípica, transparecendo ao longo de sua longa vida (85 anos) nos adendos e alterações substanciais produzidos nas distintas e sucessivas edições de sua preciosíssima e volumosa obra O *Dicionário Infernal*. Na primeira edição de 1818 deste amplo trabalho sob forma de dicionário tratando de magia, feitiçaria e ocultismo em geral, Collin de Plancy, aos 24 anos, mostra-se anticlerical, responsabilizando principalmente a própria Igreja pela sobrevivência das crenças supersticiosas e congêneres; 45 anos depois, na sexta e definitiva edição, que data de 1863, ou seja, aos 69 anos, Collin de Plancy revela-se um apologista exemplar da Igreja, conferindo-lhe a magna tarefa de difusora da verdade.

A magia criadora do Demônio, essa magia que ditou o grimório do papa Honório, o *Enchiridion* do papa Leão III, os exorcismos do *Ritual*, as sentenças dos inquisidores, os requisitórios de Laubardemont, os artigos dos srs. Veuillot, os livros dos srs. Falloux, de Montalembert, de Mirville, a magia dos bruxos e dos homens piedosos, que não são tais, é algo verdadeiramente condenável em uns e infinitamente lamentável nos outros. É sobretudo para combater essas tristes abominações do espírito humano, desvendando-as, que publicamos este livro. Possa ele servir para o sucesso desta obra santa!

Mas não mostramos tais obras ímpias em toda a sua escorregadia torpeza e em toda a sua monstruosa loucura. É preciso remover o lodo sangrento das superstições passadas, é necessário compulsar os *Anais da Demonologia* para conceber certos delitos que a imaginação não inventaria por si só. O cabalista Bodin, israelita por convicção e católico por necessidade, teve como única intenção em sua *Demonomania dos Feiticeiros* atacar o Catolicismo em suas obras e minar – por assim dizer o maior dos abusos de sua doutrina. A obra de Bodin é profundamente maquiavélica e fere bem no coração as instituições e os homens aos quais parece defender. Dificilmente se imaginaria, sem tê-lo lido, tudo quanto coletou e acumulou no que se refere a sangrentas e horrendas histórias, atos asquerosos de superstição, decretos e execuções de uma ferocidade estúpida. Queimem todos! – pareciam dizer os inquisidores; Deus reconhecerá perfeitamente os seus!... Pobres loucos, mulheres histéricas, idiotas, todos, todos eram queimados sem misericórdia pelo delito da magia. Mas, também, quantos grandes culpados não escapavam de tal justiça injusta e sanguinária! Isto é o que Bodin nos informa quando nos narra histórias do gênero da que envolve a morte do rei Carlos IX. É uma abominação pouco conhecida e que não foi tentada, ao menos que o saibamos, mesmo nas épocas da literatura mais delirante e desoladora, pela pena de nenhum romancista.

Atacado por um mal cuja causa nenhum médico conseguia descobrir, tanto quanto explicar os espantosos efeitos e sintomas, o rei Carlos IX ia morrer. A rainha-mãe, que o dominava completamente e que poderia perder toda a sua influência em outro reinado, a rainha-mãe que supunham ser a causadora dessa mesma enfermidade, ainda que contra seus próprios interesses, porque essa mulher era capaz de tudo, de astúcias dissimuladas e interesses desconhecidos, primeiramente consultou seus astrólogos a respeito do rei, recorrendo logo à mais detestável das magias! O estado do enfermo piorava dia a dia até o ponto de se tornar desesperador. Diante dessa situação, quis consultar o oráculo da *cabeça sangrenta* e eis como procedeu a essa operação infernal:

Tratou-se de arranjar um menino, belo de rosto e inocente nos costumes. Em segredo, foi preparado para sua primeira comunhão por um esmoleiro do palácio. Chegado o dia, ou melhor, a noite do sacrifício, um frade jacobino, apóstata e devotado ao exercício oculto da magia negra, a partir da meia-noite, na própria alcova do enfermo e na presença exclusivamente de Catarina de Médicis e de pessoas de sua confiança, pôs-se a dizer o que se chamava então de missa do Diabo.

Nesta missa, celebrada diante da imagem do Demônio, tendo sob seus pés uma cruz deitada, o feiticeiro consagrou duas hóstias, uma negra e outra branca. A branca foi servida ao menino, que foi conduzido vestido como se fosse para o batismo e degolado sobre os próprios degraus do altar imediatamente depois de ter comungado. Sua cabeça, separada do corpo de um só golpe, foi colocada, inteiramente palpitante, sobre a grande hóstia negra que cobria o fundo da pátena e depois levada para a superfície de uma mesa, onde ardiam misteriosos lumes. Então, começou o exorcismo e o Demônio ficou em situação de pronunciar um oráculo e responder pela boca desta cabeça a uma pergunta secreta que o rei não ousava fazer em voz alta e que nem sequer confiara a ninguém. E então uma voz débil, uma voz estranha, que nada tinha de humana, emergiu da pobre e sangrenta cabecinha do pequeno mártir. "Sou a isto forçado", dizia a voz em latim: *Vim patior*. A essa resposta, que anunciava, sem dúvida, ao enfermo que o inferno já não o protegia mais, o rei foi tomado de um tremor horrível e seus braços se retorceram... Em seguida, gritou com voz rouca: "Afastai essa cabeça, afastai essa cabeça!" e até expirar persistiu dizendo a mesma coisa. Aqueles entre seus servidores que não tinham sido confidentes do infame segredo acreditaram que o rei era perseguido pelo fantasma de Coligny e que cria ver constantemente a cabeça do ilustre almirante: Mas, o que agitava o moribundo já não era mais um remorso, e sim um horror sem esperança e um inferno antecipado.

Essa negra lenda mágica de Bodin faz recordar as abomináveis práticas e o suplício bem merecido de Gilles de Laval, senhor de Raiz, que passou do ascetismo à magia negra e dedicou-se, para conquistar a proteção de Satã, aos sacrifícios mais revoltantes e criminosos. Esse louco declarou em seu processo que Satã aparecia a ele com frequência, mas que o enganara sempre, prometendo-lhe tesouros que nunca lhe entregou.

Investigações do tribunal apuraram que muitas centenas de crianças infelizes tinham sido vítimas da concupiscência e da imaginação tenebrosa desse assassino.

XVI
OS ENFEITIÇAMENTOS E OS SORTILÉGIOS

O que os bruxos e necromantes buscavam, especialmente em suas evocações ao espírito impuro, era esse poder magnético que é a partilha do verdadeiro Adepto e que eles queriam usurpar a todo custo, para dele abusar indignamente.

A loucura dos feiticeiros era uma loucura perversa e um dos seus fins era o poder dos feitiços ou das influências deletérias.

Já dissemos em nosso *Dogma* o que pensamos desses feitiços e quão poderoso e real nos parece tal poder. O verdadeiro mago enfeitiça sem cerimônia e por sua única reprovação aqueles que acha necessário castigar; enfeitiça mesmo com seu perdão aqueles que lhe causam o mal, e nunca os inimigos dos iniciados foram longe com a impunidade de suas injustiças. Comprovamos pessoalmente numerosos exemplos desta lei fatal. Os verdugos dos mártires perecem sempre de maneira desgraçada e os Adeptos são os mártires da inteligência. Mas a Providência parece desprezar aqueles que os desprezam e mata aqueles que cuidam de impedir que vivam. A lenda do *judeu errante* é a poesia popular deste arcano. Um povo enviou um sábio ao suplício e lhe disse: "Caminha!" quando queria repousar um instante. Pois bem, tal povo sofrerá uma condenação semelhante; será proscrito por completo e por todos os séculos dos séculos a ele se dirá: "Caminha, caminha!", sem que possa contar com piedade ou repouso.

Um sábio tinha uma mulher que amava apaixonada e loucamente na exaltação de sua ternura. Honrava essa mulher com uma confiança cega, entregando-se a ela plenamente. Orgulhosa, por assim dizer, de sua beleza e sua inteligência, essa mulher começou a invejar a superioridade de seu marido e passou a odiá-lo. Pouco tempo depois o abandonou, comprometendo-se com um homem velho, covarde, nada espiritual e imoral. Esse foi seu primeiro castigo, mas a pena não devia esgotar-se nele. O sábio pronunciou contra ela essa única sentença: "Tomo de vós vossa inteligência e vossa beleza". Um ano depois, aqueles que cruzavam com ela não podiam reconhecê-la mais: a gordura iniciava sua desfiguração; refletia em seu semblante a disformidade de suas novas feições. Três anos depois, era feia em toda a acepção desta palavra. Sete anos depois, estava insana. Esse fato ocorreu em nossa época e conhecemos as duas pessoas.

Os magos condenam à semelhança dos médicos hábeis e é por isso que não há como recorrer de suas sentenças quando pronunciam um decreto contra um culpado. Prescindem de cerimônias e invocações, basta-lhes abster-se de comer à mesma mesa do condenado e caso se vejam obrigados a fazê-lo, não devem nem oferecer-lhe nem dele aceitar alimento.

Os feitiços de bruxaria são de índole diversa e podem ser comparados a verdadeiros envenenamentos duma corrente de luz astral. Os bruxos exaltam sua vontade por meio de cerimônias até envenenar tal vontade à distância. Contudo, como já fizemos observar em nosso *Dogma*, correm o risco de ser eles mesmos as primeiras vítimas fatais de suas próprias armas infernais. Denunciaremos aqui alguns de seus condenáveis procedimentos. Começam por providenciar cabelos ou roupas da pessoa que será o alvo de sua maldição; depois escolhem um animal que seja para eles o símbolo de tal pessoa, colocam em meio aos cabelos ou às roupas o citado animal; dão-lhe o nome da pessoa e em seguida o matam de um só golpe usando a faca mágica; abrem-lhe o peito, arrancam-lhe o coração e o envolvem ainda palpitante nos objetos magnetizados, e durante três dias, a toda hora, fincam cravos, alfinetes avermelhados ao fogo ou grandes espinhos no coração, pronunciando maldições contra a pessoa que estão enfeitiçando. É então que se acham convencidos (e muitas vezes com razão) que a vítima de suas infames manobras experimenta todas as torturas como se tivesse realmente todos aqueles instrumentos pontiagudos espetados em seu coração. Desgraçadamente, a pessoa enfeitiçada começa a debilitar-se e depois de algum tempo perece de um mal desconhecido.

Outro feitiço usado entre as pessoas do campo consiste em consagrar pregos para as obras de ódio, com fumigações fétidas de Saturno e invocações dos gênios maus; depois, segue-se as pegadas deixadas na terra ou na areia pela pessoa que se quer atormentar; aplicando-se os cravos em forma de cruz em todas as pegadas da pessoa que puderem ser localizadas na terra ou na areia.

Outro feitiço, ainda mais abominável, consiste no seguinte: arranja-se um sapo grande e administra-se o batismo a ele, atribuindo-lhe o nome e o sobrenome da pessoa que é alvo do feitiço; em seguida faz-se o sapo engolir uma hóstia consagrada, sobre a qual se tenham pronunciado fórmulas de execração, envolvendo o animal depois nos objetos magnetizados, que serão juntados aos cabelos da vítima, sobre os quais o operador já terá escarrado previamente. Enterra-se tudo sob o umbral da porta do maleficiado ou num lugar onde a vítima tem de passar todos os dias. Para a vítima, o espírito elemental do sapo se transformará em um pesadelo e um vampiro nos seus sonhos, a não ser que saiba como devolvê-lo ao malfeitor.

Na sequência, temos os feitiços por imagens de cera. Os necromantes da Idade Média, ciosos por agradar valendo-se de sacrilégios àquele a que consideravam seu mestre, misturavam à cera óleo de batismo e cinzas de hóstias incineradas. Sempre podiam ser encontrados sacerdotes apóstatas, dispostos a entregar os tesouros da Igreja. Com a cera maldita, formavam uma imagem tão parecida quanto possível à pessoa que se desejava enfeitiçar. Vestia-se a imagem com roupas semelhantes às da pessoa, ministravam-lhe os mesmos sacramentos que a pessoa havia recebido e, ato contínuo, pronunciavam sobre a cabeça da imagem todas as maldições odiosas suscetíveis de sair pela boca do feiticeiro, infligindo-se diariamente tormentos imaginários a tal imagem amaldiçoada para atingir e torturar por simpatia àquele ou àquela que a figura representava.

O feitiço é mais infalível quando o feiticeiro pode providenciar cabelos, sangue e principalmente um dente da pessoa a quem deseja enfeitiçar. É o que deu origem ao provérbio *Tendes um dente contra mim*.

Enfeitiça-se também por meio do olhar e isto é o que se chama na Itália de *jettatura*, ou produzir mau olhado. Na época de nossas discórdias civis, um homem que possuía uma loja, por desgraça, denunciou um de seus vizinhos. Este, depois de ficar detido por algum tempo, foi posto em liberdade, mas teve a infelicidade de perder sua posição social. Por vingança, passava todos os dias duas vezes diante da loja de seu denunciador e, olhando-a fixamente, o saudava e prosseguia seu caminho. Depois de algum tempo, o comerciante não podia mais suportar o suplício que lhe causava o olhar do denunciado, para o qual vendeu seu estabelecimento com prejuízo considerável, mudando de bairro sem divulgar seu novo endereço. Em uma palavra, estava arruinado.

Uma ameaça é um feitiço real, pois opera vivamente sobre a imaginação, principalmente se essa imaginação aceita facilmente a crença de que se trata de um poder oculto e ilimitado. A terrível ameaça do inferno, esse feitiço lançado contra a humanidade durante muitos séculos, criou mais pesadelos, mais doenças sem nome, mais insanidades furiosas do que todos os vícios e todos os excessos reunidos. Isto é o que representam os artistas herméticos da Idade Média por meio de monstros incríveis e desconhecidos que incrustavam nos pórticos das basílicas construídas.

Contudo, o feitiço pela ameaça produz um efeito absolutamente contrário às intenções do operador quando a ameaça é obviamente vã, quando provoca a indignação e altivez legítimas de quem se vê ameaçado, engendrando neste a resistência; enfim, quando é ridícula pelo fato de ser cheia de ferocidade.

Foram os sectários do inferno que desacreditaram o céu. Diz a um homem razoável que o equilíbrio é a lei do movimento da vida e que o equilíbrio moral, a liberdade repousam sobre uma distinção eterna e imutável entre o verdadeiro e o falso, entre o bem e o mal; diz que, dotado de uma vontade livre, deve fazer por suas obras um lugar para si no império da verdade e do bem ou cair eternamente, como a rocha de Sísifo, no caos da mentira e do mal, e ele compreenderá esse dogma, e se chamares a verdade e o bem de *céu* e a mentira e o mal de *inferno*, ele crerá em teu céu e em teu inferno, acima dos quais o ideal divino permanece sereno, perfeito e inacessível à cólera bem como à ofensa, pois compreenderá que se o inferno é, em princípio, eterno como a liberdade, não poderia ser de fato senão um tormento passageiro para as almas, visto que se trata de uma expiação e que a ideia de expiação supõe necessariamente a ideia da reparação e destruição do mal.

Dito isto, que não são intentos dogmáticos, os quais não poderiam ser de nossa jurisdição, mas servem apenas para indicar o remédio moral e razoável para o enfeitiçamento de nossas consciências pelo terror diante da outra vida, falemos dos meios para escapar das influências funestas da cólera humana.

O primeiro de todos é ser razoável e justo e não oferecer nunca ensejo ou motivos para a cólera. Uma cólera legítima é algo muito temível. Convém que te corrijas. Se a cólera persistir depois de tua correção será porque procede de um vício que não corrigiste; trata de saber que vício é esse e liga-te intensamente às correntes magnéticas da virtude contrária. O feitiço então será impotente contra ti.

Providencia, antes de dá-las ou queimá-las, que as roupas e toalhas que foram de teu uso sejam cuidadosamente lavadas; não usa jamais uma roupa ou traje que tenham pertencido a uma pessoa desconhecida sem tê-los purificado previamente por meio da água, enxofre, perfumes, tais como a cânfora, o incenso, o âmbar, etc.

Um grande meio de resistir ao feitiço é não temê-lo. O feitiço opera à maneira das doenças contagiosas. Em tempo de peste, os que têm medo são os primeiros acometidos. O meio de não temer o mal é não ocupar-se com ele, e aconselho com o maior desinteresse, visto que este é um livro de magia de que sou o autor, às pessoas nervosas, fracas, crédulas, histéricas, supersticiosas, devotas, tolas, sem vontade, a não abrir jamais um livro de magia e fechar este se o tiverem aberto, a não escutar aqueles que falam de ciências ocultas, a zombar disto e não crer nunca nelas, e a *beber sossegadamente*, como dizia o grande mago pantagruelista, o excelente cura de Meudon.

No que concerne aos sábios (já é tempo para nos ocuparmos deles, depois de termos tratado dos loucos), os únicos malefícios que têm a temer são os da fortuna, mas visto que são sacerdotes ou médicos, podem, por isso mesmo, ser convocados para curar aqueles acometidos de malefícios, e eis aqui como devem proceder:

É preciso induzir a pessoa atingida pelo malefício a fazer um benefício qualquer ao autor do malefício de que foi vítima, ou prestar-lhe um serviço ao qual ele não possa fugir e tratar de atraí-lo, direta ou indiretamente, para a comunhão do sal.

A pessoa que se crê enfeitiçada pela execração e enterro de um sapo deverá portar consigo um sapo vivo em uma caixa de chifre.

No caso do feitiço mediante o coração perfurado, será necessário dar de comer à pessoa enferma um coração de cordeiro, temperado com salva e verbena e fazê-la portar um talismã de Vênus ou da Lua encerrado em uma pequena bolsa cheia de cânfora e sal.

Quanto ao feitiço por figura de cera, é preciso confeccionar uma figura mais perfeita, transferir-lhe da própria pessoa tudo que ela possa lhe conceder, dependurar-lhe ao pescoço os sete talismãs, colocá-la no meio de um grande pentáculo representando o pentagrama e friccioná-la levemente todos os dias com uma mistura de óleo e bálsamo, depois de haver pronunciado a conjuração dos quatro para desviar a influência dos espíritos elementais. Ao cabo de sete dias, a imagem deverá ser queimada no fogo consagrado, podendo estar certo que a imagem do feiticeiro perderá no mesmo momento toda a sua virtude.

Já nos referimos à medicina simpática de Paracelso, que medicava sobre os membros de cera e operava com o sangue produzido pelas chagas para curar essas mesmas chagas. Esse sistema lhe permitia o emprego dos mais violentos remédios.

Por isso utilizava como específicos principais o sublimado e o vitríolo. Acreditamos que a homeopatia é uma reminiscência das teorias de Paracelso e um retorno às suas sábias práticas. Mas nos deteremos neste assunto em um tratado especial que será consagrado exclusivamente à medicina oculta.

Os votos ou promessas dos pais envolvendo o futuro dos filhos constituem feitiços condenáveis; os filhos votados ao branco, por exemplo, quase nunca prosperam; aqueles que são votados ao celibato acabam por cair geralmente na depravação ou rodopiam em torno do desespero ou da loucura. Não é permitido ao ser humano violentar o destino e menos ainda impor barreiras à legitimidade da liberdade.

Acrescentaremos aqui, à guisa de suplemento e apêndice a este capítulo, algumas palavras acerca das mandrágoras e dos androides que muitos magistas confundem com as figuras de cera que servem para a prática dos feitiços.

A mandrágora natural é uma raiz cabeluda que apresenta aproximadamente no seu conjunto a figura de um homem ou dos órgãos genitais masculinos. Essa raiz é ligeiramente narcótica e os antigos lhe atribuíam uma propriedade afrodisíaca que a tornava muito apreciada e muito procurada pelos bruxos e bruxas da Tessália para a composição de filtros.

Essa raiz será, como a supõe um certo misticismo mágico, o vestígio umbilical de nossa origem terrestre? Isso é algo que não ousaríamos afirmar seriamente. É certo, todavia, que o homem saiu do barro da terra; seu primeiro esboço deve, pois, ter se formado à semelhança de uma raiz. As analogias da natureza requerem absolutamente que se admita tal noção, ao menos como uma possibilidade. Os primeiros seres humanos devem ter sido, portanto, uma família de gigantescas mandrágoras sensitivas, que o Sol teve de animar e que teriam por si mesmas se desprendido da terra, o que não exclui em nada, e mesmo supõe, ao contrário, de uma maneira positiva, a vontade criadora e a cooperação providencial da primeira causa que nós temos *razão* em chamar de DEUS.

Alguns antigos alquimistas, tomados por essa ideia, sonharam com o cultivo da mandrágora e trataram de reproduzir artificialmente uma argila bastante fecunda e um Sol bastante ativo para *humanizar* novamente essa raiz e criar desse modo homens sem o concurso das mulheres.

Outros, que acreditavam ver na humanidade a síntese dos animais, caíram no desespero ao animar a mandrágora, fizeram cruzamentos monstruosos e lançaram a semente humana em terra animal, produzindo somente crimes vergonhosos e monstros sem posteridade.

A terceira maneira de formar o androide é por meio do mecanismo galvanizado. Atribui-se a Alberto, o Grande[55] um desses autômatos quase inteligentes e se ajunta que Santo Tomás o despedaçou com uma bastonada porque se viu perturbado com suas respostas. Esse conto é uma alegoria.

O androide de Alberto, o Grande é a teologia aristotélica da escolástica primitiva, que foi destruída pela *Summa* de Santo Tomás, esse audaz inovador, que foi o primeiro que substituiu o arbitrário divino pela lei absoluta da razão, atrevendo-se a formular este axioma que não tememos repetir até a saciedade porque emana desse mestre: "Uma coisa não é justa porque Deus a quer, mas sim Deus a quer porque é justa".

O androide real, o androide sério dos antigos era um segredo ocultado ante todos os olhares e que Mesmer foi o primeiro a audaciosamente divulgar nos nossos dias: era o prolongamento da vontade do mago em outro corpo, organizado e servido por um espírito elemental; ou, em outros termos mais modernos e mais inteligíveis: era um paciente magnético.

---

55. Frade dominicano alemão, Alberto Magno (cognominado *o Grande* devido ao seu vasto saber) nasceu em 1193 e morreu em 1280. Filósofo, teólogo, alquimista, seu pensamento se formou nutrindo-se de Aristóteles, dos pensadores árabes (via de regra também influenciados por Aristóteles) e da Cabala. Foi mestre do grande pensador escolástico Santo Tomás de Aquino e a ele são atribuídos trabalhos de magia e feitiçaria, especialmente o grimório intitulado O *Grande Alberto*.

XVII
A ESCRITA DAS ESTRELAS

Findamos com o inferno e respiramos a plenos pulmões ao retomar à luz depois de ter atravessado os antros da magia negra. Retira-te, Satã! Renunciamos a ti, às tuas pompas, às tuas obras e muito mais ainda às tuas baixezas, tuas misérias, ao teu nada, às tuas mentiras... O grande iniciador te viu cair do céu como que fulminado pelo raio. A lenda cristã te converteu te fazendo pôr suavemente a cabeça de dragão sob o pé da mãe de Deus. Tu és para nós a imagem da ignorância e do mistério; tu és a desrazão e o cego fanatismo; tu és a inquisição e seu inferno; tu és o deus de Torquemada e de Alexandre VI; tu te transformaste no brinquedo de nossos filhos e tua derradeira posição será ao lado de Polichinelo; tu não passas agora de um personagem grotesco de nossos teatros ambulantes e um motivo de ensino em algumas lojas tidas como religiosas.

Depois da 16ª chave do tarô, a qual representa a ruína do templo de Satã, encontramos na 17ª página um emblema gracioso e magnífico.

Uma mulher nua, uma jovem imortal, espalha pela terra a seiva da vida universal que sai de duas ânforas, uma de ouro e outra de prata; perto dela há um arbusto florido, sobre o qual está pousada a borboleta de Psiquê; em cima dela há uma estrela brilhante de oito raios, ao redor da qual estão distribuídas outras sete estrelas.

Creio na vida eterna! Tal é o último artigo do simbolismo cristão e esse artigo, por si só, é toda uma profissão de fé.

Os antigos, comparando a tranquila imensidade do céu, todo ele povoado de luzes imutáveis, com as agitações e as trevas deste mundo, creram descobrir nesse belo livro de letras de ouro a última palavra do enigma dos destinos; então traçaram, imaginativamente, linhas de correspondência entre esses brilhantes pontos da escrita divina e dizem que as primeiras constelações observadas pelos pastores da Caldeia foram também os primeiros caracteres da escrita cabalística.

Esses caracteres, expressos primeiramente por linhas e depois encerrados em figuras hieroglíficas, teriam, segundo Moreau de Dammartin, autor de um tratado curiosíssimo sobre a origem dos caracteres alfabéticos, determinado para os antigos magos a escolha dos signos do tarô, que tal sábio reconhece, como nós, como sendo um livro essencialmente hierático e primitivo.

Assim, na opinião desse sábio, o *Tseu* chinês, a *Aleph* dos hebreus e o *Alpha* dos gregos, expressos hieroglificamente pela figura do prestidigitador, seriam tomados da constelação austral, vizinha do peixe austral da esfera oriental.

O *Tcheu* chinês, a *Beth* hebraica e o *B* latino, correspondentes à Papisa ou a Juno, foram formados com a cabeça do carneiro; o *Yn* chinês, a *Ghimel* hebraica e o *G* latino, representado pela Imperatriz, seriam tomados da constelação da Ursa Maior, etc.

O cabalista Gaffarel, que já citamos várias vezes, traçou um planisfério no qual todas as constelações formam letras hebraicas. Mas devemos confessar que sua configuração nos parece, via de regra, arbitrária e que não compreendemos porque para indicação de uma só estrela, por exemplo, Gaffarel traça de preferência uma ד e não uma ו ou uma ן; quatro estrelas, igualmente, resultam desse modo em uma ת, uma ח, uma ה, tanto quanto em uma א. Isso foi o que nos impediu de apresentar aqui uma cópia do planisfério de Gaffarel, cujas obras não são, a propósito, extremamente raras. Esse planisfério foi reproduzido na obra do padre Montfoucon, que se ocupa das religiões e superstições do mundo, e dele também se encontra uma cópia na obra sobre magia publicada pelo místico Eckartshausen.

Aliás, os sábios não estão de acordo relativamente à configuração das letras do alfabeto primitivo. O tarô italiano, em relação ao qual é louvável a conservação dos tipos góticos, refere-se, pela disposição de suas figuras, ao alfabeto hebraico que foi usado depois do cativeiro e ao qual se dá o nome de alfabeto assírio. Mas existem fragmentos de outros tarôs anteriores a esse, nos quais a disposição não é a mesma. Como não é possível aventar nada em matéria de erudição, nós aguardaremos, com o intuito de firmar nosso ponto de vista, descobertas mais novas e mais concludentes.

No que diz respeito ao alfabeto das estrelas, cremos que é facultativo como a configuração das nuvens, que parecem assumir todas as formas que nossa imaginação lhes possa emprestar. O mesmo que acontece com os grupos de estrelas, ocorre nos pontos da geomancia e no conjunto de cartas da moderna cartomancia. É um pretexto para a automagnetização e um instrumento que pode fixar e determinar a intuição natural. Assim, um cabalista habituado aos hieróglifos místicos verá nas estrelas signos que um simples pastor não descobrirá; porém, esse, de sua parte, encontrará ali combinações que não seriam percebidas pelo cabalista. O pessoal do campo vê um rato na espada e cintura de Órion; um cabalista hebreu veria no mesmo Órion, considerado em conjunto, todos os mistérios de Ezequiel, as dez *sefirotes* dispostas em ternário, um triângulo central formado por quatro estrelas, depois uma linha de três formando o *iod* e as duas figuras juntas exprimindo todos os mistérios de *Bereschit*, em seguida quatro estrelas formando as rodas de *Mercavah* e, completando, o carro divino. Se olhar de outra maneira e dispuser outras linhas ideais, verá uma ג, *ghimel*, perfeitamente formada e colocada acima de uma י, *iod*, em uma grande ד, *daleth* invertida, figura que representa a luta do bem e do mal, com o triunfo definitivo do bem. Realmente, a ג, fundada sobre o *iod*, é o ternário produzido pela unidade, é a manifestação divina do verbo, enquanto que a *daleth* invertida é o ternário composto do mau binário, multiplicado por si mesmo. A figura de Órion assim considerada seria, pois, idêntica à do anjo Miguel lutando contra o dragão e a aparição deste signo, apresentando-se sob essa forma, seria para o cabalista um presságio de vitória e felicidade.

Figura 10 – Signos cabalísticos de Órion

Uma demorada contemplação do céu exalta a imaginação; as estrelas respondem então aos nossos pensamentos. As linhas traçadas mentalmente de uma a outra pelos primeiros contempladores devem ter produzido nos homens as primeiras ideias da geometria. Conforme se ache nossa alma agitada ou serena, as estrelas parecerão rutilantes de ameaças ou faiscantes de esperanças. O céu é assim o espelho da alma humana e quando acreditamos estar lendo nos astros é, na verdade, em nós mesmos que estamos lendo.

Gaffarel, aplicando aos destinos dos impérios os presságios da escrita celeste, diz que os antigos não representaram em vão na região setentrional do céu todos os signos de mau agouro, e que assim em todos os tempos as calamidades foram consideradas como procedentes do norte para se difundir sobre a Terra, invadindo o sul.

"É por isto" – diz – "que os antigos representaram nessas regiões setentrionais do céu uma serpente ou dragão muito próximos das duas ursas, visto que esses animais são os verdadeiros hieróglifos da tirania, do saque, de qualquer tipo de opressão. E, efetivamente, consulta os anais e verás que todas as grandes calamidades ocorridas procederam da região setentrional. Os assírios ou caldeus, estimulados por Nabucodonosor e Salmanassar, evidenciaram tal verdade por meio da destruição de um templo e uma cidade, os mais suntuosos e santos do Universo, e por meio da completa ruína de um povo do qual o próprio Deus assumira a singular proteção e do qual particularmente se dizia o pai. E a outra Jerusalém, a feliz Roma, não experimentou tantas vezes as fúrias dessa malvada raça do setentrional quando, por meio da crueldade de Alarico, Genserico, Átila e demais príncipes godos, hunos, vândalos e alanos, viu seus altares derrubados e os cimos de seus altivos edifícios colocados ao nível dos cardos... Pois bem, pois nos segredos dessa escrita celeste as desgraças e infortúnios são lidos do lado do setentrião, visto que a *septentrione pandetur omne malum*. Ora, o verbo המפתח que nós traduzimos por *pandetur* significa também *depingetur* ou *scribetur* e a profecia significa igualmente: todas as infelicidades do mundo estão escritas no céu do lado do norte."

Transcrevemos essa passagem de Gaffarel porque não deixa de ter atualidade em nossa época, na qual o norte parece ameaçar novamente toda a Europa; mas é também o destino de todo nevoeiro ser vencido pelo Sol, do mesmo modo que as trevas se dissipam por si sós à chegada da luz. Eis para nós a última palavra da profecia e o segredo do futuro.

Gaffarel acrescenta alguns prognósticos extraídos das estrelas, como, por exemplo, o enfraquecimento progressivo do Império otomano. Mas, como já afirmamos, suas figuras de letras consteladas são bastante arbitrárias. Ademais, ele declara ter tomado tais predições de um cabalista hebreu chamado Rabi Chomer, que nem ele mesmo se gaba de ter compreendido totalmente.

Figura 11 – Caracteres infernais dos 12 signos do zodíaco

Eis aqui o quadro dos caracteres mágicos que foram traçados pelos antigos astrólogos segundo as constelações zodiacais; cada um destes caracteres representa o nome de um gênio, bom ou mau. É sabido que os signos do zodíaco se referem a diversas influências celestes e, consequentemente, expressam uma alternativa entre o bem e o mal.

Os nomes dos gênios designados por esses caracteres são:

Para Áries, SATAARAN e Sarahiel.
Para Touro, BAGDAL e Araziel.
Para Gêmeos, SAGRAS e Saraiel.
Para Câncer, RAHDAR e Phakiel.
Para Leão, SAGHAM e Seratiel.
Para Virgem, IADARA e Schaltiel.
Para Libra, GRASGARBEN e Hadakiel.
Para Escorpião, RIEHOL e Saissaiel.
Para Sagitário, VHNORI e Saritaiel.
Para Capricórnio, SAGDALON e Samekiel.
Para Aquário, ARCHER e Ssakmakiel.
Para Peixes, RASAMASA e Vacabiel.

O sábio que quer ler no céu deve observar também os dias da Lua, cuja influência é muito grande na astrologia. A Lua atrai e repele sucessivamente o fluido magnético da Terra, que é como produz o fluxo e refluxo do mar; é preciso conhecer bem as fases e saber discernir nelas os dias e as horas. A Lua nova é favorável ao início de todas as operações mágicas; desde o quarto crescente até a Lua cheia, sua influência é cálida; da Lua cheia ao quarto minguante, é seca; do quarto minguante até o fim é fria.

Eis aqui agora os caracteres especiais de todos os dias da Lua marcados pelas 22 chaves do tarô e pelos signos dos sete planetas.

1. O *prestidigitador ou o mago*.

O primeiro dia da Lua é o da criação da própria Lua. Esse dia é consagrado às iniciativas do espírito e deve ser favorável às inovações felizes.

2. *A papisa ou a ciência oculta*.

O segundo dia, do qual o gênio é Enediel, foi o quinto da criação, visto que a Lua foi feita no quarto dia. Os pássaros e os peixes foram criados nesse dia e são os hieróglifos vivos das analogias mágicas e do dogma universal de Hermes. A água e o ar, que foram então preenchidos pelas formas do Verbo, são as figuras elementares do Mercúrio dos sábios, ou seja, da inteligência e da palavra. Esse dia é propício para as revelações, as iniciações e as grandes descobertas da ciência.

3. *A mãe celeste ou a imperatriz*.

O terceiro dia foi o da criação do homem. Por isso, a Lua na Cabala é chamada de MÃE quando é apresentada acompanhada do número 3. Esse dia é favorável à geração e geralmente a todas as produções, seja do corpo, seja do espírito.

4. *O imperador ou o dominador*.

O quarto dia é funesto. Foi o do nascimento de Caim. Contudo, é propício aos empreendimentos injustos e tirânicos.

5. *O papa ou o hierofante*.

O quinto dia é venturoso. Foi o do nascimento de Abel.

6. *O enamorado ou a liberdade*.

O sexto é um dia de orgulho. Foi o do nascimento de Lamech, aquele que dizia às suas mulheres: "Matei um homem que me golpeara e um jovem que me havia ferido. Maldito seja aquele que pretende me castigar!". Esse dia é favorável às conspirações e revoltas.

7. *O carro*.

O sétimo dia é o do nascimento de Hebron, aquele que deu seu nome à primeira das cidades santas de Israel. Dia de religião, de preces e de sucessos.

8. *A justiça*.

Assassinato de Abel. Dia de expiação.

9. *O velho ou o eremita*.

Nascimento de Matusalém. Dia de bênção para os filhos.

10. *A roda da fortuna ou de Ezequiel*.

Nascimento de Nabucodonosor. Reinado da besta. Dia funesto.

11. *A força*.

Nascimento de Noé. As visões desse dia são enganosas, mas é um dia de saúde e de longevidade para as crianças que nascem nele.

12. *O sacrificado ou o dependurado*.

Nascimento de Samuel. Dia profético e cabalístico, favorável para a execução da grande obra.

13. *A morte*.

Dia do nascimento de Canaã, o filho maldito de Cam. Dia funesto e número fatal.

14. *O anjo da temperança*.

Bênção de Noé, o 14º dia da Lua. É presidido pelo anjo Cassiel, da hierarquia de Uriel.

15. *Tifon ou o Diabo*.

Nascimento de Ismael. Dia de reprovação e de desterro.

16. *A torre fulminada*.

Dia do nascimento de Jacó e Esaú e da predestinação de Jacó para a ruína de Esaú.

17. *A estrela rutilante*.

O fogo do céu queima Sodoma e Gomorra. Dia de salvação para os bons e de ruína para os maus, perigoso se cair de sábado. Está sob a influência de Escorpião.

18. *A Lua.*

Nascimento de Isaac, triunfo da esposa. Dia de afeição conjugal e boa esperança.

19. *O Sol.*

Nascimento do Faraó. Dia benéfico ou fatal para as grandezas do mundo segundo os diferentes méritos dos grandes.

20. *O julgamento.*

Nascimento de Jonas, o instrumento dos julgamentos de Deus. Dia propício para as revelações divinas.

21. *O mundo.*

Nascimento de Saul, reinado material. Perigo para o espírito e a razão.

22. *Influência de Saturno.*

Nascimento de Jó. Dia de prova e de dor.

23. *Influência de Vênus.*

Nascimento de Benjamin. Dia de amor e de ternura.

24. *Influência de Júpiter.*

Nascimento de Jafé.

25. *Influência de Mercúrio.*

Décima praga do Egito.

26. *Influência de Marte.*

Libertação dos israelitas e passagem pelo Mar Vermelho.

27. *Influência de Diana ou Hécate.*

Vitória resplandecente alcançada por Judas Macabeu.

28. *Influência do Sol.*

Sansão ergue as portas de Gaza. Dia de força e de libertação.

29. *O louco do tarô.*

Dia de abortos e fracassos em todas as coisas.

Por esse quadro cabalístico, que Jean Belot e outros tomaram dos cabalistas hebreus, pode-se ver que esses antigos mestres deduziam, *a posteriori*, os fatos das influências presumíveis, o que é completamente lógico nas ciências ocultas. Vê-se também quantas diversas significações estão encerradas nessas 22 chaves que formam o alfabeto universal do tarô e a verdade de nossas asserções quando pretendemos que todos os segredos da Cabala e da magia, todos os mistérios do antigo mundo, toda a ciência dos patriarcas, todas as tradições históricas, dos tempos primitivos, estão encerrados nesse livro hieroglífico de Thot, de Enoque ou de Cadmo.

Um meio muito simples de descobrir os horóscopos celestes por onomancia é o que vamos indicar. Reconcilia Gaffarel conosco e pode produzir resultados assombrosos em termos de exatidão e profundidade.

Toma um cartão negro em que recortarás de dia o nome da pessoa para quem farás a consulta e coloca o cartão na extremidade mais larga de um tubo cuja extremidade oposta, onde se assenta o olho do observador, seja estreitada. Em seguida, olharás através do tubo na direção dos quatro pontos cardeais, alternativamente, começando pelo leste e terminando pelo norte. Tomarás nota de todas as estrelas que perceberes por meio das letras recortadas no cartão e depois converterás as letras em números e com a soma da adição escrita da mesma maneira deverás repetir a operação; contarás a quantidade de estrelas e, a seguir, acrescentando esse número ao do nome, farás novamente a soma e escreverás o total de ambos os números em caracteres hebraicos. Repetirás então a operação e registrarás à parte as estrelas que tenhas encontrado; depois procurarás no planisfério celeste os nomes de todas as estrelas; farás a classificação segundo sua magnitude e seu brilho; escolherás a maior e a mais brilhante como estrela polar de tua operação astrológica; procurarás em seguida, no planisfério egípcio (acha-se completo e bem desenhado no atlas da grande obra de Dupuis) os nomes e as figuras dos gênios que pertencem às estrelas. Então saberás quais são os signos felizes e infelizes que entram no nome da pessoa e qual será sua influência, seja na infância (é o nome traçado no leste), seja na juventude (é o nome do sul), seja na idade madura (é o nome do oeste), seja na velhice (é o nome traçado no norte), seja, enfim, em toda a vida (essas serão as estrelas que entrarão no número inteiro formado pela adição das letras e das estrelas). Essa operação astrológica é simples, fácil e requer poucos cálculos, remonta às mais priscas eras da Antiguidade e pertence, evidentemente, como podes te persuadir estudando as obras de Gaffarel e de seu mestre, Rabi Chomer, à magia primitiva dos patriarcas.

Essa astrologia onomântica era a de todos os antigos cabalistas hebreus, como o provam suas observações conservadas por Rabi Chomer, Rabi Kapol, Rabi Abjudan e outros mestres da Cabala. As ameaças dos profetas aos diversos impérios do mundo estavam fundadas nos caracteres das estrelas que se encontravam verticalmente acima deles na relação habitual da esfera celeste com a terrestre. Assim, escrevendo no próprio céu da Grécia seu nome em hebraico יוד ou יון e o traduzindo numericamente, encontraram a palavra חדב, que significa destruído, desolado.

ב ד ח	נ ו י
2 2 8	5 6 1
CHARAB	JAVAN
destruído, desolado	Grécia
Soma 12	Soma 12

Disso deduziram que, depois de um ciclo de 12 períodos, a Grécia seria destruída, desolada.

Um pouco antes do incêndio e destruição do templo de Jerusalém por Nabuzardan, os cabalistas haviam observado verticalmente acima do templo 11 estrelas dispostas da seguinte maneira:

que entravam todas na palavra חבשיה escrita do setentrião ao ocidente: *Hibschich*, o que significa *reprovação e abandono sem misericórdia*. A soma do número das letras é 325, tempo justo da duração do templo.

Os impérios da Pérsia e da Assíria estavam ameaçados de destruição por quatro estrelas verticais que entraram nestas três letras, רוב *Rob*, e o número fatal indicado pelas letras era 208 anos.

Quatro estrelas também anunciaram aos rabinos cabalistas daquela época a queda e a divisão do império de Alexandre, entrando na palavra פרד *parad*, dividir, da qual o número 284 indica a duração total desse reino, seja a partir de sua origem, seja em suas ramificações.

Segundo Rabi Chomer, os destinos do poder otomano em Constantinopla seriam fixados por antecipação e anunciados por quatro estrelas que, alinhadas na palavra כאה, *caah*, significavam estar débil, enfermo, puxado para seu fim. As estrelas que estão na letra א, sendo mais brilhantes, indicam uma grande א e dão a essa o valor de mil. As três letras reunidas perfazem 1.025, que é preciso contar a partir da tomada de Constantinopla por Maomé II, cálculo que promete ainda muitos séculos de existência ao debilitado império dos sultões, sustentado agora por toda a Europa unida.

O MANE THECEL PHARES que Baltasar, em sua embriaguez, viu escrito na parede de seu palácio pela irradiação das tochas era uma intuição onomântica do gênero daquela dos rabinos. Baltasar, iniciado sem dúvida por seus adivinhos hebreus à leitura das estrelas, operava maquinal e instintivamente sobre os candelabros de seu noturno festim, como teria podido fazê-lo sobre as estrelas do firmamento. As três palavras que formara em sua imaginação se tornaram prontamente inapagáveis diante de seus olhos e fizeram empalidecer todas as luzes de sua festa. Não era difícil predizer a um rei que em uma cidade sitiada, se entregava a orgias um fim semelhante ao de Sardanápalo.[56] Já afirmamos e repetiremos para a conclusão deste capítulo que somente as intuições magnéticas dão valor e realidade a todos esses cálculos cabalísticos e astrológicos, talvez pueris e completamente arbitrários se forem feitos sem inspiração, mediante fria curiosidade e isentos de uma vontade poderosa.

---

56. Sardanápalo é para uns pertencente ao domínio da lenda, para outros ao da história. Visto que nem sempre se sabe a rigor onde termina uma e começa a outra, tal questão é na verdade secundária neste contexto do ponto de vista não ortodoxo. Rei da Assíria de 836 a 817 a.C., na iminência de ser preso na Babilônia por Arbaces, ordenou que uma grande fogueira fosse providenciada no átio do palácio; nela se consumiu com todos os seus tesouros, mulheres do harém e eunucos.

XVIII
FILTROS E MAGNETISMO

Viajemos agora para a Tessália, pelo país dos encantamentos. Foi aqui que Apuleio se viu enganado como os companheiros de Ulisses e onde sofreu uma vergonhosa metamorfose. Aqui tudo é mágico. As aves que voam, os insetos que zumbem na erva e também as plantas, as árvores e até as flores; aqui são compostos à luz da Lua os venenos que inspiram o amor; aqui as estriges criam os encantos que as tornam jovens e belas como as Charites. Homens jovens, tomai cuidado!

A arte dos envenenamentos da razão ou dos filtros parece, realmente, conforme as tradições, ter desenvolvido com mais fausto na Tessália do que em outras partes sua florada venenosa; contudo, aí também o magnetismo desempenhou o papel mais importante, porque as plantas excitantes ou narcóticas, as substâncias animais maleficiadas e enfermiças extraem toda a sua força dos encantamentos, ou seja, dos sacrifícios realizados das feiticeiras e das palavras que pronunciavam ao preparar seus filtros e suas beberagens.

As substâncias excitantes e aquelas que contêm maior quantidade de fósforo são naturalmente afrodisíacas. Tudo que atua vivamente no sistema nervoso pode determinar a sobre-excitação passional e se uma vontade hábil e perseverante sabe dirigir e influenciar essas disposições naturais, se servirá das paixões dos outros em proveito das suas, e reduzirá e coagirá as pessoas mais altivas a se converter, em um tempo determinado, em instrumentos de seu prazer. Tal influência é tão marcante que se torna importante proteger-se dela e é com o propósito de suprir armas aos fracos que escrevemos esse capítulo. Eis aqui, em primeiro lugar, quais são as práticas do inimigo.

Aquele que quer fazer-se amar (atribuímos ao homem somente todas essas manobras ilegítimas, supondo que uma mulher não tenha necessidade delas) deve, em um primeiro momento, insinuar-se e produzir uma impressão qualquer na imaginação da pessoa que é objeto de sua cobiça. Que lhe cause admiração, assombro, terror e mesmo horror se não dispõe de outro recurso. Mas é preciso, por qualquer preço, que aos olhos dessa pessoa se destaque dos homens comuns e que ocupe, de bom grado ou por força, um lugar em suas lembranças, em seus temores ou ainda em seus sonhos. Os Lovelace não são certamente o ideal confessado das Clarices, mas elas pensam constantemente neles para censurá-los, para maldizê-los, para se compadecer de suas vítimas, para desejar sua conversão e seu arrependimento. Logo desejarão regenerá-los por meio da abnegação e do perdão; a seguir, a vaidade secreta lhes dirá que seria encantador conquistar o amor de um Lovelace, amá-lo e lhe resistir; ao dizer que quisera amá-lo, enrubesce, renuncia a isso mil vezes e acaba por amá-lo mil vezes mais; posteriormente, quando chega o momento supremo, se esquece de resistir-lhe.

Se os anjos foram também mulheres, como os representa o misticismo moderno, Jeová teria agido como pai bastante prudente e bastante sábio quando pôs Satã à porta do céu.

Uma grande decepção para o amor próprio das mulheres honradas é surpreender como bom e irrepreensível, no âmago, o homem pelo qual se haviam apaixonado, quando o tinham considerado como um bandido. O anjo abandona então o bom homem com desprezo, dizendo-lhe: "Tu não és o Diabo!".

Disfarça, pois, de Diabo o mais perfeitamente possível, tu que queres seduzir um anjo.

Nada se permite a um homem virtuoso. "Por quem, afinal, esse homem nos toma?" – dizem as mulheres. "Acredita, será, que temos menos moralidade do que ele?" Tudo se perdoa, contudo, a um libertino. "Que queres esperar de melhor de um tal ser?"

O papel do homem dos grandes princípios e caráter inatacável só pode constituir um poder com mulheres que jamais tiveram necessidade de ser seduzidas; todas as demais, sem exceção, adoram os homens maus.

Ocorre exatamente o contrário com os homens e é esse contraste que fez do pudor o apanágio das mulheres: é nelas o primeiro e o mais natural dos galanteios.

Um dos mais distintos médicos e um dos mais amáveis sábios de Londres, o dr. Ashburner, contou-me que um de seus clientes, ao sair da casa de uma grande dama, dissera a ele um dia: "Acabo de receber um estranho cumprimento. A marquesa de... disse-me, olhando-me de

frente: "Cavalheiro, vós não me fareis baixar os olhos com vosso terrível olhar, porque tendes os olhos de Satã". "Bem", – respondeu o médico sorrindo: "Vós a tomastes imediatamente nos braços e a beijastes?".
"Não, fiquei assombrado diante de uma tão brusca apóstrofe."
"Pois bem, meu caro, não retorneis a sua casa: vós a fizestes perder a ideia que alimentava de vós e estais perdido em seu espírito."

É comum dizer-se que o ofício do carrasco é transmitido de pai para filho. Os carrascos têm, pois, filhos? Sem dúvida, visto que não faltam jamais mulheres. Marat tinha uma amante, pela qual era ternamente amado, ele – horrível leproso; mas era também o terrível Marat, que a todos fazia tremer.

Poder-se-ia dizer que o amor, sobretudo na mulher, é uma verdadeira alucinação. A despeito de um outro motivo insensato, ela se decidirá com frequência pelo absurdo. Ludibriar Gioconda por causa de um tesouro escondido? Que horror! Pois bem, se é um horror, por que não realizá-lo? É tão agradável fazer-se de vez em quando um pequeno horror!

Dado tal conhecimento transcendental da mulher, existe uma seguinte manobra a se levar a cabo para atrair sua atenção: essa manobra consiste em não se ocupar com ela ou fazê-lo de modo a humilhar seu amor próprio, tratando-a como uma menina e não deixando nem sequer entrever a ideia de cortejá-la. Então os papéis serão trocados: ela tudo fará para te tentar, ela te iniciará nos segredos que as mulheres mantêm reservados, ela se vestirá e se despirá diante de ti, dizendo coisas como estas: "Entre mulheres – entre velhos amigos – não vos temo – vós não sois um homem para mim", etc., etc. Depois ela observará teus olhares e se os surpreender tranquilos, indiferentes, se sentirá ultrajada, se aproximará de ti com um pretexto qualquer, te tocará com seus cabelos, deixará que seu *peignoir* se entreabra... Até mesmo constata-se em circunstâncias tais algumas se arriscarem a um assalto, não por ternura mas por curiosidade, por impaciência e porque se sentem excitadas.

A um mago que tenha espírito bastam esses filtros; dispõe também de palavras enganosas, sopros magnéticos, contatos ligeiros mas voluptuosos, com uma espécie de hipocrisia, como se não pensasse nisso. Os que necessitam ministrar beberagens devem ser velhos néscios, feios, impotentes. E então, para que os filtros? Todo homem que é verdadeiramente um homem tem sempre à sua disposição os meios para se fazer amar, desde que não se empenhe em tomar uma praça já ocupada. Seria soberanamente imprudente empreender a conquista de uma jovem casada por amor durante as primeiras delícias de sua lua-de-mel ou de uma Clarice que já tivesse um Lovelace, que a torna muito infeliz e cujo amor reprova amargamente.

    Não discorreremos aqui a respeito das abominações da magia negra com relação aos filtros. Encerramos com a cozinha de Canídia. Pode-se ver nos *Epodos* de Horácio como essa abominável bruxa de Roma compunha seus venenos e pode-se, a respeito dos sacrifícios e encantamentos de amor, voltar a ler as *Églogas* de Teócrito e de Virgílio, em que as cerimônias desse gênero de operações mágicas são descritas minuciosamente. Não transcreveremos aqui as receitas dos grimórios, nem do *Pequeno Alberto*, que todos podem consultar. Todas essas diferentes práticas participam do magnetismo ou da magia envenenadora e são ou ingênuas, ou criminosas. As beberagens que debilitam o espírito e perturbam a razão podem assegurar o império já conquistado por uma vontade perversa e foi assim, segundo dizem, que a imperatriz Cesônia conquistou o amor feroz de Calígula. O ácido prússico é o mais terrível agente desse envenenamento do pensamento. Por isso, deve-se tomar cuidado com todas as destilações que tenham o sabor de amêndoas, afastar da alcova as amendoeiras e as daturas, os sabonetes e os leites de amêndoas e, em geral, todas as composições de perfumaria nas quais se destaca o cheiro de amêndoa, especialmente se sua ação sobre o cérebro for secundada pela do âmbar.

    Diminuir a ação da inteligência é aumentar proporcionalmente as forças de uma paixão insensata. O amor, tal e como o querem inspirar os malfeitores de que falamos aqui, seria um verdadeiro envilecimento e a mais vergonhosa de todas as servidões morais. Quanto mais excitamos um escravo, mais o tornamos incapaz de sua libertação e aqui se acha verdadeiramente o segredo da magia de Apuleio e das beberagens de Circe.

    O uso do tabaco, seja como rapé, seja como fumo, é um auxiliar perigoso dos filtros estupefacientes e dos envenenamentos da razão. A nicotina, como se sabe, não é um veneno menos violento que o ácido prússico e é encontrada em maior quantidade no tabaco do que o ácido em questão nas amêndoas.

    A absorção de uma vontade por outra altera com frequência toda uma série de destinos e não é apenas por nós mesmos que devemos nos manter atentos com nossos relacionamentos, e aprender a distinguir as atmosferas puras das impuras; porque os verdadeiros filtros, os filtros mais perigosos são invisíveis; são as correntes de luz astral radiante que, se mesclando e se alterando, produzem as atrações e as simpatias, como as experiências magnéticas comprovam, sem deixar margem para dúvida.

Na história da Igreja fala-se de um heresiarca chamado Marco que enlouquecia todas as mulheres sobre as quais soprava, mas seu poder foi destruído por uma valorosa cristã que soprou antes sobre ele, dizendo-lhe: "Que Deus te julgue!".

O cura Gaufridy, que foi queimado por bruxaria, afirmava que todas as mulheres que ele soprava apaixonavam-se por ele.

O celebérrimo padre Girard, jesuíta, foi acusado pela srta. Cadière, sua penitente, de fazê-la perder completamente o juízo soprando sobre ela. Necessitava de tal desculpa para atenuar o horror e o ridículo de suas acusações contra esse padre, cuja culpabilidade nunca pôde ser provada completamente, mas que de bom grado ou de má vontade havia certamente inspirado uma vergonhosa paixão nessa desgraçada moça.

"Tendo enviuvado em 16..., a sra. Ranfaing – escreve Dom Calmet em seu *Tratado sobre as Aparições* – foi pedida em casamento por um médico chamado Poirot.

"Tendo recebido como resposta uma recusa, administrou-lhe, em um primeiro momento, filtros para se fazer amar, o que causou enormes transtornos na saúde da sra. Ranfaing. Posteriormente, coisas tão extraordinárias ocorreram com a citada dama que a julgaram possessa e os médicos, declarando-se incapazes de diagnosticar seu mal, recomendaram os exorcismos da Igreja.

"Mais tarde, por ordem do sr. de Porcelets, bispo de Toul, foram para ela nomeados como exorcistas o sr. Viardin, doutor em teologia, conselheiro de Estado do duque de Lorena, um jesuíta e um capuchinho. Mas, no curso desses exorcismos, quase todos os religiosos de Nancy, inclusive o referido sr. bispo, que era de Trípoli, sufragante de Estrasburgo, e o sr. de Sancy, embaixador do muito cristão rei em Constantinopla e então cura do Oratório, Carlos de Lorena, bispo de Verdun, dois doutores da Sorbonne, enviados explicitamente para assistir aos exorcismos, a exorcizaram muitas vezes em hebraico, grego e latim, respondendo-lhes ela sempre de uma maneira obstinada nesses idiomas, quando era notório que apenas sabia ler o latim.

"Consta no certificado outorgado pelo especialista em hebraico Nicholas de Harlay que a sra. Ranfaing estava realmente possuída e que lhe havia respondido somente pelo movimento dos lábios, sem que ele pronunciasse palavra alguma e lhe dera muitas provas de sua possessão. O sr. Garnier, doutor da Sorbonne, tendo também lhe dirigido não poucas palavras em hebraico, teria recebido respostas de maneira insistente, mas em francês, dizendo-lhe ela que o pacto era para não falar mais senão na língua ordinária. O Demônio havia acrescentado: *Não basta te demonstrar que entendo o que me dizes?* O próprio sr. Garnier, falando-lhe em grego, tomou inadvertidamente, um caso pelo outro. A possessa, ou melhor, o Diabo, lhe disse: *Estás equivocado.* O doutor lhe replicou em grego: Demonstra-me meu erro, ao que o Diabo respondeu: *Contenta-te por eu ter te indicado que erraste, nada mais te direi.* O doutor lhe disse, sempre em grego, que se calasse e ele respondeu: *Tu me mandas calar-me e a mim não dá vontade de calar-me.*"

Esse notável exemplo de afecção histérica levada até o êxtase e à demonomania, depois de um filtro administrado por um homem que se acreditava bruxo, demonstra melhor nossas teorias do que tudo que poderíamos advogar relativamente à onipotência da vontade e da imaginação, atuando uma sobre a outra, e a estranha lucidez dos extáticos e sonâmbulos, que captam a palavra lendo-a no pensamento, sem ter necessidade da ciência da linguagem. Não ponho em dúvida nem por um instante a sinceridade da testemunha citada por dom Calmet. Surpreendo-me apenas com o fato de homens tão sérios, tão sisudos, não terem atentado para a dificuldade do suposto Demônio de lhes falar em um idioma estranho ao da enferma. Se seu interlocutor fosse o que eles tomavam por um demônio, não só compreenderia o grego como também lhes teria falado em grego. Uma coisa não custa mais do que a outra para um espírito tão sábio quanto maligno.

Dom Calmet não se detém aqui na história da sra. Ranfaing; relata toda uma série de perguntas insidiosas e ordens pouco ajuizadas por parte dos exorcistas, e outra série de respostas, mais ou menos incongruentes, da pobre enferma, sempre extática e sonâmbula. Como era de esperar, o bom padre não deixa de extrair daí as conclusões luminosas deste outro bom sr. De Mirville. As coisas ocorrendo muito acima da inteligência dos assistentes dever-se-ia concluir ser tudo ser obra do inferno. Bela e sábia conclusão! O que há de mais sério nesse assunto é que o médico, o dr. Poirot, foi condenado em julgamento como mago; confessou, como sempre mediante tortura, e foi queimado. Se tivesse realmente, por meio de um filtro qualquer, atentado contra a razão da dama mencionada, mereceria ser punido como envenenador, e isto é tudo que podemos dizer.

Mas os mais terríveis filtros são as exaltações místicas de uma devoção mal entendida. Que impurezas poderão igualar as tentações de Santo Antônio e os tormentos de Santa Teresa de Jesus e de Santa

Ângela de Foligny? Essa última aplicava um ferro em brasa à sua sublevada carne e considerava o fogo material de uma frescura infinita frente aos seus ocultos ardores. Com que violência não solicita a natureza o mesmo que se recusa a ela e qual não teria de ser o esforço da vontade para resistir? Foi por meio do misticismo que começaram os supostos enfeitiçamentos das Magdalenas Bavan e das srtas. de la Palud e de la Cadière. O excessivo temor diante de uma coisa a torna quase sempre inevitável. Seguindo-se as duas curvas de um círculo chega-se ao mesmo ponto. Nicholas Remigius, juiz criminal de Lorena, que mandou queimar vivas 800 mulheres como bruxas, via a magia em todos os lugares – era sua ideia fixa, sua loucura. Queria pregar e realizar uma cruzada contra os bruxos dos quais achava que a Europa estava repleta e, desesperado por não ter recebido crédito nisso, sob palavra, quando sustentava que quase todos eram culpados da prática da magia, concluiu por declarar-se ele mesmo um bruxo, e foi queimado por causa de suas próprias afirmações insistentes.

Para proteger-se das más influências, a primeira condição desejável seria, portanto, conseguir impedir a exaltação da imaginação. Todos os exaltados estão mais ou menos loucos e sempre se domina um louco tratando-o por meio de sua própria loucura. Coloca-te acima de todo temor pueril e dos desejos vagos; crê na suprema sabedoria e permanece convicto que essa suprema sabedoria te outorgou a inteligência como único meio de conhecê-la, pelo que não pode te armar laços contra tua inteligência e tua razão. Em todas as partes verás ao teu redor efeitos proporcionais às causas; verás as causas orientadas e alteradas no domínio do homem pela inteligência; verás, em suma, o bem ser mais forte e mais estimado que o mal – como poderias supor no infinito uma desrazão imensa, quando existe razão no finito? A verdade não se oculta a ninguém. Deus está visível em suas obras e não exige dos seres nada que seja contrário às leis da natureza, da qual ele mesmo é o autor. A fé e a confiança. Tem fé não nos homens que falam mal da razão, porque esses são insanos ou impostores, mas sim na eterna razão, que é o verbo divino, essa luz verdadeira oferecida como o Sol à intuição de toda criatura humana que vem ao mundo.

Se crês na razão absoluta e se desejas mais do que qualquer outra coisa a verdade e a justiça, não deves temer a ninguém e só amarás aqueles que são dignos de teu amor. Tua luz natural rechaçará instintivamente a dos malvados porque cairá sob o domínio da tua vontade. Assim, mesmo as próprias substâncias venenosas que poderiam te administrar não afetarão tua inteligência. Poderão adoecer-te; não poderão, contudo, tornar-te criminoso.

O que contribui para a histeria das mulheres é sua educação frouxa e hipócrita. Se fizessem mais exercícios, se lhes ensinassem as coisas do mundo mais franca e liberalmente que o que é de costume, seriam menos caprichosas, menos vãs, menos fúteis e, consequentemente, menos acessíveis às más seduções. A fraqueza sempre simpatiza com o vício porque esse é uma fraqueza com aparência de força. A loucura tem horror à razão e se compraz em tudo com os exageros da mentira. Cura, pois, em primeiro lugar, tua inteligência enferma. A causa de todos os enfeitiçamentos, o veneno de todos os filtros, o poder de todos os feiticeiros aí residem.

Quanto aos narcóticos e outros venenos que poderiam nos administrar, é assunto da medicina e da justiça. Entretanto, não cremos que tais enormidades ocorram muito nos nossos dias. Os Lovelace não adormecem mais as Clarices senão por meio de galanteios, e as beberagens, tanto quanto os raptos perpetrados por homens mascarados e os cativeiros em subterrâneos, não acontecem mais nem sequer no romance moderno. Cumpre, pois, relegar tudo isso ao confessionário dos penitentes negros ou às ruínas do castelo de Udolph.

XIX
O MAGISTÉRIO DO SOL

Chegamos ao número que no tarô está marcado com o signo do Sol. O denário de Pitágoras e o ternário multiplicado por si mesmo representam, realmente, a sabedoria aplicada em absoluto. É, portanto, do absoluto que vamos falar aqui.

Descobrir o absoluto no infinito, no indefinido e no finito, tal é a grande obra dos sábios e aquela que Hermes chama de a obra do Sol.

Descobrir as bases indestrutíveis da verdadeira fé religiosa, da verdade filosófica e da transmutação metálica é todo o segredo de Hermes, é o achado da pedra filosofal.

Essa pedra é una e múltipla; é decomposta pela análise e recomposta pela síntese. Na análise é um pó, o pó de projeção dos alquimistas; antes da análise e na síntese é uma pedra.

A pedra filosofal – dizem os mestres – não deve ser exposta ao ar nem aos olhares profanos; é preciso mantê-la oculta e conservá-la com cuidado no canto mais secreto do laboratório e portar sempre consigo a chave do lugar em que está encerrada.

Aquele que possui o grande arcano é um rei verdadeiro e mais que um rei porque é inacessível a todos os temores e a toda esperança vã. Em todas as enfermidades da alma e do corpo, uma única partícula destacada da preciosa pedra, um só grão do pó divino, são mais que suficientes para curá-lo. "Quem tiver ouvidos para ouvir, que ouça!" – disse o Mestre.

O sal, o enxofre e o mercúrio são apenas elementos acessórios e instrumentos passivos da grande obra. Tudo depende, como já afirmamos, do *magnes* interior de Paracelso. Toda a obra está resumida na *projeção* e a projeção ocorre perfeitamente pela inteligência efetiva e realizável de uma única palavra.

Só existe uma operação importante na obra, a qual consiste na *sublimação*, que não é outra coisa, segundo Geber, senão a elevação da coisa seca por meio do fogo, com aderência ao seu próprio vaso.

Aquele que deseja atingir a inteligência da grande palavra e a posse do grande arcano deve, depois de haver meditado *sobre* os princípios de nosso *Dogma*, ler com atenção os filósofos herméticos e assim chegará, sem dúvida, à iniciação, como outros chegaram. Mas é necessário tomar como chave de suas alegorias o dogma único de Hermes encerrado em sua tábua de esmeralda e seguir para classificar os conhecimentos e dirigir a operação à ordem indicada no alfabeto cabalístico do tarô, do qual damos a explicação completa e absoluta no último capítulo desta obra.

Entre os livros raros e preciosos que contêm os mistérios do grande arcano, é preciso citar em primeiro lugar a *Senda Química* ou *Manual de Paracelso*, que contém todos os mistérios da física demonstrativa e da mais secreta Cabala. Esse livro em manuscrito, precioso e original, só pode ser encontrado na Biblioteca do Vaticano. Sendivogius tirou uma cópia da qual o barão de Tschoudy se serviu para compor um catecismo hermético contido em sua obra intitulada *A Estrela Flamejante*. Esse catecismo, que indicamos aos sábios cabalistas como capaz de substituir o incomparável tratado de Paracelso, encerra todos os verdadeiros princípios da grande obra de um modo tão satisfatório e tão claro que é preciso não dispor em absoluto da inteligência especial do ocultismo para não chegar à verdade absoluta, meditando sobre ele. Vamos fazer uma análise sucinta, acompanhada de algumas palavras de comentário.

Raymundo Llullio, um dos grandes e sublimes mestres da ciência, disse que para fazer ouro era preciso primeiramente ter ouro. Não se faz nada a partir do nada. A riqueza não é absolutamente criada – é aumentada e multiplicada. Que os aspirantes da ciência compreendam bem que não há como exigir dos Adeptos nem prestidigitação nem milagres. A ciência hermética, como todas as ciências reais, é matematicamente demonstrável. Seus resultados, inclusive materiais, são tão rigorosos quanto os resultados de uma equação bem elaborada.

O ouro hermético não é apenas um dogma verdadeiro, uma luz sem sombra, uma verdade sem a liga da mentira, mas também um ouro material, real e puro e mais precioso do que aquele que se pode encontrar nas minas da Terra.

Porém, o ouro vivo, o enxofre vivo ou o verdadeiro fogo dos filósofos devem ser buscados na casa do mercúrio. Esse fogo se alimenta do ar; para expressar seu poder atrativo e expansivo, a melhor comparação que se pode fazer é com o raio que, primordialmente, não é senão uma exalação seca e terrestre, unida ao vapor úmido, mas que, pela força da exalação, chega a assumir natureza ígnea, opera sobre o úmido, que lhe é inerente, o atrai para si e o transmuta em sua natureza, depois do que se precipita rapidamente sobre a terra, onde se vê atraído por uma natureza fixa semelhante à sua.

Tais palavras, na forma enigmáticas mas de conteúdo claro, exprimem nitidamente o que os filósofos entendem por seu mercúrio fecundado pelo enxofre, que se converte em mestre e regenerador do sal e que não é outra coisa senão o *Azoth*, a *magnésia universal*, o grande agente mágico, a luz astral, a luz da vida fecundada pela força anímica, pela energia intelectual, que eles comparam com o enxofre por causa de suas afinidades com o fogo divino. Quanto ao sal, é a matéria absoluta. Tudo que é matéria contém sal e todo sal pode ser convertido em ouro puro pela ação combinada do enxofre e do mercúrio que, às vezes, operam tão rapidamente que a transmutação pode ser feita em um instante, em uma hora, sem fadigas para o operador e quase sem gastos; outras vezes, e segundo as disposições mais contrárias dos agentes atmosféricos, a operação requer muitos dias, muitos meses e algumas vezes até muitos anos.

Como já dissemos, existem na natureza duas leis primárias, duas leis essenciais que produzem, ao se contrabalançar, o equilíbrio universal das coisas: são a fixidez e o movimento, análogos, em filosofia, à verdade e à invenção e, em concepção absoluta, à necessidade e à liberdade, que são a própria essência de Deus. Os filósofos herméticos dão o nome de *fixo* a tudo que é ponderável, a tudo que tende por sua natureza ao repouso central e à imobilidade; chamam de *volátil* tudo que obedece mais natural e mais facilmente à lei do movimento, formando eles sua pedra de análise, ou seja, da volatilização do fixo, depois a da síntese, ou seja, da fixação do volátil, coisa que operam aplicando ao fixo, que eles chamam de seu sal, o mercúrio sulfurado ou a luz da vida, dirigida e tornada onipotente por uma operação secreta. Assim é como se apoderam de toda a natureza e sua pedra se encontra em todas as partes onde haja sal, o que equivale a dizer que nenhuma substância é estranha à grande obra e que podem ser transformadas em ouro mesmo as matérias mais desprezíveis e as mais vis em aparência, o que é verdade no sentido, como já o dissemos, de que contêm todas o sal principiante, representado em nossos emblemas pela pedra cúbica, por si mesma, como se vê no frontispício simbólico e universal das chaves de Basile Valentin.

Saber extrair de toda matéria o sal puro que está nela oculto é deter o segredo da pedra. Essa pedra é, pois, uma pedra salina que o *od* ou a luz universal astral decompõe ou recompõe; é una e múltipla porque pode dissolver-se como o sal comum e incorporar-se a outras substâncias. Obtida pela análise, poderia ser chamada de *sublimado universal*; encontrada pela via de síntese é a verdadeira *panaceia* dos antigos porque cura todas as enfermidades, sejam da alma, sejam do corpo, e foi chamada de medicina por excelência de toda a natureza. Quando se dispõe, por iniciação absoluta, das forças do agente universal, tem-se sempre essa pedra à disposição, porque a extração dela será então uma operação simples e fácil, bem distinta da projeção ou realização metálica. Essa pedra, no estado de sublimado, não deve ser deixada em contato com o ar atmosférico, que poderia dissolvê-la parcialmente e fazê-la perder sua virtude. Seria perigoso, inclusive, respirar suas emanações. O sábio a conserva com agrado em seus envoltórios naturais, seguro como se encontra de poder extraí-la com um único esforço de sua vontade e uma só aplicação do agente universal, dos envoltórios que os cabalistas chamam de *cascas*. É para expressar hieroglificamente essa lei de prudência que atribuem ao seu mercúrio, personificado no Egito por Hermanubis, uma cabeça de cão, e ao seu enxofre, representado pelo Bafomé do templo ou o príncipe do sabá, a cabeça de bode que tanto desacreditou as sociedades ocultas da Idade Média.*

---

* Para a obra mineral, a matéria-prima é exclusivamente mineral, porém não é um metal. É um sal metalizado. Essa matéria é chamada de vegetal porque se assemelha a uma fruta; também a chamam de matéria animal porque segrega uma espécie de leite e uma espécie de sangue. Ela, apenas, contém o fogo que deve dissolvê-la (NA).

XX
A TAUMATURGIA

Definimos os milagres como efeitos naturais de causas excepcionais. A ação imediata da vontade humana sobre os corpos ou, pelo menos, essa ação exercida sem meio visível, constitui um milagre na ordem física.

A influência exercida sobre as vontades, ou sobre as inteligências, seja repentinamente, seja em um tempo determinado e capaz de aprisionar os pensamentos, de alterar as resoluções mais firmes, de paralisar as mais violentas paixões, essa influência, enfim, constitui um milagre na ordem moral.

O erro comum relativo aos milagres é julgá-los efeitos sem causas, como contradições de natureza, como resoluções bruscas da imaginação divina; e não se pensa que um só milagre de tal espécie destruiria a harmonia universal e submergiria o Universo no caos.

Há milagres impossíveis mesmo para o próprio Deus. São esses os milagres absurdos. Se Deus pudesse ser absurdo um só instante, nem ele nem o mundo existiriam um instante depois. Esperar do árbitro divino um efeito do qual se desconhecesse a causa, ou cuja causa não existisse, é o que se chama tentar a Deus; isto é simplesmente precipitar-se no vazio.

Deus age por suas obras; no céu opera por meio de seus anjos e na terra por meio dos homens. Assim, na esfera da ação dos anjos, esses podem tudo o que seja possível para Deus, e na esfera da ação dos homens, esses dispõem igualmente da onipotência divina.

No céu das concepções humanas é a humanidade que cria Deus, e os homens pensam que Deus os fez segundo sua imagem, porque eles o fazem segundo a sua.

O domínio do homem abarca toda a natureza corporal e visível sobre a Terra e se não rege nem os grandes astros nem as estrelas, pode, pelo menos, calcular seu movimento, medir sua distância e identificar sua vontade com sua influência; pode modificar a atmosfera, operar, até certo ponto, sobre as estações do ano, curar e adoecer seus semelhantes, conservar a vida e matar, entendendo nós por conservar a vida, como já dissemos, ressuscitar em certos casos.

O absoluto em razão e em vontade é o maior poder atingível pelo homem e é por meio deste poder que ele realiza o que a multidão admira sob o nome de milagre.

A mais perfeita pureza de intenção é indispensável ao taumaturgo; depois necessita uma corrente favorável e uma confiança ilimitada.

O homem que logrou nada ambicionar e nada temer é o senhor de tudo. É isto que exprime aquela bela alegoria do Evangelho, na qual se vê o filho de Deus três vezes triunfal sobre o espírito impuro, ser servido no deserto pelos anjos.

Nada sobre a Terra resiste a uma vontade razoável e livre: quando o sábio diz *eu quero*, é o próprio Deus que quer, e tudo quanto ordena se realiza.

É a ciência e a confiança do médico que transmitem virtude aos medicamentos e não existe outra medicina real e eficaz senão a taumaturgia.

Por isso a terapêutica oculta exclui toda medicamentação vulgar. Emprega, especialmente, as palavras, as insuflações, e comunica por meio da vontade uma virtude variada às substâncias mais simples: a água, o óleo, o vinho, a cânfora, o sal. A água dos homeopatas é verdadeiramente uma água magnetizada e encantada que opera pela fé. As substâncias que a ela são adicionadas em quantidades, por assim dizer, infinitesimais, são a consagração e como se fossem os signos da vontade do médico.

O que se chama vulgarmente de charlatanismo constituirá um grande meio de sucessos reais em medicina, se esse charlatanismo for bastante hábil para inspirar uma grande confiança e formar um círculo de fé. Em medicina é especialmente a fé que salva.

Não existe quase povoado ou aldeola que não conte com um indivíduo de um sexo ou outro que se dedica ao exercício da medicina oculta e tais pessoas alcançam sempre, em todas as partes, sucesso incomparavelmente superior que o alcançado pelos médicos aprovados nas universidades. Os remédios que receitam são frequentemente ridículos ou extravagantes e curam ainda mais na proporção do grau de fé que produzem tanto nos pacientes enfermos quanto no operador.

Um amigo nosso, antigo negociante, homem de um caráter incomum e de um sentimento religioso muito exaltado, depois de ter se retirado do comércio, devotou-se ao exercício gratuito, caritativo e cristão da medicina oculta em uma província da França. Empregava como específico apenas o óleo, as insuflações e as preces. Foi tentado um processo contra ele por exercício ilegal da medicina, ficando provado publicamente que no período aproximado de cinco anos lhe foram atribuídas 10 mil curas e que o número de crentes aumentava incessantemente, em uma proporção capaz de alarmar seriamente todos os médicos do país.

Vimos em Mans uma pobre religiosa, a que consideravam um tanto idiota, que curava todos os enfermos dos campos próximos com um elixir e um esparadrapo de sua invenção. O elixir era para uso interno, o esparadrapo para uso externo, de modo que nada escapava a essa panaceia universal. O emplastro só era pregado à pele nos pontos em que sua aplicação era necessária; aliás em todos os pontos simplesmente se enrolava sobre si mesmo e caía – pelo menos era isso que dizia a boníssima irmã e o que seus enfermos asseguravam. Essa taumaturga teve também seu processo, pois seu curandeirismo empobrecia todos os médicos do país. Foi rigorosamente enclausurada, mas pouco demorou para que fosse necessário liberá-la uma vez por semana para o carinho e a fé dos membros do povo. Presenciamos, em um dia de consultas de sóror Joana Francisca, camponeses, que chegavam na véspera, aguardar sua vez deitados à porta do convento; haviam dormido no solo duro e esperavam, para retomar ao seu povoado, apenas o elixir e o esparadrapo da boa irmã.

O remédio era o mesmo para todas as enfermidades e assim se tinha a impressão que a bondosa irmã nem necessitava conhecer os sofrimentos de seus doentes. Contudo, escutava-os com a maior atenção e só lhes confiava seu específico com conhecimento de causa. Aqui se achava o segredo mágico. O direcionamento da intenção conferia ao remédio sua virtude especial. Por si só o remédio era insignificante. Tratava-se apenas de uma aguardente aromatizada e misturada com o suco de ervas amargas. O emplastro era feito de uma mistura análoga à teriaga na cor e no cheiro; era, talvez, resina de Borgonha opiada. Seja lá o que fosse, o específico operava maravilhas e ganharia péssima imagem entre aqueles camponeses alguém que pusesse em dúvida os milagres da abnegada irmã.

Conhecemos, também nas proximidades de Paris, um velho jardineiro taumaturgo que realizava também maravilhosas curas e que colocava em seus frascos o suco de todas as ervas de São João. Esse jardineiro tinha um irmão, um cético que zombava do curandeiro. O pobre jardineiro, mortificado com os sarcasmos do descrente, começou a duvidar de si mesmo; os milagres cessaram; os enfermos perderam a confiança e o taumaturgo, caído e desesperado, enlouqueceu e morreu na insanidade.

O abade Thiers, cura de Vibraie, em seu curioso *Tratado das Superstições*, conta que uma mulher, acometida de um caso aparentemente desesperador de oftalmia, tendo sido súbita e misteriosamente curada, foi confessar a um sacerdote que havia recorrido à magia. Importunara durante muito tempo um clérigo, que supunha ser um mago, para que lhe desse um caráter que, usado, a curasse e o clérigo lhe dera um pergaminho enrolado, recomendando-lhe que se lavasse três vezes ao dia com água fresca. O sacerdote fez com que lhe fosse levado o tal pergaminho, descobrindo estar nele escritas as seguintes palavras: *Eruat diabolus oculos tuos et repleat stercoribus loca vocantia*. Traduzidas essas palavras para a boa mulher, esta ficou estupefata mas nem por isso deixou de estar menos curada.

A insuflação é uma das mais importantes práticas da medicina oculta porque é um signo perfeito da transmissão da vida. Inspirar, com efeito, quer dizer soprar sobre alguém ou sobre alguma coisa e já sabemos pelo dogma único de Hermes que a virtude das coisas criou as palavras e que existe uma proporção exata entre as ideias e as palavras, que são as formas primeiras e as realizações verbais das ideias.

Segundo seja o sopro quente ou frio, é atrativo ou repulsivo. O sopro quente corresponde à eletricidade positiva, o frio à negativa. Assim, os animais elétricos e nervosos temem o sopro frio, como se pode comprovar soprando sobre um gato que se revele inoportuno por sua familiaridade. Olhando fixamente para um leão ou um tigre e soprando-lhes na face os deixaríamos assustados a ponto de obrigá-los a se retirar e retroceder ante nós.

A insuflação quente e prolongada restabelece a circulação sanguínea, cura as dores do reumatismo e da gota, restabelece o equilíbrio dos humores e elimina a fraqueza; constitui um calmante geral se provir de alguém bondoso e simpático. A insuflação fria aplaca as dores originadas de congestões e acumulações fluídicas. É necessário alternar essas duas classes de insuflação, observando a polaridade do organismo humano e operando de maneira oposta sobre os polos, que se submeterão um após o outro a um magnetismo contrário; constitui um calmante geral se provir de alguém bondoso e simpático. Assim, para curar um olho acometido de inflamação, será preciso insuflar quente e suavemente o olho são, depois praticar sobre o olho inflamado insuflações frias à distância e nas exatas proporções das quentes. Os passes magnéticos atuam como o sopro e são um sopro real por transpiração e irradiação de ar interior, todo fosforescente de luz vital; os passes lentos são um sopro quente que une e exalta os ânimos; os passes rápidos são um sopro frio que dispersa as forças e neutraliza as tendências à congestão. O sopro quente deve ser feito transversalmente ou de baixo para cima; o sopro frio tem mais força se for dirigido de cima para baixo.

Não respiramos apenas pelo nariz e pela boca. A porosidade geral de nosso corpo é um verdadeiro aparelho respiratório, insuficiente, sem dúvida, mas utilíssimo à vida e à saúde. As extremidades dos dedos, que são terminais para todos os nervos, fazem irradiar a luz astral ou a aspiram, segundo nossa vontade. Os passes magnéticos sem contato são um sopro simples e ligeiro; o contato acresce ao sopro impressão simpática equilibrante. O contato é bom e até necessário para prevenir as alucinações no começo do sonambulismo. É uma comunhão de realidade física que adverte o cérebro e chama à ordem a imaginação que se desvia; mas não deve ser excessivamente prolongado quando o objetivo é unicamente a magnetização. Se o contato absoluto e prolongado for útil em certos casos, a ação a ser exercida então sobre o paciente se referirá mais propriamente à incubação ou à massagem do que ao magnetismo propriamente dito.

Damos exemplos de incubação extraídos do livro mais respeitado entre os cristãos. Tais exemplos se referem todos à cura das letargias tidas como incuráveis, já que concordamos em assim chamar as ressurreições. Quanto à massagem, acha-se ainda em grande uso entre os orientais, que a praticam nos banhos públicos e se sentem muito bem com ela. É todo um sistema de fricções, trações, pressões exercidas ampla e lentamente em todos os membros e todos os músculos e cujo resultado é um novo equilíbrio das forças, uma plena sensação de repouso e bem-estar com renovação bastante sensível de agilidade e vigor.

Todo o poder do médico ocultista está na consciência de sua vontade e toda sua arte consiste em produzir fé no seu paciente. Se podeis crer, diz o Mestre, tudo é possível para aquele que crê. É imperioso dominar o paciente por meio da fisionomia, do tom, do gesto, inspirar a confiança com maneiras paternais, fazê-lo rir mediante algum alegre discurso. Rabelais, que era mais mago do que realmente parecia, tomara como panaceia especial o pantagruelismo. Fazia seus pacientes rirem e todos os remédios que ministrava depois revelavam-se mais eficazes; estabelecia entre ele e eles uma simpatia magnética por meio da qual lhes comunicava sua confiança e seu bom humor; elogiava-os em seus prefácios, chamando seus pacientes de muito ilustres e muito preciosos, e lhes dedicava suas obras. Estamos convencidos de que Gargântua e Pantagruel curaram mais humores negros, mais predisposições à demência, mais manias atrabiliárias nessa época de ódios religiosos e guerras civis do que toda a Faculdade de Medicina então teria podido comprovar e estudar.

A medicina oculta é essencialmente simpática. É preciso que uma afeição mútua ou, pelo menos, uma boa vontade real se instaure entre o médico e o enfermo. Os xaropes e julepos não têm virtude própria; o que é atuante é a opinião comum entre agente e paciente e por isso a medicina homeopática os suprime sem inconvenientes consideráveis. O óleo e o vinho combinados, seja com sal ou com cânfora, poderiam bastar para a cura de todos os tipos de ferimentos e para as fricções externas ou aplicações calmantes. O óleo e o vinho são os medicamentos por excelência da tradição evangélica. É o bálsamo do samaritano, e no Apocalipse o profeta, ao descrever grandes calamidades, roga aos poderes vingadores que poupem o óleo e o vinho, ou seja, que deixem uma esperança e um remédio para tantos ferimentos. O que é chamado entre nós de extrema-unção era entre os primeiros cristãos e na intenção do apóstolo Tiago, que consignou o preceito em sua epístola aos fiéis de todo o mundo, a prática pura e simples da medicina tradicional do Mestre. "Se algum de vós está enfermo, – escreve – que faça vir os anciãos da Igreja, que orarão sobre ele e lhe aplicarão unções de óleo invocando o nome do Mestre." Essa terapêutica divina foi gradativamente perdida e foi adquirido o costume de considerar a extrema-unção como uma formalidade religiosa necessária antes de morrer. Contudo, a virtude taumatúrgica do óleo santo não podia ser esquecida completamente por meio do dogma tradicional e isto é lembrado na passagem do catecismo que se refere a esse sacramento.

O que curava, sobretudo, entre os primeiros cristãos eram a fé e a caridade. A maior parte das doenças tem sua origem nas desordens morais; é necessário começar por curar a alma, e o corpo será curado facilmente em seguida.

XXI
A CIÊNCIA DOS PROFETAS

Este capítulo é dedicado à adivinhação.

A adivinhação em seu sentido mais amplo e conforme a significação gramatical do vocábulo é o exercício do poder divino e a realização da ciência divina.

É o sacerdócio do mago.

Todavia, a adivinhação na opinião geral se refere mais especialmente ao conhecimento das coisas ocultas.

Conhecer os pensamentos mais secretos dos homens; penetrar os mistérios do passado e do futuro, evocar de século em século a revelação rigorosa dos efeitos pela ciência exata das causas, eis aqui o que se denomina universalmente adivinhação.

De todos os mistérios da natureza, o mais profundo é o mistério do coração humano e, no entanto, a natureza não permite que tal profundidade seja inacessível. A despeito da mais profunda dissimulação, a despeito da política mais hábil, a natureza traça por si mesma e deixa entrever nas formas do corpo, na luz dos olhares, nos movimentos, no modo de andar, na voz, enfim, mil indícios reveladores.

O perfeito iniciado não tem sequer necessidade desses indícios. Vê a verdade na luz, sente uma impressão que lhe manifesta o homem inteiro, atravessa os corações com seu olhar e deve mesmo fingir ignorar para desarmar assim o medo ou o ódio dos maus, os quais ele conhece bem.

O homem que tem consciência pesada crê constantemente que é alvo de acusação ou de suspeita; reconhece-se em qualquer sátira coletiva, julgando-a feita expressamente para ele, e dirá alto que o caluniam. Sempre desconfiado, mas sempre tão curioso quanto tímido, permanece diante do mago como o Satã da parábola ou como os escribas que o interrogavam para tentá-lo. Continuamente obstinado e constantemente débil, o que receia, acima de tudo, é reconhecer suas falhas. O passado o inquieta, o futuro o assusta; desejaria transigir consigo e crer-se um homem de bem e de fáceis condições. Sua vida é uma luta contínua entre boas aspirações e maus costumes; crê-se filósofo, à maneira de Arístipo ou Horácio, aceitando toda a corrupção de seu século como uma necessidade que é preciso sofrer; depois distrai-se com algum passatempo filosófico e se apresenta de bom grado com o sorriso protetor de Mecenas para se persuadir de que não é simplesmente um explorador da fome em cumplicidade com Verre ou um complacente de Trimalcion.

Tais homens são sempre exploradores, mesmo que realizem boas obras. Se resolverem oferecer um donativo à assistência pública, adiarão sua dádiva para reter o juro. Esse tipo humano no qual me detenho intencionalmente não é um caso particular; representa toda uma classe de homens, com os quais o mago está sujeito, principalmente no nosso século, a se encontrar em frequente relação. Que se atenha à desconfiança de que eles mesmos lhe darão prontamente o exemplo porque encontrará sempre neles seus amigos mais comprometedores e seus inimigos mais perigosos.

O exercício público da adivinhação não poderia ser compatível hoje com o caráter de um verdadeiro Adepto porque em muitas ocasiões teria o Adepto de apelar para a farsa e a prestidigitação para maravilhar seu público e conservar sua clientela. Os adivinhos e as adivinhas famosos contam sempre com uma polícia secreta que os informa continuamente sobre a vida íntima e os hábitos dos clientes que os consultam. Na antecâmara é estabelecida toda uma telegrafia de sinais com o gabinete de consultas; dá-se um número ao cliente que não se conhece ainda e aparece pela primeira vez; indica-se um dia para ele e é então seguido; é preciso falar com as porteiras, com as criadas e até com as vizinhas, chegando desse modo a conhecer certos detalhes da vida íntima, que não deixarão de maravilhar o consultante ingênuo e proporcionar ao charlatão a estima que seria preciso reservar para a verdadeira ciência e a escrupulosa adivinhação.

A adivinhação dos eventos do futuro só é possível para aqueles cuja realização já está contida, em sua causa. A alma, olhando através do sistema nervoso totalmente encerrado no círculo da luz astral que influencia um homem e dele recebe uma influência, a alma do adivinho, repetimos, pode abranger em uma só intuição tudo quanto esse homem ergueu ao redor de si de ódio ou de amor; pode ler suas intenções em seu casamento, prever os obstáculos que encontrará no seu caminho, a morte violenta que talvez o aguarde, porém não pode prever suas determinações particulares, voluntárias, caprichosas instantes depois do término da consulta, a menos que a astúcia do adivinho prepare por si mesma o cumprimento de uma certa profecia. Exemplo – dizes a uma mulher que deseja um marido: "Irás essa noite ou amanhã à noite a tal espetáculo e lá encontrarás um homem que te agradará. Esse homem não sairá dali sem perceber tua presença e, por um concurso extravagante de circunstâncias, isto resultará posteriormente em um matrimônio". Podes ter certeza que a dama irá ao tal espetáculo, ali verá um homem cuja atenção achará ter despertado e aguardará o casamento. Se o matrimônio não se realizar, isso não fará com que percas o crédito da dama, pois ela não desejará perder a esperança de uma nova ilusão, mas sim, ao contrário, voltará a consultar-te com maior frequência ainda.

Dissemos que a luz astral é o grande livro da adivinhação. Aqueles que são aptos para ler tal livro têm essa aptidão inata ou adquirida. Há, assim, dois tipos de videntes: os instintivos e os iniciados. É por isso que as crianças, os ignorantes, os pastores, até mesmo os idiotas têm maior predisposição para a adivinhação natural do que os sábios e os pensadores. Davi, um simples pastor, era profeta, como o foi depois Salomão, o rei dos cabalistas e dos magos. As percepções do instinto são via de regra tão seguras quanto as da ciência. Os menos clarividentes na luz astral são aqueles que mais raciocinam.

O sonambulismo é um estado de pureza instintiva. Assim, os sonâmbulos necessitam ser dirigidos por um vidente da ciência. A única coisa que os céticos e os pensadores podem fazer é desviá-los.

A visão adivinhatória somente se opera em estado de êxtase e para atingir tal estado é preciso tornar impossíveis a ilusão e a dúvida, acorrentando ou adormecendo o pensamento.

Os instrumentos de adivinhação não são, portanto, outra coisa senão os meios para magnetizar a si mesmo e se distrair da luz exterior a fim de estar atento exclusivamente à luz interior. É por isso que Apolônio se envolvia completamente em um manto de lã e fixava, na obscuridade, seu olhar no próprio umbigo. O espelho mágico de du Potet constitui um meio análogo ao de Apolônio. A hidromancia e a visão na unha do polegar, bem igualada e pintada de preto, são variedades do espelho mágico. Os perfumes e as evocações levam o pensamento à letargia; a água ou a cor preta absorvem os raios visuais: é produzida então uma ofuscação, uma vertigem seguida de lucidez nos indivíduos que têm para isso uma aptidão natural ou que estão predispostos convenientemente.

A cartomancia e a geomancia são outros meios para atingir os mesmos fins. As combinações de símbolos e números, sendo ao mesmo tempo fortuitas e necessárias, produzem uma imagem bastante correta das sortes e dos destinos para que a imaginação possa ver as realidades em lugar dos símbolos. Quanto mais excitado se acha o interesse, maior é o desejo de ver e maior é a confiança na intuição e também mais clara é a visão. Lançar ao acaso os pontos da geomancia ou tirar as letras superficialmente é jogar como as crianças, que tiram a letra mais bonita. As sortes somente são oráculos quando estão magnetizadas pela inteligência e dirigidas pela fé.

De todos os oráculos, o tarô é o mais surpreendente por suas respostas, porque todas as combinações possíveis desta chave universal da Cabala apresentam como soluções oráculos de ciência e de verdade. O tarô era o livro único dos antigos magos; é a Bíblia primitiva, como provaremos no próximo capítulo, e os antigos o consultavam como os primeiros cristãos consultariam mais tarde a *Sorte dos Santos*, isto é, versículos da Bíblia tirados ao acaso e determinados pelo pensamento de um número.

A srta. Lenormand, a mais renomada de nossas modernas adivinhas, ignorava a ciência do tarô ou apenas a conhecia por meio de Etteilla, cujas explicações são sombras arremessadas sobre a luz. Nada sabia nem da alta magia nem da Cabala e tinha a cabeça repleta de uma erudição mal dirigida. Mas era intuitiva por instinto e esse a enganava raramente. As obras que nos legou são um discurso confuso, legitimista, adornado de citações clássicas. Contudo, seus oráculos, inspirados pela presença e pelo magnetismo dos consultantes, ofereciam frequentemente coisas surpreendentes. Era uma mulher na qual o desvanecimento da imaginação e a divagação do espírito substituíram sempre as afeições naturais de seu sexo. Viveu e morreu virgem, como as antigas druidesas da ilha de Sayne. Se a natureza a tivesse dotado de alguma beleza teria desempenhado facilmente em épocas remotas com os galeses o papel de uma Melusina ou de uma Veleda.

Quanto mais são as cerimônias empregadas na arte da adivinhação, mais se excita a imaginação dos consultantes e a do operador. O conjuro dos quatro, a oração de Salomão, a espada mágica para afastar os fantasmas podem ser utilizados com êxito. Deve-se também evocar o gênio do dia e da hora em que se opera e oferecer-lhe seu perfume especial; depois o operador coloca-se em relação magnética e intuitiva com a pessoa que consulta, perguntando-lhe com que animal simpatiza e com que antipatiza, que flor aprecia e que cor prefere. As flores, as cores e os animais referem-se na classificação analógica aos sete gênios da Cabala. Aqueles que gostam do azul são idealistas e sonhadores; os que preferem o vermelho são materialistas e coléricos; os apreciadores do amarelo, fantasiosos e caprichosos; os que elegem a cor verde têm frequentemente um caráter mercantilista e dissimulado; os amigos do preto são influenciados por Saturno; o rosa é a cor de Vênus, etc., etc. Aqueles que gostam de cavalos são laboriosos, de caráter nobre e, consequentemente, flexíveis e dóceis; os amigos do cão são amorosos e fiéis, os amigos do gato são independentes e libertinos. As pessoas francas têm sobretudo medo das aranhas, as almas altivas antipatizam com a serpente, as pessoas probas e delicadas não suportam morcegos e ratos, os voluptuosos têm horror ao sapo porque este é frio, solitário, triste e disforme. As flores produzem simpatias análogas às dos animais e das cores e como a magia é a ciência das analogias universais, um único gosto, uma única disposição da pessoa permitem adivinhar todos os outros. Essa é uma aplicação aos fenômenos de ordem moral da anatomia analógica de Cuvier. A aparência do rosto e do corpo, as rugas da fronte, as linhas da mão fornecem também ao magista indícios preciosos. A metoposcopia e a quiromancia chegaram a ser ciências distintas, cujas observações, amiúde arriscadas e puramente conjeturais, foram confrontadas, discutidas e depois reunidas em um corpo de doutrina por Goglieno, Belot, Romphile, Indagine e Taisnier. A obra deste último é a mais considerável e a mais completa e sintetiza e comenta as observações e hipóteses dos outros.

Um observador moderno, o cavalheiro d'Arpentigny, conferiu à quiromancia um novo grau de exatidão por meio de suas anotações a respeito das analogias que realmente existem entre os caracteres das pessoas e a forma, total ou detalhada, de suas mãos. Essa nova ciência foi desenvolvida e precisada posteriormente por um artista, que é ao mesmo tempo um literato repleto de originalidade e fineza. O discípulo superou o mestre e já se cita como um verdadeiro mago em quiromancia o amável e espirituoso Desbarrolles, um dos viajantes a quem apraz rodear-se em seus romances cosmopolitas nosso grande romancista Alexandre Dumas.

É necessário também interrogar o consultante acerca de seus sonhos habituais. Os sonhos são o reflexo da vida interior e exterior. Os filósofos antigos lhes prestavam uma grande atenção. Os patriarcas viam neles revelações seguras e a maioria das revelações religiosas foram feitas em sonhos. Os monstros do inferno são pesadelos do Cristianismo e como observa espirituosamente o autor de Smarra, nunca o pincel ou o buril teriam reproduzido tais horrores se não tivessem sido vistos em sonhos.

Deve-se desconfiar das pessoas que sonham geralmente coisas feias ou monstruosas.

O temperamento também se manifesta pelos sonhos e, como o temperamento exerce sobre a vida uma influência contínua, é preciso conhecê-lo bem para fazer suposições certas sobre o destino da pessoa. Os sonhos de sangue, de prazer e de luz são indícios de um temperamento sanguíneo, aqueles que incluem água, lodo, chuva, lágrimas são o resultado de disposições mais fleumáticas; o calor noturno, as trevas, os terrores, os fantasmas pertencem aos biliosos e aos melancólicos.

Sinésio, um dos maiores bispos cristãos dos primeiros séculos, discípulo da bela e pura Hipatia, martirizada por fanáticos depois de ter sido a mestra da magnífica escola de Alexandria,[57] da qual o Cristianismo deveria compartilhar a herança; Sinésio, poeta lírico como Píndaro e Calímaco, religioso como Orfeu, cristão como Espiridião de Tremithonte, deixou um tratado sobre os sonhos que foi comentado por Cardan. Na atualidade, ninguém mais se ocupa destas magníficas investigações do espírito porque os fanatismos sucessivos quase forçaram o mundo a desesperar do racionalismo científico e religioso. São Paulo queimou Trismegisto; Omar queimou os discípulos de Trismegisto e de São Paulo. Oh, perseguidores! Oh, incendiários! Oh, caçoadores! Quando terminará vossa obra de trevas e de destruição?

Tritêmio, um dos maiores magos do período cristão, abade irrepreensível de um mosteiro de beneditinos, teólogo sábio e mestre de Cornélio Agrippa, deixou entre suas inestimadas e inestimáveis obras um tratado que se intitula *De septem secundeis, id est intelligentiis sive spiritibus orbes post Deum moventibus*. É uma chave de todas as antigas e novas profecias e um meio matemático, histórico e fácil de exceder Isaías e Jeremias na previsão de todos os grandes acontecimentos do futuro. O autor esboça a grandes traços a filosofia da história e divide a existência de todo o mundo entre os sete gênios da Cabala. É a maior e mais ampla interpretação que já se fez desses sete anjos do Apocalipse, que aparecem alternativamente com trombetas e taças para difundir o verbo e a realização do verbo no mundo. O reinado de cada anjo é de 354 anos e quatro meses. O primeiro é Orifiel, o anjo de Saturno, que principiou seu reinado em 13 de março do ano primeiro do mundo (porque o mundo, segundo Tritêmio, foi criado em 13 de março); seu

---

57. Hipatia de Alexandria (370-415 a.D.) pertenceu ao final da segunda fase (inaugurada por *Jâmblico*) do neoplatonismo.

reinado foi o da selvageria e da noite primitiva. Depois veio o império de Anael, o espírito de Vênus, que começou em 24 de junho do ano do mundo 354; então o amor começou a ser o preceptor dos homens; ele criou a família e a família conduziu à associação e à cidade primitiva. Os primeiros civilizadores foram os poetas inspirados pelo amor; depois, a exaltação da poesia produziu a religião, o fanatismo e a libertinagem, que mais tarde produziram o dilúvio. E tudo isto durou até o ano do mundo 708, no oitavo mês, ou seja, até 25 de outubro; e então começou o reinado de Zacariel, o anjo de Júpiter, sob o qual os homens começaram a conhecer e disputar as propriedades dos campos e das habitações. Essa foi a época da fundação das cidades e da circunscrição dos Impérios e a civilização e a guerra foram suas consequências. Logo se experimentou a necessidade do comércio e foi então que no ano do mundo 1063, em 24 de fevereiro, começou o reinado de Rafael, anjo de Mercúrio, o anjo da ciência e do verbo, o anjo da inteligência e da indústria, e então foi quando as letras foram inventadas. O primeiro idioma foi o hieróglifo universal e o monumento que nos resta dele é o livro de Enoque, de Cadmo, de Thot ou de palamedes, a clavícula cabalística adotada mais tarde por Salomão, o livro místico dos *Teraphim*, *Urim* e *Tumim*, a Gênese primitiva do Zohar e de Guillaume Postel, a roda mística de Ezequiel, a rota dos cabalistas, o tarô dos magistas e dos boêmios. E então foram inventadas as artes e a navegação foi ensaiada pela primeira vez; as relações foram ampliadas, as necessidades se multiplicaram e logo chegou, ou seja, em 26 de junho do ano 1417, o reinado de Samael, o anjo de Marte, época da corrupção de todos os homens e do dilúvio universal. Depois de uma longa decadência, o mundo se esforçou para renascer sob o império de Gabriel, o anjo da Lua, que principiou seu reinado em 28 de março do ano do mundo 1371; então a família de Noé se multiplicou e povoou todas as regiões da Terra depois da confusão de Babel, até o reinado de Miguel, o anjo do Sol, que começou em 24 de fevereiro do ano do mundo 2126, e é a essa época que se deve atribuir a origem das primeiras dominações, o Império dos filhos de Nemrod, o nascimento das religiões e das ciências sobre a Terra e os primeiros conflitos do despotismo e da liberdade. Tritêmio prossegue esse estudo curiosíssimo através das eras e mostra nas próprias épocas o retorno às ruínas, em seguida a civilização renascente mediante a poesia e o amor, os impérios restabelecidos pela família, engrandecidos pelo comércio, destruídos pela guerra, reparados pela civilização universal e progressiva, logo absorvidos por outros grandes impérios, que são a síntese da história. O trabalho de Tritêmio é, sob esse ponto de vista, mais universal e mais independente do que o de Bossuet e é uma chave absoluta da filosofia da história. Por meio de cálculos rigorosos, ele chega ao mês de novembro de 1879, que é a época do reinado de Miguel e da fundação de um novo reino universal. A preparação para tal reino terá sido constituída por três séculos e meio de angústias e três séculos e meio de esperanças, épocas coincidentes precisamente com o 16º, o 17º, o 18º e metade do 19º para o crepúsculo lunar e a esperança; com o 14º, o 13º, o 12º e a metade do 11º para as provas, a ignorância, as angústias e os flagelos de toda ordem. Percebemos, então, com base neste cálculo, que em 1879, ou seja, daqui a 24 anos, ocorrerá a fundação de um império universal que trará a paz ao mundo. Tal império, de cunho tanto político quanto religioso, solucionará todos os problemas que agitam nossa atualidade e terá a duração de 254 anos e quatro meses; será então novamente o advento de Orifiel, quer dizer, um reinado de silêncio e noite. O império universal seguinte, sob o reinado do Sol, será daquele que possuir as chaves do Oriente, que são agora disputadas pelos príncipes das quatro partes do mundo. Contudo, inteligência e a ação nos reinos superiores são as forças que regem o Sol e a nação que detém neste momento na Terra a iniciativa da inteligência terá igualmente as chaves do Oriente e será a instauradora do reino universal.

    Isso envolverá, talvez, o padecimento de uma cruz e um martírio semelhantes àqueles do Homem-Deus, entretanto, morta ou viva entre as demais nações, o espírito dessa nação será vitorioso e todos os povos do mundo reconhecerão, em 24 anos, a bandeira da França, sempre triunfante ou miraculosamente ressuscitada. Essa é a profecia de Tritêmio, confirmada pela totalidade de nossas previsões e sustentada por todos os nossos desejos.

XXII
O LIVRO DE HERMES

Chegamos ao fim de nossa obra e é aqui que devemos dar a chave universal e dizer a última palavra.

A chave universal das artes mágicas é a chave de todos os antigos dogmas religiosos, a chave da Cabala e da Bíblia: clavícula de Salomão.

Pois bem, essa clavícula ou pequena chave, que se acreditava perdida há séculos, nós a encontramos, e pudemos com ela abrir todas as tumbas do antigo mundo, fazer os mortos falarem, voltar a ver em todo o seu esplendor os monumentos do passado, compreender os enigmas de todas as esfinges e penetrar em todos os santuários.

O uso desta chave entre os antigos só era permitido aos grandes sacerdotes e não se comunicava o segredo nem ao mais seleto dos iniciados. Pois bem, vede aqui o que era essa chave.

Era um alfabeto hieroglífico e numérico, expressando por caracteres e por números uma série de ideias universais e absolutas; logo, uma escala de dez números multiplicados por quatro símbolos e unidos juntos por 12 figuras representando os 12 signos do zodíaco, mais quatro gênios, aqueles dos quatro pontos cardeais.

O quaternário simbólico, representado nos mistérios de Mênfis e Tebas pelas quatro formas da esfinge, o homem, a águia, o leão e o touro, correspondia aos quatro elementos do mundo antigo, representados, a água pela taça sustentada pelo homem ou o aquário; o ar pelo círculo ou o nimbo que circunda a cabeça da águia celeste; o fogo pela madeira que o alimenta, pela árvore que o calor da terra e do Sol fazem frutificar, pelo cetro, enfim, da realeza, da qual o leão é o emblema; a terra pela espada de Mitra que todos os anos imola o touro sagrado e faz fluir com seu sangue a seiva que nutre todos os frutos da terra.

Pois bem, esses quatro signos, com todas suas analogias, são a explicação da palavra única oculta em todos os santuários, da palavra que as bacantes pareciam adivinhar em sua embriaguez quando celebravam as festas de Iacchus* e se exaltavam até o delírio para bradar: IO EVOHÉ!

Que significa, pois, essa palavra misteriosa?

Era o nome das quatro letras primitivas da língua-mãe; o IOD, símbolo do tronco da videira ou do cetro paternal de Noé; a HÊ, imagem da taça das libações, signo da maternidade divina; a VÔ, que une as duas letras precedentes e tinha por representação na Índia o grande e misterioso *lingam*. Tal era, na palavra divina, o tríplice signo do ternário; depois, a letra maternal aparecia uma segunda vez para expressar a fecundidade da natureza e da mulher; para formular, ademais, o dogma das analogias universais e progressivas, descendo das causas aos efeitos e ascendendo dos efeitos às causas. Assim, a palavra sagrada não era jamais pronunciada: era soletrada e proferida em quatro palavras, que são as quatro palavras sagradas: IOD HÊ VÔ HÊ.

O sábio Gaffarel não duvida que os *Theraphim* dos hebreus, por meio dos quais consultavam os oráculos do *Urim* e do *Thumim*, tenham sido as figuras dos quatro animais da Cabala, cujos símbolos estavam resumidos, como logo veremos, pelas esfinges ou querubins da Arca. Mas ele cita, a propósito dos *Theraphim* usurpados de Michas, uma curiosa passagem de Fílon, o Judeu,[58] que é toda uma revelação sobre a origem antiga e sacerdotal de nossos tarôs. Eis como se expressa Gaffarel: "Diz (Fílon, o Judeu), falando da história oculta no capítulo supracitado dos Juízes, que Michas confeccionou de ouro fino e de prata três figuras de moços e outras tantas de novilhos, de leão, de águia, de dragão e pomba; de maneira que se alguém ia procurá-lo para saber algum segredo referente à sua mulher, ele perguntava à pomba, se referente aos seus filhos, consultava o moço; se referente a suas riquezas, à águia; se referente à força e poder, o leão; se fecundidade, o querubim ou novilho; se longevidade, o dragão". Essa revelação de Fílon – ainda que Gaffarel não lhe dê grande importância – tem para nós muita importância. Está aqui, efetivamente, nossa chave do quaternário; estão aqui as

---

* N.T.: Nome místico do deus Baco (NT).
58. Fílon, o Judeu (30 a.C. – aprox. 50 d.C.), considerado por muitos o maior filósofo hebreu de todos os tempos, foi muito provavelmente o primeiro a aproximar a filosofia grega do pensamento e religião hebraicos, empreendendo tanto sua conciliação como a hipótese de seu parentesco estreito, no qual os filósofos gregos teriam se inspirado na tradição mosaica. Fílon escreveu muitíssimas obras, foi chamado de o *Platão hebreu* e atuou como embaixador dos hebreus em 40 a.D., perante o imperador romano Calígula.

imagens dos quatro animais simbólicos que se encontram na 21ª chave do tarô, isto é, no terceiro setenário, repetindo assim três e sintetizando todo o simbolismo que os três setenários sobrepostos expressam; depois o antagonismo das cores expresso pela pomba e o dragão; o círculo ou rota formado pelo dragão ou serpente para exprimir a extensão dos dias; enfim, a adivinhação cabalística do tarô completo, tal como a praticaram mais tarde os egípcios boêmios, cujos segredos foram adivinhados e achados imperfeitamente por Etteilla.

Percebe-se na Bíblia que os sumo-sacerdotes consultavam o Senhor sobre a mesa de ouro da arca santa, entre os querubins ou esfinges de corpo de touro e asas de águia, e que consultavam com o auxílio dos *theraphim*, pelo *urim*, pelo *thumim* e pelo *ephod*. O *ephod* era, como se sabe, um quadrado mágico de 12 números e de 12 palavras gravados sobre pedras preciosas.

A palavra *Theraphim* em hebraico significa hieróglifos ou signos representados; o *urim* e o *thumim* eram o alto e o baixo, o oriente e o ocidente, o sim e o não, e esses signos correspondiam às duas colunas do templo, Jakin e Bohas. Quando, pois, o grande sacerdote queria fazer falar o oráculo, tirava à sorte os *theraphim* ou lâminas de ouro que continham as imagens das quatro palavras sagradas e as colocava três a três em torno do racional ou o *ephod*, entre o *urim* e o *thumim*, ou seja, entre os dois ônix que serviam de colchete para as pequenas correntes do *ephod*. O ônix da direita significava *Gedulah* ou misericórdia e magnificência; o da esquerda, *Geburah* (justiça e cólera), e se, por exemplo, o signo do leão se encontrava perto da pedra onde estava gravado o nome da tribo de Judá, do lado esquerdo, o grande sacerdote lia do seguinte modo o oráculo: "A vara do Senhor está irritada contra Judá". Se o *theraphim* representava o homem ou a taça e se encontrava igualmente à esquerda, próximo da pedra de Benjamin, o grande sacerdote lia: "A misericórdia do Senhor está farta com as ofensas de Benjamin, que o ultraja em seu amor. É por isso que verterá sobre ele a taça de sua cólera", etc. Quando o soberano sacerdócio cessou em Israel, quando todos os oráculos do mundo se calaram na presença do Verbo feito homem e falando pela boca do mais popular e mais doce dos sábios, quando a arca foi perdida, o santuário profanado e o templo destruído, os mistérios do *ephod* e dos *theraphim* que não eram mais traçados sobre ouro e pedras preciosas foram escritos, ou melhor, representados por alguns sábios cabalistas sobre marfim, sobre pergaminho, sobre couro prateado e dourado, enfim sobre simples cartas que sempre foram suspeitas para a Igreja oficial, como se encerrassem uma chave perigosa de seus mistérios. Essa é a origem desses tarôs, cuja antiguidade revelada ao sábio Court de Gebelin pela própria ciência dos hieróglifos e dos números tanto estimulou, posteriormente, a duvidosa perspicácia e a tenaz pesquisa de Etteilla.

Court de Gebelin, no volume oito de seu *Mundo Primitivo*, dá o desenho das 22 chaves e dos quatro ases do tarô e demonstra sua perfeita analogia com todos os símbolos da mais remota antiguidade; em seguida, ocupa-se em dar a explicação e se desvia, naturalmente, porque não toma como ponto de partida o tetragrama universal e sagrado, o IO EVOHÉ das bacantes, o IOD HÊ VÔ HÊ do santuário, o יהוה da Cabala.

Etteilla ou Alliette, preocupado unicamente com seu sistema de adivinhação, e com o proveito material que podia dele extrair, Alliette – repetimos – o antigo cabeleireiro, que jamais aprendeu bem o francês e a ortografia, pretendeu reformar e até se apropriar também do livro de Thoth. No tarô cujos desenhos providenciou e que se tornou extremamente raro, lê-se na carta 28 (o oito de paus): "Etteilla, professor de álgebra, renovador da cartomancia e redator *(sic)* das modernas *incorreções* deste antigo livro de Thoth, vive na Rue de l'Oseille, nº 8, Paris." Etteilla teria agido melhor não redigindo as *incorreções* de que fala; seu trabalho fez cair no domínio da magia vulgar e entre as jogadoras de cartas o antigo livro descoberto por Court de Gebelin. Há um axioma em lógica que diz que quem quer provar muito não prova nada. Etteilla forneceu disto mais um exemplo e, contudo, seus esforços o haviam conduzido a certo conhecimento da Cabala, como se pode constatar em algumas raras passagens de suas obras ilegíveis.

Os verdadeiros iniciados, contemporâneos de Etteilla, os rosa-cruzes, por exemplo, e os martinistas estavam de posse do verdadeiro tarô, como o prova um livro de Saint-Martin, no qual as divisões são as do tarô, e essa passagem de um dos inimigos dos rosa-cruzes: "Pretendem ter um volume no qual podem aprender tudo quanto está nos demais livros que existem ou possam existir. É por meio deste volume que encontram o protótipo de tudo que existe, pela facilidade de analisá-lo ou de fazer abstrações, de formar uma espécie de mundo intelectual e de criar todos os seres possíveis. Ver as cartas filosóficas, teosóficas, microcósmicas, etc." *(Conjuração contra a religião católica e os soberanos pelo autor de Véu erguido para os curiosos*, Paris, Crapard, 1792); os verdadeiros iniciados – repetimos – que conservam o segredo do tarô entre seus maiores mistérios, tiveram o cuidado de não protestar contra os erros de Etteilla e não o deixaram revelar, mas sim *velar* novamente o arcano das verdadeiras clavículas de Salomão. Assim, é com um profundo assombro que encontramos intacta e ignorada ainda essa chave de todos os dogmas e de todas as filosofias do antigo mundo. Digo *uma* chave e *uma* é verdadeiramente, tendo o círculo das quatro décadas por anel e por haste, ou seja, por corpo a escala dos 22 caracteres e por dentes os três graus do ternário, como o compreendeu e representou Guillaume Postel em sua *Chave das coisas ocultas desde o começo do mundo*, chave da qual indica o nome oculto e só conhecido pelos iniciados:

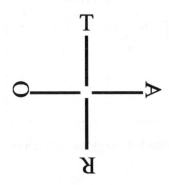

palavra que se pode ler *Rota* e que significa a roda de Ezequiel, ou *tarô*, que então é sinônimo do *Azoth* dos filósofos herméticos. É uma palavra que expressa cabalisticamente o absoluto dogmático e natural; é formada com os caracteres do monograma do Cristo, segundo os gregos e os hebreus.

O R latino ou a P grega encontram-se no meio, entre o alfa e o ômega do Apocalipse; depois a *Tau* sagrada, imagem da cruz, encerra toda a palavra, como representamos na figura do capítulo IV do *Dogma*.

Sem o tarô, a magia dos antigos seria um livro fechado para nós e seria impossível penetrar qualquer dos grandes mistérios da Cabala.

Somente o tarô dá a interpretação dos quadrados mágicos de Agrippa e Paracelso, do que todos podem se convencer formando-se esses mesmos quadrados com as chaves do tarô e lendo os hieróglifos que se acharão assim reunidos.

Eis a seguir os sete quadrados mágicos dos gênios planetários, segundo Paracelso:

SATURNO

2	9	4
7	5	3
6	1	8

JÚPITER

16	3	2	13
5	10	11	8
9	6	7	12
4	15	14	1

Figura 12 – Quadrados mágicos dos gênios planetários, segundo Paracelso

MARTE

14	10	1	22	18
20	11	7	3	24
21	14	13	9	5
2	23	19	15	6
8	4	25	16	12

SOL

6	32	3	34	35	1
7	11	27	28	8	30
19	14	16	15	23	24
18	20	22	21	17	13
25	29	10	9	26	12
36	5	35	4	2	31

VÊNUS

22	47	16	41	10	35	4
5	23	48	17	42	11	29
30	6	24	49	18	36	12
13	21	7	25	43	19	37
38	14	32	1	26	44	20
21	39	8	33	2	27	45
46	15	40	9	34	3	28

MERCÚRIO

8	58	59	5	4	62	63	1
49	15	14	52	53	11	10	56
41	23	22	44	45	19	18	48
32	34	35	29	26	38	39	25
40	26	27	37	36	30	31	33
17	47	46	20	21	43	42	24
9	55	54	12	13	51	50	16
64	2	3	61	60	6	7	57

LUA

37	78	29	70	21	62	13	54	5
6	38	79	30	71	22	63	14	46
47	7	39	80	31	72	23	55	15
16	48	8	40	81	32	64	24	46
57	17	49	9	41	73	33	65	25
26	58	18	50	1	42	74	34	66
67	27	59	10	51	2	43	75	35
36	68	19	60	11	52	3	44	76
77	28	69	20	61	12	53	4	45

Somando cada uma das colunas destes quadrados obterás invariavelmente o número característico do planeta e ao descobrir a explicação desse número pelos hieróglifos do tarô, procurarás o sentido de todos os símbolos, sejam triangulares, sejam quadrados, sejam cruciais que encontrarás formados pelos números. O resultado dessa operação será um conhecimento completo e profundo de todas as alegorias e de todos os mistérios ocultados pelos antigos sob o símbolo de cada planeta, ou melhor, de cada personificação das influências, sejam celestes, sejam humanas, sobre todos os acontecimentos da vida.

Dissemos que as 22 chaves do tarô são as 22 letras do alfabeto cabalístico primitivo. Eis aqui um quadro das variantes desse alfabeto, segundo os diversos cabalistas hebreus:

א *O ser, o espírito, o homem ou Deus; o objeto compreensível, a unidade-mãe dos números, a substância primeira.*

Todas essas ideias estão expressas hieroglificamente pela figura do Prestidigitador.* Seu corpo e seus braços formam a letra א; tem ao redor da cabeça um nimbo em forma de ∞, símbolo da vida e do espírito universal; diante dele estão as espadas, as taças e os pentáculos e ele eleva ao céu a varinha milagrosa. Tem uma figura juvenil e os cabelos anelados como Apolo ou Mercúrio; tem o sorriso da segurança nos lábios e o olhar da inteligência nos olhos.

ב *A casa de Deus e do homem, o santuário, a lei, a gnosis, a Cabala, a Igreja oculta, o binário, a mulher, a mãe.*

Hieróglifo do tarô, A Papisa:** uma mulher coroada com uma tiara, mostrando os cornos da Lua ou de Ísis; a cabeça é coberta por um véu; no peito, a cruz solar e sobre os joelhos tem um livro que oculta com seu manto.

O autor protestante de uma suposta história da papisa Joana descobriu e se fez servir, bem ou mal, para sua tese, de duas curiosas e antigas figuras encontradas da Papisa ou soberana sacerdotisa do tarô. Essas duas figuras conferem à Papisa todos os atributos de Ísis. Em uma delas, sustém e acaricia seu filho Hórus, na outra exibe longos cabelos soltos, está sentada entre as duas colunas do binário, tem no peito um Sol de quatro raios; tem uma mão colocada sobre o livro e faz com a outra o signo do esoterismo sacerdotal, isto é, abre somente três dedos, mantendo os outros dois dobrados em sinal de mistério; sua cabeça tem o céu por trás e a cada lado de seu assento há um mar em que desabrocham flores de lótus. Devo, portanto, lamentar vigorosamente o infeliz

---
* Essa chave também recebe o nome de *O Mago* (NT).
** Também *A Sacerdotisa* (NT).

erudito que quis ver neste símbolo antigo meramente um retrato monumental de sua suposta papisa Joana.

ר *O verbo, o ternário, a plenitude, a fecundidade, a natureza, a geração nos três mundos.*

Símbolo, A Imperatriz: uma mulher alada, coroada, sentada e tendo na extremidade de seu cetro o globo do mundo; seu signo é uma águia, imagem da alma e da vida.

Essa mulher é a Vênus Urânia dos gregos e foi representada por São João em seu Apocalipse pela mulher revestida do Sol, coroada por 12 estrelas e tendo a Lua sob seus pés. É a quintessência mística, o ternário; é a espiritualidade; é a imortalidade; é a rainha do céu.

ר *A porta ou o governo entre os orientais, a iniciação, o poder, o tetragrama, o quaternário, a pedra cúbica ou sua base.*

Hieróglifo, O Imperador: um soberano cujo corpo representa um triângulo retângulo e as pernas uma cruz, imagem do athanor dos filósofos.

ה *Indicação, demonstração, ensino, lei, simbolismo, filosofia, religião.*

Hieróglifo, O Papa ou O Hierofante. Nos tarôs mais modernos, esse signo é substituído pela imagem de Júpiter. O hierofante, sentado entre as duas colunas de Hermes e Salomão, faz o signo do esoterismo e se apoia sobre a cruz de três travessas, de uma forma triangular. Ante ele, dois sacerdotes inferiores estão ajoelhados, de modo que tendo acima dele os capitéis das duas colunas e abaixo as duas cabeças dos dois sacerdotes, é o centro do quinário e representa o divino pentagrama, do qual ele proporciona o sentido completo. Efetivamente, as colunas são a necessidade ou a lei, as cabeças são a liberdade ou a ação. De cada coluna a cada cabeça é possível traçar uma linha, e duas linhas de cada coluna a cada uma das duas cabeças. Assim se obterá um quadrado cortado em quatro triângulos por uma cruz e no meio desta cruz estará o hierofante, diríamos que como a aranha dos jardins no meio de sua teia, se essa imagem convier às coisas da verdade, da glória e da luz.

ו *Acorrentamento, gancho, lingam, enlaçamento, união, estreitamento, luta, antagonismo, combinação, equilíbrio.*

Hieróglifo, o homem entre o Vício e a Virtude.[59] Acima dele o Sol da verdade irradia e neste solo Amor tensiona seu arco, ameaçando o Vício

---

59. No tarô egípcio dos boêmios, a designação mais apropriada é *A Escolha*, no tarô de Marselha é *O Enamorado*, ou ainda, *Os Amantes*.

com sua flecha. Na ordem das dez *sefirotes*, esse símbolo corresponde a *Tiphereth*, ou seja, ao idealismo e à beleza. O número 6 representa o antagonismo dos dois ternários, isto é, da negação absoluta e da afirmação absoluta. É, assim, o número do trabalho e da liberdade; é pelo que também se refere à beleza moral e à glória.

⸫ *Arma, gládio, espada flamejante do querubim, setenário sagrado, triunfo, realeza, sacerdócio.*

Hieróglifo, um carro cúbico de quatro colunas, com cortinas azuladas providas de estrelas. No carro, entre as quatro colunas, um vencedor coroado por um círculo, sobre o qual se elevam e irradiam três pentagramas de ouro. O vencedor tem em sua couraça três esquadros sobrepostos; tem sobre os ombros o *urim* e o *thumim* da soberana dignidade do imolador, representados pelas duas luas crescentes em *Gedulah* e em *Geburah*; tem na mão um cetro que termina em um globo, um quadrado e um triângulo; sua postura é altiva e tranquila. Ao carro está ligada uma esfinge dupla ou duas esfinges, presas pelo baixo-ventre; cada uma delas puxa para um lado, mas uma delas volta a cabeça e ambas olham pará o mesmo lado. A esfinge que volta a cabeça é negra, a outra, branca. Sobre o quadro que forma a dianteira do carro vê-se o *lingam*

Figura 13 – O carro de Hermes, sétima chave do tarô

indiano, encimado pela esfera voadora dos egípcios. Esse hieróglifo, do qual apresentamos o desenho, é talvez o mais belo e o mais completo de todos que compõem a clavícula do tarô.

ח *Balança, atração e repulsão, vida, apreensões, promessa e ameaça.*
Hieróglifo, A Justiça, com seu gládio e sua balança.

ט *O bem, o horror ao mal, a moralidade, a sabedoria.*
Hieróglifo, um sábio apoiado sobre seu bastão e levando diante de si um lume; envolve-se completamente em um manto. Sua inscrição é O Eremita ou O Capuchinho, graças ao capuz de seu manto oriental; mas seu verdadeiro nome é A Prudência, completando assim as quatro virtudes cardeais, que pareceram desaparelhadas a Court de Gebelin e Etteilla.

י *Princípio, manifestação, louvor, honra masculina, falo, fecundidade viril, cetro paternal.*
Hieróglifo, A Roda da Fortuna, isto é, a roda cosmogônica de Ezequiel, com um Hermanubis ascendente à direita, um Tífon descendente à esquerda e uma esfinge em cima em equilíbrio, tendo a espada entre suas garras de leão. Símbolo admirável, desfigurado por Etteilla, que substituiu Tífon por um homem, Hermanubis por um rato e a esfinge por um macaco, alegoria bem digna da Cabala de Etteilla.

כ *A mão no ato de tomar e reter.*
Hieróglifo, A Força, uma mulher coroada pelo ∞ vital e que cerra tranquilamente e sem esforço a boca de um leão furioso.

ל *Exemplo, ensino, lição pública.*
Símbolo: um homem dependurado pelo pé e com as mãos amarradas às costas, de modo que seu corpo forma um triângulo com a ponta para baixo e suas pernas formam uma cruz por cima do triângulo. A estrutura tem a forma de um *tô* hebraico; as duas árvores que a sustentam tem cada uma seis galhos cortados. Explicamos em outra parte esse símbolo do sacrifício e da obra realizada e não repetiremos aqui essa explicação.

מ *O céu de Júpiter e de Marte, dominação e força, renascimento, criação e destruição.*
Hieróglifo, A Morte, a qual ceifa cabeças coroadas em um prado onde se veem homens nascerem.

ב *O céu do Sol, temperaturas, estações, movimentos, alterações da vida sempre nova e sempre a mesma.*

Hieróglifo, A Temperança. Um anjo que tem o signo do Sol na fronte e no peito o quadrado e o triângulo do setenário, despeja de uma taça para outra as duas essências que compõem o elixir da vida.

ט *O céu de Mercúrio, ciência oculta, magia, comércio, eloquência, mistério, força moral.*

Hieróglifo, O Diabo. O bode de Mendes ou o Bafomé do templo, com todos os seus atributos panteístas. Esse hieróglifo é o único que Etteilla compreendeu perfeitamente e interpretou com propriedade.

ע *O céu da Lua, alterações, subversões, transformações, fraquezas.*

Hieróglifo, uma torre fulminada pelo raio, provavelmente a de Babel. Duas personagens, Nemrod, sem dúvida, e seu falso profeta ou seu ministro veem-se precipitados do alto para baixo das ruínas. Uma das personagens, ao cair, representa perfeitamente a letra, *hain*.

פ *O céu da alma, efusões do pensamento, influência moral da ideia sobre a forma, imortalidade.*

Hieróglifo, a estrela brilhante e a juventude eterna. Já apresentamos em outra parte a descrição desta figura.

צ *Os elementos, o mundo visível, a luz refletida, as formas materiais, o simbolismo.*

Hieróglifo, a Lua, o orvalho, um caranguejo na água subindo para a terra, um cão e um lobo uivando para a Lua e detidos ao pé de duas torres; uma senda se perde no horizonte, senda salpicada de gotas de sangue.

ק *Os mistos, a cabeça, o alto, o princípio do céu.*

Hieróglifo, um Sol radiante e duas crianças nuas se dão a mão em um recinto circular fortificado. Em outros tarôs é uma fiandeira adivinhando os destinos; em outros, ainda, uma criança nua monta em um cavalo branco e desdobra um estandarte escarlate.

ר *O vegetativo, a virtude geradora da terra, a vida eterna.*

Hieróglifo, O Juízo. Um gênio toca a trombeta e os mortos saem de suas tumbas. Esses mortos que revivem são um homem, uma mulher e uma criança: o ternário da vida humana.

ש *O sensível, a carne, a vida material.*

Hieróglifo, O Louco. Um homem vestido de bufão caminha sem rumo, portando um saco às costas que, sem dúvida, está cheio de suas coisas grotescas e seus vícios; suas roupas, em desordem, deixam descoberto o que deveriam ocultar e um tigre, que o segue, o morde sem que ele se ocupe em evitá-lo ou defender-se.

ת *O microcosmo, o resumo de tudo em tudo.*
Hieróglifo, *Kether* ou a coroa cabalística entre os quatro animais misteriosos;* no meio da coroa vê-se a Verdade, tendo em cada mão uma varinha mágica.

Tais são as 22 chaves do tarô, que explicam todos os seus números. Assim, o prestidigitador ou chave das unidades, explica os quatro ases com sua quádrupla significação progressiva nos três mundos e no primeiro princípio. Assim, o ás de ouros ou dos círculos é a alma do mundo, o de espadas a inteligência militante, o de copas a inteligência amante, o de paus a inteligência criadora; esses são também os princípios do movimento, do progresso, da fecundidade e do poder. Cada número, multiplicado por uma chave, dá outro número que, explicado, por sua vez, pelas chaves, completa a revelação filosófica ou religiosa, contida em cada signo. Ora, cada uma das 56 cartas pode ser multiplicada pelas 22 chaves alternativamente, do que resulta uma série de combinações, oferecendo os mais surpreendentes resultados de revelação e de luz.[60] É uma verdadeira máquina filosófica que impede que o espírito se extravie, ao mesmo tempo preservando sua iniciativa e sua liberdade; são as matemáticas aplicadas ao absoluto; é a aliança do positivo com o ideal; é uma loteria de pensamentos rigorosamente justos como os números; é, enfim, talvez o melhor que o gênio humano já concebeu, sendo ao mesmo tempo o mais simples e o mais grandioso.

O modo de ler os hieróglifos do tarô é dispô-los, seja em quadrado, seja em triângulo, colocando os números pares em oposição e conciliando-os por meio dos ímpares. Quatro signos explicam sempre o absoluto em uma ordem qualquer e se explicam por um quinto. Assim, a solução de todas as questões mágicas é a do pentagrama e todas as antinomias se explicam pela unidade harmoniosa.

Disposto desse modo, o tarô é um verdadeiro oráculo e responde a todas as perguntas possíveis com maior clareza e infalibilidade

---

* Esta chave é o trunfo correntemente conhecido como *O Mundo* (NT).
60. O tarô completo é composto de 78 cartas, 56 arcanos menores e 22 trunfos *(atus)* ou arcanos maiores, que são precisamente as *chaves* no pensamernto de Eliphas Levi. *Atus* é uma transcrição fonética do francês *atous* ou *atouts* (trunfos) que, tudo leva a crer, é uma palavra extraída diretamente do egípcio *Aatu*, que significa *mansões*.

que o androide de Alberto, o Grande; de maneira que um prisioneiro sem livros poderia, em alguns anos, se tivesse somente um tarô de que soubesse se servir, adquirir uma ciência universal e se expressaria a respeito de tudo com uma doutrina sem igual e com uma eloquência inesgotável. Essa roda, efetivamente, é a verdadeira chave da arte oratória e da grande arte de Raymundo Llullio; é o verdadeiro segredo da transmutação das trevas em luz; é o primeiro e o mais importante de todos os arcanos da grande obra.

Por meio dessa chave universal do simbolismo, todas as alegorias da Índia, do Egito e da Judeia se tornam claras; o Apocalipse de São João é um livro cabalístico, cujo sentido é rigorosamente indicado pelas figuras e pelos números do *urim*, *thumim*, dos *theraphim* e do *ephod*, todos resumidos e completados pelo tarô. Os antigos santuários não têm mais mistérios e se compreende, pela primeira vez, a significação dos objetos do culto dos hebreus. Quem não vê, com efeito, na mesa de ouro, coroada e suportada por querubins, que cobria a arca da aliança e servia de propiciatório, os mesmos símbolos da 21ª chave do tarô?* A arca era um resumo hieroglífico de todo o dogma cabalístico; continha o *iod* ou o bastão florido de Aarão, o *hê*, ou a taça, o *gomar* contendo o maná, as duas tábuas da lei, símbolo análogo ao da espada da justiça e o maná contido no *gomar*, quatro coisas que traduzem maravilhosamente as letras do tetragrama divino.

Gaffarel provou sabiamente que os querubins ou *cherubs* da arca eram figuras de bezerros; mas o que ele ignorou é que em lugar de dois havia quatro, dois em cada lado, como diz expressamente o texto, mal entendido nestas passagens pela maior parte dos comentadores.

Nos versículos 18 e 19 do Êxodo, é preciso traduzir o texto hebraico assim:

"Tu farás dois bezerros ou duas esfinges de ouro, polidas a martelo, de cada lado do oráculo."

"E tu as colocarás uma voltada para um lado, e a outra para o outro."

Os querubins ou esfinges estavam efetivamente ligados dois a dois de cada lado da arca e suas cabeças voltavam-se para os quatro cantos do propiciatório, o qual cobriam com suas asas arredondadas em forma de arco, cobrindo assim a coroa da mesa de ouro que sustinham sobre suas costas, olhando-se uns aos outros pelos cortes da madeira, e olhando o propiciatório (ver o desenho seguinte).

---

* N.T.: *O Mundo* (NT).

Figura 14 – A arca

A arca tinha, assim, três partes ou três estágios, representando Aziluth, Jezirah e Briah, os três mundos da Cabala: a base do cofre, à qual estavam adaptadas as quatro argolas das duas alavancas análogas às colunas do templo Jakin e Bohas; o corpo do cofre do qual ressaltavam o das esfinges e a tampa, sombreada pelas asas das esfinges. A base representava o reino do sal, para falar na linguagem dos Adeptos de Hermes; o cofre, o reino do mercúrio ou do *azoth* e a tampa ou cobertura, o do enxofre ou do fogo. Os outros objetos do culto não eram menos alegóricos, mas seria necessário uma obra especial para descrevê-los e explicá-los.

Saint-Martin, em sua *Tabela natural das relações que existem entre Deus, o homem e a natureza* seguiu, como já asseveramos, a divisão do tarô e faz a respeito das 22 chaves um comentário místico bastante extenso; porém, toma muito cuidado para não declarar de onde extraiu o plano de seu livro e para não revelar os hieróglifos que comenta. Postel comportou-se com a mesma discrição e ao mencionar somente o tarô na figura de sua chave dos arcanos, e o designa no resto do livro com o nome de *Gênese de Enoque*. Essa personagem, autora do primeiro livro sagrado, é realmente idêntica ao Thot entre os egípcios, Cadmo entre os fenícios e Palamedes entre os gregos.

Encontramos, de uma maneira bastante incomum, uma medalha do século XVI que é uma chave do tarô. Não saberíamos dizer se essa medalha e o lugar onde a encontramos nos teriam sido mostrados em sonhos pelo divino Paracelso; seja o que for, a medalha está em nosso poder. Representa, de um lado, o prestidigitador em traje alemão do século XVI, tendo uma mão à cintura e na outra o pentagrama; tem diante de si sobre a mesa, entre um livro aberto e uma bolsa fechada, dez moedas ou talismãs, dispostos em duas linhas de três cada uma e em um quadrado de quatro; os pés da mesa formam dois ח e os do prestidigitador dois ר invertidos, dessa maneira ⌐⌐. O reverso da medalha contém as letras do alfabeto, dispostas em quadrados mágicos do modo seguinte:

A	B	C	D	E
F	G	H	I	K
L	M	N	O	P
Q	R	S	T	V
X	V	Z	N	

Pode-se perceber que esse alfabeto tem apenas 22 letras e o V e o N se apresentam duas vezes, e que é disposto em quatro quinários e um quaternário para chave e base. As quatro letras finais são duas combinações do binário e do ternário, e lidas cabalisticamente formam a palavra AZOTH, dando às configurações das letras seu valor em hebraico primitivo e tomando N por א, Z pelo que é em latim, V pela ו vô hebraica, que se pronuncia O entre duas vogais ou letras que tem dela o valor e o X pela *tô* primitiva, que tinha exatamente sua figura. Todo o tarô é, pois, explicado nessa maravilhosa medalha, digna, de fato, de Paracelso, e que colocamos à disposição dos curiosos. As letras dispostas por quatro vezes cinco têm por resumo a palavra ת Z א, análoga à de יהוה e de INRI, e contém todos os mistérios da Cabala.

Tendo o tarô tão elevada importância científica, é de desejar que não seja mais alterado. Examinamos na Biblioteca Imperial a coleção de antigos tarôs e foi nela que colhemos todos os hieróglifos dos quais apresentamos a descrição. Mas resta uma tarefa importante para ser executada: desenhar e publicar um tarô rigorosamente completo e cuidadosamente elaborado. Talvez empreendamos essa tarefa em breve.

Vestígios do tarô são encontrados entre todos os povos do mundo. O tarô italiano é, como afirmamos, o melhor preservado e o mais fiel, mas é ainda passível de aprimoramento mediante preciosos dados retirados dos jogos de naipes espanhóis; o dois de copas, por exemplo, no *Naibi*, é completamente egípcio e nele veem-se dois vasos antigos em que as íbis formam as asas, sobrepostas acima de uma vaca; encontra-se nas mesmas cartas um unicórnio no meio do quatro de ouros; o três de copas apresenta a figura de Ísis saindo de um vaso, enquanto que dos dois outros vasos saem duas íbis, uma delas levando uma coroa para a deusa e a outra aparentemente oferecendo-lhe uma flor de lótus.

Os quatro ases têm a serpente hierática e sagrada e em alguns jogos, em meio ao quatro de ouros, em lugar do unicórnio simbólico, encontra-se o duplo triângulo de Salomão.

Os tarôs alemães estão mais alterados e neles podemos encontrar apenas os números das chaves, estando muito carregadas de figuras bizarras e pantagruélicas. Temos nas mãos um tarô chinês e pode-se encontrar na Biblioteca Imperial alguns modelos de um jogo semelhante. O sr. Boiteau, em sua notável obra sobre as cartas de jogar, publicou exemplares muito bem feitos. O tarô chinês conserva, ainda, muitos emblemas primitivos; os ouros e as espadas são muito bem distinguidos, mas seria mais difícil descobrir as copas e os paus.

Foi na época das heresias gnósticas e maniqueístas que a Igreja deve ter perdido o tarô e foi nesta mesma época que o sentido do divino Apocalipse se perdeu igualmente para ela. Não se compreendeu mais que os sete selos desse livro cabalístico são outros tantos pentáculos, dos quais apresentamos os desenhos, e que se explicam pelas analogias dos números, dos caracteres e das figuras do tarô. Assim, a tradição universal da religião única viu-se por um instante, em toda a Terra, interrompida; as trevas da dúvida se espalharam por toda a Terra e pareceu à ignorância que o verdadeiro Catolicismo, a revelação universal, desaparecera. A explicação do livro de São João pelos caracteres da Cabala será, pois, uma revelação nova que muitos magistas ilustres já pressentiram. Eis aqui como se expressa um deles, Augusto Chaho.

"O poema do Apocalipse supõe no jovem evangelista um sistema completo e tradições desenvolvidas por ele sozinho.

"É escrito sob forma de visão e encerra em um quadro desvanecedor de poesia toda a erudição, todo o pensamento do africano civilizador.

"Bardo inspirado, o autor esquadrinha uma série de fatos dominantes; traça, a grandes pinceladas, a história da sociedade, de um cataclisma a outro e até mais além.

"As verdades que revela são profecias procedentes de cima e de longe, das quais se faz eco vibrante.

"É a voz que grita, a voz que canta as harmonias do deserto e prepara o caminho da luz.

"Sua palavra ressoa imperiosamente e ordena a fé porque vem trazer aos bárbaros os oráculos de IAO e desvelar para a admiração das futuras civilizações o primogênito dos sóis.

"A teoria das quatro idades está no Apocalipse, como nos livros de Zoroastro e na Bíblia.

"O restabelecimento gradual das federações primitivas e do reinado de Deus entre os povos liberados do jugo dos tiranos e da cegueira do erro está claramente profetizado para o final da quarta idade e a renovação do cataclisma demonstrada, a princípio ao longe, para a consumação dos tempos.

"A descrição do cataclisma e de sua duração; o mundo novo, desprendido da onda e surgido sob o céu com todos os seus encantos; a grande serpente, amarrada por um anjo no fundo do abismo durante um tempo; a aurora, enfim, desse tempo que virá, profetizada pelo verbo, que aparece para o apóstolo desde o começo de seu poema: "Sua cabeça e seus cabelos eram brancos, seus olhos faiscantes, seus pés se pareciam com o fino bronze ao sair da fornalha e sua voz igualava o ruído das grandes águas.

"Tinha em sua destra sete estrelas e de sua boca emergia um gládio de dois gumes muito afiados. Sua fronte era tão brilhante como o Sol em toda a sua força...

"Eis aqui Ormuzd, Osíris, Churien, o Cordeiro, o Cristo, o ancião dos dias, o homem do tempo e do rio cantado por Daniel.

"Ele é o primeiro e o derradeiro, aquele que foi e que deve ser, o alfa e o ômega, o começo e o fim.

"Tem em sua mão a chave dos mistérios; abre o grande abismo do fogo central onde repousa a morte sob uma tenda de trevas, onde dorme a grande serpente esperando o despertar dos séculos."

O autor aproxima essa alegoria de São João daquela de Daniel, na qual as quatro formas da esfinge se aplicam aos grandes períodos da história e na qual o homem-sol, o verbo-luz consola e instrui o vidente.

"O profeta Daniel viu um mar agitado em sentido contrário pelos quatro ventos do céu.

"E bestas muito diferentes entre si emergiram das profundezas do oceano.

"O domínio de tudo que há na Terra lhes foi outorgado até uma idade, duas idades e a metade da quarta idade.

"Dali saíram quatro.

"A primeira besta, símbolo da raça solar dos videntes, veio do lado da África; assemelhava-se a um leão e tinha asas de águia; foi-lhe dado um coração de homem.

"A segunda besta, emblema dos conquistadores do norte, que reinaram mediante o ferro durante a segunda idade, assemelhava-se a um urso.

"Tinha na goela três fileiras de dentes agudos, imagens das três famílias conquistadoras, e se lhe disse: Levantai-vos e fartai-vos de carne.

"Depois da aparição da quarta besta elevaram-se tronos e o ancião dos dias, o Cristo dos videntes, o cordeiro da primeira idade, se mostrou sentado.

"Seu vestido era de uma alvura deslumbrante; sua cabeça lançava raios luminosos; seu trono, de onde faiscavam chamas vivas, era transportado por rodas ardentes; uma chama de fogo muito viva saía de seu rosto e miríades de anjos ou estrelas brilhavam ao seu redor.

"O julgamento ocorreu; os livros alegóricos foram abertos.

"O Cristo novo veio em uma nuvem repleta de relâmpagos e se deteve diante do ancião dos dias; obteve em participação o poder, a honra e o reinado sobre todos os povos, todas as tribos e todos os idiomas.

"Daniel se aproximou então de um daqueles que estavam presentes e lhe perguntou a verdade das coisas.

"E lhe responderam que os quatro animais são as quatro potências que reinariam sucessivamente sobre a Terra."

Chaho explica em seguida muitas imagens cujas analogias são assombrosas e que se acham em quase todos os livros sagrados. Suas palavras são notáveis.

Figura 15 – Chave apocalíptica – os sete selos de São João

"Em todo verbo primitivo o paralelismo das relações físicas e das relações morais se estabelece sobre o mesmo radical.

"Cada palavra traz consigo sua definição material e sensível e essa linguagem viva é tão perfeita e verdadeira quanto é simples e natural no homem criador.

"Que o vidente se expresse com a mesma palavra, ligeiramente modificada, o Sol, o dia, a luz, a verdade, e que aplicando um mesmo epíteto ao branco Sol e a um cordeiro diga *cordeiro ou Cristo* em lugar de Sol e *Sol* em lugar de *verdade, luz, civilização*, não haverá aqui alegoria, mas sim relações verdadeiras, determinadas e manifestadas com inspiração.

"Porém, quando os filhos da noite dizem em seu dialeto incoerente e bárbaro, *Sol, dia, luz, verdade, cordeiro*, a relação sábia, tão claramente expressa pelo verbo primitivo, apaga-se e desaparece e pela simples tradução o cordeiro e o Sol se convertem em seres alegóricos, em símbolos. "Percebei, com efeito, que a palavra alegoria significa em definição céltica *mudança de discurso, tradução*.

"A observação que acabamos de fazer se aplica rigorosamente a toda a linguagem cosmogônica dos bárbaros.

"Os profetas se serviam do mesmo radical inspirado para expressar a *nutrição* e a *instrução*. Não é, acaso, a ciência da verdade o alimento da alma?

"Assim, o rolo de papiros ou de livros devorado pelo profeta Ezequiel; o pequeno livro que o anjo faz com que o autor do Apocalipse coma; os festins do palácio mágico de Asgard, aos quais Gangler é convidado por Har, o Sublime; a maravilhosa multiplicação dos *sete* pãezinhos, contada pelos evangelistas do nazareno; o pão vivo que Jesus-Sol faz seus discípulos comerem, dizendo-lhes: *Esse é meu corpo* e outros muitos trechos semelhantes são uma repetição da mesma alegoria: a vida das almas que se alimentam de verdade; a verdade que se multiplica sem diminuir nunca e que, pelo contrário, aumenta à medida que alguém se alimenta dela.

"Que exaltado por um nobre sentimento de nacionalidade, deslumbrado pela ideia de uma revolução imensa se erga um revelador de coisas ocultas e que trate de popularizar as descobertas da ciência antiga entre os homens grosseiros, ignorantes, desprovidos das noções mais elementares e mais simples.

"Que diga, por exemplo: a Terra gira, a Terra é redonda como um ovo. "Que pode fazer o bárbaro que escuta senão *crer*. Não é evidente que toda proposição desse gênero se converte para ele em um dogma elevado, em um artigo de *fé*?

"E o véu de uma alegoria sábia não basta para fazer dele um *mito*? "Nas escolas dos profetas, o globo terrestre era representado por um ovo de papelão ou de madeira pintada e quando se perguntava às crianças *Que é esse ovo?*, elas respondiam: *É a Terra*.

"Crianças grandes, os bárbaros que haviam ouvido isso repetiram depois dos filhos dos profetas: O *mundo é um ovo*.

"Entretanto, eles entendiam por isso o mundo físico, material, e os profetas o mundo geográfico, ideal, o mundo-imagem, criado pelo espírito e o verbo.

"De fato, os sacerdotes do Egito representavam o espírito, a inteligência, *kneph*, com um ovo colocado sobre os lábios para melhor exprimir que o ovo não passava de uma comparação, uma imagem, um modo de falar.

"Chumuntu, o filósofo do Ezur-Veda, explica da mesma maneira ao fanático Biache o que se deve entender pelo ovo de ouro de Brahma."

Não há motivo para nos desesperar de uma época em que os homens ainda se ocupam dessas investigações sérias e razoáveis; assim, pois, é com um grande alívio, com uma profunda simpatia que acabamos de citar as páginas de Chaho. Não é essa, não, a crítica negativa e desesperadora de Volney e de Dupuis. É uma tendência a uma única fé, a um só culto que deve unir todo o passado a todo o futuro; é a reabilitação de todos os grandes homens, falsamente acusados de idolatria e de superstição; é, enfim, a justificação do próprio Deus, esse Sol das inteligências, que não está jamais velado para as almas retas e os corações puros.

"É grande o vidente, o iniciado, o eleito da natureza e da suprema razão" – exclama o autor que acabamos de citar.

"A ele só pertence essa faculdade de imitação que é o princípio de seu aprimoramento e cujas inspirações tão céleres quanto o raio encaminham as criações e descobertas.

"A ele somente pertence um Verbo perfeito de conveniência, de propriedade, de flexibilidade, de riqueza, criado pela reação física sobre a harmonia do pensamento; do pensamento cujas noções, ainda independentes da linguagem, refletem sempre a natureza, exatamente reproduzida em suas impressões, bem julgada, bem expressa em suas relações.

"A ele apenas pertence a luz, a ciência, a verdade porque a imaginação, limitada ao seu papel passivo secundário, nunca domina a razão, a lógica natural que resulta da comparação das ideias que nascem, se multiplica, se amplia na mesma proporção de suas necessidades e cujo círculo de seus conhecimentos se alarga assim por graus, sem mescla de juízos falsos e de erros.

"Para ele somente uma luz infinitamente progressiva porque a multiplicação célere da população, depois das renovações terrestres, combina em poucos séculos a nova sociedade em todas as relações imagináveis de seu destino, sejam morais, sejam políticas.

"E nós poderíamos acrescentar, luz absoluta.

"O homem de nosso tempo é imutável em si; não se altera mais do que a natureza em que está enquadrado.

"Só as condições sociais em que se acha colocado determinam o grau de seu aperfeiçoamento que tem por limites a virtude, a santidade do homem e sua felicidade na lei."

Perguntar-nos-ão, mesmo depois de tais pontos de vista, para que servem as ciências ocultas? Tratarão com desdém como misticismo e iluminismo tais matemáticas vivas, tais proporções de ideias e de formas, tal revelação permanente da razão universal, tal liberação do espírito, tal fundamento inquebrantável dado à fé, tal onipotência revelada à vontade? Crianças que buscais prestígio, estais decepcionadas porque vos oferecemos apenas maravilhas? Um homem nos disse um dia: "Fazei aparecer o Diabo e crerei em vós" e nós replicamos: "Pedis pouco, nós não queremos fazê-lo aparecer, mas sim que desapareça do mundo inteiro; queremos fazê-lo desaparecer de vossos sonhos."

O Diabo é a ignorância; é as trevas, as incoerências do pensamento; é a fealdade! Despertai, pois, adormecidos da Idade Média! Não vedes que já é dia? Não vedes como a luz de Deus preenche já toda a natureza? Onde, pois, ousaria agora mostrar-se o príncipe emerso dos infernos?

Resta-nos agora apresentar nossas conclusões e determinar o fim e o alcance desta obra na ordem religiosa e na ordem filosófica, assim como na ordem das realizações materiais e positivas.

Na ordem religiosa, demonstramos primeiramente que as práticas dos cultos não poderiam ser indiferentes, que a *magia* das religiões encontra-se nos seus ritos, que sua força moral reside na hierarquia do ternário e que a hierarquia tem por base, por princípio e por síntese, a unidade.

Demonstramos a unidade e a ortodoxia universais do *dogma*, revestido sucessivamente de muitos véus alegóricos e acompanhamos a verdade salva por Moisés das profanações do Egito, conservada na

Cabala dos profetas, emancipada pela escola cristã da servidão dos fariseus, atraindo a si todas as aspirações poéticas e generosas das civilizações grega e romana, protestando contra um farisaísmo mais corrupto que o primeiro, com os grandes santos da Idade Média e os audazes pensadores do renascimento. Demonstramos – repito – essa verdade sempre universal, sempre una, sempre viva que concilia a razão e a fé, a ciência e a submissão; a verdade do ser demonstrada pelo próprio ser, a da harmonia e a da razão manifestada pela própria razão.

Ao revelar pela primeira vez ao mundo os mistérios da magia, não desejamos ressuscitar práticas sepultadas sob as ruínas de antigas civilizações, mas sim quisemos dizer à humanidade atual que ela também está convocada a fazer-se imortal e todo-poderosa por suas obras.

A liberdade não é dada, mas sim tomada, disse um escritor moderno. O mesmo sucede com a ciência e é por isso que a divulgação da verdade absoluta jamais tem utilidade para o vulgo. Mas em uma época em que o santuário foi invadido e sepultado entre ruínas, pois jogaram a chave do mesmo ao acaso, sem proveito para ninguém, acreditei dever recolher tal chave e a ofereço ao que saiba recebê-la; porque este será, por sua vez, mestre das nações e libertador do mundo.

As fábulas e os véus para crianças são e sempre serão necessários, mas é preciso refletir por um único momento que aqueles que têm de segurar os véus não precisam ser eles próprios crianças e ouvintes de fábulas.

Que a ciência mais absoluta e a razão mais elevada sejam a partilha dos dirigentes do povo; que a arte sacerdotal e a arte real voltem a empunhar o duplo cetro das antigas iniciações e o mundo sairá mais uma vez do caos.

Não queimemos mais as santas imagens, não derrubemos mais os templos. Tanto umas como outros são necessários aos homens, mas expulsemos os vendedores da casa de orações na qual não se deve fazer outra coisa senão orar. Não permitamos mais que os cegos se convertam em guias de outros cegos. Reconstruamos a hierarquia da inteligência e da santidade e reconheçamos unicamente aqueles que sabem como mestres daqueles que creem.

Nosso livro é católico e se as revelações que encerra são de natureza a alarmar a consciência das pessoas simples, nosso consolo consistirá em pensar que não o lerão. Escrevemos para os homens sem preconceitos e não nos interessa adular a irreligião bem como o fanatismo.

Haverá alguma coisa no mundo que seja mais inviolável e livre que a crença? Faz-se mister por meio da ciência e da persuasão desviar do absurdo as imaginações descaminhadas; mas isso seria antes conferir aos seus erros toda a dignidade e toda a verdade do martírio do que ameaçá-las e constrangê-las.

A fé não passa de uma superstição e de uma loucura se não tem como base a razão e não se pode supor o que se ignora senão pela analogia com aquilo que se sabe. Definir o que não se sabe é uma ignorância presunçosa; afirmar positivamente o que se ignora é simplesmente mentir.

Assim, pois, a fé é uma aspiração e um desejo. Assim seja, eu desejo que seja assim, tal é a última palavra de todas as profissões de fé. A fé, a esperança e a caridade são três irmãs de tal modo inseparáveis que seria muito fácil confundi-las e tomar uma pela outra.

Assim, em religião, ortodoxia universal e hierárquica restauração dos templos em todo o seu esplendor, restabelecimento de todas as cerimônias em sua pompa primitiva, o ensino hierárquico dos símbolos, mistérios, milagres, lendas para as crianças, luz para os homens maduros, que terão o cuidado extremo de não escandalizar as crianças na simplicidade de sua crença – eis aqui no que se refere à religião toda nossa utopia, que é também o desejo e a necessidade da humanidade. Vamos nos referir à filosofia.

A nossa é a do realismo e do positivismo.

O ser existe em razão do ser, de quem ninguém duvida. Tudo existe para nós mediante a ciência. Saber é ser. A ciência e seu objeto se identificam na vida intelectual daquele que sabe. Duvidar é ignorar. Pois bem, o que ignoramos não existe ainda para nós. Viver intelectualmente é aprender.

O ser se desenvolve e se amplia por meio da ciência. A primeira conquista da ciência é o resultado primeiro das ciências exatas, é o sentimento da razão. As leis da natureza são algébricas. Assim, a única fé razoável é aquela da adesão do estudante aos teoremas, dos quais ignora a exatidão total que trazem consigo, mas cujas aplicações e resultados lhe são suficientemente demonstrados. Assim o verdadeiro filósofo crê no que existe e não admite *a posteriori* senão tudo o que é razoável.

Mas nada de charlatanismo em filosofia, nada de empirismo e nada de sistemas. O estudo do ser e de suas realidades comparadas! Uma metafísica da natureza! Nada de sonhos em filosofia! A filosofia não é poesia, mas sim as matemáticas puras das realidades, sejam físicas, sejam morais. Deixemos à religião a liberdade de suas aspirações infinitas, mas que deixe, por sua vez, à ciência as conclusões rigorosas do experimentalismo absoluto.

O homem é filho de suas obras: é o que quer ser, é a imagem de Deus que para si forma, é a realização de seu ideal. Se seu ideal carece de base, todo o edifício de sua imortalidade vai ao chão. A filosofia não é o ideal, mas sim é ela que deve servir de base ao ideal. O conhecido é para nós a medida do desconhecido; o visível nos faz apreciar o invisível; as sensações são para os pensamentos o que os pensamentos são para as aspirações. A ciência é uma trigonometria celeste: um dos lados do triângulo absoluto é a natureza submetida a nossas investigações, o outro é nossa alma que abraça e reflete a natureza, o terceiro é o absoluto, no qual nossa alma se engrandece. Nenhum ateísmo é possível adiante, pois não temos mais a pretensão de definir Deus. Deus é para nós o mais perfeito e o melhor dos seres inteligentes e a hierarquia ascendente dos seres nos demonstra suficientemente que existe. Não pedimos mais, mas para o compreender sempre melhor, aprimoremo-nos ascendendo até ele.

Nada de ideologias! O ser é o que é e só se aperfeiçoa acatando as leis reais do ser. Observemos, não conjeturemos; exercitemos nossas faculdades, não as falseemos; ampliemos o domínio da vida, vejamos a verdade na verdade! Tudo é possível para aquele que quer somente o que é verdadeiro. Permanecei na natureza, estudai, sabei e, depois, ousai; ousai querer, ousai operar e calai-vos!

Nada de ódios contra ninguém. Cada um colherá o que semeou. O resultado das obras é fatal e compete à razão suprema julgar e castigar os maus. Aquele que se mete em um beco sem saída terá de voltar sobre seus passos ou morrer. Adverte-o amavelmente, se ainda pode ouvir-te; depois deixa-o agir, pois é necessário que a liberdade humana siga seu curso.

Nós não somos juízes uns dos outros. A vida é um campo de batalha. Não deixemos de combater por causa daqueles que tombam na luta, mas evitemos caminhar sobre eles. Depois chegará a vitória e os feridos de ambos os lados, convertidos em irmãos pelo sofrimento e ante a humanidade se reunirão nas ambulâncias dos vencedores.

Tais são as consequências do dogma filosófico de Hermes. Tal foi em todos os tempos a moral dos verdadeiros Adeptos; tal é a filosofia dos rosa-cruzes, herdeiros de todos os sábios da Antiguidade; tal é a doutrina secreta das sociedades que se qualificava como subversivas na ordem pública e sempre foram acusadas de conspiradoras contra os tronos e os altares.

O verdadeiro Adepto, longe de perturbar a ordem pública, constitui seu mais firme sustentáculo. Respeita demasiado a liberdade para desejar a anarquia; filho da luz, ama a harmonia e sabe que as trevas produzem a confusão. Aceita tudo o que existe e nega unicamente o que não existe. Deseja a religião verdadeira, prática, universal, crente, palpável, realizada na vida inteira; deseja-a acompanhada por um sábio e poderoso sacerdócio, circundado por todas as virtudes e todos os prestígios da fé. Quer a ortodoxia universal, a catolicidade absoluta, hierárquica, apostólica, sacramental, incontestável e incontestada. Deseja uma filosofia experimental, real, matemática, modesta em suas condições, infatigável em suas investigações, científica em seus progressos. Quem pode opor-se a nós, se Deus e a razão estão conosco? Que importa se nos prejulguem   e nos caluniem? Nossa completa justificação está em nossos pensamentos e em nossas obras. Não viemos, como Édipo, matar a esfinge do simbolismo, tratamos, pelo contrário, de ressuscitá-la. A esfinge devora apenas os intérpretes cegos e aquele que a mata não soube adivinhá-la; é preciso domá-la, acorrentá-la e obrigá-la a nos seguir. A esfinge é o palácio vivo da humanidade, é a conquista do rei de Tebas; teria sido a salvação de Édipo se Édipo tivesse adivinhado todo o seu enigma.

Na ordem positiva e material, o que concluir desta obra? A magia é uma força que a ciência poderia entregar ao mais malvado? É uma farsa e uma mentira do mais hábil para fascinar o ignorante e o fraco? O mercúrio filosofal é a exploração da credulidade por meio da astúcia?

Aqueles que nos compreenderam já sabem como responder a tais perguntas. A magia não pode ser mais nos nossos dias a arte das fascinações e dos prestígios; só se engana hoje aqueles que desejam ser enganados. Mas a incredulidade estreita e temerária do século passado* recebe desmentidos e mais desmentidos da própria natureza. Vivemos rodeados de profecias e de milagres; a dúvida negava tudo isso em outros tempos com temeridade; a ciência, hoje em dia, os explica. Não, senhor conde de Mirville, não é dado a um espírito caído conturbar o império de Deus! Não, as coisas desconhecidas não são explicáveis pelas coisas impossíveis; não cabe a seres invisíveis enganar, atormentar, seduzir e mesmo matar as criaturas vivas de Deus, os homens já tão ignorantes e tão débeis, a quem já custa tanto trabalho defender-se contra suas próprias ilusões. Aqueles que disseram isso em vossa infância vos enganaram, senhor conde, e se fostes suficientemente criança para escutá-los, sede agora suficientemente homem para não crê-lo mais.

O homem é, por si mesmo, o criador de seu céu e de seu inferno, e nestes os únicos demônios que existem são nossas próprias loucuras. Os espíritos que a verdade castiga são corrigidos pelo castigo e não pensam mais em conturbar o mundo. Se Satã existisse, não poderia ser senão o mais desgraçado, o mais ignorante, o mais humilhado e o mais impotente dos seres.

---

* Ou seja, século XVIII. (NT)

A existência de um agente universal da vida, de um fogo vivo, de uma luz astral nos é demonstrada pelos fatos. O magnetismo nos faz compreender, hoje em dia, os milagres da magia antiga; os fatos da segunda vista, as aparições, as curas repentinas, as penetrações do pensamento são atualmente coisas familiares, mesmo para nossos filhos.

Contudo, a tradição dos antigos se perdera e acreditou-se em novas descobertas; buscava-se a última palavra dos fenômenos observados, as cabeças fervilhavam diante de manifestações sem limite ou sofriam-se fascínios sem compreendê-los. Vimos dizer àqueles que se dedicam a produzir o movimento das mesas: esses prodígios não são novidade, é possível produzir até outros maiores, se as leis secretas da natureza forem estudadas. E que resultará do novo conhecimento desses poderes?

Um novo horizonte aberto à atividade e à inteligência do homem; a batalha da vida organizada de novo com armas mais perfeitas e a possibilidade, devolvida às inteligências seletas, de se tornar senhoras de todos os destinos, dando ao mundo do porvir verdadeiros sacerdotes e grandes monarcas.

SUPLEMENTO DO RITUAL
O NUCTEMERON DE APOLÔNIO DE TIANA

O NUCTEMERON foi publicado em grego de acordo com um antigo manuscrito por Gilberto Gautrinus, *De Vita et Morte Moysis*, livro III, p. 206, e reproduzido por Laurent Moshemius nas suas observações sagradas e histórico-críticas, Amsterdã, MDCCXXI. Eliphas Levi foi o primeiro a traduzi-lo e explicá-lo.

O significado de Nuctemeron é o *dia da noite ou a noite iluminada pelo dia*. Assemelha-se ao título *Luz Saindo das Trevas*, título pertencente a uma obra hermética bastante conhecida; poderia ser traduzido por A LUZ DO OCULTISMO.

Esse colosso da alta magia assíria é curioso demais para deixarmos de fazer salientar sua importância. Não nos limitamos a evocar Apolônio – quem sabe logramos ressuscitá-lo.

O NUCTEMERON

Primeira hora

(I) Ἐν ᾗ αἰνοῦσιν δαίμονες ἀνοῦντες (lege ὑμνοῦντες vel οἰνοῦντες) τὸν Θεὸν, οὔτε ἀδικοῦσιν, οὔτε πολάζουσιξ·

Na unidade, os demônios entoam os louvores de Deus; perdem sua malícia e sua ira.

Segunda hora

(II) Ἐν ᾗ αἰνοῦσιν οἱ ἰχθύες τὸν Θεὸν, καὶ τὸ τοῦ πυρός βάθος, ἐν ᾗ ὀφείλει στοιχειοῦσθαι ἀποτελέσματα εἰς δράκοντας καὶ πῦρ,

Mediante o binário, os peixes do Zodíaco entoam os louvores de Deus, as serpentes ígneas entrelaçam-se em torno do caduceu e o raio se faz harmonioso.

Terceira hora

(III) Ἐν ᾗ αἰνοῦσιν ὅ εἰς καὶ κυνες καί πῦρ.

As serpentes do caduceu de Hermes entrelaçam-se por três vezes. Cérbero escancara sua goela tripla e o fogo entoa os louvores de Deus por meio das três línguas do raio.

Quarta hora

(IV) Ἐν ᾗ διερχονται δαίμονες ἐν τοῖς μνήμασιν, κι ὁ ἐρχομενος ὁ ἐκεῖοε βλαβήσεται, καί φόβον καὶ φρίκη ἐκ τῆς δαιμόνων λέψεται φαντάσιος, ἐν ᾗ ὀφειλει ἐνερε ἐπὶ μαγικου καὶ παντός γοητίκου πράγματος.

Na hora quarta, a alma visita novamente as tumbas; é quando as lâmpadas mágicas se acendem nos quatro cantos dos círculos; é a hora dos encantamentos e dos prestígios.

Quinta hora

(V) Ἐν ᾗ αἰνοῦσιν τὰ ἄνω ὕδατα τὸν Θεὸν τοῦ οὐράνου.

(Aquae supra coelestes tabula marmoris mundi Hebraeorum.) A voz das grandes águas entoa o Deus das esferas celestes.

Sexta hora

(VI) Ὅτε δεὸν ἡσυχαξεῖν καὶ ἀναπαύεσθαι, διότι ἔχει φόβον.

O espírito se imobiliza, observa os monstros infernais vir em sua direção e permanece sem medo.

Sétima hora

(VII) Ἐν ᾗ ἀναπάυει πάντα τὰ ζῶα καὶ τίς κάθαρος ἄνθρωπος ἁρπάσῃ καὶ βάλλῃ αὐτὸ ὁ ἱερεὺς μίξε: Ἐλαίω καὶ ἁγιάσῃ αὐτὸ καὶ ἀλείψῃ ἐπὶ αὐτοῦ ἀσθένῃ, πάρενθ ἐυ τῆς νόσου ἀπαλλαγήσεται.

Um fogo doador da vida a todos os seres animados é dirigido mediante a vontade dos homens puros. O iniciado estende sua mão e ocorre o cessar dos sofrimentos.

Oitava hora

(VIII) Ἐν ᾗ ἀποτέλεσμα στοιχείων καὶ παντοιῶ υτῶν.

As estrelas discursam entre si, a alma dos sóis se corresponde com o suspiro exalado pelas flores, encadeamentos de harmonia produzem a correspondência entre si de todos os seres da natureza.

Nona hora

(IX) Ἐν ᾗ τέλειται ὀυδεν.

O número a não ser revelado.

Décima hora

(X) Ἐν ᾗ ἀνοίγωνται αἱ πύλαι τοῦ οὐράνου καὶ ἄνθρωπος ἐν κατανύξει ἐρχόμενος εὐήκοος γενήσται.

Trata-se da chave do ciclo astronômico e do movimento circular da vida humana.

Décima primeira hora

(XI) Ἐν ᾗ πέτονται ταῖς πτέρυξιν σὺν ἠχῶ οἱ ἄγγελοι καὶ χέρουβιμ καὶ σέραψιμ, καί ἔστιν χάρα ἐν οὐράνω, καὶ γῆ ἀνατέλλει δὲ καὶ ὁ ἥλιος ἐξ Ἀδαμ (lege Ἔδεμ).

As asas dos gênios sacodem produzindo um ruído misterioso. Voam de uma esfera a outra e transmitem, de mundo em mundo, as mensagens de Deus.

Décima segunda hora

(XII) Ἐν ᾗ ἀναπαύονταί τὰ πύρινα τάγματα.

São concretizadas aqui por meio do fogo as obras da luz eterna.

EXPLICAÇÃO

Essas 12 horas simbólicas, que guardam analogia com os signos do zodíaco mágico e com os trabalhos alegóricos de Hércules, representam a sequência das obras de iniciação.

Faz-se mister, portanto, em primeiro lugar:

1. Subjugar as paixões negativas e obrigar, de acordo com a expressão do sábio hierofante, os próprios demônios a entoar o louvor a Deus.

2. Efetuar o estudo das forças em equilíbrio da natureza e conhecer como a harmonia é o resultado da analogia dos contrários. Efetivar o conhecimento do grande agente mágico e da polarização dupla da luz universal.

3. Iniciar-se no simbolismo do ternário, o qual constitui o princípio de todas as teogonias e de todos os símbolos religiosos.

4. Saber como subjugar todos os fantasmas da imaginação e vencer todos os prestígios.

5. Compreender como a harmonia universal é produzida no centro das quatro forças elementares.

6. Tornar-se inatingível pelo medo.

7. Executar o exercício na direção da luz magnética.

8. Aprender a previsão dos efeitos por meio do cálculo de ponderação das causas.

9. Efetivar a compreensão da hierarquia do ensino, respeitar os mistérios do dogma e conservar o silêncio perante os profanos.

10. Realizar o estudo profundo da astronomia.

11. Iniciar-se nas leis da vida e da inteligência universais por meio da analogia.

12. Operar as grandes obras da natureza por meio da direção da luz.

A seguir, apresentamos os nomes e atribuições dos gênios que presidem às 12 horas do *Nuctemeron*.

Os antigos hierofantes não concebiam tais gênios como deuses, anjos ou demônios, mas sim como forças morais ou virtudes personificadas.

Gênios da primeira hora

Heiglot, gênio das neves.
Mizkun, gênio dos amuletos.
Haven, gênio da dignidade.

Papus, médico.
Sinbuk, juiz.
Raifuia, necromante.
Zahun, gênio do escândalo.

EXPLICAÇÃO

Faz-se indispensável tornar-se *médico* e *juiz* de si mesmo para triunfar sobre os malefícios do *necromante*; conjurar e menosprezar o gênio do *escândalo*; derrotar a opinião que congela todos os entusiasmos e confunde todas as coisas em uma fria e idêntica lividez, como faz o *gênio das neves*; deter o conhecimento da virtude dos signos, aprisionando assim o gênio dos *amuletos* a fim de alcançar a *dignidade* do mago.

Gênios da segunda hora

Sisera, gênio do desejo.
Torvatus, gênio do desentendimento.
Nitibus, gênio das estrelas.
Hizarbin, gênio dos mares.
Sachlup, gênio das plantas.
Baglis, gênio da moderação e do equilíbrio.
Labezerin, gênio do sucesso.

EXPLICAÇÃO

É necessário aprender a querer e transformar, desse modo, em força, o *gênio do desejo*; o *gênio do desentendimento* é a barreira da vontade e esse gênio se aprisiona por meio da ciência da harmonia. A harmonia é o *gênio das estrelas* e *dos mares*; faz-se mister estudar as virtudes das *plantas*, compreender as leis do *equilíbrio* e da *moderação* para alcançar o *sucesso*.

Gênios da terceira hora

Hahabi, gênio do medo.
Phlogabitus, gênio dos adornos.
Eirneus, gênio destruidor dos ídolos.
Mascarum, gênio da morte.
Zarobi, gênio dos precipícios.
Butatar, gênio dos cálculos.
Cahor, gênio do engano.

EXPLICAÇÃO

Quando por meio do fortalecimento crescente de tua vontade tiveres derrotado o *gênio do medo*, perceberás que os dogmas são os *adornos* sagrados da verdade, desconhecida para o vulgo; mas na tua inteligência destruirás a totalidade dos *ídolos* e aprisionarás o *gênio da morte*, esquadrinharás todos os *precipícios* e submeterás, até o infinito, a proporção de teus *cálculos*; desse modo, te furtarás para sempre aos logros do *gênio do engano*.

Gênios da quarta hora

Falgus, gênio do juízo.
Thagrinus, gênio da confusão.
Eistibus, gênio da adivinhação.
Farzuf, gênio da fornicação.
Sislau, gênio dos venenos.
Schikron, gênio do amor dos animais.
Aclahair, gênio do jogo.

EXPLICAÇÃO

A força do mago reside no seu *juízo*, o qual o faz furtar-se à *confusão* que é resultante da antinomia e da oposição dos princípios; pratica a *adivinhação* dos sábios, porém desdenha os prestígios dos encantadores, servos da *fornicação*, artistas dos *venenos*, servidores do *amor entre os animais*, fazendo-se assim vitorioso sobre a fatalidade, que é o gênio do *jogo*.

Gênios da quinta hora

Zeirna, gênio das doenças.
Tablibik, gênio do fascínio.
Tacritau, gênio da goécia.
Suplathu, gênio do pó.
Sair, gênio do antimônio dos sábios.
Barcus, gênio da quintessência.
Camaisar, gênio da união dos contrários.

EXPLICAÇÃO

Vencendo as *doenças* humanas, o mago deixa de ser o joguete do *fascínio*. Arroja aos pés as inúteis e arriscadas práticas da *goécia*, cuja força encontra-se inteiramente em um *pó*, levado pelo vento; mas ele detém o *antimônio dos sábios*, equipa-se com todas as forças criadoras da *quintessência* e gera à vontade a harmonia, que é consequência da analogia e da *união dos contrários*.

Gênios da sexta hora

Tabris, gênio do livre-arbítrio.
Susabo, gênio das jornadas.
Eirnibus, gênio dos frutos.
Nitika, gênio das pedras preciosas.
Haatan, gênio ocultador dos tesouros.
Hatifas, gênio dos enfeites.
Zaren, gênio vingador.

EXPLICAÇÃO

O mago é *livre*, é o rei oculto da Terra e ele a atravessa como seu domínio. Nas suas *jornadas*, aprende a conhecer os sucos das plantas e dos *frutos*, as virtudes das *pedras preciosas*, coage o *gênio ocultador de tesouros* da natureza a desvendar para ele todos os seus segredos; adentra, assim, os mistérios da forma, compreende os *enfeites* da Terra e da palavra e se é desconhecido e não é bem-vindo junto aos povos, se permanece fazendo o bem e sendo aviltado, será sempre seguido pelo *gênio vingador*.

Gênios da sétima hora

Sialul, gênio da prosperidade.
Sabrus, gênio sustentador.
Librabis, gênio do ouro escondido.
Mitzigitari, gênio das águias.
Causub, gênio encantador das serpentes.
Salilus, gênio abridor das portas.
Jazer, gênio que faz ser amado.

EXPLICAÇÃO

O setenário expressa a vitória do mago, proporciona a *prosperidade* aos homens e às nações e dá-lhes *sustentação* mediante seus ensinos sublimes; voa como a *águia*, orienta as correntes do fogo astral representadas pelas *serpentes*; diante dele, todas as *portas* do santuário são abertas e ele se torna depositário da confiança de todas as almas aspirantes da verdade; ele é beleza em elevação moral e leva consigo em todos os sítios o *gênio* mediante o poder do qual alguém é *amado*.

Gênios da oitava hora

Nantur, gênio da escrita.
Toglas, gênio dos tesouros.
Zalburis, gênio da terapêutica.
Alfum, gênio das pombas.
Tukifat, gênio do *schamir*.
Zisuf, gênio dos mistérios.
Cuniali, gênio da associação.

EXPLICAÇÃO

Esses são os gênios que se submetem ao mago verdadeiro. As *pombas* representam as ideias religiosas; quanto ao *schamir*, trata-se de um diamante alegórico que nas tradições mágicas representa a pedra dos sábios ou a força fundada na verdade diante da qual tudo cede. Afirmam, ademais, os árabes que o *schamir* foi concedido primitivamente a Adão e, tendo sido perdido por ele após sua queda, encontrou-o Enoque; foi também possuído por Zoroastro e recebido posteriormente por Salomão de um anjo quando aquele solicitou de Deus a sabedoria. Foi graças a esse diamante mágico que Salomão, sem grande empenho e dispensando um martelo, cortou a totalidade das pedras do templo, bastando para isso tocá-las com o *schamir*.

Gênios da nona hora

Rishnuch, gênio da agricultura.
Suclagus, gênio do fogo.
Kirtabus, gênio das línguas.
Sablil, gênio descobridor dos ladrões.
Schachlil, gênio dos cavalos do Sol.
Colopatiron, gênio abridor das prisões.
Zeffar, gênio da opção irrevogável.

EXPLICAÇÃO

Esse número, para Apolônio, deve ser passado em silêncio pela razão de encerrar os grandes segredos do iniciado, as forças que *tornam a terra fecunda*, os mistérios do *fogo oculto*, a chave universal das *línguas*, a segunda vista ante a qual seria impossível que os *malfeitores* permanecessem ocultos; as grandes leis do equilíbrio e do movimento luminoso que na Cabala os quatro animais simbólicos representam e na mitologia grega os quatro *cavalos do Sol* representam; a chave da libertação dos corpos e das almas, *que abre todas as prisões*, e essa força da *opção eterna* que finda a criação do homem e o instaura na imortalidade.

Gênios da décima hora

Sezarbil, diabo ou gênio inimigo.
Azeuf, assassino de crianças.
Armilus, gênio da cupidez.
Kataris, gênio dos cães e dos profanos.
Razanil, gênio da pedra de ônix.
Buchafi, gênio das estriges.
Mastho, gênio das vãs aparências.

EXPLICAÇÃO

Os números terminam em nove e o sinal que distingue a dezena é o zero, desprovido de valor próprio, acrescentado à unidade. Assim, os gênios da décima hora representam tudo aquilo que, não sendo nada por si mesmo, toma grande força da opinião, podendo, consequentemente, submeter-se à onipotência do sábio. O terreno sobre o qual andamos agora é incandescente e nos permitirão omitir a explicação aos profanos do *Diabo* que é seu senhor, ou do *assassino de crianças*, que é seu amor, ou da *cupidez* que é seu deus, ou os *cães* aos quais não os comparamos, ou a *pedra de ônix*, que não percebem, ou as *estriges* que são suas cortesãs, ou as *vãs aparências* que tomam pela verdade.

Gênios da décima primeira hora

Aeglun, gênio do raio.
Zuflas, gênio das florestas.
Faldor, gênio dos oráculos.
Rosabis, gênio dos metais.
Adjuchas, gênio dos rochedos.
Zofas, gênio dos pentáculos.
Halacho, gênio das simpatias.

EXPLICAÇÃO

O *raio* está submetido ao homem, converte-se em veículo da vontade humana ou instrumento da força humana, a luz de seus feixes luminosos; os carvalhos existentes nas *florestas* sagradas dão *oráculos*, os *metais* alteram-se e transmutam-se em ouro ou se convertem em talismãs, os rochedos, divorciando-se de seu fundamento e sendo arrastados pela lira dos hierofantes, recebendo o contato do misterioso *schamir*, metamorfoseiam-se em templo ou palácio, os dogmas são formulados, os símbolos que são representados pelos *pentáculos* adquirem eficácia, as *forças simpáticas* aprisionam os espíritos e estes acatam as leis da família e da amizade.

Gênios da décima segunda hora

Tarab, gênio da concussão.
Misram, gênio da perseguição.
Labus, gênio da inquisição.
Kalab, gênio dos recipientes sagrados.
Hahab, gênio das mesas reais.
Marnés, gênio do discernimento dos espíritos.
Selen, gênio do beneplácito dos grandes.

EXPLICAÇÃO

Eis, agora, que destino devem os magos aguardar e como seu sacrifício será consumado; pois, conquistada a vida, mister se fará conhecer o autossacrifício para o renascimento imortal. Serão vítimas da *concussão*, a eles pedirão ouro, prazeres, revanches e se não atenderem à cupidez vulgar, se exporão à *perseguição*, à *inquisição*; contudo, ninguém profana os *recipientes sagrados* pois esses são confeccionados para as *mesas reais*, ou seja, para os festins da inteligência. Por meio do *discernimento dos espíritos*, serão capazes de abster-se do *beneplácito dos grandes* e permanecerão imbatíveis em sua força e sua liberdade.

O NUCTEMERON DE ACORDO COM OS HEBREUS

(extraído do antigo Talmude, denominado Mishná pelos judeus)

O *Nuctemeron* de Apolônio de Tiana, extraído da teurgia grega, complementado e esclarecido pela hierarquia assíria dos gênios, guarda uma correspondência perfeita com a filosofia dos números exatamente como podemos encontrar essa última exposta nas páginas mais curiosas do Talmude antigo.

Desse modo, as tradições pitagóricas vão além da época de Pitágoras; desse modo, vemos que o Gênesis é uma esplêndida alegoria que, na forma de uma narrativa, oculta os segredos não apenas relativos a uma criação executada outrora, como também referentes à criação permanente e universal, referentes à geração eterna dos seres.

Lê-se o seguinte no Talmude:
"Deus produziu o céu como um tabernáculo, preparou o mundo como uma mesa fartamente servida e criou o homem como se solicitasse um convidado."

Escutai o que declara o rei Salomão:
"A divina Chochmah, a sabedoria, consorte de Deus, edificou para si uma morada, cortou sete colunas.
"Ela sacrificou suas vítimas.
"Ela mesclou seu vinho, preparou a mesa e despachou suas servas."

Essa sabedoria instauradora de sua morada conforme uma arquitetura regular e numeral é a ciência exata que preside às obras de Deus.

É seu compasso e seu esquadro. Quanto às sete colunas, são os sete dias típicos e primordiais.

As vítimas constituem as forças naturais que se fecundam, provocando para si mesmas uma espécie de morte.

O vinho mesclado é o fluido universal. Quanto à mesa, é o mundo, incluindo os mares repletos de peixes.

As servas de Chochmah são as almas de Adão e Chavah (Eva).

A terra com a qual Adão foi formado foi extraída de toda a massa do mundo.

Sua cabeça é Israel, seu corpo, o Império da Babilônia e seus membros as demais nações da Terra.

(Aqui são reveladas as esperanças dos iniciados de Moisés com relação à formação de um reino oriental universal.)

Ora, no dia em que é realizada a criação do mundo há 12 horas.

Primeira hora

Deus junta os pedaços esparsos da terra, como um todo os amassa e deles forma uma única massa que deseja animar.

EXPLICAÇÃO

O homem é a síntese do mundo criado. A unidade criadora é reiniciada nele. Ele é feito à imagem e semelhança de Deus.

Segunda hora

Deus delineia a forma do corpo; divide-a em dois para que os órgãos sejam duplos porque toda força e toda vida são o resultado de dois, e é assim que os Elohim fizeram todas as coisas.

EXPLICAÇÃO

Tudo vive mediante o movimento, tudo se conserva mediante o equilíbrio; a harmonia resulta da analogia dos contrários; tal lei é a forma das formas, é a manifestação primeira da atividade e da fecundidade de Deus.

Terceira hora

Os membros do homem, submetidos à lei da vida, se produzem por meio deles mesmos e completam-se por meio do órgão gerador, que se compõe de um e de dois, figura do número ternário.

EXPLICAÇÃO

O ternário emerge sozinho do binário. O movimento que gera dois, gera três; o três é a chave dos números, pois constitui a primeira síntese numérica. Constitui, em geometria, o triângulo, primeira figura total e fechada que engendra uma infinidade de triângulos, dessemelhantes e semelhantes.

Quarta hora

Deus sopra no rosto do homem e concede-lhe uma alma.

EXPLICAÇÃO

O quaternário produz em geometria a cruz e o quadrado, e constitui o número perfeito. Pois bem, é na forma perfeita que a alma inteligente se manifesta, de acordo com essa revelação da *Mishná*. A animação da criança no ventre da mãe só ocorreria depois que se completasse a forma da totalidade de seus membros.

Quinta hora

O homem se levanta e fica de pé; aparta-se da terra, anda e se dirige para onde deseja.

EXPLICAÇÃO

O cinco é o número da alma, representada pela quintessência que é produzida pelo equilíbrio dos quatro elementos. No tarô tal número é representado pelo hierofante ou o autocrata espiritual, a figura da vontade humana, que é a grande sacerdotisa que delibera sozinha sobre nossa sorte eterna.

Sexta hora

Os animais desfilam ante Adão e ele outorga a cada um o nome que lhe é conveniente.

EXPLICAÇÃO

O homem impera sobre a terra e subjuga os animais por meio do trabalho; expressando sua liberdade, gera seu verbo ou sua palavra e é acatado pela criação; a criação primordial é então concluída. Deus criou o homem no sexto dia, contudo, na hora sexta desse dia o homem concluiu a obra divina e cria novamente a si mesmo de alguma maneira, isso porque se instaura como senhor da natureza, a qual ele submete à sua palavra.

Sétima hora

Deus concede uma companheira a Adão, extraída da própria substância do homem.

EXPLICAÇÃO

Deus, após haver criado o homem à sua imagem, descansou no sétimo dia porque produzira para si uma consorte fecunda, a qual laboraria para ele ininterruptamente – é a natureza a consorte de Deus e Deus nela descansa. O homem, tendo, por sua vez, se convertido em criador por meio do verbo, obtém uma companheira que se lhe assemelha e em cujo amor poderá confiar doravante. A mulher é a obra do homem; amando-a, o homem a faz formosa; é o homem que a torna mãe. A mulher é a natureza humana verdadeira, filha e mãe do homem, e neta e avó de Deus.

Oitava hora

Adão e Eva ascendem ao leito nupcial. Ao deitarem, eles são dois; ao levantarem, eles são quatro.

EXPLICAÇÃO

O quaternário junto do quaternário representa a forma que equilibra a forma, a criação que emerge da criação, a eterna balança da vida; sendo sete o número do repouso divino, a unidade que se segue representa o homem que, associado à natureza, com ela labora e coopera para a obra da criação.

Nona hora

Deus impõe sua lei ao homem.

EXPLICAÇÃO

Nove é o número da iniciação visto que, sendo composto de três multiplicado por três, representa assim a ideia divina e a filosofia absoluta dos números. É essa a razão para Apolônio asseverar que os mistérios do número nove não devem ser revelados.

Décima hora

Na décima hora, Adão cai em pecado.

EXPLICAÇÃO

Para os cabalistas, o dez é o número da matéria, sendo que seu signo especial na árvore das *sefirotes* é o zero. O dez representa Malkut, ou a substância externa e material. Assim, o pecado de Adão é o materialismo e o fruto que ele remove da árvore representa a carne isolada do espírito, o zero apartado de sua unidade, o cisma do número dez que produz, por um lado, a unidade roubada, por outro, o nada ou a morte.

Décima primeira hora

Por ocasião da 11ª hora, aquele que é culpado é condenado ao trabalho e à expiação do pecado, sofrendo a punição.

EXPLICAÇÃO

No tarô, a força é representada pelo 11. Pois bem, é nas provas que a força é conquistada. Deus concede a punição como instrumento de salvação para o homem. É imperioso lutar e padecer a fim de ganhar a inteligência e a vida.

Décima segunda hora

O homem e a mulher padecem sua punição, a expiação principia e ocorre a promessa de um libertador.

EXPLICAÇÃO

O nascimento moral tem aqui seu complemento. O completamento do homem acontece porque ele é votado à imolação que lhe traz regeneração. O desterro de Adão se assemelha ao desterro de Édipo; tal como Édipo, Adão é progenitor de dois adversários. A filha de Édipo é a piedosa virgem Antígone e Maria nascerá da raça de Adão.

Como adiantamos, essas revelações misteriosas e sublimes da unidade religiosa nos antigos mistérios estão no Talmude. No entanto, sem examinar essa volumosa compilação, é possível achá-las no comentário de Paulo Ricio a respeito dos talmudistas sob o título *Epitome de talmudica doctrina*, p. 280, do primeiro tomo da coleção dos cabalistas de Pistório.

CLASSIFICAÇÃO E EXPLICAÇÃO DAS FIGURAS

I
DOGMA

PRIMEIRA FIGURA: O Grande Símbolo de Salomão 66
    O duplo triângulo de Salomão representado pelos dois anciãos da Cabala: o macroprosopo e o microprosopo; o Deus de luz e o Deus de reflexos; o misericordioso e o vingador; o Jeová branco e o Jeová negro.

SEGUNDA FIGURA: O esoterismo sacerdotal formulando a
reprovação 78
    Uma mão de sacerdote fazendo o signo do esoterismo e projetando em sua sombra a figura do Demônio. Acima vê-se o ás de ouros do tarô chinês e dois triângulos sobrepostos, um branco e outro negro. Trata-se de uma nova alegoria elucidativa dos mesmos mistérios; é a origem do bem e do mal; é a criação do Demônio mediante o mistério.

TERCEIRA FIGURA: O Triângulo de Salomão 81
QUARTA FIGURA: Os quatro grandes nomes cabalísticos 95
QUINTA FIGURA: O pentagrama de Fausto 101
SEXTA FIGURA: O Tetragrama do Zohar 132
SÉTIMA FIGURA: Os pentáculos de Ezequiel e de Pitágoras 183
    O querubim de quatro cabeças da profecia de Ezequiel elucidado pelo duplo triângulo de Salomão. Abaixo, a roda de Ezequiel e o pentáculo de Pitágoras. Suas quatro cabeças são o quaternário de *Mercavah*; suas seis asas são o senário do *Bereschit*. A figura humana que se acha no meio representa a razão; a cabeça de águia é a crença;

o boi é a resignação e o trabalho; o leão é a luta e a conquista. Esse símbolo é análogo ao da esfinge dos egípcios, porém se ajusta mais à Cabala dos hebreus e o querubim é representado aqui como o profeta o descreve.

OITAVA FIGURA: Adhanari, grande pentáculo indiano 200

Essa imagem panteísta representa a Religião ou a Verdade, terrível para os profanos e doce para os iniciados, e guarda, além disso, analogia com o querubim de Ezequiel. A figura humana está colocada entre um bezerro enfreado e um tigre, formando o triângulo de Kether, de Geburah e de Gedulah ou Chesed. No símbolo indiano encontram-se os quatro signos mágicos do tarô nas quatro mãos de Adhanari; do lado do iniciado e da misericórdia, o cetro e a taça; do lado do profano, representado pelo tigre, a espada e o círculo que pode ser o anel de uma corrente ou um colar de ferro. Do lado do iniciado, a deusa está vestida com despojos de tigre; do lado do tigre, enverga uma longa túnica estrelada e seus cabelos estão cobertos por um véu. Um jorro de leite brota de sua fronte, flui pelo lado do iniciado e forma ao redor de Adhanari e de seus dois animais um círculo mágico que os encerra em uma ilha, representação do mundo. A deusa tem ao pescoço uma corrente mágica formada por anéis de ferro do lado dos profanos, e de cabeças pensadoras do lado dos iniciados; tem também sobre a fronte a figura do *lingam* e de cada lado três linhas sobrepostas que representam o equilíbrio do ternário e remetem aos trigramas de Fohi.

II
RITUAL

1. Bode do sabá, Bafomé e de Mendes 204

Figura panteísta e mágica do absoluto. A tocha entre os dois cornos representa a inteligência equilibradora do ternário; a cabeça sintética do bode, que reúne alguns traços do cão, do touro e do asno representa a responsabilidade da matéria apenas e a expiação nos corpos dos pecados corporais. As mãos são humanas para demonstrar a santidade do trabalho; fazem o signo do esoterismo acima e abaixo para recomendar o mistério aos iniciados; mostram também duas meias-luas, uma branca, que é a de cima, e a outra negra, que está embaixo, para explicar as relações do bem e do mal, da misericórdia e da justiça. A parte inferior do corpo está velada e é a imagem dos mistérios da geração universal, expressa unicamente pelo símbolo do caduceu. O ventre do bode está coberto de escamas e deve assumir a cor verde; o semicírculo que se encontra acima deve ser azul; as penas que sobem até o peito devem ser de diversas cores. O bode tem seios de mulher e indica por meio disso de humano os signos da maternidade e do trabalho, ou seja, os signos redentores; sobre sua fronte, entre os cornos, e por baixo da tocha, vê-se o signo do microcosmo ou o pentagrama com a ponta para cima, símbolo da inteligência humana que, colocado por baixo da tocha, faz da chama dessa tocha uma imagem da revelação divina. Esse panteu deve ter por assento um cubo e por estrado seja uma única esfera, seja uma esfera e um escabelo triangular. Em nosso desenho lhe atribuímos apenas a esfera para não tornar a figura excessivamente complicada.

2. Triângulo ou selo de Salomão 236
3. Tridente de Paracelso 239

Esse tridente, figura do ternário, é formado por três dentes piramidais, sobrepostos sobre uma *Tau* grega ou latina. Em um dos dentes vê-se um *iod* atravessando uma meia-lua de um lado e do outro uma linha transversal, figura que faz lembrar hieroglificamente o signo zodiacal de Câncer. No dente oposto há um signo misto que faz lembrar Gêmeos e Leão. Entre as patas ou ferrões de Câncer (Caranguejo) vê-se o Sol, e próximo de Leão, a cruz astronômica. No dente do meio está traçada hieroglificamente a figura da serpente celeste, que tem por cabeça o signo de Júpiter. Do lado de Câncer se lê a palavra OBITO, vai-te, retrocede; e do lado de Leão se lê IMO, entretanto, persiste. No centro e perto da serpente simbólica lê-se AP DO SEL, palavra composta de uma abreviatura, de uma palavra composta cabalística e hebraicamente e, finalmente, por um vocábulo inteiro e vulgar: AP, que é preciso ler AR porque são as duas primeiras letras gregas da palavra ARCHEU; DO, que é preciso ler OD e SEL. Essas são as três substâncias primeiras, e os nomes ocultos de Archeu e de Od exprimindo as mesmas coisas que o enxofre e o mercúrio dos filósofos. Na haste de ferro que deve servir de cabo ao tridente veem-se três letras PPP, hieróglifo faloide e lingâmico; depois, as palavras VLI DOX FATO, que é preciso ler tomando a primeira letra pelo número do pentagrama em algarismo romano e completar deste modo: PENTAGRAMMATICA LIBERTATE DOXA FATO, caracteres equivalentes às três letras de Cagliostro, L.P.D., liberdade, poder e dever. De um lado, a liberdade absoluta; de outro, a necessidade ou a fatalidade invencível; no meio, a Razão, absoluto cabalístico que forma o equilíbrio universal. Esse admirável resumo mágico de Paracelso pode servir de chave para as obras obscuras do cabalista Wronski, sábio notável que se deixou arrastar mais de uma vez de sua ABSOLUTA RAZÃO pelo misticismo de sua ação e por especulações pecuniárias indignas de um pensador tão ilustre como ele. Nós lhe reconhecemos, contudo, a honra e a glória de ter descoberto, antes de nós, o segredo do tridente de Paracelso. Assim, pois, Paracelso representa o passivo pelo Caranguejo, o ativo pelo Leão, a inteligência ou a razão equilibradora por Júpiter, ou o homem-rei subjugando a serpente; depois equilibra as forças dando ao passivo a fecundação do ativo, representada pelo Sol, e ao ativo o espaço e a noite para conquistar e iluminar sob o símbolo da cruz. Ele diz ao passivo: "Obedece o impulso do ativo e caminha com ele pelo próprio equilíbrio do resistência". E diz ao ativo: "Resiste à imobilidade do obstáculo, persiste e avança". Depois explica essas forças alternadas pelo grande ternário central: LIBERDADE, NECESSIDADE, RAZÃO; RAZÃO no centro, LIBERDADE e NECESSIDADE em contrapeso. Nisto reside a força do tridente: é no cabo e na base; é a lei universal da natureza, é a própria essência do verbo, realizada e demonstrada pelo ternário da vida humana, o *archeu* ou o espírito, o *od* ou o mediador plástico e o sal ou a matéria visível.

Desejamos dar à parte a explicação deste desenho porque tem a maior importância e mostra a envergadura do maior gênio das ciências ocultas. Deve-se compreender depois dessa explicação por que no desenrolar de nossa obra nos inclinamos sempre com a maior veneração tradicional dos verdadeiros Adeptos perante o divino Paracelso.

4. O Pentagrama 252
5. Instrumentos mágicos: a lâmpada, a espada, a foice 267
6. Chave de Thot 299
7. Círculo goético das evocações negras e dos pactos 315
8 e 9. Diversos caracteres infernais tomados de Agrippa,
de Apono, de
vários grimórios e das atas do processo de Urbain Grandier. 317
10. Signos cabalísticos de Órion 330
11. Caracteres infernais dos 12 signos do zodíaco 332
12. Quadrados mágicos dos gênios planetários,
segundo Paracelso 370
13. O carro de Hermes, sétima chave do tarô 374
14. A arca 379
15. Chave apocalíptica. Os sete selos de São João 383

OBRAS DE ELIPHAS LEVI

Obs.: A relação abaixo inclui apenas os editores originais e, portanto, em língua francesa. Para o leitor de língua portuguesa nos limitamos a indicar as edições que reputamos como as melhores. Tomamos a liberdade de citar algumas edições inglesas pela sua excepcional qualidade.

– *Le Rosier de mai, ou la Guirtande de Marie.*
Paris, Gaume Frères, 1839.
– *La Bible, de la Liberté.*
Paris, Le Gallois, 1941.
– *L'Assomption de la Femme ou Le Livre de l'Amour.*
Paris, Le Gallois, 1841.
– *Doctrines Religieuses et Sociales.*
Paris, Le Gallois, 1841.
– *La Dernière Incarnation, Légendes Évangéliques du XIXe. Siècle.*
Paris, Le Gallois, 1841.
– *La Mère de Dieu, Épopée Religieuse et Humanitaire.*
Paris, Fellens et Dufour, 1845.
– *Les Trois Harmonies, Chasons et Poésies.*
Paris, Fellens et Dufour, 1845.
– *Le Livre des Larmes ou te Christ Consolateur.*
Paris, Paulier, 1845.
– *Rabelais à la Basmette.*
Paris, Librairie Phalanstérienne, 1847.

– *Le Testament da Ia Liberté*.
Paris, Frey, 1848.
– *Le Seigneur de Ia Devinière*.
Paris, Librairie Phalanstérienne, 1850.
– *Dictionnaire de Littérature Chrétienne/Encyclopédie Théologique de l'Abbé Migne*.
Paris, J. P. Migne, 1851.
– *Dogme et Rituel de la Haute Magie*.
Paris, Baillière, 1855.
– *Transcendental magic: its Doctrine and Ritual*, trad. Arthur Edward Waite.
London, Redway, 1896.
– *Dogma e Ritual da Alta Magia*, trad. Edson Bini.
São Paulo, Madras, 1996.
– *Dogma e Ritual da Alta Magia*, trad. Rosabis Camaysar.
São Paulo, Pensamento.
– *Histoire de la Magie*.
Paris, Baillière, 1860.
– *História da Magia*.
São Paulo, Pensamento.
– *Clefs Majeures et Clavicules de Salomon*.
Paris, Chamuel, 1861.
– *La Clef des Grands Mystères*.
Paris, Baillière, 1861.
– *The Key of the Mysteries*, trad. Aleister Crowley. London, Rider, 1959.
– *A Chave dos Grandes mistérios*.
São Paulo, Pensamento.
– *Le Sorcier de Meudon*.
Paris, Bourdilliat, 1861.
– *Fables et Symboles*.
Paris, Baillière, 1862.
– *La Science des Esprits*.
Paris, Baillière, 1865.

– *A Ciência dos Espíritos*, trad. Setsuko Ono.
São Paulo, Pensamento.
– *Le Livre des Splendeurs*.
Paris, Chamuel, 1894.
– *As Origens da Cabala* (*O livro dos Esplendores*), trad.
Márcio Pugliesi e Norberto de Paula Lima.
São Paulo, Pensamento.
– *Catéchisme de la Paix, incl. Quatrains sur la Bible et extraits de La Bible de la Liberté*.
Paris, Chamuel, 1898.
– *Le Grand Arcane ou l'Occultisme Dévoilé*.
Paris, Chamuel, 1898.
– *O Grande Arcano*.
São Paulo, Pensamento.
– *The Paradoxes of the Highest Science*.
Calcutta, Calcutta Central Press, 1883.
– *Os Paradoxos da Sabedoria Oculta*, trad.
Gilberto B. de . São Paulo, Pensamento.
– *The Magical Ritual of the Sanctum Regnum interpreted by the Tarot Trumps*, ed. por W. Wynn Westcott.
London, Redway, 1896.
– *Le Livre des Sages*.
Paris, Chacornac, 1911.
– *Les Mystères de la Kabbale ou l'Harmonie Occulte des deux Testaments*.
Paris, Nourry, 1920.
– *Os Mistérios da Cabala*, trad. Frederico O. P. de Barros.
São Paulo, Pensamento.
– *Cours de Philosophie Occulte – Lettres au Baron Spedalieri*.
Paris, Chacornac, 1932.
– *Curso de Filosofia Oculta – Cartas ao Barão Spedalieri*, trad.
Maria de Lourdes B. L. C. de Souza.
São Paulo, Sociedade das Ciências Antigas, 1984.
– *Curso de Filosofia Oculta – Cartas ao Barão Spedalieri*, trad.
Frederico O. P. de Barros. São Paulo, Pensamento.

Leitura Recomendada

Vodu

Fenômenos Psíquicos da Jamaica

Joseph Williams

Os mais diferentes casos de fenômenos psíquicos ocorridos na Jamaica são contados nesta obra utilizando uma linguagem clara e direta. O leitor conhecerá os fenômenos mais freqüentes que atraem muitos curiosos e interessados no assunto à região.

Matrimônio do Céu e do Inferno

William Blake

Como afirma June Singer, Ph. D. em Psicologia, em sua obra Blake, Jung e o Inconsciente Coletivo (Madras Editora, 2004): "Matrimônio do Céu e do Inferno é tão puramente um produto da psique de um ser humano tanto quanto se é possível imaginar. O livro começa com uma emoção violenta. Rintrah é a personificação da cólera contra o status quo, na vida íntima de Blake e na situação externa. Ele é o 'Homem Furioso' de Blake".

Lúcifer

O Diabo na Idade Média

Jefrfrey Burton Russell

Esta obra, de teor histórico, apresenta idéias a respeito do Diabo que perduram desde a Idade Média, as quais incluem visões ortodoxas orientais e islâmicas, mas enfatizam o pensamento cristão ocidental, o qual dá ao Diabo mais direitos.

O Mundo Esotérico de Madame Blavatsky

Cenas da vida de uma esfinge moderna

Daniel Caldwell

O Mundo Esotérico de Madame Blavatsky é um relato de toda a trajetória dessa valorosa mulher e sua ligação com o ocultismo. Helena Petrovna Blavatsky foi a maior esotérica da história da civilização ocidental e o vínculo entre os conhecimentos e os adeptos do Oriente.

www.madras.com.br

Leitura Recomendada

BLAKE, JUNG E O INCOSCIENTE COLETIVO

O Conflito entre a Razão e a Imaginação

June Singer

Este livro traz uma análise profunda a respeito da obra de William Blake, O Matrimônio do Céu e do Inferno (Madras Editora, 2004), por June Singer, analista pelo C. G. Jung Institute, em Zurique, e Ph. D. em psicologia pela Northwestern University. Este trabalho traz, além da análise, a reprodução de 24 gravuras do texto original de Blake.

COLETÂNEA HERMÉTICA

Uma Introdução ao Universo da Magia, da Cabala, da Alquimia e do Ocultismo.

William Wynn Westcott

O Hermetismo é a porta de entrada para o Ocultismo Ocidental. Ele teve, em sua origem, elementos da Magia Egípcia, dos Mistérios Gregos, do Gnosticismo, do Mitraísmo, do Zoroastrismo, dentre outros. Ele influenciou, ou deu origem, à Cabala e à Alquimia, sem falar, é claro, na Magia.

O GATILHO CÓSMICO

O Derradeiro Segredo dos Illuminati

Robert Anton Wilson

Há pessoas que mudam uma época. Por sua compreensão do dito real e, conseqüentemente, das leis do Universo, elas fazem o futuro ser hoje. Uma dessas pessoas é Robert Anton Wilson, ou simplesmente RAW, companheiro de discussões de Timothy Leary, tendo vários livros em co-autoria. Wilson, com maestria, faz perguntas incômodas na busca pela "verdade".

O LIVRO DE ENOCH

O Profeta

Os escritos deste livro foram encontrados na primavera de 1947, quando um pastor árabe deixou cair um objeto perto das ruínas de Qumrán. Ao tentar recuperar o artefato, o religioso ficou surpreso por se deparar com vinte grandes vasos dentro de uma espécie de câmara. Logo ele notou que seu objeto tinha quebrado um desses vasos, e acaba por descobrir que dentro deles havia vários rolos de pergaminho que traziam o conteúdo deste livro.

www.madras.com.br

Para mais informações sobre a Madras Editora,
sua história no mercado editorial
e seu catálogo de títulos publicados:

Entre e cadastre-se no site:

 www.madras.com.br

Para mensagens, parcerias, sugestões e dúvidas, mande-nos um e-mail:

 marketing@madras.com.br

SAIBA MAIS

Saiba mais sobre nossos lançamentos,
autores e eventos seguindo-nos no facebook e twitter:

 @madrased

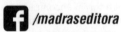 /madraseditora